空天防御新技术

邵 雷 主编

西北工业大学出版社

西 安

图书在版编目(CIP)数据

空天防御新技术 / 邵雷主编． — 西安：西北工业大学出版社，2022.11
ISBN 978-7-5612-8596-1

Ⅰ.①空⋯　Ⅱ.①邵⋯　Ⅲ.①空防-防御系统　Ⅳ.①E115

中国版本图书馆 CIP 数据核字（2022）第 250786 号

KONGTIAN FANGYU XIN JISHU
空 天 防 御 新 技 术
邵雷　主编

责任编辑：	胡莉巾　吕颐佳	策划编辑：	肖　莎
责任校对：	胡莉巾	装帧设计：	李　飞

出版发行：西北工业大学出版社
通信地址：西安市友谊西路 127 号　　　邮编：710072
电　　话：(029)88491757，88493844
网　　址：www.nwpup.com
印 刷 者：西安五星印刷有限公司
开　　本：787 mm×1 092 mm　　　1/16
印　　张：16.5
字　　数：433 千字
版　　次：2022 年 11 月第 1 版　　　2022 年 11 月第 1 次印刷
书　　号：ISBN 978-7-5612-8596-1
定　　价：58.00 元

如有印装问题请与出版社联系调换

编写人员

主　编　邵　雷

编　者　邵　雷　任学尧　闫永玲
　　　　王瑞君　张　琳　吴法文

前　言

随着空天技术的发展,如战略轰炸机、巡航导弹、作战飞机等传统空中威胁日趋向隐身、超声速等方面发展,弹道导弹突防能力、打击精度、毁伤效能日益增强,临近空间高超声速武器正加速发展,各种空天打击手段日益壮大。日趋严重的空天新威胁对传统空天防御体系和技术提出了严峻挑战,探索与运用先进空天防御技术,发展先进的空天防御系统以应对日益严重的空天威胁迫在眉睫。

本书试图对空天防御相关新技术进行较为全面的总结,以促进这一领域相关研究的开展。与以往散布在不同相关文献中的零碎、分散内容相比,本书对相关技术进行了较为全面的描述与分析,同时也对笔者和合作者相关研究成果进行了总结,如目标轨迹预测技术、弹道调整技术等在国内外相关著作中均涉及较少。

本书介绍空天防御相关新技术,按空天防御概述、战场环境与目标特性、探测新技术、指挥控制新技术和拦截新技术的顺序编排。全书共分为五章:第一章为空天防御概述,主要内容包括典型空天目标威胁、空天防御系统的主要任务、空天防御体系及典型空天防御系统,使读者初步了解空天防御体系;第二章为空天防御战场环境与目标特性,主要内容包括空天防御作战过程中所面临的主要战场环境与空天目标的典型特性两个方面,使读者增强对空天防御作战特点的了解;第三章为空天防御探测新技术,主要内容包括空天防御探测概述、空天防御雷达新体制探测技术与空天防御光电探测技术等三个方面,重点描述空天防御探测面临的问题与任务,以及各种空天防御探测新技术基本原理与特点;第四章为空天防御指挥控制新技术,主要内容包括空天防御指挥控制概述、多传感器资源调度技术、多传感器信息融合技术、多传感器时空配准技术与空天目标识别技术,重点描述空天防御指挥控制基本概念、体系结构、主要模型以及支持指挥控制的相关主要新技术的基本概念、原理与特点;第五章为空天防御拦截新技术,主要内容包括空天防御拦截概述、制导控制新技术以及动能拦截新技术等,重点介绍空天防御拦截的基本概念以及相关新技术基本原理。

本书主要面向高等院校空天防御专业及相关方向教学,也可作为从事空天防御相关研究的各类人员学习的参考资料。

在本书撰写的过程中,参阅了国内外大量文献资料,这些成果包含了领域专家学者们的智慧和汗水,在此对他们的创造性劳动表示敬意!

由于水平有限,书中难免有疏漏和不足之处,恳切希望读者提出宝贵意见。

编　者

2022 年 7 月

目 录

第一章 空天防御概述 ·· 1
    第一节 空天目标威胁 ·· 1
    第二节 空天防御系统的主要任务 ··· 4
    第三节 空天防御体系 ·· 5
    第四节 典型空天防御系统 ··· 14
    思考题 ·· 19

第二章 空天防御战场环境与目标特性 ··· 20
    第一节 空天防御战场环境 ··· 20
    第二节 空天目标特性 ·· 26
    思考题 ·· 49

第三章 空天防御探测新技术 ·· 50
    第一节 空天防御探测概述 ··· 50
    第二节 空天防御雷达新体制探测技术 ··· 58
    第三节 空天防御光电探测技术 ··· 91
    思考题 ··· 121

第四章 空天防御指挥控制新技术 ·· 123
    第一节 空天防御指挥控制概述 ··· 123
    第二节 多传感器信息融合技术 ··· 130
    第三节 多传感器资源管理技术 ··· 140
    第四节 多传感器时空配准技术 ··· 163
    第五节 空天目标识别技术 ·· 170
    思考题 ··· 181

第五章　空天防御拦截新技术 …… 183

第一节　空天防御拦截概述 …… 183
第二节　空天防御拦截制导控制新技术 …… 184
第三节　空天防御动能拦截新技术 …… 225
思考题 …… 253

参考文献 …… 254

第一章 空天防御概述

第一节 空天目标威胁

随着信息技术和智能技术不断向空天领域渗透、发展,未来空天防御作战面临的威胁正由传统威胁向体系化、混合化、多域化、集群化、智能化威胁悄然转变,特别是世界各军事强国新一代作战飞机、临近空间飞行器以及空天飞机等将相继列装并投入使用,未来空防作战将呈现新特征,国家空天防御任务也将更加艰巨繁重,空天防御将面临异常严峻的威胁。

现在人类面临着4种空域的威胁(见表1-1),分别是:

(1)来自中低空的威胁。它主要指高度在30 km以下的中低空空气动力类目标、战术弹道导弹类目标以及下滑段高超声类目标带来的威胁。

(2)来自临近空间(简称临空)的威胁。它主要指高度在30 km到100 km之间的高超声速类目标、战术弹道导弹类目标以及其他高空飞行器带来的威胁。

(3)来自中远程弹道导弹的威胁。中远程弹道导弹目标的威胁是跨空域的,从低空到太空,都有可能带来威胁。

(4)来自太空的威胁。主要的威胁目标:①敌方的太空武器装备和信息装备可对己方地(海)面、空中、临空和太空中资产及人员构成威胁;②人造的太空垃圾,包括报废的卫星、轨道站、末级火箭等各种碎片;③近地天体(小行星、彗星和其他近地天体)撞地球的风险。

表1-1 空天威胁的类型和范围

	中低空威胁	临空威胁	中远程弹道导弹威胁	太空威胁
威胁高度	$h<30$ km	30 km$\leqslant h<100$ km	跨空域	$h\geqslant 100$ km
威胁目标	中低空空气动力目标 战术弹道导弹 下滑高超声速目标	高超声速目标 战术弹道导弹 其他临近飞行器	中远程弹道导弹目标	有敌意的太空目标 有危害的太空目标 (含有危害的近地天体)

一、作战飞机

轰炸机、攻击机、歼轰机和电子战飞机等作战飞机是现代战争的重要武器装备,可携带弹药对海、空、陆目标实施精确打击。随着作战飞机品种的发展,其装备体系也变得更加丰富,实现了数量和质量的飞跃。这些多样化的航空空间目标已构成了迫切的现实威胁,主要呈现以下发展特征:

(1)种类品系越来越多。飞机涵盖了以涡轮喷气发动机、涡轮风扇发动机、普通螺旋桨发动机以及以其他推进方式飞行的飞行器。即使是机载的无动力或低动力航空炸弹也被广泛改装而具有一定的飞行能力,可精确打击远距离目标。

(2)机动性能不断发展。使用新型发动机技术,第五代战斗机可进行长时间、超声速、大过载的机动飞行,躲避空中和地面火力的能力大幅加强;巡航导弹的机动性能也得到大幅度提升,并向超声速方向发展。以 X-51A 为基础衍生出的高超声速巡航导弹以及以 HTV-3X("黑雨燕")为试验机的高超声速轰炸机,速度均可达到 $Ma=5\sim7$,射程为 $1\,000\sim6\,000$ km。这些具备快速精确打击能力的高超声速武器必将在未来空天袭击中占据主导地位,全球常规快速打击威胁日益严峻。

(3)隐身性能越来越好。目前新型隐身飞机已在部分地区形成常态化部署态势。在不远的将来,第五代隐身战机将成为主要空中作战平台,所携带的空地导弹也呈现隐身化趋势。这些新型空袭平台及武器在先进的空天预警监视、指挥信息系统支持下,可以构建隐身、高速、高效的远程空中打击体系,是未来最主要的实战威胁,将严重压缩防空体系预警探测距离、作战反应时间和拦截区域,大幅削弱现行防空体系作战效能,甚至使防空体系效能面临"清零"的风险。

(4)"低慢小"目标发展应用势头迅猛。"低慢小"目标是指低空超低空、慢速飞行的小雷达反射截面积或小几何尺寸目标。由于其自身技术简单,具有自主化、小型化,低空超低空飞行、飞行速度较低、不易被侦察发现和价格低、廉容易获取等特点,逐渐成为各国的新型高效费比武器,也是对国家空中安全构成重大威胁的非军事目标。作为无人化作战技术的先导国家,军事强国正致力于这一颠覆性技术的发展,甚至把无人化技术列为"第三次抵消战略"五大支撑技术之一。

二、弹道导弹

弹道目标主要指弹道导弹目标,它具有配置隐蔽、速度快、射程远、突防能力强、命中精度高和破坏力大等特点,可根据作战需要搭载常规弹头、化学弹头或核弹头,从远距离精确打击重要目标,是最具威胁的进攻性武器之一。

弹道导弹打击的基本样式可分为警示性打击、报复性打击、毁瘫性打击。警示性打击是指使用若干枚弹道导弹攻击对方具有象征意义的目标,目的是展示弹道导弹打击威力;报复性打击是指使用对等规模打击对方对等目标,主要目的是遏制对方打击的规模和等级;毁瘫性打击是指最大限度地使用弹道导弹攻击对方全境的重要军政目标,主要目的是瘫痪对方国家机构和武装力量。现在世界上有 36 个国家和地区拥有弹道导弹武器。其中有 11 个国家和地区拥有 $1\,000$ km 以上射程的弹道导弹,有 8 个国家的弹道导弹可以装核弹头。导弹核武器的部署分布见表 1-2,由表可知,世界上拥有导弹核武器最多的国家是美国和俄罗斯。

表 1-2 导弹核武器的部署分布表

项目		美国		俄罗斯		其他国家	
		导弹/飞机数	弹头/炸弹数	导弹/飞机数	弹头/炸弹数	导弹/飞机数	弹头/炸弹数
战略弹道导弹	陆射	479 枚	1 200 枚	680 枚	2 915 枚	120 枚	120 枚
	潜射	360 枚	2 736 枚	232 枚	1 072 枚	244 枚	620 枚
	小计	839 枚	3 936 枚	912 枚	3 987 枚	364 枚	740 枚
战略轰炸机		115 架	1 660 颗	79 架	864 颗	262 架	478 颗
合计		954 件	5 596 件 TNT 当量 1 800 Mt（兆吨）	991 件	4 851 件 TNT 当量 1 954 Mt	626 件	1 218 件 TNT 当量 220 Mt
战略弹道导弹总数		2 115 枚					
战略轰炸机总数		456 架					
核弹头/炸弹总数		部署装备数量为 11 665 件（储存数量未计算在内）					
TNT 当量总数		部署装备数量为 3 974 Mt（储存数量未计算在内）					

三、太空武器

航天空间以其独特的空间位置，愈发成为开展军事实践的"制高点"和主战场。目前，世界一些主要国家都在着力发展侦察、预警、通信、导航、气象和测绘等各类卫星，为指挥控制、态势感知、精确打击、反导防御和战场环境监测等提供重要支撑，从而使作战效能大幅提高。UCS（Union of Concerned Scientises）卫星数据库 2022 年 1 月更新的数据显示，全球在轨运行的卫星数量为 4 852 颗，其中，美国拥有 2 944 颗，俄罗斯拥有 169 颗。美国军用卫星无论在数量上还是在性能上都遥遥领先，其侦察卫星分辨率高、覆盖范围广，可近实时感知战场态势。因此，空天防御作战部署和军事行动对其隐蔽非常困难。

反天基目标的技术发展也紧随其后，部分装备已经实现部署。空天飞机、太空雷和天基动能打击武器等装备研发工作取得了突破进展，已初步具备压制、"俘获"和摧毁对方航天器的能力，严重威胁天基资源的安全。有的国家不仅拥有对别国卫星的共轨式攻击能力，还将拥有从地球轨道攻击地面、水面、空中目标的"天袭"威慑和打击能力。"天袭"威胁也对信息化空天防御提出了严峻的挑战。

四、临近空间目标

临近空间是指距离地球表面 30~100 km 的空域,临近空间目标即在该空域飞行的目标,主要可分为以高超声速飞行的高动态目标和以亚声速飞行的低动态目标。高动态目标包括 30 km 以上、$Ma=3$ 以上按照空气动力学规律飞行的巡航导弹、无人机和以 $Ma=5\sim20$ 穿越临近空间的"弹道-滑翔"和"轨道-再入"等跨域飞行器。低动态目标主要是气球(艇)和无人机等各种用于执行预警、侦察、监视和通信任务的无人平台。

以临近空间武器平台为代表的低动态目标能够长时间在战区上空巡航,在交战前期可提前部署至目标附近,一旦需要,可快速对敌高价值目标实施打击,可极大地压缩预警时间,大幅减小敌方空防作战窗口,具有很强的战略威慑作用。一旦威胁解除,还可对它回收,重新进行部署。

临近空间武器平台系统可从防区外对敌纵深目标实施打击,是一种新型的战略威慑和战术运用飞行平台。一些军事强国正建立"一小时全球打击圈",其核心作战平台是 X-51A、HTV-2 和 X-37B 等空天飞行器。这些临近空间目标具有无人化、远航程和隐身化等特点,在信息化空天袭击中所发挥的作用越来越突出,将对传统防空体系构成严峻挑战。

第二节 空天防御系统的主要任务

进入 21 世纪后,军事强国开始把战略视野拓展到辽阔的海洋和浩渺的太空。国家利益类型与范围的拓展正呈现多元化、多维化趋势,防空作战已不再局限于利用地面或航空空间内的资源、打击航空空间内的目标,战场边界不断在陆、海、空、天、网、电、认知维度深化拓展,其防御范围更加广阔,防御对象更加复杂多样,防御方向更具不确定性,因此,空天防御作战是信息化、智能化催生空天进攻目标发展下的必然产物,空天防御的本质属性决定了其具有不同于传统防空的鲜明特性,只有明确了空天防御作战的基本任务,明晰了空天防御系统的主要用途,才能正确运用空天防御作战力量,最终取得空天防御作战的胜利。

空天防御作战涵盖了空天领域中的拦截、信息、支援等多个方面,其基本任务包括以下几方面。

(一)全疆域空天防卫

全疆域是指国家的全部领土、领海上空以及与国家利益紧密相关海域的上空。这与传统的国土防空内涵有很大区别,体现了新的防御思想。以往传统防空的防御范围基本局限于国土或重要目标地区,防御的目标是以飞机为主的空气动力目标。而空天防御则是对来袭的各种航空航天目标的防卫。将作战空间由传统的航空空间延伸到航天空间是其鲜明的特点之一。因此,在未来信息时代的战争中,全疆域空天防卫将是空天防御的战略任务。

(二)夺取制信息权

信息力已经成为战斗力的主导性要素,夺取制信息权已成为赢得信息化条件下局部战争胜利的先决条件。空天防御作战需要多体系联动、多要素融合,才能实现精准、高效,而实现互联互通的前提就是信息的畅通,同时,空天环境是信息传播的主要媒介,空天防御作战对制信息权有更强、更直接的依赖性。没有制信息权的保障,空天防御力量将无法发挥出应有的作战效能。因此,空天防御力量不仅需要强大的信息通信能力,还需要强大的信息作战能力,是联合作战中夺取制信息权不可缺少的中坚力量。因此,在未来的信息化战争中,空天防御力量将担负夺取制信息权的重要任务。

(三)夺取制空天权

制空天权是对航空航天空间的控制权。夺取制空天权可有效保障己方空天力量的活动自由和地面、海上力量的空天安全,同时剥夺和限制作战对手空天领域的同等权力,并给对方造成严重的空天威胁。随着航空航天技术的飞速发展,现代空天防御力量具有攻防兼备的作战能力,已成为战略、战役力量的主要组成部分,对战争、战役的进程和结局起着决定性作用。战略、战役目的的实现在很大程度上依赖空天防御作战行动的顺利实施,而要保障空天防御作战行动的顺利进行,必须有效控制航空航天空间,夺取制空天权。因此,在未来信息化条件下的局部战争或联合战役中,夺取制空天权将是空天防御力量的主要任务之一。

(四)保卫核心目标和战区目标安全

核心目标是指对国家安全、稳定和发展,以及对战争进程和结局具有直接重大影响的目标。核心目标主要包括政治核心目标、军事核心目标、经济核心目标等。核心目标一旦遭受敌方打击,将会引起社会恐慌、造成重要军事节点失效,进一步引起级联反应,对作战体系造成重大损失,故保卫国家核心目标安全是国家空天防御作战的首要任务。

战区目标是事关战争进程的重要目标,它不仅能影响到空天防御的作战能力,而且关系到国家的持续作战能力。因此,保卫战区内重要目标的安全、有效抗击敌人的空天袭击、实行大区域联合防御和攻势防御、实施"空天一体"的整体抗击作战,是空天防御作战的基本任务。

(五)慑止空天危机

从军事角度分析,"空天危机"是指发生在空天领域、能够引起军事冲突或者引发战争的重要事件。对于空天领域而言,空天防御平时的任务就是"慑止空天危机",它能有效震慑潜在作战对手对我悍然发动空天进攻的企图。因此,拥有强大的空天防御作战能力,并采取恰当的方法来有效处理和慑止空天危机,是空天防御的又一重要任务。

(六)实施空天支援保障

空天防御力量具有多功能性,除可以担负空天威慑、防御等作战任务外,还可担负各种支援保障任务,包括空天侦察、预警、导航定位、通信中继、气象观测以及战场测绘等。随着信息化战争的发展和进程的逐步推进,空天支援保障任务在战争中的地位和作用将日趋重要和突出。

第三节 空天防御体系

一、空天防御体系的基本概念

空天防御体系是指各种空天防御组织、作战力量和战场设施以信息系统建设为基础组成的有机整体,由各种空天防御作战要素、作战单元、作战系统,按照一定的结构组织联结起来、遵循一定的机理运行并具备对航空航天空间防御功能的有机整体。空天防御体系是实施空天防御作战的物质基础,也是遏制和粉碎敌空天入侵、维护国家空天安全的重要保证。

空天防御作战体系是空天信息时代的国家空防体系,在构建空天防御体系时,应实现各种空天防御组织、作战力量、战场设施都能纵向贯通、横向连接。在态势结构上,应形成以重点地区和主要方向的大区域作战系统相联、覆盖国土全境的网状防御体系;在能力结构上,应实现防空、反导、防天三大能力的融合互通;在兵力结构上,应是突破军兵种界限的联合空天防御力量体系;在技术结构上,应将体系技术规划细化到可完成战术级任务的作战系统或火力单元。

对国家空天防御作战体系的构建不是将原来的空防作战体系推倒重来,而是对原有体系的继承与发展,因此,不但要以现有防空作战体系的结构为基础,还要参照各国空天防御体系的建设经验,同时充分考虑本国军事技术的发展现状。国家空天防御作战体系的结构,在纵向上应包括国家空天防御系统、战略方向空天防御系统以及战区战役防空反导系统三个层次;在横向上应由综合信息系统、远程预警系统、天基支援系统、多维攻防火力系统、联合指挥控制系统和人民防空系统等分系统构成。

二、空天防御体系架构

(一)空天防御体系结构

空天防御体系是以综合信息系统为核心及纽带的防空防天作战力量高度集成的作战体系,体系内部各组分系统可以独立履行其职能,系统要素可以再分,平时处于松耦合状态,战时可根据需要临机组成紧耦合状态,待作战结束后恢复松耦合状态。组分系统按照功能可划分为预警探测系统、指挥控制系统、拦截交战系统、信息对抗系统以及综合保障系统五大部分,如图 1-1 所示。其中,信息对抗系统是各分系统的基础平台,隐含在整个作战体系之中。

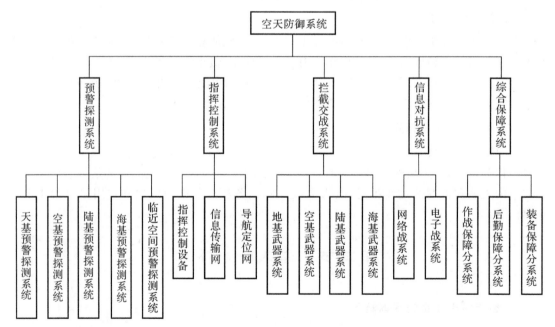

图 1-1 空天防御体系结构

1. 预警探测系统

预警探测系统由装备多种探测手段和相关信息装备的作战力量构成,是担负发现、识别、跟踪(定位)敌方的空天威胁目标,为空天防御作战提供预警和情报信息任务的综合系统。预警探测装备分布于陆、海、空、天等多维物理空间,是空天防御作战体系的"千里眼""顺风耳",也是担负空天防御空情保障任务的主体。按照侦察预警对象属性,预警探测系统可分为防空预警探测系统、防天预警探测系统、弹道导弹预警探测系统等。按其在担负作战中的重要程度及配属的指挥层级,预警探测系统可分为战略预警探测系统和战役战术预警探测系统。按照平台的配置空间,预警探测系统可分为天基预警探测系统、空基预警探测系统、陆(海)基预警探测系统及临近空间预警探测系统。

(1)天基预警探测系统。天基预警探测系统也称天基侦察预警系统或航天监视网、卫星侦察网,是以各种侦察预警卫星、数据跟踪和中继平台为主要装备,辅以配套的信息传输、处理设备的预警探测系统。天基侦察以其得天独厚的空间条件优势,可以不受领空限制,模糊了平战界限,故可实现全天候、全时域、全地域侦察。天基预警探测系统是信息时代国家空天防御作战的基础和前提,在整个空天防御预警探测系统中有着越来越重要的地位。

天基预警探测装备主要是各类侦察卫星,包括导弹预警卫星、电子侦察卫星、成像侦察卫星、海洋监视卫星等。空间站和航天飞机等也可以实施对地、海、空中目标的侦察和监视。另外,测地卫星、气象侦察卫星、商业遥感卫星等其他一些军用和民用商业卫星,也都是重要的天基侦察手段。

天基预警探测系统的主要任务是进行太空侦察,发现、识别、监视和跟踪各种空、天飞行器和地(海)面目标,为空天防御作战提供及时、准确的作战态势和预警信息,为判断敌方意图和制定对抗措施、实施交战拦截提供情报信息。

(2)空基预警探测系统。空基预警探测系统由装载各种侦察设备的空基平台及相关的数据处理和传输设备组成。空基预警探测系统的技术较为成熟,应用非常广泛。空基预警探测系统的主要侦察对象是地面、海面、水下和空中目标。其主要任务是进行航空侦察、掌握战场态势、提供预警情报和目标信息以及进行效果评估等。

空基预警探测装备主要是各种侦察机、预警机、侦察气球、侦察飞艇等。侦察机具有很强的侦察能力,是获取战场情报的重要力量。预警机可以发挥空中指挥中枢、指挥控制、电子战、警戒、通信等作用,是未来空天防御体系中不可或缺的重要组成部分。无人侦察机以其突防能力强、无人员代价等优越性,在未来的空天防御作战中具有广泛的应用前景,尤其是随着纳米技术的迅速发展,小(微)型无人机越来越受各国军界的高度重视。

(3)陆(海)基预警探测系统。陆(海)基预警探测系统是空天防御预警探测系统的重要组成部分,主要由陆、海、空军的各种地(水)面雷达网、无线电技术侦察网和对空观察哨网等三大部分组成。

地(水)面雷达类型多样,性能、体制不一,综合集成后可形成远中近程、高中低空严密的对空对天预警探测网络。地(水)面雷达按作用范围可分为远程和中近程两大类:远程预警雷达主要是指大型相控阵雷达、超视距雷达等,中近程雷达是指探测范围在 500 km 以内的各种警戒和引导雷达。

无线电技术侦察又称信号侦察,是陆基预警探测系统的重要组成部分。无线电技术侦察按其工作性质和方式,可分为无线电侦听、无线电侦收和无线电测向三大类。随着无线电设备和频谱使用密度日益扩大,无线电技术侦察在未来空天防御中的地位更加突出,任务更加繁重。

地(水)面对空观察哨网是一种最原始的情报侦察手段,但在信息时代的战争中,其仍然不失为一种有效的侦察手段。借助光学、红外和声音等设备,利用信息化、数字化通信手段,能够对低空、超低空目标和特殊目标提供有效预警,这是未来空天防御作战中获取目标信息的重要补充手段。

陆(海)基预警探测系统主要担负对航空和航天目标进行侦察、监视、预警、识别、跟踪等任务,为防空、反导、防天作战提供及时、准确的目标信息和空中态势。

(4)临近空间预警探测系统。临近空间预警探测系统由装载各种侦察设备的临近空间平台及相关的数据处理和传输设备组成。临空预警探测系统依托高度优势既能对现有预警探测体系进行有效补充,也能对天基和空基预警系统进行可行性替代,较其他预警手段有着明显优势。

临空预警探测装备主要包括各种以临近空间飞艇、浮空器等为平台搭载的雷达探测系统以及临近空间侦察机、无人机等。这些探测装备具有留空时间长、时空分辨率高,可定点精确监视、灵活机动部署等优点,能够有效弥补当前空天防御预警体系对低空/超低空突防目标、隐身类目标、高超声速目标以及临近空间目标预警探测的不足,可进一步与预警卫星、预警机、地面远程预警雷达深度融合,提供更为精准的预警信息,形成多维多域一体的预警探测系统。

2. 指挥控制系统

指挥控制系统是由空天防御作战各级指挥员、指挥机关、自动化指挥系统等要素以一定形式构成,对空天防御作战行动负有指挥控制职能的"人-机"一体综合系统。指挥控制系统是空天防御作战的"神经中枢",对于发挥作战体系的整体效能具有至关重要的作用。其主要功能是:实施作战筹划;掌握空天战场态势;进行辅助决策;威胁判断和作战计划(方案)生成;实施作战资源管理;指挥、控制、协调各种参战力量的作战行动;等等。空天防御指挥控制系统正在进一步向态势感知可视化、系统应用安全化、决策支持智能化、组织结构扁平化、指挥控制网络化、信息实时共享化的方向发展。

空天防御指挥控制系统的划分方式多种多样:按照指挥层次可分为战略级指挥控制分系统、战役级指挥控制分系统、战术级指挥控制分系统、火力级指挥控制分系统;按功能可分为防空防天一体化指挥控制分系统、防空指挥控制分系统、反导指挥控制分系统、反卫指挥控制分系统等;按主体结构可分为指挥控制设备、信息传输网、导航定位网等。

(1)指挥控制设备。空天防御作战指挥控制设备,是分布式指挥控制系统的节点与核心,由指挥控制硬件和软件组成。

指挥控制硬件通常包括信息处理设备(计算机系统)、系统连通设备(计算机网络)、人-机交互设备和内部通信设备等。其中,信息处理设备是指挥控制系统的核心设备,主要任务是进行高效的作战信息分析处理,提供指挥决策支持,在战场态势感知系统的配合下快速完成对目标的识别、信息融合、威胁判断、任务分配等。随着计算机技术的快速发展和对指挥控制信息处理要求的不断提高,云计算技术将得到广泛应用,信息处理正朝着并行处理与分布式处理的方向发展。

指挥控制软件通常包括系统软件、支持软件和应用软件等。其中,系统软件为指挥控制系统的支持软件和应用软件提供工作环境,支持软件为应用软件的开发和运行提供支持,应用软件是为满足作战指挥控制任务需求而编制的。

(2)信息传输网。信息传输网是为保障空天防御作战通信不间断而建立的信息传递网络,是实施指挥控制的手段,也是连接预警探测、指挥控制和拦截交战等系统的纽带,主要完成空天防御系统内部和对外的所有信息传输和交换。对信息传输的基本要求是实时精确、安全可靠、连续不间断、全面有效等。

信息传输网的功能,主要包括实现空天防御系统所有节点之间的信息传输和交换,实现通信网络管理,异构信息传输,以及视频、数据、话音通信及应急通信功能等。按信息传输网的性质和保障范围,空天防御信息传输网可分为基于国家(全球)的骨干信息传输网(信息栅格)、基于战区(军区)和军(兵)种的信息传输网(用户信息栅格)、专用信息传输系统、应急信息传输系统、信息传输网络管理系统等。按照信息传输的手段,空天防御信息传输网可分为战术无线电通信网、地域通信网、协同通信网和空间广域通信网。信息传输主要通过卫星通信系统、光纤通信系统、短波通信系统、微波接力通信系统、移动通信系统、野战综合通信系统、数据链以及其他通信系统来实现。

(3)导航定位网。导航定位网是实施空天防御作战的重要手段,可保障防空防天装备实施全球、全天候、高精度的定位导航和空天防御力量的精确交战,主要包括天基卫星定位导航系统、地(海)基无线电导航系统等。

1)天基卫星导航定位系统主要由部署在太空的定位导航卫星构成,其基本职能是为空中飞行器、巡航导弹、海上舰船、地面设备、人员等提供精确定位、授时服务。当前,典型的卫星导航定位系统主要有美国的全球定位系统(Global Positioning System,GPS)、俄罗斯的全球导航卫星系统(Global Navigation Satellite System,GLONASS)、欧洲的伽利略导航卫星系统(Galileo Navigation Satellite System,Galileo)和中国的北斗导航卫星系统(BeiDou Navigation Satellite System,BDS)。其中:一些卫星导航系统除可以提供快速定位、精确授时服务功能外,还具有报文通信功能;为保证军事用途,大部分卫星导航定位系统的使用频率载波调制都分为军码和民码两种。与其他导航定位手段相比,卫星导航定位的最大优点是作用范围大、定位精度高、授时精准、不受地形条件限制、受天候条件影响小等。卫星导航定位系统已成为空天防御体系中导航定位网中的主体,并将发挥日益重要的作用。

2)地(海)基无线电导航系统是利用无线电技术引导飞机、舰船、车辆等运动的各种技术设备的统称。其基本工作原理为:地(海)面发射机产生的无线电波通过天线发向目标,经应答机接收并转发(也可用目标上的信标机直接发送无线电信号到地面、海面),或被目标直接反射回地(海)面,地(海)面接收天线接收并处理测量数据,最终由终端机给出测量参数,引导物体运动。

目前,常见的地(海)基无线电导航系统有:伏尔(VOR)、测距器(DME)、塔康(TACAN)、罗兰-C(Loran-C)、无线电信标(Radio Beacon)、仪表着陆系统、微波着陆系统、精密进近雷达等。总体上,地(海)基无线电导航系统采用脉冲信号体制,工作于中、短波段,主要采用视距通信传播方式,具有工作可靠、抗干扰性强等优点。但地(海)基无线电导航存在以下缺点:一是设备复杂。系统需要多套设备才能完成导航任务,且采用直达波传播方式后,地(海)面设备的覆盖区域大大受限,使得一种系统难以同时满足大覆盖范围和高导航精度两项要求。二是导航精度不够高。由于地表波沿着空气与大地交界面传播,地面的起伏不平、温度、湿度、电磁特性等因素都会影响电波传播速度。地质特点的不同导致传播速度的变化,若仍以光速近似作为传播速度,就会带来定位误差。

3.拦截交战系统

空天防御拦截交战系统,是指对空天来袭目标实施"硬摧毁"的防空、反导、防天等各种火力拦截武器系统,是实施空天防御作战的基本手段,也是空天防御体系的主体,由各种防空防天作战平台和相应部队构成。

空天防御系统所对付的目标类型繁多、目标特性各异,采用多种具有不同功能、性能的武器来对付各种不同的空天目标。拦截交战系统按作战平台类型,可分为空基、地基、海基、天基防空防天拦截武器系统;按作战和功能任务,可分为防空武器系统、反临近空间武器系统、反弹道导弹武器系统、防天反卫武器系统等;按武器杀伤能量形式,可分为全向核能武器、动能武器、定向能武器等类型(见表1-3)。

表1-3 空天防御武器杀伤能量形式分类

空天防御武器系统		空中及临近空间目标防御	弹道导弹防御	太空防御
全向核能武器 (含中子弹)	地(海)基: ①低层拦截导弹核武器; ②高层拦截导弹核武器; ③上升共轨拦截核武器	○	○ ○	○ ○
	空基:空空导弹	○		
	天基:共轨太空核武器(指令爆炸)			○
动能武器 (如破片杀伤、 轨道炮、KKV、 EKV、MMM等)	地(海)基: ①低层动能拦截器; ②高层动能拦截器; ③上升共轨动能拦截器; ④高炮(近距离防御)	○ ○ ○	○ ○ ○	○ ○
	空基:空空导弹、航炮	○		
	天基: ①共轨动能拦截器(太空地雷); ②异轨动能拦截器			○ ○
定向能武器,包括高能激光器[氧碘化学激光器(COIL)等、核爆炸X射线激光器(NXRL)等]、定向电磁波、聚焦电磁波、电荷粒子束、中性粒子束等	地(海)基: ①高功率电磁武器和有源电子对抗; ②高能激光器和有源光电对抗	○ ○	○ ○	○ ○
	空基:高能激光器	○	○	○
	天基: ①高功率电磁武器和有源电子对抗; ②高能激光器和有源光电对抗; ③中性粒子束武器	○ ○	○ ○ ○	○ ○ ○

其中地基和海基防空防天拦截武器系统主要用于拦截和摧毁来袭的各种类型空天目标，目前正朝着全空域、多目标、远射程、新机理武器等方向发展。空基拦截武器系统主要以作战飞机为平台，使用先进的空空导弹、空天导弹和激光武器等，对敌方来袭的空天兵器实施远程空中拦截。天基拦截武器系统主要以卫星为平台，使用激光、动能等新概念武器，对敌卫星、弹道导弹、临近空间和空天飞行器进行空间拦截和摧毁。

4. 信息对抗系统

信息对抗系统已成为空天防御体系的关键组成之一。其功能是以电子战、网络战为基本作战方式，对敌预警探测网、信息传输网、指挥控制网及制导系统实施信息压制和反辐射摧毁，对作战系统人员实施心理攻击，或对上述攻击进行防护。按信息作战的领域和手段不同，信息对抗系统可分为电子战系统和网络战系统等。

(1) 电子战系统。电子战系统是信息对抗系统的重要组成部分，主要功能是着眼于空天防御作战全局，对敌空天袭击体系的"软肋"进行软硬兼施的综合打击，破坏或限制敌使用电磁频谱的权利，以谋求对战场电磁权的控制优势。

电子战力量既包括装备各种专门电子战装备的电子战部队，也包括分布于预警探测、指挥控制、拦截交战等系统之中的各种电子进攻或防御手段、设备和部队。电子进攻手段主要包括配置在地面、空中、太空的电子干扰武器、电子压制武器、定向能武器(如激光武器)和非定向能武器(如电磁脉冲弹)等。电子防御手段主要包括控制电子辐射、无线电静默、电子欺骗、电子伪装、频谱管制等。空对地、地对空反辐射导弹及炸弹、反辐射无人机等电子压制武器既是硬杀伤武器，也是电子进攻的有效手段。

(2) 网络战系统。在空天防御作战中，网络战用于对敌方通信网络、雷达网络和计算机网络系统进行干扰破坏，同时防护己方的网络系统免遭敌方的网络攻击、干扰和破坏。网络战系统是信息化条件下以网络空间为战场、以网络攻击和网络防护为基本手段的一种全新信息作战平台，它具有平战一体化、战场无硝烟、攻防无疆界、实战非线性等特点。

当前，各军事大国都在从网战理论、网战部队、网战武器等各个方面，积极备战未来的信息化战争。在网络战技术和武器系统发展等方面，美国处于世界前列。其中，美空军的"舒特"系统(Project Suter)为典型代表。

"舒特"系统由 EC-130H 电子战飞机、RC-135U/V/W 电子侦察机、EA-18G 电子干扰飞机、F-16C/J 战斗机组成，这些飞机除固有设备外，还装备有源辐射吊舱和网络分析仪器等攻击设备，可以通过敌方的传感器、通信系统、通信链路、中继链路、信息处理设备和网络处理节点侵入敌方空天网络系统，能够实时监视敌方雷达的探测结果，使操作员获得与敌方雷达探测系统一致的信息，根据看到的敌方雷达图评估其隐身能力或地形遮蔽的效能，甚至能以系统管理员身份控制敌方网络，对敌传感器进行各种操作，注入欺骗信息和处理算法，并能对敌时敏目标链路实施控制。"舒特"攻击技术是一种集战场侦察、电子干扰、网络攻击、精确打击于一体的综合性进攻技术。该系统通过多架装有网络中心协同目标瞄准定位的监视飞机的数据融合，实现数秒内对目标辐射源的高精度定位和识别，并在数分钟内通过多平台通用数据链传送到武器或地面引导站，具有对敌综合防空系统实施干扰、欺骗、控制和硬摧毁的能力，体现了美军"网络中心战"思想。2007年9月6日傍晚，以色列空军就通过美军"舒特"系统的支持，对叙利亚"核设施"目标实施了毁灭性打击，叙利亚防空系统全程没有进行任何反击。

从对敌方防空压制作战的战术流程上来讲,作战时:首先,对目标实施电子侦察,获取数据参数,破译信息、密码,分析、识别、处理各类信息;其次,根据作战目的选择攻击方式,包括电子干扰、反辐射攻击、精确火力打击、网络战攻击;再次,实施"舒特"网络攻击;最后,在敌方防空系统被压制后,己方空中作战力量将完全取得制空权。

5. 综合保障系统

空天防御作战保障系统主要由作战保障、后勤保障、装备保障等分系统组成。针对空天防御作战的全域性、精确性、实时性,以及其作战环境的复杂性、力量的多元性等特点,为满足空天一体作战需求,综合保障应以信息系统为支撑,运用综合集成的方法,实现各种保障力量的一体化运用、各种保障资源的优化配置和各种保障行动的协调精准。

(1)作战保障分系统。作战保障分系统以信息化、网络化为基本特征,主要担负情报侦察、通信、指挥控制、气象、定位导航、航空管制等方面的保障,以及对核、生、化武器的防护等。作战保障分系统由情报、通信、领航、气象、航管、防护等部门和专业队伍组成,既有独立的部(分)队,也有分布于预警探测、指挥控制等系统的保障力量。作战保障分系统主要包括:侦察与情报保障、通信保障、导航保障、气象保障、航空航天发射保障、空中空间管制保障以及综合防护等分系统。其中,综合防护分系统既是作战保障系统的重要组成部分,也可作为空天防御体系中相对独立的系统,综合防护分系统又可分为实体防护分系统、信息防护分系统以及心理防护分系统等。

(2)后勤保障分系统。后勤保障分系统由后勤财务、军需、营房、运输、物资、油料以及卫生等部门和专业后勤队伍组成,包括物资保障、生活保障、卫生保障、运输保障和后勤自卫保障等分系统。上述各种分系统由军队、地方专业保障力量共同组成,既有军队系统、国家政府系统,也包括租用的商用系统或国外的相关系统。其作用是组织经费、物资、器材、油料、给养等的筹措、储备、管理和供应,组织工程构筑、医疗救护和交通运输等,及时、准确地保障武装力量作战、建设及其他活动的需要,巩固和提高空天一体作战能力。未来信息化战争中,网络化和智能化程度高,对抗激烈、物资消耗大,对后勤的依赖性增大。健全的后勤保障信息网络、优化的后勤保障结构、陆、海、空三军联合后勤保障模式,快速动态式的后勤保障体系,社会化、网络化的保障体系,是后勤保障系统的发展趋势。

(3)装备保障分系统。装备保障分系统由军队装备部门、装备研制单位、专业技术队伍和各种设备设施等组成。装备保障分系统的主要任务是:根据空天防御作战的需要,对作战和保障装备实施调配、维护、修理、改装以及检查等。装备保障分系统对于维持航空、航天、防空、防天力量高技术密集型的技术装备的完好、高效具有重要作用;能充分发挥网络的信息传输与共享优势,通过网络化综合保障信息系统,实现装备保障信息采集、存储、传输、处理、使用、反馈的一体化和自动化、装备保障资源与需求的透明化、装备保障决策、指挥、控制的实时、精确和高效;装备远程故障诊断、远程技术支援、远程教育培训等新型技术保障模式,是装备保障系统建设追求的目标。

(二)空天防御体系技术架构

信息时代空天防御体系的技术需求,主要包括支撑技术、基础技术和前沿技术等。支撑技术是指体系建设和装备研制所需各类关键技术,基础技术是指装备研制中涉及的通用和共性技术,前沿技术是指具有前瞻性、先导性和探索性的重大技术。

1. 支撑技术

支撑技术主要包括武器系统总体技术、动能拦截器总体技术、先进战斗部与高效毁伤技术以及制导控制技术等。

(1) 武器系统总体技术。武器系统总体技术主要是发展武器系统总体优化设计技术、信息链和精度链技术、抗电子干扰技术、数据融合技术、人工智能技术、战技指标分配技术、系统集成与试验技术。

(2) 动能拦截器总体技术。动能拦截器总体技术主要是发展针对临近空间、大气层外目标的动能拦截器等关键技术。

(3) 先进战斗部与高效毁伤技术。先进战斗部与高效毁伤技术主要是发展可变形定向战斗部技术,电磁脉冲战斗邻技术,制导与引信一体化技术以及高速目标、隐身目标、自适应引战配合技术等。

(4) 制导控制技术。制导控制技术主要是发展侧喷干扰条件下拦截器姿态控制、高精度制导控制、多模复合制导控制等关键技术。

2. 基础技术

基础技术主要包括:仿真技术、惯性测量和导航技术、先进气动技术、成像探测器件技术、先进材料技术、先进制造技术以及电子元器件技术等。

(1) 仿真技术。仿真技术主要分为异地/异构分布式联合仿真技术以及高性能并行仿真技术等。

(2) 惯性测量和导航技术。惯性测量和导航技术主要是惯性测量装置快速启动技术、全温度和恶劣环境条件下的高精度设计技术、大动态扰动下动平台导航系统快速准确初始对准技术等。

(3) 先进气动技术。先进气动技术主要是高速飞行侧喷干扰效应、气动光学效应流场精确预测技术,基于直接力/气动力复合控制导弹气动布局设计技术等。

(4) 成像探测器件技术。成像探测器件技术主要是针对各类防空反导红外光学制导设备的需要,发展中波、长波红外凝视焦平面探测器批生产工艺技术,中波/长波共焦面红外探测器技术,以及中规模紫外焦平面探测器技术等。

(5) 先进材料技术。先进材料技术是针对防空反导拦截弹的需求,突破高强耐热铝、镁、钢等新型金属材料的应用技术,轻质结构复合材料的成型、检测技术等。

(6) 先进制造技术。先进制造技术主要指针对防空反导武器系统高精度、高机动、结构轻质的需求,突破新型轻质弹体、导引头、制导雷达、姿轨控发动机等关键核心构件精密加工与装调技术,以及高性能高可靠微组装与系统级封装技术。

(7) 电子元器件技术。电子元器件技术主要指电子元器件小型化、系列化、标准化和模块化技术,高抗振和抗强冲击小型晶体元器件技术,小型高基频石英谐振器技术,低相噪、宽压控、低老化晶振、微波铁氧体器件极化和变极化技术,微波铁氧体器件小型化组件技术,等等。

3. 前沿技术

前沿技术主要包括定向能空天防御技术、新型拦截弹技术、新型动力技术以及新型探测技术等。

（1）定向能空天防御技术。定向能空天防御技术主要指激光波束智能高精度控制技术、电磁脉冲武器技术等。

（2）新型拦截弹技术。新型拦截弹技术主要指低成本动能拦截弹技术、弹族化防空反导导弹技术、智能导弹技术等。

（3）新型动力技术。新型动力技术主要是发展新型多级、大流量、轻质化热燃气增压技术，推力可调、快响应姿轨控发动机技术等。

（4）新型探测技术。新型探测技术主要是发展分布式阵列相参合成雷达技术，以宽禁带 T/R 模块、光控光馈 ME/MS 为基础的新型相控阵雷达技术，超长波红外、亚毫米波焦面探测器技术和太赫兹探测技术等。

第四节　典型空天防御系统

一、战区弹道导弹防御系统

冷战结束后，美国开始注意战区内弹道导弹对其海外驻军的威胁，研究并着手建立战区导弹防御（Theatre Missile Defence，TMD）系统，如图 1-2 所示。1991 年的海湾战争，使美国对 TMD 的认识发生根本性的转变。战争中爱国者地空导弹与飞毛腿弹道导弹之间的交锋加速了美国 TMD 的研制进程。

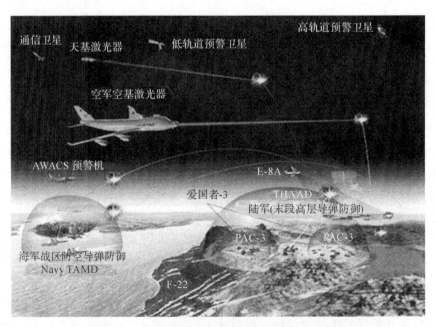

图 1-2　美国战区防空和导弹防御作战概念示意图

美国 TMD 计划的主要战略目标是，减少美国前沿部署的军事力量和远征部队以及盟国和友邦在地区性战争中可能受到来自射程在战区范围内的弹道导弹威胁。TMD 的作战使命是拦截射程在 700～3 500 km、最大飞行速度在 5 km/s 以下的弹道导弹。

TMD 包括低层防御系统、高层防御系统和助推/上升段拦截系统三大部分。其中,低层防御系统主要由爱国者 PAC-2 和爱国者 PAC-3 反导系统组成,用于保护小区域战役战术目标,对高度在 40 km 以下弹道导弹的飞行末段进行拦截;高层防御系统负责对高度在 40～160 km 弹道导弹的中、末段拦截,以保护较大的战略地区和目标,其主要由战区高空区域防御(Terminal High Altitude Area Defence,THAAD)系统承担;助推/上升段拦截系统主要由机载激光武器、电磁炮等组成。在这三类系统中,THAAD 是 TMD 的核心。

(一)爱国者导弹系统

爱国者导弹系统是美国雷声公司于 20 世纪 60 年代后期开始研制的全天候、点面结合的防空导弹系统,主要用于拦截高速机动目标、巡航导弹及其他战术导弹,是一种经过实战检验的末段低层拦截系统,爱国者导弹系统在原型基础上升级地面雷达后,称之为 PAC-1,其具备更高的监视预警能力;在 PAC-1 基础上完成导弹升级,称之为 PAC-2,使其符合设计 TBM 目标的要求,在经历"沙漠盾牌""沙漠风暴"行动后,又对软件和训练进一步升级以满足改变的全新战争环境,升级完成后的 PAC-3 综合继承了 PAC-2 的全部优点。综上所述,爱国者地空导弹系统目前已经形成了一个族系:武器系统原型——MIM-104(1982 年列装);第一阶段改型——PAC-1(1988 年列装);第二阶段改型——PJLC-2(1989 年列装);第三阶段改型——PAC-3/1 型(1995 年列装)、PAC-3/2 型(1998 年列装)、PAC-3/3 型(1999 年列装)。

PAC-3 拦截系统由地基雷达、交战控制站、发射装置和动能拦截弹 4 个基本部分组成。

(1)地基雷达为 AN/MPQ-65(或 AN/MPQ-53)型相控阵雷达,在天线不动的情况下,用电扫描能实现多波束搜索。地基雷达不仅能对来袭导弹进行预警和跟踪,还能提供与飞行中的拦截弹的地空通信。其天线波束在 100 ms 内可变换 32 种,具有扫描速度快、反应时间短、提取数据率高和对多目标跟踪能力强等优点,可实现对多目标探测、跟踪、敌我识别及目标照射和导弹制导。

(2)交战控制站是 PAC-3 火力单元的作战中枢神经系统,它提供指挥、控制、通信以及火控功能。交战控制站采用人-机交互的方式,可以由计算机辅助进行目标识别和优先级排序,也可以由交战控制站和计算机自主控制整个作战。

(3)发射装置负责导弹的运输、保护和发射任务,它可以安装在离交战控制站和雷达 1 km 远的地方,通过微波数据链路自动接收指令。每一个发射装置配备有 4 枚制导增强型导弹(Guidance Enhanced Missile,GEM)或早期的导弹,如果使用选择发射器则可携带 16 枚动能拦截弹。

(4)PAC-3 动能拦截弹是在增程拦截弹的基础上发展起来的一种新型动能拦截弹。该拦截弹由一级固体助推火箭、制导设备、雷达导引头、姿态控制与机动控制系统和杀伤增强器等组成。PAC-3 导弹的弹头以"碰撞杀伤"方式取代过去的"碎片杀伤"方式,杀伤力更大。它在制导过程中使用惯性制导飞向预定的拦截位置,并能在飞行中接收地基雷达的更新数据,在飞行末制导阶段利用 K 波段主动雷达的终端导引头制导。

PAC-3 拦截战术弹道导弹交战过程如下。

(1)相控阵雷达探测到来袭目标。雷达检查目标的速度、高度、运行状态和雷达截面积。

如果这些数据与系统内设定的识别参数一致,就把目标作为弹道导弹目标显示在操作屏幕上。

(2)在交战控制站,战术控制官检查回波的速度、高度和弹道,然后授权进行交战。根据交战授权,TCO命令把系统发射器从"待机"模式转向"工作"模式。一旦计算机确定最大杀伤概率,交战立即自动进行。

(3)系统计算机确定哪个发射器具有最高的杀伤概率,并选择它进行射击。两枚导弹的发射时间间隔为4.2 s。

(4)AN/MPQ-65不间断地跟踪目标,并把截获信息上传给PAC-3导弹。

(5)到达末端寻的阶段,PAC-3头部的K波段主动雷达寻的器截获弹道导弹。该雷达选择最像来袭导弹弹头的雷达回波,并将拦截器引向来袭导弹弹头。

(6)PAC-3导弹的控制发动机精确地调整导弹,使其按截获弹道飞行。

(7)拦截器飞向弹道导弹,摧毁目标。

(8)第二枚导弹定位来袭导弹弹头,并以相似的方式进行拦截。

(二)战区高空区域防御系统

THAAD系统属于末段高层拦截系统,是美国在20世纪90年代为战区导弹防御计划重点开发研制的第一个专门的地基系统,总承包商为洛克希德·马丁公司,THAAD系统于1989年提出计划,并开始一系列验证试验,2000年转入工程研制阶段,第一套系统于2008年部署。其主要目的是:

(1)用"直接碰撞杀伤动能拦截弹"技术防御中远程战区弹道导弹,旨在保卫大的区域免遭射程在3 500 km以下导弹的攻击。

(2)作为陆军双层战区导弹防御系统的高层防御系统,既可以在大气层内40 km以上的高空拦截来袭弹道导弹目标,又可以在大气层外100 km以上的高度拦截来袭弹道导弹目标。

THAAD系统是一种可以机动部署,也可由飞机空运的远程高空弹道导弹防御系统,主要针对高空导弹进行拦截,采用卫星、红外、雷达三位一体的综合预警方式。该系统由THAAD拦截弹,THAAD雷达,作战管理、指挥、控制和通信(Battle Management,Command,Control and Communication,BMC^3)系统等组成。

1. THAAD拦截弹

THAAD拦截弹是一种高速动能杀伤拦截导弹,由固体火箭推进系统、动能拦截器(Kinetic Kill Vehicle,KKV)和级间段等部分组成。其中固体火箭推进系统由推进装置、推力矢量控制装置和尾裙组成,推进系统提供初始推力,由单级固体发动机提供动力,使杀伤器达到合适的拦截高度和姿态;杀伤器采用动能方式摧毁目标,主要包括钢制头锥、两片头罩、红外导引头、集成电子设备包和姿控轨控系统;级间段是助推器和杀伤器之间的过渡装置。THAAD拦截弹全弹长为6.170 m,最大弹径为0.37 m,起飞质量为900 kg,最大速度可达2.5 km/s,导弹发射后从地基X波段雷达接收控制信息。采用侧窗探测红外凝视成像寻的末制导,能够识别、锁定并直接碰撞和摧毁弹道导弹弹头。在发动机结束工作时,导弹的杀伤器从助推器上分离,姿控/轨控系统使杀伤器机动飞向目标拦截点,头锥中的红外导引头将进行目标查找,杀伤器将在碰撞点与来袭导弹发生碰撞,实现拦截。

2. THAAD雷达

THAAD雷达是AN/TPY高分辨率X波段固态有源相控阵雷达,由天线设备单元、电子设备单元、冷却设备单元、主电源单元、操作人员控制单元组成,具有监视和远距离火控功能,能够提供监视、火控、杀伤评估和发射初始化信息,为拦截大气层内外 3 500 km 内中程弹道导弹而研制,是美军一体化弹道导弹防御体系中的重要传感器。其可以远程截获、精密跟踪和精确识别各类弹道导弹,主要负责弹道导弹的探测与跟踪、威胁分类和弹道导弹的落点估算,并实时引导拦截弹飞行和拦截后毁伤效果评估。THAAD 雷达有两种部署方式,既可以单独部署成为早期弹道导弹预警雷达(前置部署),也可以与 THAAD 系统的发射车、拦截弹、火控和通信单元一同部署,充当导弹防御系统的火控雷达(末端部署)。

3. THAAD 发射车

THAAD 发射车主要由经改装的集装箱式运载系统储运车、整发弹集装箱和电子设备模块 3 部分组成,可携带 8 枚导弹。部署后,指挥所通过与发射控制站相连的光缆控制发射车。

4. BMC^3 单元

BMC^3(即 C^2BMC)单元是车载机动指挥中心,由战术作战站和发射控制站组成。BMC^3 单元负责 THAAD 系统的作战管理指挥控制,还将 THAAD 与其他导弹防御层(如爱国者)连接起来,为其他反导系统提供信息。

二、陆基中段弹道导弹防御系统

美国的陆基中段防御(Ground-based Midcourse Defense,GMD)系统,是其国家导弹防御(National Missile Defense,NMD)系统的一部分。美国陆基中段导弹防御系统的主要作战目标是敌方远程弹道导弹、洲际弹道导弹。GMD 系统可以在弹道最高点拦截最大射程超过 10 000 km、最大速度达到 24 倍声速的洲际导弹。

GMD 系统由美国"国防支援计划"(Defense Support Program,DSP)导弹预警卫星或天基红外预警高轨系统、空间跟踪及监测系统、地基远程跟踪雷达、海基远程跟踪雷达、地基拦截弹以及一系列战斗管理中心、司令部、控制及通信中心组成,如图 1-3 所示。

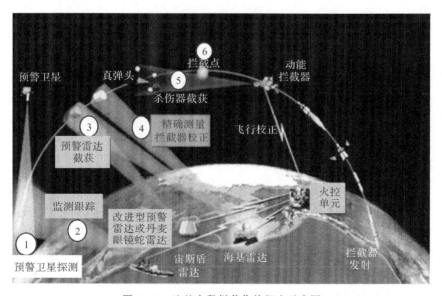

图 1-3 地基中段拦截作战概念示意图

(一) GMD 作战过程

在敌方目标处于发射初段时,部署在地球轨道上的"国防支援计划"DSP 导弹预警卫星或"天基红外系统"(Space-Based Infrared System,SBIRS),及时发现弹道导弹发射时和助推段产生的强烈尾焰,并作出预警。在敌方导弹结束助推段,弹体与弹头分离后,空间跟踪及监测系统(Space Tracking and Surveillance System,STSS)承接起跟踪敌方弹头的任务,STSS 的卫星装有更灵敏的红外探测仪器,可以跟踪低红外特征的弹头。在敌方弹头进入地基或海基远程雷达的探测范围后,雷达展开对敌方弹头的跟踪,BMC^3 系统根据预警雷达的探测信息制定作战管理规划,确定拦截方式、拦截弹的数量,进行约束条件判断,如阳光是否会使红外导引头致盲、地基拦截弹和外大气层动能拦截器(Exoatmospheric Kinetic-Kill Vehicle,EKV)的有效作用距离等,计算火控诸元。

一旦敌方弹头进入射程,地基拦截弹(Ground-Based Interceptor,GBI)发射升空,远程跟踪雷达保持对敌方弹头和己方拦截弹的跟踪,并引导己方拦截弹进行拦截。地基拦截弹在达到适当的高度、速度后,会进行弹体分离,释放 EKV,EKV 上搭载有红外导引头、变轨推进器等;在红外导引头发现敌方弹头后,EKV 进行变轨机动使自己的飞行轨道与敌方弹头的飞行轨道交汇,最后将敌方弹头撞毁。

(二) 跟踪制导系统

1. 地基 X 波段雷达

地基 X 波段雷达是一种多功能雷达,是地基拦截系统的主要跟踪制导系统,将执行监视、捕获、跟踪、识别、拦截支援和杀伤评估等任务。此外,它还是"天基红外系统"的补充和完善,共同组成 NMD 系统的"眼睛"。在拦截弹发射前,地基 X 波段雷达自主地或根据其他探测器提供的信号对多个目标进行搜索、捕获和跟踪,并根据目标特征信号鉴别弹头或诱饵。由于地基 X 波段雷达采用高频技术和先进的雷达信号处理技术来提高目标分辨率,因而能更精确地判别密集分布的目标。当鉴别出真弹头后,地基 X 波段雷达发出发射拦截弹的指令,在拦截弹飞行期间,地基 X 波段雷达能继续跟踪目标,以便获取更新的目标弹道和目标特征数据,并引导拦截弹飞向目标。拦截结束后,地基 X 波段雷达还将继续搜集数据,以便提供拦截效果评估信息。

2. 地基导弹跟踪系统

地基导弹跟踪系统由多部相控阵监视雷达组成。在天基红外低轨系统部署前,地基导弹跟踪系统担负探测、跟踪处于弹道中段的弹道导弹的任务,并对更为精确的地基 X 波段雷达进行引导,即指示地基 X 波段雷达应向哪个方向捕获目标。地基导弹跟踪系统能够对来袭弹道导弹进行精确识别和跟踪,这对于 NMD 系统的正常运行和指挥控制来说是极为重要的。

(三) 地基拦截弹

GMD 系统地基拦截弹(GBI)由三级助推器和 EKV 构成。GBI 长为 16.8 m,直径为 1.27 m,质量为 12 700 kg,最高飞行高度可达 2 000 km。EKV 重约 64 kg,长约 140 cm,直径约 61 cm,带有可见光和红外探测器、制冷系统、推进系统、通信系统、制导与控制系统及识别和决策计算机等。

GBI 发射后,氪气开始对 EKV 传感器制冷,将之冷却至零下几百摄氏度以至于能探测到弱的红外信号。EKV 红外导引头采用可见光、短波红外($1.9 \sim 2.5\ \mu m$)、中波红外($3.4 \sim 4.0\ \mu m$)、长波红外(7.5～9.5 μm)4个传感器观测目标。

EKV采用望远镜将来自目标的辐射聚集在长波红外探测器成像阵列(256×256)上,探测器探测距离大于1 600 km,视场角约为1°。当EKV与目标距离小于7 km时,可区分弹头(尺寸为0.5 m),此时距拦截碰撞只有0.5～1 s,EKV的视场直径约为120 m。若此时在大范围内释放诱饵,EKV依然能拦截目标。

(四)BMC³系统

BMC³系统用于计划、协调、指挥和控制探测器系统及GMD武器对来袭的弹道导弹进行防御,承担着管理和处理数据的功能,可提供作战管理显示、态势感知等信息。

BMC³系统由作战管理与指挥系统、拦截弹通信系统以及GMD通信网络3部分组成。BMC²系统提供指挥与控制规划、任务分派、威胁分析并协助决策,可分为指挥级结点站、单元现场通信结点站及执行级结点站。其中,执行级结点站可提供指挥级结点站的备份通信,单元现场通信结点站提供GMD组件之间的通信。拦截弹通信系统由不同地理分布的数据终端(Intelligent Data Terminal,IDT)和拦截弹上的应答通信单元组成,负责GBI(EKV)与BMC³之间的通信,为GBI(EKV)提供飞行中目标数据更新和目标物体图。IDT主要包括一个微波发射机和一个接收机,可分为固定IDT、可拆装IDT和机动IDT。GMD通信网络负责提供GMD系统组件之间的通信连接和GBI与外部系统(DSCS,远程控制的防御卫星通信系统)的通信连接,包括通信网络资源管理器、传输设备与光缆、加密设备、局域网或广域网等。

BMC³系统根据火控雷达的精确跟踪数据进行拦截决策,确定GBI的发射时间并预估拦截点。当预估拦截点达到允许范围(约20 km)时,BMC³系统下达GBI发射指令。之后地基雷达对GBI和目标进行精确跟踪,并通过BMC³系统的拦截弹通信系统提供目标数据更新和目标物体图引导GBI飞行。

思 考 题

1. 空天目标威胁共有哪几种?它们各自的特点是什么?
2. 从拦截角度考虑,针对作战飞机、弹道导弹、太空武器及临近空间目标实施拦截时各需要面临何种挑战?
3. 空天防御作战的主要内容包括哪些?
4. 空天防御作战的主要任务包括哪些?
5. 什么是空天防御体系?空天防御体系包括哪几部分内容?
6. 空天防御体系架构与技术架构之间有何关联?
7. 天基预警探测系统、空基预警探测系统和陆(海)基预警探测系统的探测目标是什么?在防御敌方弹道导弹目标时,各类预警探测系统的工作时序应该是怎样的?
8. 地基、海基、空基拦截武器系统所针对的目标有何不同?
9. 美军为何要发展TMD防御系统?TMD防御系统包括哪些内容?
10. 美军GMD系统和TMD防御系统有什么区别?在GMD交战过程中,有哪些预警探测系统参与其中?
11. 在拦截过程中,对真假目标的识别是由哪部分完成的?

第二章 空天防御战场环境与目标特性

第一节 空天防御战场环境

一、地球环境

(一)地球自转

1. 自转周期

地球绕地轴旋转的方向为自西向东,即从北极上空俯视呈逆时针方向旋转。地球自转一周的时间是一日。由于观测自转周期选定的参考点不同,一日的定义和长度也略有差别。日常生活中昼夜交替为一日的概念,称为太阳日,它是太阳连续两次通过同一地点子午圈的时间。由于地球不仅自转,还有公转,一个太阳日地球平均自转360°39′,时间长度为24 h。科学界习用的恒星日是距地球遥远的恒星(或春分点)连续两次通过同一子午圈的时间,代表地球自转360°的真正周期,长度为23h56min4s。由此可知,太阳日比恒星日长3min56s。

2. 自转速度

自转速度有角速度和线速度两种。角速度是物体整体转动时的转动速度,单位为 rad/s,地球自转角速度是 7.292×10^{-5} rad/s。地球上各点的自转线速度大小为

$$v_\varphi = R\omega\cos\varphi \tag{2.1}$$

式中:ω 为地球自转角速度;R 为地球半径;φ 为各点的地心纬度。地面点在地球赤道上线速度约为 464 m/s,南北纬 60°处减少一半,两极则为零。

3. 地球自转所产生的科里奥利力

受到地球自转的影响,在地球上运动的物体会受到科里奥利加速度(也称科氏加速度)的影响,科里奥利力就是为解释这种影响而提出来的,计算公式为

$$\boldsymbol{F}_c = -2m\boldsymbol{\omega} \times \boldsymbol{v}_r = 2m\boldsymbol{v}_r \times \boldsymbol{\omega} \tag{2.2}$$

式中:m 为运动物体质量;v_r 为物体运动速度;ω 为地球自转角速度。需要说明的是,科里奥利力(也称科氏力)不是真实存在的力,但具有力的量纲和作用效果,属于惯性力。科氏力使在北半球沿地表运动的物体发生向右偏转,在南半球则向左偏转。在地球表面运动的物体所受科氏力在地球表面方向的分量又称地转偏向力。

(二)地球重力场

重力是作用在地球表面上任意质点的地球质量的引力 $\boldsymbol{F}$ 和惯性离心力 $\boldsymbol{P}$ 的合力。重力使

质点沿重力方向有一由地球自转所产生的加速度，即重力加速度 g。

若将地球看成是质量分布均匀的圆球，根据牛顿万有引力定律，地球外一质点受到地球的引力为

$$F = -\frac{GMm}{r^2}\frac{r}{r} \tag{2.3}$$

式中：M 为地球质量；G 为万有引力常数，大小为 $6.670\times 10^{-11}\,\mathrm{Nm^2/kg^2}$；$m$ 为质点质量；r 是质点相对于地心的位置矢径，$r=[x\ \ y\ \ z]^\mathrm{T}$；$F$ 为万有引力，负号表示是相互吸引的。质点受地球的引力加速度为

$$a = -\frac{GM}{r^2}\frac{r}{r} \tag{2.4}$$

一个质点的引力势能 V 可理解为质点从 r 处运动到无穷远处克服引力所做的功，即

$$V = \int_r^\infty -\frac{GMm}{r^3}r \cdot \mathrm{d}r = -\frac{GMm}{r} \tag{2.5}$$

则引力位 U 可定义为

$$U = -\frac{V}{m} = \frac{GM}{r} \tag{2.6}$$

若地面上质点相对于地球是静止的，考虑到惯性离心力，则重力位 W 为引力位与离心力位之和，即

$$W = U + \frac{1}{2}\omega^2 r^2 \cos^2\varphi = \frac{GM}{r} + \frac{1}{2}\omega^2 r^2 \cos^2\varphi \tag{2.7}$$

式中：ω 为地球自转角速率的大小；φ 为质点所在位置的纬度。

质点受地球的重力加速度可用重力位 W 的梯度计算

$$g = \mathrm{grad}(W) = \left[\frac{\partial W}{\partial r}\right]^\mathrm{T} = -\frac{GM}{r^2}\frac{r}{r} - \boldsymbol{\omega}\times(\boldsymbol{\omega}\times r) \tag{2.8}$$

式中：等号右边第一项是地球引力加速度，第二项是牵连惯性加速度，或称为惯性离心加速度。

实际上地球形状不是一个正球体，而是一个近似的椭球体，而且地球内部质量分布也不均匀。地球非球形部分的引力对卫星的运动产生很大的影响，称为地球非球形引力摄动。要精确地计算引力位函数，必须知道地球表面的形状和地球内部的密度分布，才能计算该积分，通常可应用球谐函数展开式导出地球的引力位表达式，即

$$U = \frac{GM}{r}\sum_{n=0}^{s}\sum_{k=0}^{n}\left(\frac{R_\mathrm{E}}{r}\right)^n (C_{n,k}\cos m\lambda + S_{n,k}\sin m\lambda)\mathrm{P}_{n,k}(\sin\varphi) \tag{2.9}$$

式中：r,φ,λ 分别为某质点的地心距离、地心纬度和地心经度，即此点的球坐标为 $\boldsymbol{\rho}=[r\ \ \varphi\ \ \lambda]^\mathrm{T}$；$R_\mathrm{E}$ 为地球赤道半径；$(C_{n,k},S_{n,k})$ 为球谐系数；$\mathrm{P}_{n,k}(\sin\varphi)$ 为第一类勒让德（Legendre）多项式。n,k 分别为关联勒让德多项式的阶和级。理论上 n 模型阶数，可取无穷，而实际计算时截断到 s 阶。引力常数 G、赤道半径、球谐系数的组合称为引力场模型。

二、大气环境

(一)大气分层结构

由于地球自转以及不同高度大气对太阳辐射吸收程度的差异，大气在水平方向分布比较

均匀,而在垂直方向呈明显的层状分布。随着距地面的高度增加,可以根据大气的热力性质、成分或电离状况等特征将大气在垂直方向上划分为若干层次。大气沿高度的分布特性是极为复杂的,各层之间也并非有一明显的界限,而是彼此间存在一个较薄的过渡区域。大气分层结构的示意图如图 2-1 所示。

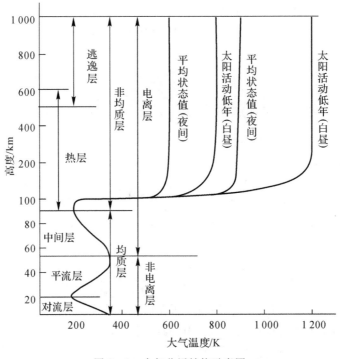

图 2-1 大气分层结构示意图

按大气中性成分的热力结构分层(就是根据大气温度的垂直分布分层),可把大气分为对流层、平流层、中间层、热层和逃逸层。大气温度的垂直分布由热量平衡关系决定,对不同高度大气,影响温度的主要因素不同。

(1)对流层。对流层是紧贴地球表面的大气层,平流层的大气质量几乎占整个大气质量的 3/4。对流层内的气温随高度升高而降低,高度每升高 1 km,气温下降 6.5℃。由于太阳对地面照射和地面地形不同引起风向、风速经常变化,空气上下对流激烈,且有云、雨、雾、雪等气象变化。根据观测的结果,国际标准大气规定高度在 11 km 以下的大气层作为对流层。

(2)平流层。平流层也叫同温层,是从对流层顶以上至温度出现极大值(高度约在 50 km 处)所在高度的大气层。该层内的空气质量约占大气全部质量的 1/4,平流层内几乎没有水蒸气,也没有云、雨、雾、雪等天气现象,故空气没有上下对流现象,只有水平方向的流动。地球大气中的臭氧主要集中在平流层内,臭氧吸收太阳的紫外辐射,层内温度随高度升高而增高。在 11~20 km 这一范围内,保持为 216.65 K(1 K=-273.15℃)不变;再往高,温度也略有升高;平流层顶的平均温度约为 273 K。

(3)中间层。中间层是从平流层顶以上至温度出现第二极小值(高度约在 85 km 处)所在高度的大气层。该层空气质量仅占大气全部质量的 1/3 000。中间层内温度随高度升高而下降,降温的主要机制是二氧化碳发射的红外辐射,中间层顶的平均温度约为 190 K,高纬度地区中间层顶温度有强烈的季节变化。

(4)热层。热层也称高温层,是从中间层顶以上大气温度重新急剧升高,直至包含一部分温度不再随高度变化的高度区间的大气层。太阳活动情况不同,热层顶的高度和温度有较大的变化,层顶高度大致在 400～700 km 之间变化,层顶温度大致在 500～2 100 K 之间变化。在 90～200 km 的高度,大气吸收太阳辐射中波长小于 200 nm 的远紫外辐射,引起大气分子的光化、电离,并伴随着放热过程,使得大气温度随高度有陡峭的增高。在 200 km 高度以上,随着高度增加,储存在大气中的热量逐渐减少,如果从地球磁层没有大的能量输入,热层大气就逐渐趋近于等温状态。

(5)逃逸层。逃逸层也称外层,从高温层往上是外大气层,其高界达 2 000～3 000 km。

上述大气层的区域实际上是逐渐过渡的,没有固定界线。

根据大气成分垂直分布的特点,将大气分成均质层和非均质层。均质层是从地面至约 90 km 高度的大气层,基本上包含对流层、平流层和中间层。均质层大气通过湍流使大气成分均匀混合,大气成分基本均一,平均摩尔质量为常数约为 28.96 g/mol。均质层大气遵从流体静压方程和理想气体状态方程。非均质层位于均质层顶之上,是大气成分随高度有明显变化的大气层,基本上包含热层和外层大气。非均质层大气的平均摩尔质量随高度而降低。105 km 以下的非均质层,大气湍流混合起主要作用,平均摩尔质量的降低只是氧分解的结果,高度为 90～105 km 的大气仍然满足流体静压方程和理想气体状态方程。105 km 以上的大气在重力场作用下,分子扩散作用超过湍流混合的影响。非均质层下部的主要成分是原子氧和氧气,其上部的主要成分为原子氧、氦和原子氢。

根据不同高度大气的电磁特性,大气层可分为非电离层、电离层和磁层。非电离层高度在 50 km 以下,此时大气处于中性原子和分子状态,故也可称为中性层。从非电离层顶开始,部分大气分子受太阳电磁辐射和其他粒子的辐射而电离,形成由电子、正离子、负离子及中性粒子组成的电离介质区,它一直延伸到大气层的 500～1 000 km 处,被称为电离层。

(二)大气物理特性

大气是由多种气体成分组成的混合物,因此大气密度随海拔的增加近似以指数规律单调下降。大气密度的垂直分布曲线如图 2-2 所示。

在 20 km 高空,大气密度约为 8.8×10^{-2} kg/m³,不到海平面的 1/10;在 40 km 高空,密度约为 4.0×10^{-3} kg/m³,约为海平面的 1/300;在 60 km 高空,大气密度约为 3.1×10^{-4} kg/m³,不到海平面的 1/4 000;到 80 km 高空,大气密度只有 2.0×10^{-5} kg/m³;到 100 km 处,大气密度已接近真空。

大气温度随高度的分布很复杂,标准大气是按北半球中纬度地区的统计平均气象条件确定的。大气温度的垂直分布如图 2-3 所示。

由图 2-3 可以看出,在 100 km 内大气温度存在三个极值,其中两个为极小值,一个为极大值。20 km 处是一个极小值,为 216.65 K;从 20 km 开始,大气在太阳红外线的强烈辐射下进行着剧烈的化学反应,生成大量的臭氧成分,同时也引起部分空气分子的电离,由于臭氧的吸热率高,温度随高度增加而增加,50 km 处约为 270.65 K,温度梯度约为 2.45 K/km;随后温度又降低,85 km 处达到第二个极小值;85 km 以上,大气中出现空气的分解和电离,由于吸收太阳辐射热,随高度的增加,温度逐渐升高,在 100 km 处大气温度约为 199 K。

大气压力的垂直分布曲线如图 2-4 所示。高度为 20 km 时,压力约 0.05 个大气压(海平面大气压力的标准值为 1.013 25×10⁵ Pa);高度为 40 km 时,压力约 300 Pa;高度为 60 km 时,压力只有 22 Pa;高度为 80 km 时,压力约 1.2 Pa;高度为 100 km 时,已接近真空。平均每升高 16 km,大气压降低一个数量级。大气压力不仅与高度有关,还随着纬度、季节和太阳的活动变化情况而有所不同。

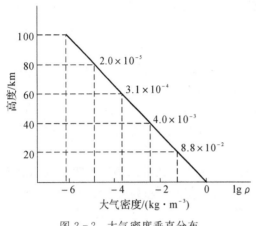
图 2-2 大气密度垂直分布

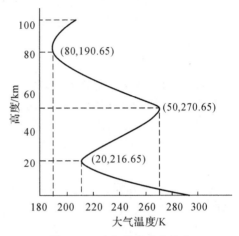
图 2-3 大气温度垂直分布

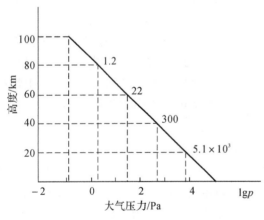
图 2-4 大气压力垂直分布

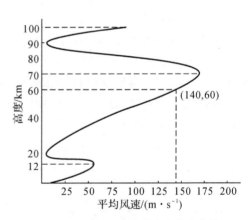
图 2-5 平均风速随高度的变化曲线

大气的平均风速随高度而变化,100 km 空间区域内的平均风速随高度的变化曲线如图 2-5 所示。从图中可以看出平均风速变化存在着 4 个极值点:12 km 和 70 km 附近分别对应一个极大值;20 km 和 90 km 附近分别对应一个极小值。

三、电磁环境

电磁环境是存在于特定场所的所有电磁现象的总和,是指元器件、设备分系统、系统在执行规定任务时,可能遇到的辐射发射或传导发射水平在不同频率范围内功率与时间的分布。电磁环境是从电磁空间的电磁现象与人、装备的相互影响中体现出来的,电磁环境的影响与作用对象有关,具有一定的主观性。电磁环境无处不在,现实生活中几乎所有地方都存在电磁环境。

在现代战场空间范围里,自然电磁现象和民用电磁活动,特别是敌对双方的电磁应用和反电磁应用活动,如通信、雷达、导航定位、电子对抗等构成了电磁环境。电磁环境主要由自然电磁辐射、辐射传播环境和人为电磁辐射三个要素组成。

(一)自然电磁辐射

自然电磁辐射是复杂电磁环境生成的背景条件,是自然界自发的电磁辐射。它包括静电、雷电、地磁场、太阳黑子活动以及宇宙射线等产生的电磁辐射。大气噪声来源于雷电辐射,主要在 3 MHz 以下频段产生干扰。宇宙噪声干扰来源于太阳系和银河系的电磁辐射,对 30~200 MHz 的频段产生一定影响。人为噪声来源于电器设备、各种车辆和高频电子装置等电磁场辐射。这些自然电磁辐射对电磁环境的影响一般是短时突发的,难以准确预见,其中部分辐射对武器装备的影响往往很大,对短波通信的干扰特别严重,需要给予特别关注。

(二)辐射传播环境

辐射传播环境是指影响电磁波传播特性的各种自然和人工环境。其本身不产生辐射信号,而是通过人为电磁辐射和自然电磁辐射影响电波传播发生作用,从而改变电磁环境的状态。它主要包括电离层、地理环境、气象环境以及人为因素构成的各种传播媒介。例如被厚厚的大气层包围着的距地面 50~1 000 km 的电离层,对不同波长的电磁波表现出不同的特性,波长越短,电离层对它吸收得越少而反射得越多。因此,只有短波适宜以天波的形式传播。再如,由于无线电波的绕射力有限,起伏的地形容易造成无线电通信和雷达的"盲区",这既会影响己方的通信和指挥调度,也会给敌机超低空突防制造可乘之机。

(三)人为电磁辐射

人为电磁辐射是战场电磁环境的主要组成部分,它分为民用电磁辐射和军用电磁辐射。

1. 民用电磁辐射

民用电磁辐射主要包括以下五类:一是广播电视、民用通信工具、民用雷达、远程导航仪器等民用无线电发射设备。它是主要的民用电磁辐射源,其发射的电磁波对作战地域的电磁环境影响较大。二是工业、科学、医用射频设备。这些设备虽然没有发射天线,但大量泄漏产生的电磁干扰仍很严重。三是电力、工业设施和交通工具,它们可分别在不同频率产生辐射干扰。四是家用电器,如冰箱、洗衣机、电钻与照明器具等,其功率虽不大,但可在启动、转换、停止的瞬间产生电磁干扰。五是传真机、计算机等信息技术设备,这些设备也会产生电磁干扰。

2. 军用电磁辐射

军用电磁辐射是战场电磁环境的核心组成部分,对战场电磁态势的变化发展起着决定性作用,因而是指挥员重点关注的战场环境要素。其中使用频繁的电磁辐射源主要有雷达、通信电台、光电设备和电子对抗装备四种。

(1)雷达。雷达是战场电磁环境中产生大功率脉冲或连续波信号的定向辐射源。目前军用雷达已达数百种,用途覆盖侦察预警、战场感知、武器控制、航行保障以及敌我识别等作战环节;其部署与使用方式、运载平台也呈现立体多维和网络化,广泛分布于陆海空天范围内,并以各种工作样式交替或同时工作,在战场空间内交织成十分密集、复杂的雷达电磁环境。

雷达发射功率决定了雷达发射的电波在空间的传播范围,功率越大则影响范围越广。由于目标对电磁波的反射和电磁波在空气中的传播都将损耗掉大量的电磁波能量,为了确保雷达接收机能有效接收和处理信号,必须提高雷达的发射功率。通常情况下警戒雷达的脉冲功率可达到兆瓦量级,火控制导雷达的峰值功率一般为几百千瓦。如此强大的电磁波辐射必然对周边其他电子信息系统产生十分强烈的影响作用,因此雷达辐射通常就被认为是战场电磁环境的主要来源。

(2)通信电台。通信电台是电磁环境中产生连续或间断电磁辐射、多向或定向辐射的辐射源。

目前,无线电通信频率已从极低频至微波频段向毫米波和光波频段发展,几乎达到全频段覆盖的程度。在无线电通信中,除调幅信号、调频信号、单边带信号外,还有脉冲编码调制信号、跳频信号、扩频信号等。此外,现代无线电通信传输信息的内容,已由传统的电报、电话,扩展到高清晰度电视和高分辨率数码照相和合成孔径雷达图像。信号传输速率增大,信号占用的频带也随之扩大,从而加剧了频谱资源的拥挤程度。

(3)光电设备。光电设备包括光波波段的发射和探测设备,主要用于侦察敌方的光电辐射信号,大部分采用被动方式工作。光电设备对战场电磁环境带来影响的主要是激光辐射源。激光辐射以其高功率、高单色性和高聚束的特性,使战场局部区域的光波环境特别恶劣。同时,由于它对敌方光电辐射设备的使用构成威胁,迫使其改变使用策略,也会引起战场电磁环境的变化。

战场光电设备主要包括光电侦察、瞄准、火控、制导、光通信和激光武器等。随着光电子学的迅速发展,光电设备在现代作战飞机、舰艇、坦克、导弹、炸弹等武器装备和弹药中得到了越来越广泛的应用,同时,光电侦察卫星、有人或无人侦察机、电视红外/激光制导炸弹、红外夜视仪、激光目标指示器以及热成像瞄准镜等设备的发展,对光电侦察告警、光电干扰等构成了严重威胁。

(4)电子对抗装备。电子对抗装备按功能可分为电子对抗侦察装备、电子干扰装备、电子摧毁装备等,按运用领域可分为雷达对抗装备、通信对抗装备、光电对抗装备等。电子对抗的过程,是运用这些装备截获和分析电磁信号,并对电磁信号辐射源进行定位,继而对敌方电磁信号进行干扰或反辐射硬打击的过程。双方的电子干扰势必引发对方采取各种抗干扰措施,从而引发类似"多米诺骨牌"的连锁反应效应,加重电磁环境的复杂性。

有源干扰是主动地向干扰目标辐射相应的干扰信号,为了达到干扰效果,需要在干扰信号的载频、方向、调制样式等方面与干扰对象所要接收的信号尽可能地接近。早期的有源干扰大多以阻塞压制式为主,以同频噪声信号来淹没干扰对象所要获取的有用信号,这样往往在干扰压制敌方的同时,也对己方的电子设备产生严重的负面影响。现代的有源干扰方式将压制与欺骗相结合,使对方真假难辨,防不胜防。

第二节 空天目标特性

一、空天目标特性概述

目标特性是目标基本特征的表征参量,不同背景下研究的目标特征量不完全相同。本书介绍空天目标特性,重点关注空天防御武器系统在与目标的对抗过程中,对空天防御武器系统作战具有较大影响的相关表征,主要包括目标运动特性、目标电磁特性、目标结构特性以及目标作战使用特性等方面。

(一)目标运动特性

空天防御所面对的目标大多来源于空中,这类目标的运动特性重点指其运动过程中展现的各种性能,主要包括运动空域、运动速度、机动能力、机动模式等特征。

目标运动空域描述了目标典型运动范围,包括飞行高度、飞行距离等相关参数;目标运动速度描述了目标运动的速度变化特性,弹道导弹、作战飞机、临近空间目标等不同类型目标的运动速度存在较大的差异,同时同一作战目标在不同运动模式下其速度特性也不相同;目标机动能力描述了目标改变运动状态的能力,通常采用过载来描述,有人作战飞机机动能力受到飞行员承受能力的限制往往限制在一个范围,通常不超过 $10g$,但对于一些无人的飞行器,其机动能力可以超过这一限制;目标机动模式描述了目标机动过程的样式,不同目标机动模式对防御拦截具有不同的影响。

空天防御面对的目标类型众多,不同类型的目标运动空域、速度、机动能力具有较大的差异,这也为针对性选择目标拦截方法提供了一定的依据。

(二)目标电磁特性

空天防御武器系统通常采用敏感器件接收目标辐射或反射的电磁能来测定目标的运动参数。根据接收电磁能所依赖的电磁谱段不同,通常可将其分为目标雷达电磁特性与目标光电特性。

空天防御武器系统通常采用雷达对目标进行跟踪,从而获取目标的信息,其中包括目标的运动与轨迹信息,还包括雷达目标的几何形状与物理参数等特征信息。从测量的角度,这些特征实质包含了两类信息的测量:一类是尺度测量,即获得目标的三维位置坐标、速度、加速度以及运动轨迹等参数;另一类是特征测量,通常通过雷达散射截面(Radar Cross Section,RCS)及其统计特征参数、角闪烁及其统计特征参数、极化散射矩阵、散射中心分布等参量,得到目标形状、体积、姿态等物理量,实现对目标的分类与识别。

目标光电特性是采用光电探测装置对目标进行探测的基础,空天防御中重点关注的目标光电特性包括目标的红外辐射特性、可见光探测特性等。其中,目标红外辐射是一种由组成物质的微观粒子(分子、原子、离子和电子等)受热激励后能态之间的跃迁而发射出来的电磁波,其波长($0.75\sim1\,000\,\mu m$)介于可见光和微波之间。温度高于绝对零度的物体都会产生红外辐射,温度越高其红外辐射将越强。

(三)目标结构特性

对目标在不同侧面进行描述其结构特性的表述不一,这里介绍空天防御目标的结构特性,重点指站在空天防御探测与拦截的角度所关注的,对空天防御探测与拦截具有较大影响的目标外形结构、尺寸、材料以及易损性等相关特性。不同类型目标,材质以及结构的不同将直接影响到目标的雷达探测特性、红外探测特性等,同时也直接影响到拦截武器对其的毁伤能力。

(四)目标作战使用特性

关于作战使用特性,目前还没有统一的定义与描述。在空天防御中的目标作战使用特性主要指在对抗过程中,目标的编成、组织形式、作战任务、作战流程等作战运用方式与特点;同一目标,其作战运用方式方法不同,对空天防御系统产生的影响也将不同。总的来讲,目标作战使用将直接影响到空天防御系统对其进行拦截的策划、拦截方法以及拦截能力。

目标的这些特性部分由目标固有的物理属性决定,也有部分受到目标能力属性的直接影响,同时还会受到目标管理方对其具体要求的影响。因此,在实际作战过程中,目标展现的特性往往是在特定使用模式下的多种特性综合交织的结果,对目标特性的研究与分析也不应孤立看待,应该将目标特性当成一个整体机械能进行综合分析。

二、空气动力目标典型特性

从空袭目标发展来看,目前对地空导弹系统构成威胁的目标分布于整个空间。依据目标飞行的技术原理,空袭目标可分为空气动力目标、弹道目标和轨道目标三类。空气动力目标依据目标类型不同可分为飞机类目标和导弹类目标,依据目标活动空间不同可分为航空空间目标和临近空间目标。导弹类目标主要指空地导弹、反辐射导弹、巡航导弹等精确制导武器。

(一)飞机类目标典型特性

飞机类空气动力目标可分为两大类:一类是以硬杀伤为主的各种作战飞机,主要包括轰炸机、歼击轰炸机、强击机、歼击机、无人机及武装直升机等;另一类是以软杀伤为主的各种作战飞机,如预警指挥飞机、各种有源干扰飞机(支援干扰飞机和伴随干扰飞机)及战术与战略侦察有人/无人飞机等。

1. 轰炸机

轰炸机可携带不同类型的核弹头、化学弹头或常规弹头的导弹、炸弹等载荷。轰炸机是最重要的战略空袭力量,是地空导弹系统拦截的主要空中目标,它能突入敌深远后方对重要目标实施轰炸,破坏力极大,并且可以完成反舰、侦察和电子战等多种任务。经过近70年的发展,轰炸机已发展到第三代,目前正在发展第四代,现役典型装备有:俄罗斯Tu-95、Tu-160(海盗旗),美国B-52、B-1B、B-2"隐身"战略轰炸机。第三代中远程战略轰炸机有四个显著特点:

(1)具有很强的低空突防能力和超声速低空巡航能力,可在60 m以下(甚至30 m)高度突防,但在某些情况下又可以在干扰掩护下转为高空突防,以躲避被敌雷达发现和防空火力的攻击,增加空袭的突然性。现代的中远程战略轰炸机一般都依赖先进的自动导航系统、地形跟随和规避系统及电子干扰设备实施突防。

(2)机载设备先进。现代作战飞机的战斗性能的发挥,在很大程度上取决于机载武器和机载设备,尤其是各种电子设备,如地形跟踪雷达、前视红外装置、微光电视等。Tu-26(逆火)飞机上的地形跟踪雷达可与军用卫星相结合,实施新型远程惯性导航。美国正不断对B-52H/G的进攻型航空电子系统进行全面更新,尤其着重更新其电子战系统,B-1B上装备了AN-ALQ-161防御性电子对抗系统,用于对付地面火控雷达,并能抑制预警雷达和地面截击雷达,机上还装有一次性使用的干扰物——干扰箔片和曳光弹,同时还在研制INEWS一体化电子战系统(INEWS),以进一步提高电子战能力。为了在60~300 m高度实施超低空突防,配备了地形跟踪系统。目前,正在研制导航卫星定位和惯性导航相结合的高精度全球导航系统。

(3)采用隐身技术。高级复合材料的使用,使B-1B飞机比用金属结构质量减轻20%~30%,加上其他一些隐身技术,B-1B的雷达反射面积下降到1~3 m²,而ATB飞机比此还要小一个数量级。

(4)航程远、体积小、载弹量大,具有远距离实施攻击能力。如B-1B的体积仅为B-52的2/3,而载弹量却比B-52还要大;并且B-1B作战半径在数千公里以上,具有洲际攻击能力。B-52G/H 和 B-1B 都装备了 AGM-86B 空射巡航导弹,其射程达 2 500 km,每架装备数量可达 8～12 枚,还可携带 AGM-69 等其他空地导弹和核弹,配备相应的火控自动导航系统。目前,正在研制射程更远、突防能力更强、精度更高的隐身巡航导弹。俄罗斯的中远程战略轰炸机也都装备了先进的电子战系统,AS-4、AS-6、AS-16 等多种空地导弹和 AS-15 空射巡航导弹。这样,中远程战略轰炸机将具有高、低空全天候的突防能力,成为能在离目标很远距离的防空火力圈外发射空地导弹的飞行平台。

2. 多用途战斗机

多用途战斗机依据作战任务不同又可划分为空中优势战斗机、对地攻击机、歼击轰炸机等,随着航空技术的发展,这些不同类型飞机正向多用途方向发展。目前,以三代机为主,正在向四代机发展,五代机还处于研制中。现役典型装备有:俄罗斯的 Su-25、Su-27、Su-30、Su-35、Su-39、米格 27、米格 29、米格 31 等;美国的 F-15、F-16、F/A-18 等;欧洲的幻影-2000、"美洲虎"、"狂风"等。上述各类目标中,目前对地空导弹系统威胁最大的是多用途隐身战斗机,其中美军 F-22、F-35,俄罗斯 T-50 最具有代表性。第四代隐身战斗机具备超隐身、超机动、超声速巡航和超信息感知的"4S"特征。下面简单介绍一下何为"4S"特征。

(1) 超隐身。简单地讲,隐身就是通过结构、材料等手段减少飞行器的雷达散射截面积、红外辐射、噪声和光学信息,使地面探测系统的发现距离缩短、发现概率降低,从而提高飞行器的突防能力。目前先进战斗机隐身主要关注雷达隐身、红外隐身和射频隐身。

从第四代隐身战斗机发展来看,提升雷达隐身性能的措施主要包括飞行器结构设计和隐身材料的使用。合理设计飞机外形是减小雷达反射截面的有效手段,如 F-22 综合采用平行设计、翼身融合设计、斜面设计、锯齿形设计等外形设计,大大降低了机身与机翼边缘、机身与座舱盖对雷达波的反射能力。隐身材料主要包括雷达吸波材料和雷达透波材料。吸波材料使电磁能转换为热能而散发或使雷达能量分散而消失;透波材料能透过雷达波,使雷达波消散在材料中,如 F-22A 战斗机在进气道内涂以含碳铁化合物的吸波材料,使雷达波能量在长而弯曲的进气道内经过来回反射,最终被吸波涂层所吸收,以尽量避免雷达波照射到发动机压气机叶片而反射。

飞机的红外辐射源主要来自发动机本身的热辐射。如对于 3～5 μm 波长,飞机发动机排气发出的热量达 500～1 000 K。目前采取的红外隐身措施主要包括减少发动机本身热量辐射、改进发动机尾喷口设计、使用特殊燃料降低发动机排气红外辐射等。

射频隐身是飞机隐身关注的新领域,目前正在开展相关研究。射频隐身可以理解为通过各种手段降低飞机电子设备工作时对外辐射电磁信号的强度或控制电子设备工作时对外辐射时间,降低被各种电子侦收设备探测的概率。

综合各种公开资料,典型飞机的雷达隐身性能见表 2-1。

表 2-1 典型飞机的雷达隐身性能

型号	RCS 面积/m^2	型号	RCS 面积/m^2
F-4	100	米格 29	25
F-15	10～15	F-22	0.01
T-50	0.15	F-35	0.065

(2)超机动。飞机飞行中的机动性是指改变速度矢量的能力,一般用机动过载来描述。飞机的盘旋性能可用盘旋过载来表示。飞机的机动过载,其最大值受飞行员承受能力和飞机强度限制,一般来说最优秀的飞行员也只能承受(6~8)g过载。飞机的强度限制则有对称机动过载和非对称机动过载两种。在中高空超声速与低空高亚声速飞行时,飞机机动性能较好,能飞到强度限制值,但随着高度增加,机动性也会下降,如图2-6所示。

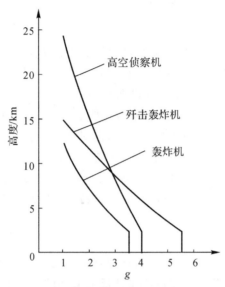

图2-6 飞机过载系数随高度变化曲线(任务飞行)

超机动特性是第四代隐身战斗机的显著特征之一,F-22A装两台F119-PW-100加力式涡扇发动机,发动机推重比达到10,F-22A的爬升率、盘旋角速度、滚转角速度、加速特性、盘旋半径、爬升特性、盘旋角加速度和滚转角加速度等性能都明显优于F-15战斗机。

(3)超声速巡航。从表征飞行性能的飞行高度、飞行速度和机动性来看,目前多用途飞机在无外挂、发动机开全加力、60%机内油量条件下"非任务"飞行时的典型特征为:飞行升限为15 000~18 000 m;最大马赫数在高空为1.7~2.5,在低空为0.9~1.2。在发动机不加力的巡航飞行时,一般只能作亚声速飞行,而F-22可在不加力情况下以超声速长时间飞行,最大速度可达$Ma=2.5(1\ Ma=340\ m/s)$。

在"任务飞行"时,由于飞机要携带各种攻击武器,导致飞机质量、气动阻力的增加,其升限和最大速度将大大降低。实战情况下,"任务飞行"的升限不超过15 000 m,歼击轰炸机发射空地(舰)导弹时高度一般不超过12 000 m。外挂武器执行对地作战任务时常以亚声速飞行,开加力后,飞行马赫数可以达到1.2,但持续时间较短。

(4)超信息感知。飞机为突破地空导弹阵地,摆脱地空导弹的反击,一般在制导雷达精密跟踪、照射雷达开机发射导弹瞬间要进行规避。机动规避是指单机或编队突防时不断改变飞行方向、高度和速度以降低防空兵器的射击效果。自越南战争开始的多次局部战争中,飞行员在发现遭到敌防空导弹雷达跟踪或发现受导弹攻击时,往往采取适时突然机动的方式,以躲避导弹的袭击。

主要的机动规避方式有:

1)剪形机动。剪形机动是一种重要的反指挥机动形式。反指挥机动是指来袭目标通过其机动飞行来影响地空导弹系统对目标的威胁判断和火力分配,造成火力分配失误或延误发射时机,从而从总体上降低防空导弹的效率,提高目标突防概率。剪形机动是针对两个或两个以上火力单元的。典型的剪形机动航迹如图 2-7 所示。

目标在低空、中空均可作剪形机动。目标可以是单机,也可以是小编队,但两者之间需保持一定的高度差,以免相撞。

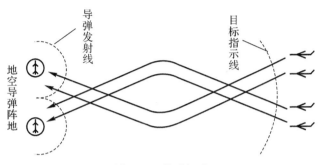

图 2-7　剪形机动

2)蛇形机动。蛇形机动是一种反雷达、反高炮、反导弹机动,目的在于增加雷达跟踪误差,增大高炮的前置量计算误差和导弹的飞行过载,以便达到降低高射兵器射击效果的目的。飞机在地(水)面防空兵器火力区内,并在进入轰炸航路前或投弹后脱离时作此机动。通常飞机在高空不考虑蛇形机动。蛇形机动如图 2-8 所示。

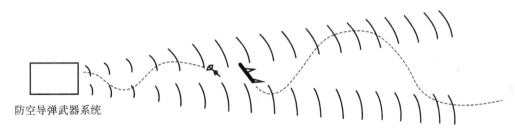

图 2-8　蛇形机动

3)山羊跳机动。战斗轰炸机在对地面目标进行攻击时,往往采取山羊跳机动,首先机动进入俯冲攻击,投弹后,立即采取大过载上拉动作,迅速退出目标区。典型的垂直平面山羊跳机动如图 2-9 所示。

4)水平急转弯机动。进行水平急转弯机动的时机有两个:其一是当发现飞机正被防空导弹拦截时,飞机进行水平急转弯机动,企图甩掉拦截过程中的防空导弹;其二是飞机在投弹后立即转弯脱离防区。在低空、中空和高空都可进行此种机动。

3. 典型支援飞机

(1)侦察机。在现代作战中,用飞机对敌机以及战区的环境进行及时准确的侦察以掌握敌方军队及资源、电磁环境以及地形气象等动态情况是必不可少的。在战略侦察方面,美、苏先后发展了 U-2、SR-71、TR-1、米格 25 等专门的高空高速侦察机,其飞行高度达 20 000 m

以上,飞行速度为高亚声速甚至3倍声速以上,飞行于常规防空武器达不到的空域,进行照相、多光谱侦察和电子侦察。但高空防空导弹多次击落了这种高空侦察机,大大降低了这种侦察手段的有效性,而卫星侦察技术的发展又提供了更为有效安全的侦察手段,因此,其重要性日益降低。但其在战役战术侦察方面仍有其不可替代的位置。

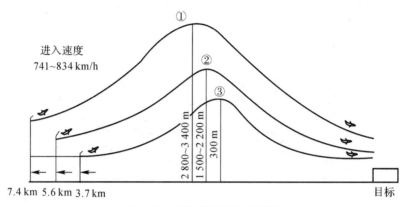

图 2-9 垂直平面"山羊跳"机动

(2) 预警指挥飞机。空中预警指挥飞机把地面的预警雷达搬到飞机上,并配以多种通信设备、导航设备、电子侦察设备等,组成一个完整的空中预警、指挥、控制中心,能在它周围较大的空域范围内,全面掌握敌我双方空中情况和电磁环境,指挥、引导、协调多种不同机种的飞机共同执行空袭、防空、制空和支援地面作战等任务。预警指挥飞机探测范围通常为 400~600 km,同时处理目标数量达 600 个。典型型号有:美国 E-3、E-2C、E-737,俄罗斯 A-50,以色列的"费尔康",等等。

(3) 专用电子战飞机。现代战争中,电子战的重要性日益增长,它已构成对防空作战的严重威胁。除了在各种作战飞机上普遍装有各种电子侦察为主、被动干扰设备以实施自卫干扰和随行掩护干扰外,还发展多种专用电子战飞机,如美军 EA-6B、EF-111A 等。这些电子战飞机有覆盖多个频段的雷达和通信电子侦察设备、大功率多种模式的干扰装置。在空袭中,当作战机群进入敌防御区对目标实施攻击时,它一般在敌防区外距目标区 200 km 内飞行,配合空袭机群适时施放多种干扰,这种干扰称为远距支援干扰。专用电子战飞机除了具有电子干扰功能外,一般不具备其他自卫手段,由其他作战飞机提供保护。

此外,还有一些专门用于电子侦察的飞机,如 RC-135,RF-4C,TR-1A 等。

(二) 导弹类空气动力目标典型特性

随着精确制导技术的发展,各类精确制导武器,特别是机载空射导弹已成为现代防空导弹的主要威胁,抗击各类机载空射精确制导导弹成为地空导弹的重要任务。

目前精确制导弹目标主要包括:空地导弹、反辐射导弹、空地巡航导弹以及制导炸弹等。各类精确制导导弹与飞机相比,其特点是:速度快,现代空地导弹的速度达 $Ma=3\sim4$;体积较小,相应的雷达散射面积及红外辐射强度比轰炸机低 2~3 个数量级;突防能力强;价格低;等等。

1. 空地导弹

空地导弹是从载机上发射攻击地面目标的导弹。空地导弹是轰炸机、歼击轰炸机和武装直升机的主要机载武器,它是防空导弹面对的主要威胁。按其任务和性能,可以分为战略空地导弹和战术空地导弹两类。

战略空地导弹携带核战斗部,都装备在战略轰炸机上,又称空射巡航导弹。战略中程空地导弹的射程为 150～1 000 km 不等,多数装有核弹头,主要用于压制或摧毁雷达和防空导弹,也可用于攻击战略目标。由于其射程比较短,常采用固体火箭发动机或冲压发动机,其速度最大可达 $Ma=2～3.5$。

战术空地导弹装备于战斗轰炸机或直升机上,攻击各种地面目标,完成战场压制、遮蔽以及攻击纵深目标等各种战术任务。战术空地导弹的弹径一般比较小,通常采用固体发动机,其速度最大可达 $Ma=2～3$,射程为数千米至数十千米;战斗部常采用穿甲、杀伤、爆破等常规战斗部;采用红外成像、毫米波寻的等多种制导体制。

空地导弹具有以下战术技术特点:

(1) 射程和发射范围广。射程可达 1 km,发射高度从几十米到十几千米,可在低、中、高空不同高度进行发射。

(2) 现代近程空地导弹普遍实现了自主制导,载机发射导弹后可立刻飞离发射区,导弹常在变高度航迹上飞行,接近目标时掠地飞行,命中精度高,不易被拦截,一些武器可实现"发射后不管"。

(3) 近程空地导弹向模块化方向发展,一种基准弹可根据不同战术要求选用不同的导引头和战斗部,执行多种战斗任务,并以此提高抗干扰能力和全天候作战能力。

(4) 大部分空地导弹体积小,雷达散射和红外辐射小,速度高,不易被发现和拦截。

2. 反辐射导弹

反辐射导弹又称反雷达导弹,是专门用于摧毁敌方防空警戒雷达、导弹制导雷达和高炮瞄准雷达等电磁辐射源的空地导弹。在现代高科技战争中,使用反辐射导弹压制敌方防空火力,从而夺取制空权,已经成为常规的作战模式。反辐射导弹是飞机突防的重要手段,对防空导弹系统构成极大威胁。

反辐射导弹自问世以来,已历经三代发展,目前正在发展第四代。目前,世界各国装备的反辐射导弹以第三代为主。其主要特点是:

(1) 导引头接收机频带宽。目前反辐射导弹导引头频率覆盖范围达 0.8～20 GHz,随着现代防空系统中雷达占用频率范围的逐渐拓宽,新频段雷达的不断出现,反辐射导弹被动雷达导引头的频率覆盖范围达到 0.1～40 GHz。

(2) 射程远、速度高。俄罗斯的 AS-5、AS-X-9 和美国的 AGM-45 的最大射程分别为 170 km、90 km 和 45 km,导弹最大速度可达 $Ma=3$。

(3) 战术使用灵活,可实现全方位攻击、多高度发射等。

3. 巡航导弹

所谓巡航导弹是相对于弹道式导弹而言的。巡航导弹的主要飞行过程类似于飞机的"巡航",以近于等速和等高度的状态飞行。空射巡航导弹是一种专门为战略轰炸机等大型机种设计的远程攻击型武器,重点攻击敌方的政治中心、经济中心、军事指挥中心、工业基地、交通枢纽等重要战略目标,包括战略巡航导弹和远程战术巡航导弹。

巡航导弹可以从轰炸机、舰船、陆上等多种载体上发射,最大射程可达 1 000～4 000 km。

为了达到较远射程,往往采用涡喷、涡扇等发动机,以 $Ma=0.7$ 左右的高亚声速飞行,以 $50\sim100\ m$ 高度超低空贴地/海面突防,在接近目标时,可进一步降低高度加速进行攻击。它采用惯性导航加地形匹配修正、景象匹配、末段寻的制导或 GPS 卫星定位等复合制导可达到数十米的制导精度,新型巡航导弹还具有在接近目标区作机动规避飞行的能力,并采用弹载光电对抗措施。

(三)其他空气动力目标典型特性

1. 无人机基本概念及发展目标

无人机也称遥控飞行器,是具有飞机、直升机或其混合外形的小型飞行器。无人作战飞机(Unmanned Combat Aerial Vehicle,UCAV)是20世纪90年代中期出现的一种新的武器系统概念,它是现代战争、军事需求和科学技术发展到信息时代的产物,也是在有人作战飞机和早期无人机基础上向更高技术和更高作战能力深入发展,并将无人机和有人机相结合的一种新型武器系统。UCAV 是无人在机上驾驶,可自主控制或地面、空中遥控,具有自主飞行能力和长续航能力的攻击型无人驾驶飞行器,它能执行对高、中、低机动目标,对地/海面固定或活动目标的打击任务,实现自主或由操作员参与的武器投放、武器进攻决策,并具有可回收、可重复使用的特征。无人机作为一种典型的空中目标逐渐成为各国关注的焦点。

为适应未来战争需要,无人机正在从过去简单的辅助训练、侦察监视等战斗支援功能向通信中继、战场管理、火力引导、毁伤评估、预警、电子对抗、攻击杀伤等多功能方向发展,高低空全覆盖、长战区停留、微型化、多功能、高性能、集群作战是军用无人机的主要趋势。

军用无人机从使用空域上可分为高空型、中高空型、低空型、超低空型等。高空型的特点是临近空间、大载荷、长航时,完成战略、战役级目标侦察跟踪甚至打击任务,典型无人机如 RQ-4A/B"全球鹰"。中高空型的特点是高速、中等载荷、快速机动,完成战术侦察、定点打击等任务,典型无人机如 MQ-9。低空型主要完成凝视跟踪、定点打击、通信中继等任务,典型无人机如 RQ-8B"火力侦察兵"。超低空型以单兵侦察装备为主,典型的如微型无人机。近年来为满足作战使用的需要无人机发展开始两极分化,一方面为增强观测与生存能力,各国竞相发展临近空间固定翼无人机,另一方面为解决战术精确打击需要,以微型固定翼和旋翼机为主的超低空甚至掠海无人机应运而生。高空长航时、低空微型或旋翼机是今后发展的重点方向,也是军用无人机重点的作战空域所在。

2. 军用无人机结构特性

从设计的角度来看,军用无人机的结构特性可以通过满足使用与维护能力、使用条件的参数来描述,GJB 67—2008《军用飞机结构强度规范》提供了参量的定义与描述方法,是无人机结构设计遵从的技术规范。但从目标特性的角度,重点关注的是系统外在呈现的特性,这些特性参数主要包括:外形、材料材质、载荷布局等。

外形是飞行器机体结构的外在体现,也是飞行器气动特性的主要实现形式,在目标特性描述时,一般用长、高、翼展等外形尺寸来表述其空间分布。一般地,军用无人机机体可分为三段:头段、中段和尾段。头段为流线的卵形、半球形、锥形等,中段为圆柱形或其他对称几何型,装配飞行翼,尾段延续中段形状,装配尾翼。为满足超高速、隐身等需要,军用无人机开始向对称非规则几何外形发展。

早期的军用无人机多采用金属材料制造,结构重量大,有效载荷小。随着复合材料的发展,无人机机体、翼、舵等结构件大量采用玻璃纤维、碳纤维、环氧基等复合材料,典型的无人机如 MQ-1"捕食者"结构用复合材料占比达 92%,RQ-4A"全球鹰"达 65%,复合材料的使用可有效降低结构重量达 20%~30%。随着航空级树脂材料、复合材料整体成形等技术的发展,金属材料使用将越来越少,重量将进一步降低,有效载荷将显著增加。

3. 军用无人机飞行性能

应用无人机完成任何任务都必须以其飞行能力为基础,军用无人机技术正是围绕飞行性能不断优化而进步的。

平飞能力是军用无人机最基本的飞行性能,主要由发动机的能力决定,在应用特性上由飞行速度、高度和航程等参数表征。低速、低空、长航时无人机采用活塞发动机,适应高度在 5 km 以下、速度 $Ma=0.2$;高速无人机采用涡喷或涡扇发动机,适应高度在 20 km 以下、速度 $Ma=0.4\sim2$;无人直升机采用涡浆或涡轴发动机,适应高度在 3 km 以下、速度 $Ma=0.1\sim0.2$。随着涡轮增压技术、电子燃油喷射技术等的发展,发动机适用范围有了很大的提高,平飞能力也随之不断提升。

机动能力是军用无人机在爬升、俯冲、转弯等状态下的飞行能力,一般用机动过载来表示。大的机动过载必须有大推力的发动机、加强的机体结构和良好的飞行稳定性,机动能力集中体现了飞机设计的关键性能。军用飞机正常机动的过载并不大,在特殊作战时期需要作出大的机动,如紧急避让、投放干扰或投弹后返航等,有人机考虑飞行员的承受能力,一般机动过载不超过 $10g$。目前的军用无人机大多只设计在正常状态下飞行,其机动能力不强,一般不能进行大机动飞行。随着其使用范围扩大,作战要求提高,机动性能也会提高。一些国家的无人机性能见表 2-2。

表 2-2 无人机性能

无人机	国别	用途	飞行高度范围/km	速度 $m \cdot s^{-1}$	续航时间或航程
AQM-34M 火蜂无人机	美国	侦察、目标指示	0.5~18	200	30 h
BGN-34	美国	无线电干扰	0.5~12		
RQ-4 全球鹰无人机	美	侦察	≤4.57	45	6.5 h/965 km
MQ-1 食肉动物无人机	美	武装侦察	≤7.62	37.5(巡航)	>24 h/3 704 km
空射诱饵 ADM-141	美	主动或被动雷达回波放大干扰	0.03~12.2	130—257	138 km
哈比反雷达无人机	以色列	侦察、攻击雷达	≤3.0	≤69	2 h(半径 400 km)/400~500 km

4. 军用无人机电磁特性

军用无人机的电磁特性主要包括雷达辐射特性和红外辐射特性。

雷达辐射特性一般用 RCS 来表示。RCS 综合表达了在探测跟踪中的雷达与目标的特性。单从目标角度看,外形结构和材质决定了 RCS 的幅值、误差,位置和运动特性影响 RCS 的变化图。对雷达辐射特性的探测分为主动探测和被动探测,雷达主动探测是雷达探测跟踪最常用的方式,军用无人机一般采用复合材料,外形与有人机类似但尺寸小于同类机型,因此其 RCS 会较同类有人机小。目前大多数军用无人机未进行隐身设计。据估算,大型无人机的 RCS 一般大于 1 m^2,采用隐身设计后,其 RCS 可降至 0.1 m^2 以下,可大大提高无人机的战场生存能力。雷达被动探测一般为雷达探测跟踪的辅助。近年来被动制导成为多种武器的主要方式,其主要是探测无人机上加装的雷达、测控数据传输设备或其他电子设备的电磁散射特性,只有在这些电子设备工作时被动雷达系统才能正常跟踪无人机。美国 RQ-4A 全球鹰无人机采用 Ku 波段进行数据传输,采用 UHF 波段进行指令传输,是一种较为典型的测控体制,目前应用较多的无人机测控频段大多集中在 L、S、C 波段,UHF 为指令备用波段。

红外辐射特性主要包括自身的辐射和反射辐射,自身辐射主要有蒙皮与喷管的固体表面辐射、喷流的参与性介质辐射,是主要的辐射源;反射辐射主要有固体表面对太阳、大气、地面及喷流等入射形成的辐射因素。蒙皮辐射主要集中在长波波段内,其强度取决于表面面积和温度,飞行过程中会出现气动加热,速度越高越明显;喷管的固体表面辐射是典型的灰体辐射,其温度与背景温度相差较大,辐射强度较高,集中在中波波段;喷流的参与性介质辐射是典型的参与性介质辐射,也是中波波段的主要辐射源,强度主要取决于发动机出口温度与尾焰成分。

5. 无人机集群目标及典型特性

无人机集群(UAV Swarm)是近年来出现的与无人机编队不同的概念,是一种由多个无人机在较近距离内飞行并执行相互关联任务构成的分布式无人机系统。集群中的无人机可以是同构的无人机,也可以是异构的无人机。这种异构性体现在两个方面:一方面是无人机执行任务可能不同;其二是无人机飞行速度和平台机动性能约束不同。无人机集群的规模与其执行任务的需求相关,因此其规模可能很大,集群可能由几十架乃至上百架无人机组成;规模也可能很小,4~5 架无人机便构成一个无人机集群。另一方面,根据任务隶属关系,在局部空域内飞行的多个无人机可能构成多个无人机集群。无人机集群具有自适应性、开放性与合作性等特点。

近年来,美军通过项目、计划和作战概念驱动,开展了一系列关于无人机集群的研究、试验和演示验证。

(1)"小精灵"无人机。2015 年 9 月 16 日,美国国防部高级研究计划局(Defense Advanced Reseavch Proijects Agency,DARPA)公布"小精灵"项目跨部门公告,寻求强对抗环境下空射型低成本小型无人机集群创新技术及系统解决方案,设计低成本、可重复使用的"小精灵"无人机以及机载型无人机发射回收设备。"小精灵"项目旨在实现无人机蜂群通过 C-130 运输机、B-52/B-1 轰炸机等平台空中发射,在空中组网和其他有人平台协同执行 ISR、电子战、破坏导弹防御系统等任务,完成任务后通过 C-130 运输机实现最大限度的回收。采用运输机/轰炸机作为无人机的空中发射回收平台,这些大型有人机尤其是轰炸机的作战半径是战斗机的数倍,可携带"小精灵"无人机深入对方防区内执行任务;这种运输机/轰炸机、无人机、有人战斗机的结合运用将全面提升空中装备作战范围、部署运用灵活性和安全性,形成全新的制空能力和作战模式。"小精灵"无人机空中组网概念如图 2-10 所示。

"小精灵"无人机的设计指标:作战半径 555~926 km,最大作战半径接近 F-35 战斗机,在编队作战时,可通过组网实现通信中继,支持远距离外的战斗机进行超视距打击;续航时间为 1~3 h;设计载重为 27.3~54.5 kg,最大载重为 54.5 kg,除常规的光电/红外载荷外,还可以搭载电子战、探潜设备等,替代高价值有人机执行多种任务;飞行速度 $Ma=0.7\sim0.8$;发射高度在 12 192 m 以上；推进系统可选型现役发动机、改进型发动机或全新设计型发动机；有效载荷功率为 800～1 200 W；有效载荷模块化设计，应包括光电/红外传感器、无线电系统等；无人机至少可重复使用 20 次；出厂单价（不包括载荷）低于 70 万美元。

图 2-10 "小精灵"无人机空中组网概念图

（2）"低成本无人机蜂群技术"（LOCUST）。LOCUST 项目由海军研究署主导，佐治亚理工学院研究所参与，旨在发展无人机集群相关技术，无人机之间通过数据链路实现信息共享和自主协作，并通过集群战术完成攻击或防御任务。2016 年 6 月 20—24 日，海军研究署在亚利桑那州尤马试验场完成了一系列 LOCUST 项目陆上试验，期间实现了 30 架"郊狼"无人机在 40 s 内被依次发射（见图 2-11），并开展了一系列"蜂群"编队和机动试验。LOCUST 项目"蜂群"是一型可用于多种无人平台的自主控制系统，已经具有环境感知、路径规划、任务分配和协同作业能力，下一步将继续提升系统的智能程度及其复杂任务执行能力。

"郊狼"无人机机翼与尾翼采用可折叠设计，部署前预置在标准声呐浮标管中；部署时，飞机投放声呐浮标管，在声呐浮标管下降过程中无人机打开降落伞减速并获得稳定性；过程中，无人机脱离声呐浮标管，展开机翼并启动推进系统；最后无人机脱离降落伞，转为水平飞行。"郊狼"无人机的作战半径为 37 km，航时达 1 h，飞行高度为 61～1 524 m，其典型技术指标见表 2-3。

图 2-11 "郊狼"无人机

表 2-3 "郊狼"无人机技术指标

性能	技术指标
作战半径/km	37
续航时间/h	1.5
最大飞行速度/(km·h^{-1})	157
工作高度/m	150～365
升限/m	6 095
最大发射质量/kg	6.4
最大载荷/kg	1.8～2.7
机身长度/m	0.79
机身高度/m	0.3
翼展/m	1.47

(3) SCO "灰山鹑"无人机蜂群。2012年8月,美国建立国防部长办公厅战略能力办公室,并与空军合作,利用麻省理工学院林肯实验室的原项目开展快速装备技术创新,产生了"灰山鹑"(Perdix)微型无人机蜂群作战项目,如图 2-12 所示。该项目利用现有军事、商业技术开发微型无人机蜂群,尽快形成战斗力,投入实战。此外,项目还将验证利用军机设备进行大规模无人机战区发射情况,搭载相关设备执行侦察、干扰的能力以及微型无人机蜂群技术,并解决由军机对蜂群进行指挥、进一步提高蜂群的自主性、平衡航程有限与作战需求等问题。在解决这些问题后,美军或将获得基于空射微型无人机的蜂群作战能力。

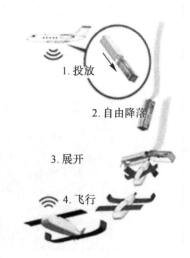

图 2-12 "灰山鹑"无人机

"灰山鹑"无人机体型约为一台 iPhone6 手机大小,质量不到 0.3 kg,由于体积小,质量轻,战斗机和直升机可以轻松、大量携带。将其装在一个带降落伞的小型金属容器进行发射,可降低无人机系统降落时的阻力,确保无人机降落时的机头向下。下降到 600 m 以下,保护罩打开,无人机被释放;发射几秒后,降落伞与无人机分离,螺旋桨开始工作,推动无人机飞行,通过被动稳定系统维持机身稳定,随后由飞行控制系统控制无人机自主飞行。其典型特征见表2-4。

表 2-4 "灰山鹑"无人机设计技术指标

性能	技术指标
尺寸/cm	4.9×6.2×18
净重/g	220
电池质量/g	120
空中最大发射速度/(km·h^{-1})	980
空中最大发射高度/m	7 000～10 000
机载发射方式	机载发射装置(爆炸驱动)
可承受过载/g	300
自主飞行续航时间/min	45
滑翔续航时间/min	45(9 000 m 高空投放)

2016 年 10 月 26 日,美国海军 3 架 F/A-18E/F"超级大黄蜂"战斗机一共投放了 103 架"灰山鹑"小型无人机,这群小型无人机演示了集体决策、自修正和自适应编队飞行,其典型投放过程如图 2-13 所示。在试验中,"灰山鹑"无人机彼此间可进行通信联络,具有环境感知能力和互相寻找、组队能力,整个机群无领袖,可允许每架无人机进入或离开整个机群系统。该项目诠释了无人机集群的三大特点:无中心化、自主化、自治化。

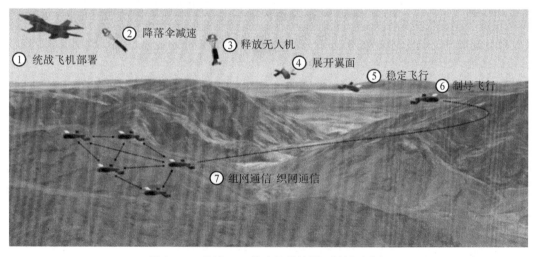

图 2-13 F/A-18 战斗机投放"灰山鹑"无人机

基于无人机集群的作战任务主要包括以下五个方面：

（1）渗透侦察。公开资料显示，美国发展的无人机集群作战技术基本都是微小型无人机（除"忠诚僚机"中改装的无人战斗机外），均具有很强的隐蔽性，能够轻易突破对方防空体系，可以运用携带的各型模块化的侦察探测设备，悄悄潜入对方防护严密的区域进行抵近侦察，并通过蜂群间的数据链，将情报接力传回，为作战提供可靠的情报保障。

（2）诱骗干扰。由于对方对空防护严密，隐身轰炸机或战斗机强行进入可能会造成重大损失，此时，可用成本极低的小型无人机充当诱饵或者干扰机，引诱敌方防空探测设备开机工作，暴露阵位，或者吸引防空火力，消耗防空兵器。另外，无人机集群还可携带电子干扰设备，组成前沿电子战编队，对敌方的预警雷达、制导武器进行电子干扰、压制、欺骗等，为后续作战力量开辟安全走廊，为空中突击提供可靠的掩护。

（3）察打一体。无人机集群可根据任务需要，在集群内灵活配置侦察探测、信息处理、导弹火力等模块，形成一个侦察-打击编队，或由若干个无人机集群分别配置侦察、火力模块，再组成一个大型突击编队，深入敌方纵深，对关键目标或高危目标进行实时的侦察打击，以达成战略性的作战目的。

（4）协同作战。为了降低作战风险和成本，可运用大量的低成本无人机携带更多的、各种类型的传感器以及导弹，组成前沿作战编队，而有人驾驶飞机则从后方对无人机集群进行指挥控制，使其对复杂、高风险区域的目标进行打击，或者根据空中作战需要，与有人机组成编队，由有人驾驶飞机控制无人机集群作战，并掩护有人驾驶飞机安全。

（5）集群攻击。充分运用"复眼"战术，使大量无人机携带不同类型设备和各种弹药，同时对敌实施电磁压制、火力突防、侦察跟踪、火力打击等行动，进行全方位、多角度的饱和攻击，使敌难以应对，从而突破敌防线，以较小的代价实现作战目的。

自 2016 年美军发布《小型无人无人机 2016—2036 发展路线图》以来，无人机集群技术在 DARPA、美军战略能力办公室、美国空军、美国海军的一系列项目推动下，发展势头强劲，是当前各军事强国竞相开展与探索的前沿课题。无人机集群技术的推动，折射出新技术革命条件下，战争制胜机理、作战力量构成、创新作战理论已悄然发生变化。2018 年 1 月，叙利亚反政府武装首次将无人机集群作战应用到实战中，发动 13 架无人机携带炸药对俄罗斯军队进行攻击，是世界上首次无人机集群作战，更是将无人机集群应用研究推向高潮。当前，美国空军已经将有人机/无人机集群协同作战作为第三次抵消战略的重要部分并加速发展，这也是其未来穿透型制空作战的重要方向之一。

三、弹道导弹目标典型特性

弹道导弹按作战用途可分为战略弹道导弹和战术弹道导弹；按射程可以分为近程弹道导弹（射程小于 1 000 km）、中程弹道导弹（射程介于 1 000～3 000 km）、远程弹道导弹（射程介于 3 000～8 000 km）和洲际弹道导弹（射程大于 8 000 km）。弹道导弹与常规武器相比，最大的优势在于其速度高和射程远。射程为 120～3 000 km 的战术弹道导弹飞行时间为 2.7～15 min，再入速度为 1.1～5 km/s，再入角约为 44°～39°，弹道顶点高度为 30～600 km；射程为 10 000 km 的洲际弹道导弹，飞行时间为 25～35 min，再入速度为 7～7.7 km/s，再入角为 15°～35°，弹道顶点高度为 1 600 km。

通常，弹道导弹从发射升空至落点的飞行过程可分为穿过稠密大气层的助推段、在接近真空环境中飞行的中段以及重返稠密大气层的再入段三个阶段。目前,对弹道导弹目标探测的主要设备是雷达和红外探测器。不同的弹道导弹飞经的大气环境不同,产生的物理现象就不同,运用不同的探测设备对其探测,获得的目标特性也将有所不同。

一般来说,弹道导弹主要由弹头、弹体和火箭发动机几部分组成。为提高突防能力,先进的弹道导弹还携带各种轻、重诱饵或干扰机。因此,在弹道导弹攻防对抗作战中,有效的弹道导弹目标主要有弹头、碎片和诱饵。其目标特性由自身结构、飞行速度、弹道和飞行环境所决定,主要包括雷达目标特性、红外目标特性以及运动特性。

(一)弹道导弹目标典型雷达特性

雷达目标特性是由弹头本身的结构、形状、尺寸和材料,弹头的运动姿态和状态,弹头再入大气层产生的物理现象等因素作用于雷达而显现的,也称电磁特性。弹道导弹的雷达目标特性是指在特定弹道飞行时间和特定的空间,雷达波照射目标后,雷达测量系统对弹道导弹目标性质及其变化的描述。

弹道导弹的弹头基本型可分为平底锥弹头、球底锥弹头、平底锥柱头体、球底锥柱头体和锥柱裙的组合体5种,用矩量法计算其RCS随频率变化的曲线如图2-14所示。

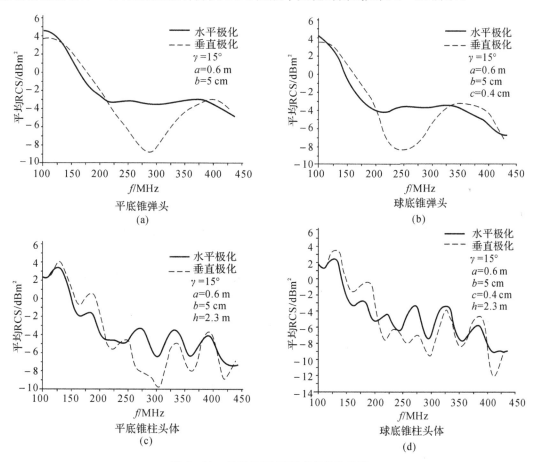

图2-14 目标RCS随频率变化的曲线
(a)平底锥弹头;(b)球后锥弹头;(c)平底锥柱头体;(d)球底锥柱头体

目标 RCS 存在角度特性,即从不同的方向用同一频率电磁波照射目标时,其散射回波强度(或目标 RCS)是不同的。在 S 波段,某典型导弹弹头目标在沿方位面不同入射角情况下的 RCS 曲线如图 2-15 所示。

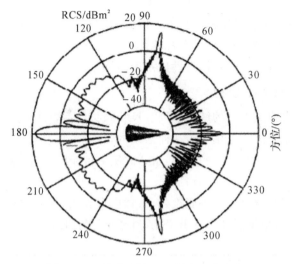

图 2-15 导弹目标 RCS 随角度的变化

RCS 是目标的本质特征,理论上,目标的外形、材料等物理属性确定后,其 RCS 随频率、角度的变化也是确定的。

(二)弹道导弹目标红外特性

红外目标特性是由弹头本身的热防护方式、热容量和热辐射状况,弹头在助推段气动加热、中段太阳辐照加热和再入段气动加热等因素产生的热辐射作用于红外传感器而显现的。弹头在日照区飞行时,反射太阳光,可显现出自身装饰的颜色;再入时,高温气体发光,这些又表现出弹头特有的发光特性。

弹道导弹从发射升空到落点的飞行全过程经过三个阶段,先后表现出不同的红外辐射特性:助推段发动机尾焰和喷管辐射及较小的气动加热,中段受外热环境影响,再入段再次气动加热。弹头红外目标特性一般用表面温度、辐射强度、有效辐射面积以及它们随时间的变化率来描述。

1. 助推段尾焰的辐射

助推段起始于导弹发射,终止于最后一级助推火箭发动机关机。导弹发射飞行时,火箭发动机工作,会发出很强的辐射,辐射功率可达 $10^5 \sim 10^6$ W。火箭发动机工作时的喷焰的红外辐射,由分子的辐射带以及粒子的散射、辐射带组成;光辐射强弱与发动机喷焰的结构(形状、尺寸、压力和温度等)以及燃料的化学成分有关。

导弹发射喷出的炽热尾焰,其温度在 1 200 K 以上,可产生强烈的近红外辐射。

2. 助推段气动加热

导弹在稠密大气中高速飞行时,流过其表面的气流猛烈受压,其动能大部分转化为热能。同时,导弹与气流之间发生摩擦也产生部分热能,从而使弹头受气动力加热。特别是气流流到弹头的驻点处,会在该处完全停滞下来,致使驻点温度上升较高。驻点温度与导弹飞行速度的二次方成比例关系。导弹在助推段飞行时,其速度是从零不断增加到关机点的最大速度,其平均速度约为 1.5~2 km/s。

弹头的驻点温度还与飞行高度有关,高度越低大气的密度越大,气动力加热也就越严重。即使在 20 km 高空,最低气温达−56℃时,由于附面层的作用,也不能抵消气动加热的影响;只有当弹头上升到 80 km 高空后,由于大气稀薄,气动加热的影响才能忽略不计。

3. 中段红外目标特征

如果弹头不采用热防护罩措施,由于助推段的气动加热作用,其表面温度升为 500~700 K。弹头进入中段飞行后,由于处于接近真空的环境,弹头表面温度变化的总趋势稍有下降。在日照区,受太阳辐照、地球及大气的辐射和反射太阳的辐射,弹头处于强外热源环境中,其表面温度基本保持不变;在没有太阳照射的阴影区,弹头处于弱外热源环境中,其表面温度有所下降。

此外,弹头在中段飞行至 100~200 km 高度时,由于存在稀薄空气,当空气分子与弹头表面碰撞时,其部分动能要传给其外壁,有微气动加热现象。通常,200 km 高度微气动加热约为太阳常数的 1%;150 km 高度微气动加热约等于 1 个太阳常数(1 353 W/m^2);100 km 高度微气动加热约为太阳常数的 100 倍以上。

弹头在中段飞行时,由于其热容量大,弹头因受微气动加热而引起的温升并不大;但对于一些轻诱饵,由于本身热容量小,微气动加热引起的温升相对于弹头要快得多。所以,一般的轻诱饵从 125 km 的高度再入大气层后,到 80 km 高度就可能自行烧毁,因此 80~100 km 又称熔化高度。

4. 再入段光辐射特性

弹头以高速重返 100 km 以下的大气层时,所接触的空气将受到强烈的压缩,弹头驻点处的压力将高达 10 MPa 以上,弹头大部分动能转化成热能,使其周围的空气和自身的温度急剧上升,最高温度可以达到 7 000 K 以上。弹头表面的温升主要是弹头表面与气体间的摩擦和热交换所致,其红外辐射和表面的发射率与温度有关。弹头前面因激波压缩而形成高温气帽,其激波辐射与再入速度和形状有关;弹头尾部出现 1 000~2 000 m 尾迹。另外,弹头表面的高温使其周围的空气分子分解为原子,原子又进一步分解为电荷量相等的正离子和负电子,形成等离子体鞘。这种等离子体鞘严重时将隔断弹头上的遥测、通信系统与外界的联系。

再入大气层的弹头,有 4 个可能的红外辐射源:受弹头冲击加热的空气、受热弹头的表面、弹头周围边界层中的烧蚀物、弹头后面的尾迹。其中,主要红外辐射源是受热弹头表面和边界层中的烧蚀物。通常弹头表面温度可达 2 000 K 以上,弹头边界层气体和微粒的温度可能高达 3 000 K。弹头再入过程中,距地 90 km 处的辐射主要来自弹头前面的激波和其外表面,约 60 km 处的辐射主要来自弹头前面的激波、弹头外表面和弹头的尾迹,在 45 km 以下时,辐射主要来自尾迹,特别是近尾迹,随着大气密度的增加辐射亦增大。

另外,弹头在弹道飞行过程中,会受到地球、大气层、太阳和天体背景辐射的影响。背景辐射主要在可见光和红外两波段,其作用是升高或降低弹头表面温度,影响弹头的热红外辐射特性。

(三)弹道导弹目标运动特性

弹道导弹除了在初始段以火箭发动机作动力加速飞行并进行制导外,在弹道的其他部分均沿地球重力作用下的椭圆弹道飞行。由于自身质量和外形尺寸不一样,再入时所受的大气阻力影响也不同。在运动速度上,弹头比碎片和诱饵的减速高度低。

弹道导弹飞行所需要的推力是由火箭发动机提供的。火箭发动机工作时,弹道导弹进行主动飞行。发动机关闭后,弹头与弹体分离,弹头进行被动飞行,靠惯性飞向落点,被动飞行的起点动能达到最大。随后,弹头飞到弹道的最高处,动能变为最小,而势能却达到最大。在从弹道的最高点至再入大气层之前的一段下降的弹道中,弹头的速度因受到地球引力的影响而增大。重返大气层之后,弹头受空气阻力的影响,其速度又开始下降,表现出不同的减速特性。

若只考虑气动阻力,则再入目标的减速特性只依赖于质阻比,即质阻比相同的再入目标,具有相同的运动规律,质阻比不同的再入目标,有着不同的减速特性。弹道导弹目标再入飞行时,气动阻力使目标轨道能量受到损耗,导致目标减速和变姿。当目标迎风截面积一定时,气动阻力与大气密度成正比,并与其飞行速度的二次方成正比。

弹道导弹目标再入大气层时,大气阻力对不同质量和迎风截面积目标的减速影响也不同。弹道导弹目标中,弹头目标质量最大,其质阻比很大。重诱饵质量虽小,但它的迎风截面积小,其质阻比可做到与弹头相近似。气球轻诱饵质量最小,展开后迎风截面积较大,其质阻比最小。

弹道导弹飞出稠密大气层后,其弹头与弹体分离。弹头受分离作用力和自身结构影响,会引起不同程度的姿态运动。如果弹头尾部装有稳定裙并有姿态控制系统,则可以防止翻滚运动。在外大气层,弹头主要的微运动特征是旋转和章动(鼻锥摇摆)。同样,炸破的碎片和碎块、释放的诱饵,都受到外力作用,也存在各式各样的微运动特征。例如气球诱饵可能发生翻滚运动。

(四)弹道导弹目标突防特性

战术弹道导弹为对抗多层次、多手段的防御拦截,在突防技术上采取了多种措施,形成以下典型突防战术。

1. 子母式多弹头突防

战斗部由装在一个母弹头上的多个子弹头组成,在主动段结束时子弹头在很短时间内被释放出去。由于子弹头尺寸小、数量多,而且弹头间距足够大,一枚拦截弹只能拦截一个子弹头,因此有较高的突防比。

2. 弹头隐身突防

减小防御雷达探测距离是战术弹道导弹最直接的突防手段。弹头形状简单,采用尖锥形头罩结构实现外形隐身,弹头表面覆盖隐身材料减小弹头的有效反射面积,实现隐身突防。

3. 雷达干扰突防

对雷达干扰可采用在飞行中段或再入段施放各型诱饵(如箔条、干扰丝、红外诱饵和重诱饵等)或在母弹头上挂载雷达干扰机,在飞行末段对雷达进行大功率杂波干扰和战术欺骗,降低雷达的发现距离。

4. 机动突防

机动突防即使防御方难以掌握导弹的发射点和飞行弹道,减少预警信息来提高突防概率,一般采用射前机动(不断改变发射地点和发射方式)、飞行机动(导弹在弹道各段飞行中变轨机动,躲避各种探测器的探测跟踪)、姿态翻滚(在主动段结束时,用小发动机使弹头翻滚,使拦截器的寻的器无法识别弹头的准确位置)。

四、临近空间目标典型特性

临近空间目标主要包括高超声速飞行器、高空浮空目标和高空飞机等。飞行高度超过 20 km 的高空飞机已划分到飞机范围内,故本小节将论述高超声速飞行器目标和高空浮空目标的发展情况。这里临空目标的主要特点指高超声速飞行器目标的主要特点。

(一)高超声速飞行器的主要特性

高超声速飞行器(hypersonic flyer)包括高超声速(5 倍声速以上,即 Ma 大于 5)的下滑弹头巡航导弹战略轰炸机、战略侦察机、远程运输机、地空导弹和钻地炸弹等。高超声速飞行器一般在 30~70 km 高度飞行。(Near Space Hypersonic Vhicle, NSHV)是指能够在临近空间长时间飞行、速度 Ma 大于 5、执行远程投送"作战攻击"战略威慑等特定任务的飞行器,具有优越的目标特性,已经成为军事大国谋求空天优势、抢占战争先机的重要利器。按飞行机理的不同临近空间高超声速飞行器可分为助推滑翔类飞行器与吸气式高超声速巡航飞行器。前者以 HTV-2 为代表,在助推发动机的作用下获得较大的速度,飞行器再入后可利用高速飞行产生的气动力克服飞行器重力在临近空间滑翔飞行;后者以 X-51A 为代表,在吸气式冲压/超然冲压发动机的作用下在临近空间持续巡航飞行。其典型运动轨迹如图 2-16 所示。

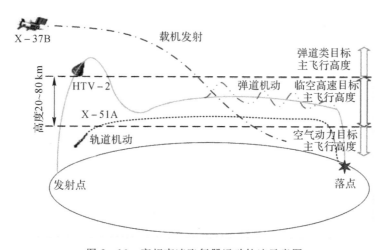

图 2-16 高超声速飞行器运动轨迹示意图

NSHV 目标特性主要是指内在属性特征和外部运行规律,包括结构特性、运动特性、气动特性、电磁特性和红外特性等,受临空环境和自身性能的影响,与传统目标相比,NSHV 较突出的特性是速度快、空域高、隐身性能好、突防攻击能力强等。不同类型的 NSHV 具有各自的运动特性,例如 HTV-2 滑翔跳跃特性明显。助推-滑翔临近空间高超声速飞行器可以划分为三个阶段:

(1)主动段:飞行器在助推级作用下离开地面,速度逐渐增大,从亚声速进入超声速甚至高超声速飞行,飞行高度从稠密大气层至临近空间。该阶段一直持续到助推火箭发动机关机,飞行器所受到的推力降为零。

(2) 滑翔段：飞行器采用耗尽关机、抛掉助推级的飞行方式。在主动段结束后，飞行器已经进入临近空间高度。一般在重力作用下进行自由段飞行，调整自身飞行姿态角度，为再入做好准备。当具备较好的再入条件时，通过调整攻角以及倾侧角实现对轨迹的控制，飞向目标点。此阶段视拦截弹的升阻比能力以及射程约束限制，可以采用平衡滑翔的方式进行飞行，也可以采用跳跃滑翔的方式。

(3) 末制导段：滑翔段结束后，与目标距离较近段。

高超声速飞行器再入滑翔段飞行时间长、飞行环境变化剧烈、速度和位置变化大、飞行任务多变，其飞行轨迹的合理性与有效性直接决定飞行器最终任务完成的质量。在实际飞行过程中，一方面，飞行器的飞行任务日益复杂，随着飞行任务的变化，需要进行适时机动以不断调整其轨迹；另一方面，飞行过程受到其能力与过载、热流以及动压等因素的限制，高超声速飞行器通常设计成高升阻比外形，通过气动力控制方式控制飞行器的运动。其典型运动特性如图2-17～图2-19所示。

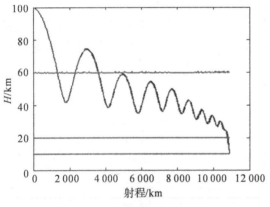

图 2-17 射程与当地高度曲线

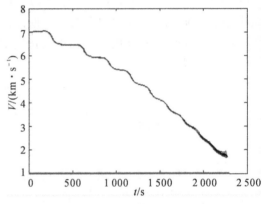

图 2-18 速度变化曲线

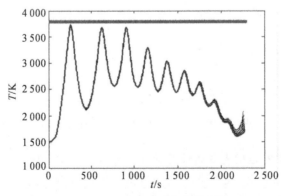

图 2-19 驻点温度变化趋势曲线

从图中 2-17～图 2-19 的相关特征可以看出，在临近空间飞行的高超声速飞行器从 100 km 高度处再入，大部分弹道位于 20～60 km 空域，再入以后一般不再飞出大气层（认为再入高度是 100 km），整个飞行过程呈现一种跳跃式的飞行方式，飞行速度呈现周期性变化，总速度不断减小。这样的飞行方式使得飞行器在速度较大时在较为稀薄的大气飞行，保证了飞行器机体热流密度不致过大而烧蚀,即便如此,飞行器驻点温度变化范围在 2 000~4 000 K,在该空域条件和目标温度特性条件下,比较适合红外探测器进行探测。其飞行方式与传统的空气动力目标和弹道类目标呈现出较大的不同,其飞行空域具有较为特殊的环境,即大气密度稀薄但是又足以提供飞行器本身飞行所需要的空气动力。对拦截方来说,空气动力较小引起可用过载较小,必须借助其他方式进行控制,带来一系列问题。

横向机动是增加高超声速飞行器突防性能的有效手段。高超声速助推滑翔飞行器在临近空间无动力飞行,机动方式为倾斜转弯(Bank To Turn,BTT)方式。因此,其机动能力来源于机体姿态与气流的空间关系。为保证飞行距离,满足飞行器在滑翔段飞行速度和高度的要求,选定目标滑翔段的初始高度和攻角分别为 72 km 和 35°,初始速度为 5 000 m/s。其横向机动能力范围如图 2-20 和图 2-21 所示。从图中可以看出,目标的最大横向机动距离可达 1 500 km;倾侧角对目标的飞行距离影响较大,所以为保证飞行距离,目标的倾侧角变化范围应该有限。

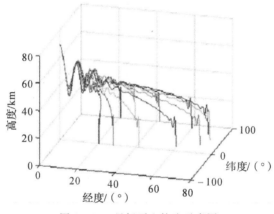

图 2-20 目标再入轨迹示意图

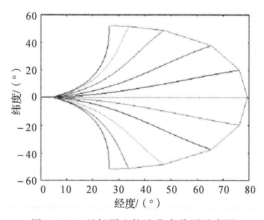

图 2-21 目标再入轨迹分布范围示意图

高超声速飞行器的主要特点如下。①高度范围:100 km 以下;②速度范围:一般为声速的 5 倍~16 倍;③射(航)程:高超声速下滑弹头为 15 000 km,巡航导弹为 7 000~8 000 km,远程运输机等可大于 20 000 km；④机动性：横向机动性较强，例如下滑弹头横向机动后还可飞行 3 000 km～5 000 km；⑤与涡轮（涡扇）喷发动机相比，没有高速转动的涡轮（涡扇），减轻了重量，飞行速度快，飞行高度高；⑥与弹道导弹相比，高超声速飞行器只携带燃料，不携带氧化剂，而弹道导弹所携带的氧化剂重量为导弹起飞重量的百分之几十；等等。

(二)临空浮空目标典型特性

临空浮空目标主要有飞行高度超过 20 km 的飞艇和气球等。飞艇区别于气球的地方在于有发动机，飞艇的发动机用来飞行到工作位置，并抵消 30～50 m/s 的高空风的影响，以保持相对于地球固定的工作位置。美国和俄罗斯都在发展军用临空浮空目标。现简单介绍美国的高空飞艇(High Altitude Airship，HAA)。HAA 的高度是 21.3 km。HAA 的军事用途为：通信转发恶劣气象观测空中和低空目标的预警和监视等。北美防空防天司令部准备用 10～11 个 HAA 雷达监视来袭导弹，覆盖美国大陆沿海和南部方向。美国陆军和海军都在发展各自的 HAA。HAA 与卫星相比的最大优点是廉价，且分辨力强，故美国把 HAA 看成是 21 世纪军事转型新出现的组成部分。

五、太空军事目标典型特性

世界第一颗人造地球卫星进入太空标志着人类在太空活动的开始。和平开发和利用太空造福人类，军事开发和利用太空威胁人类。外空将成为新的作战场所战争新的制高点。部分国家提出"控制空间"战略，并将其作为国家安全战略的重要组成部分。

太空军事目标指运行于外大气层空间的各类军事目标，通常运行于距离地球特定的轨道上，主要包括各类军用卫星、飞船、空天飞行器等。其中，空天飞机将是一类具有重要军事应用价值和高威胁的新型轨道类飞行器，如美军正在试验的轨道试验飞行器 X-37B，就具备了未来空天飞机的典型特征。

通常，可将空间轨道分为低轨道(100～1 000 km)、中轨道(1 000～20 000 km)和高轨道(20 000 km 以上)3 大类。运行轨道越高，其环绕速度就越小。空间轨道高度与环绕速度、运行周期的关系见表 2-5。

表 2-5 空间轨道高度与环绕速度、运行周期的关系

轨道高度/km	环绕速度/(km·s^{-1})	运行周期
200	7.791	1h28min28s
300	7.732	1h30min27s
500	7.619	1h34min32s
1 000	7.356	1h45min02s
3 000	6.525	2h30min31s
6 000	5.679	3h48min18s

太空军事目标依据其任务的不同，运行于不同的轨道。按照轨道平面倾角的大小，卫星轨道可分为顺行轨道、极轨道、逆行轨道以及赤道轨道四种类型。实际使用的轨道主要是上述轨

道中的近地轨道、地球同步轨道、太阳同步轨道、极轨道以及回归轨道等。另外,美军正在发展快速响应空间飞行器,提出了几种典型的快速响应应急轨道,主要包括眼镜蛇椭圆轨道、魔法轨道、太阳同步低地球轨道、快速进入低地球轨道和重复覆盖低地球轨道。目前典型太空军事目标的轨道特性见表2-6。

表2-6 典型太空军事目标的轨道特性

目标类型	轨道类型	轨道高度/km	备注
成像侦察卫星	近圆形低轨道	150~300	
电子侦察卫星	大椭圆低轨道	300~1 000	周期约为90~105min
DSP导弹预警卫星	地球同步轨道	35 800	
SBIRS红外预警系统	高轨部分为地球同步轨道	35 800	
	低轨部分为大椭圆轨道	近地点为600	
测绘卫星		1 400~1 500	
海洋监视卫星	近圆轨道	900~1 100	
GPS导航卫星	近圆高轨道	20 200	轨道倾角为55°
通信卫星	战术方面为大椭圆轨道 战略方面为地球同步轨道	35 800	
X-37B试验飞行器	大椭圆轨道	200~1 000	

随着外层空间各种目标在现代空天一体作战中的地位日益突出,作用日益重要,各类轨道目标成为了地空导弹系统拦截的一类典型目标。低轨道卫星成为了地空导弹系统防御作战的首要轨道类目标,反卫星已经进行过多次试验,从技术上讲,反卫星作战与反导作战相比,难度要小得多。目前反卫星的高度不超过500 km,将来需要进一步向更高范围拓展。

思 考 题

1. 空天防御战场环境主要包括哪些?分别会对空天防御作战产生怎样的影响?
2. 电磁环境由哪些环境组成?自然电磁辐射会通过哪些方式影响武器装备?
3. 雷达在战场电磁环境中扮演怎样的角色?警戒雷达和制导火控雷达的区别是什么?
4. 如果进行某一目标的特征分析,应当从哪些方面进行分析?
5. 空袭目标可以分为哪三大类?试论述他们最突出的特征。
6. 集群无人机目标及典型特性是什么?与传统的空气动力战斗机相比,集群无人机在未来战场上有哪些优势?
7. 集群无人机实施作战的首要前提是什么?试从体系角度出发论述其特征。
8. 在对临近空间高超声速目标实施拦截时,拦截方将会面临哪些挑战?
9. 相比于弹道类目标,针对临近空间高超声速目标实施拦截有哪些突出的难点?

第三章　空天防御探测新技术

第一节　空天防御探测概述

预警探测与监视系统是空天防御体系的重要组成部分,关系到国家安全和国民经济发展建设。在信息化战争条件下,预警探测与监视系统对于信息优势的获取与保持具有至关重要的作用。构建空、天、地、海一体的空天防御探测系统,是建设信息化军队、打赢未来信息化战争的必要条件。

一、空天防御探测主要任务

空天防御探测系统的任务是采用各种探测手段和信息处理技术,对空、天、地、海各个不同范围的各类目标,尤其是运动目标进行探测,获取与处理目标信息,及时、准确地提供所目标的位置、属性及战场态势等信息。空天防御探测系统从功能上看主要包括以下几个方面的任务。

(一)预警

预警的主要任务是远距离发现来袭目标,并快速提供预警信息。预警通常包括防空预警探测与监视、防天预警探测与监视、海洋监视预警探测和地面监视预警探测四大部分。

(1)防空预警探测与监视的任务是尽远发现、监视、跟踪、识别来袭的各类飞机和巡航导弹等空中目标,连续测定目标位置、属性等诸元,为防空作战提供预警情报信息。

(2)防天预警探测与监视的任务是及时发现和跟踪来袭的弹道导弹、天基武器以及各类航天器等目标,测定其轨道参数、识别其真假和属性,推算弹道导弹的发射地点,预报可能被袭击的地点和时间,为及时采取抗击行动和防护措施提供预警情报信息。

(3)海洋监视预警探测的任务是搜索、跟踪水面和水下目标。

(4)地面监视预警探测的任务是监视地面战场敌方的态势和力量变化。

(二)引导保障

引导保障主要是为相关指挥控制机构的作战行动提供所需的情报信息,包括:为航空兵部队提供指挥引导保障情报,为地面防空兵提供目标指示情报;引导制导雷达实现对目标的截获与跟踪,为陆军、海军和空军提供远方情报,为火箭军部队提供监视导弹发射的飞行轨迹和状态以及打击效果评估信息,为航天活动提供信息支持;等等。

(三)航空管制

航空管制要为空中交通管制提供监视情报,完成航路监视和空域管理任务。

随着作战要求的不断变化,信息对抗形式日益复杂,未来空天防御探测系统还需具有信息获取和电磁压制能力,担负起信息获取和实施电磁压制的双重任务,在获取目标信息的同时,也可利用自身的强大电磁能量对敌方的相关电子设备实施干扰和破坏。

二、空天防御探测系统的组成与功能

空天防御探测系统通常由探测分系统、信息传输分系统、信息处理显示分系统、指挥控制分系统等几部分组成。其中,探测分系统主要由分布在陆、海、空、天的各种雷达监视、成像侦察、光电和红外探测等传感器构成;信息传输分系统是连接各传感器和信息处理中心、指挥控制机构的信息纽带,信息传输网络通常由信道终端设备、交换设备和通信终端设备组成;信息处理显示分系统主要包括计算机网络平台及接口设备、大容量并能快速存取的作战数据库、大屏幕等各种显示设备;指挥控制分系统主要包括由计算机网络和信息技术构成的自动化及人工智能化操作管理子系统、作战辅助决策子系统、指挥监控子系统等。

根据探测对象的不同,空天防御探测系统可分为防空预警探测与监视系统、防天预警探测与监视系统、海洋监视预警探测系统、地面监视预警探测系统等;根据平台的不同,分为地基预警探测与监视系统、空基预警探测与监视系统、天基预警探测与监视系统和海基预警探测与监视系统四大类。

预警探测与监视系统的体系结构是关于预警探测与监视系统的功能、作用及组成等方面的科学描述,通常可以从作战体系结构来描述和建立预警探测与监视系统的体系结构,如图3-1所示。

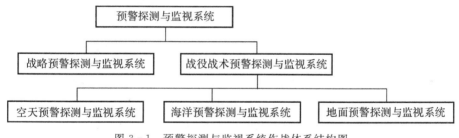

图 3-1 预警探测与监视系统作战体系结构图

三、典型空天防御探测系统

(一)美国预警探测与监视系统

21世纪美国空军的战略构想是"全球警戒、全球到达、全球力量",其关键战略能力是"持续情报侦察与监视能力、全球机动能力和快速打击能力",其中,持续情报侦察与监视能力和全球机动能力是美军联合作战行动的基础。美国一直十分重视预警探测与监视系统的建设,经过多年的努力,已建立了由天基预警卫星、空中预警机和陆基雷达等系统组成的多层次、全方位、世界先进的预警探测与监视系统,形成了以空军防空力量为主体,陆、海、空三军联合的对空防御体系。该体系包括由美国、加拿大共同组成的联合监视系统(含预警情报系统和指挥控制系统),以及超视距雷达系统、空中预警监视系统、导弹预警探测系统及空间监视系统等。

1. 联合监视系统

"9·11"事件以后,美国空军与联邦航空局共同投资建设了联合监视系统(Joint Surveillance System,JSS),实现了空中预警系统与空管系统及指挥控制系统的一体化,使空管的国土防空警戒作用得到强化,空防的飞行活动管理和控制作用得到了提高。JSS由环绕美国本土周边的40多个雷达站、加拿大东部与西部的20多个雷达站、阿拉斯加的10多个雷达站和夏威夷的几个雷达站组成,其中美国本土的40个雷达站中有10个为军用,30多个为空军和联邦航空局共享。

JSS各雷达站所获得的情报被传送至各防空区作战控制中心。JSS共有7个防空区作战控制中心,其中3个在美国本土,1个在阿拉斯加,1个在夏威夷,2个在加拿大。各个防空区作战控制中心和该防空区内的雷达站共同组成本防空区的指挥与预警系统,负责监视本防空区的空情,跟踪和识别来袭敌机和巡航导弹,并指挥、引导防空武器进行拦截。同时,各防空区作战控制中心还将所获得并经过处理的信息发送给北美航空航天防御司令部作战指挥中心、邻近的各作战控制中心、联邦航空局有关单位,以便互相沟通空情,协同作战。

2. 超视距雷达系统

美国1982年开始在北美大陆建造后向散射超视距雷达系统,该系统主要用于监视敌机和低空巡航导弹。按照美国空军的原计划,在美国大陆东、西海岸,北部中央地区和阿拉斯加各建造一部AN/FPS-118后向散射超视距雷达。这4部雷达共形成10个60°扇面,其最远作用距离可达3 700 km,能探测地面、海上直至电离层各种高度上的目标,主要用来与空中预警机配合,用于提前发现和境外拦截空中目标,同时可与大型相控阵雷达协同,遂行战略预警任务。超视距雷达系统可对超声速和亚声速飞机分别提供1.5 h和3 h的预警时间。

3. 空中预警监视系统

美国的空中预警监视系统主要由E-3、E-2、E-8预警机及气球载雷达组成。

(1)E-3预警机可承担预警与指挥控制双重任务,它将监视雷达、电子计算机、通信设备及其他电子设备结合为一体,完成探测、识别和跟踪来袭目标任务,并指挥、引导地面防空武器和截击机实施拦截。该型预警机具有俯视探测能力,并能从地杂波中分辨出100 m以下低空来袭的敌机和巡航导弹;当在9 000 m高度飞行时,对高空目标的探测距离为500~650 km,对低空目标的探测距离为300~400 km,对巡航导弹的探测距离为270 km;预警机所用的CC-2计算机容量为600个目标的信息,同时处理300~400个目标数据,识别200个目标,引导几十架甚至上百架飞机遂行空战任务。

(2)E-2预警机主要用于舰队防空预警和空战指挥引导,也可执行陆地上空的预警任务,可同时监视海上、陆地上空目标,提供300万立方海里(1海里=1 852 m)的空间监视并能同时跟踪2 000个目标,显示其中250个目标;飞机在高度9 100 m时,其探测距离分别为650 km(大型目标)、270 km(巡航导弹/战斗机)、370 km(舰船)。

(3)E-8预警机的主要任务是进行机载战场监视和战场管理指挥与控制。E-8预警机除了能探测和监视敌地面固定和移动目标外,还能探测海面舰船、直升机和低速飞行的飞机。在飞行高度10 000 m,可探测250 km距离以内50 000 km^2 覆盖范围的地面。雷达的基本模式包括:高分辨率合成孔径(Synthetic Aperture Radar,SAR)成像,以探测和识别静止的物体;大范围动目标显示(Moving Target Indication,MTI)监视,以进行区域警戒;分区MTI搜索,以进行战场侦察。

4. 导弹预警探测系统

导弹预警探测系统由弹道导弹预警探测系统和预警卫星系统等部分组成。其主要任务是预报导弹来袭情况,提供导弹运行的弹道数据,为高级军事指挥机构提供攻击、指挥决策所需的数据。对该系统的基本要求是快速、准确、无虚警地提供预警时间(对洲际弹道导弹要求为15~20 min)。

(1)弹道导弹预警探测系统。美国的弹道导弹预警探测系统由 3 个预警站和两部大型相控阵雷达组成。3 个预警站分别设在格陵兰的图勒、阿拉斯加的克利尔和英格兰的菲林代尔。每个雷达站有 35 部雷达和两台 CDC 170 - 876 大型计算机。雷达型号有三种:一种是 AN/FPS - 115 相控阵雷达,其最大探测距离为 4 800 km,可粗略地测出导弹目标的弹道、发射点和命中点等参数,其缺点是盲区大,低空探测性能差,对低轨导弹无能为力,无跟踪能力,测轨和判别能力差;第二种是 AN/FPS - 49 跟踪雷达,其最大作用距离约 3 200 km,可自动跟踪目标,与计算机相结合可以测轨,但受机械扫描限制,不能对付多目标;第三种是 AN/FPS - 92 跟踪雷达,它是 AN/FPS - 49 的改进型,基本性能同 AN/FPS - 49 型雷达,但距离、方位、仰角的测量精度有所提高,抗干扰性能也有所改进。各雷达站每隔 5 min 都可探测上千个空中目标。

(2)预警卫星系统。美国现役的预警卫星系统是"国防支援计划(DSP)系统",它由 8 颗卫星组成,目前在轨使用的是第三代卫星 DSP - 3。DSP 系统预警卫星利用红外探测器和可见光电视摄像机来探测导弹的发射,主要是通过对导弹发射主动段尾焰进行探测成像,经处理识别后提供导弹预警信息。该系统基本上可以探测到俄罗斯、中国、太平洋和大西洋等地发射的弹道导弹,对于陆基洲际弹道导弹可以提供大约 25~30 min 的预警时间,对于潜射弹道导弹可以提供大约 10~20 min 的预警时间。在敌方导弹点火穿过大气层的 6~9 min 内,卫星上的红外探测器即可发出警报,电视摄像机几乎同时拍摄图像,并连续不断地把预警信息发给地面接收站,在 3~4 min 内即可把预警信息传送到北美航空航天防御司令部。但是,这个系统只能探测助推段的弹道导弹,不能探测和跟踪中段飞行的弹道导弹,生存能力也较差。

美空军也部署了新一代预警卫星系统——"天基红外系统"(SBIRS),以提高对战术弹道导弹的预警能力。该系统将取代"国防支援计划系统",用于探测助推段与中段飞行的弹道导弹,其提供的导弹发射预警信息可以满足 21 世纪美军对全球范围内战略和战术导弹预警的需求。SBIRS 由高轨道部分和低轨道部分组成,其中高轨道部分包括 6 颗卫星,将装备高扫描速度和高分辨率的红外探测器,而低轨道部分称为空间与导弹跟踪系统,由 20 多颗低地球轨道卫星组成。SBIRS 能透过大气层探测和跟踪导弹飞行时发动机排出的火焰,在导弹起飞后 10~20 s 内把信息传输给作战指挥机关,并引导反导弹武器对目标进行拦截。

5. 空间监视系统

目前,空间监视系统主要由空军空间跟踪系统、陆基电子/光学深空监视系统和海军空间监视系统组成。此外,现有的洲际弹道导弹预警系统、潜射弹道导弹预警系统、超视距雷达系统,及非军方的有关机构也加入了这项工作。

(1)空军空间跟踪系统。空军空间跟踪系统是一个全球范围的探测、跟踪和识别空间目标的系统,它由分布在全球的雷达系统、光学跟踪网和辐射仪等探测与跟踪装置组成。列入空军司令部空间监视系统的有10多个地面雷达站和光学/电子观测站。这些观测站主要部署在美国本土、土耳其、意大利、韩国及太平洋、印度洋和大西洋的岛屿上。这些站与海军预警探测系统共同监视、跟踪、识别和判定、预测未来空间目标的坐标和矢量,每天可对空间完成6万余次的目标观测,并将获取的空间目标信息送到北美航空航天防御司令部夏延山综合设施的空间防御作战中心。

空军空间跟踪系统的雷达系统主要有位于埃格林空军基地的AN/FPS-85相控阵雷达、位于谢米亚空军基地的AN/FPS-108相控阵雷达,以及一些被动式AN/FSP2光学探测器等。位于埃格林空军基地的AN/FPS-85雷达可以跟踪空间的全部卫星及其他空间目标,同时还承担对从南方来袭的洲际弹道导弹和潜射弹道导弹的预警任务,是美国本土对南部方向的主要预警系统。AN/FPS-108雷达位于阿留申群岛谢米亚岛,雷达阵朝向西北,用以监视外国,特别是俄罗斯等国的导弹发射活动,并为北美航空航天防御司令部提供新的弹道导弹预警,以及跟踪和识别空间目标。作为预警系统,该雷达可探测3 700 km远的外国导弹的发射,能跟踪300个目标,并提供其中200个目标的详细数据资料。作为空间跟踪系统,其作用距离可达46 000 km,能同时跟踪100个目标,并提供其中20个目标的精确数据资料。

(2) 陆基电子/光学深空监视系统。陆基电子/光学深空监视系统由分布在全球各地的6个监测站组成,分别设在美国、韩国、印度洋迪戈加西亚岛和德国。每个站配有3台电视摄像机和宽视场望远镜、现代化信息处理机、数字计算机和先进的软件。其中,两台主望远镜1 h可扫描2 400 m^2 的夜空,1台辅助望远镜2 hsk扫描15 000 m^2 的夜空。该系统可在5~20 s内将单一视界内的全部卫星从星体和空间杂物中区分开来,可在几分钟内将高等级任务目标的资料发送到北美航空航天防御司令部。

(3) 海军空间监视系统。海军空间监视系统由横贯美国南部各州的东、中、西3组多普勒效应无线电干涉仪组成,共有3个大功率发射站和6个接收站。该系统主要用于探测不发射无线电信号的卫星,具有抗干扰性强的优点。2004年,海军空间监视系统已经划归空军管理。

(二)俄罗斯预警探测与监视系统

俄罗斯防空体系由担任空天监视任务的侦察系统构成。俄军无线电技术兵(雷达兵)是使用雷达技术装备对空天进行监视,获取敌空中进攻实时情报信息,保障歼击航空兵和地空导弹兵作战行动的重要兵种。目前,俄军已基本实现了总部与军种司令部、集团军、师的计算机联网。

俄空军的预警探测与监视系统由防空预警探测系统、弹道导弹预警探测系统和空间预警探测系统等组成。

1. 防空预警探测系统

(1) 地面防空预警探测系统。地面防空预警探测系统主要由苏联时期部署在各加盟共和国的警戒、引导、测高和目标指示雷达组成,采用交错配置的方式,构成了一个绵密多层的对空警戒系统。该系统堪称世界最复杂的预警探测系统,数千部防空雷达部署在如今的俄罗斯和其他独联体国家。位于俄边境一线的防空雷达平时保持较高的战备状态,对来自别国的空中目标反应比较迅速,一般可在距边境400 km处发现并识别目标性质,可为部队提供10~30 min的预警时间。

俄常规雷达的部署重点是远东濒海地区,装备了各种型号的两坐标雷达和三坐标雷达,能较好地为航空兵及导弹部队提供情报保障。俄地面防空雷达网的特点是规模和覆盖面积很大,对周边重要方向实施严密监视。各雷达站重叠覆盖,可靠性好,但对低空目标的探测较为有限。

俄军雷达网根据任务可分为4种类型,即侦察雷达网、引导雷达网、值班雷达网和低空雷达预警网。

1)侦察雷达网。主要使用米波雷达和部分分米波雷达组网,其雷达探测区覆盖整个防空区并适当外推。提供的侦察信息距离远、精度低、数据率低,信息质量要求不高,主要是空中目标的两坐标信息,目标高度信息由专门的测高雷达提供,还可使用配备的识别器,对空中目标进行国籍识别。侦察信息提供给各级指挥所和战斗部队,使其掌握敌空中进攻的初始情况,为各级指挥所和战斗部队有充分时间做好战斗准备提供情报保障。

2)引导雷达网。负责在作战中向各级指挥所和战斗部队提供战斗信息。主要使用分米波雷达和厘米波雷达组网,其雷达探测区覆盖战斗部队(歼击机、地空导弹、电子对抗兵)作战区域并适当外推。引导雷达网提供的战斗信息为两坐标、连续、经坐标转换的高精度数字目标信息,其质量较高。

3)值班雷达网。为完成日常对国家领空的实时监视,为战斗部队训练和日常活动提供保障,以及隐蔽无线电技术兵的战时雷达信息保障能力,指定少量侦察雷达组成值班雷达网。值班雷达通常部署在沿海、边境地区,昼夜开机,实施国家领空监视侦察。

4)低空雷达预警网。低空目标可能入侵的主要方向是沿海和平原,因此由低空探测性能好的雷达部署组成低空目标雷达预警网。俄军低空探测性能好的雷达一般采用准连续波信号、动目标显示、多普勒比相等先进雷达技术,雷达天线高架,提高了对低空小目标的发现能力。

(2)空中预警监视系统。俄罗斯主要依靠空中预警机弥补地面雷达探测低空目标能力的不足。俄罗斯装备有图-126预警机、安-71预警机、雅克-44舰载预警机、卡-31舰载预警直升机和A-50预警指挥飞机。安-71预警机的性能与美国的E-2C大致相同。该机装有"量子"预警雷达、电子情报和高频电子系统、自动导航和飞行控制系统、MK-12敌我识别器等。"量子"雷达能进行360°扫描,可监视从海平面到13 000 m高空、距离约370 km范围内的目标,能同时探测300多个目标,并可跟踪120个目标。雅克-44舰载预警机安装了"量子-M"预警雷达系统,最大飞行速度为740 km/h,实用升限13 000 m,续航时间6.5 h。卡-31舰载预警直升机安装了E-801远程雷达预警系统,它能搜索和跟踪在低空或超低空飞行的小型海上目标,能搜索和识别100~150 km范围内的空中目标,能保障同时跟踪20个空中目标,能发现250 km范围内的水面目标。A-50是俄罗斯的主力预警指挥飞机,俄罗斯现装备A-50型空中预警机21架,该型机对高空轰炸机的探测距离为620 km,可同时引导12架战斗机作战,还可以指挥具有下视、下射能力的米格31截击低空飞行的巡航导弹。A-50型空中预警机载有"熊蜂"无线电技术系统,该系统由三坐标雷达、国籍识别装置、情报分析和显示子系统、情报储存装置和数字通信子系统组成。目前,俄军已新研制出A-SOU新型空中预警机。该机型采用新型Shmel-M三坐标脉冲多普勒雷达,空中探测目标距离和跟踪目标数量均有明显增加,同时对飞行目标的预警能力和抗干扰能力增强,空中巡逻时间从4 h增加到6 h,并装有空中受油装置。A-SOU型空中预警机的性能与美国的E-3型空中预警机基本相同,在对地面目标的识别能力和对地面活动目标的跟踪能力方面还要略强一些。

2. 弹道导弹预警探测系统

俄弹道导弹预警探测系统的预警雷达系统由后向散射超视距雷达、大型相控阵雷达系统组成。导弹预警探测网的第一层是部署在西部和东部的3部后向散射超视距雷达,与预警卫星系统一起可对美国的洲际弹道导弹提供30 min的预警时间,对潜射弹道导弹提供5~15 min的预警时间,对超声速飞机和亚声速飞机分别提供1.5 h和3 h的预警时间。第一层由8部大型相控阵雷达和11部"鸡笼"探测跟踪雷达,以及若干"狗窝""猫窝"和"试加"等型雷达组成,其主要任务是监视宇宙空间及世界各国的战略进攻性兵力兵器动向,发现对俄的航空航天兵器及洲际弹道导弹的发射,重点保障以首都莫斯科为核心的国家主要目标免遭导弹空袭,为拦截打击系统提供战略预警情报,探测距离可达2 800~6 000 km,预警时间为5~30 min。"鸡笼"雷达,分别部署在独联体国家的阵地上,"狗窝"相控阵雷达部署于莫斯科附近,各部雷达的探测范围交叉重叠,形成对战略导弹袭击的全方位监视,对美国的洲际导弹可提供几十分钟的预警时间。

"鸡笼"雷达是一种远程相控阵雷达,用于莫斯科反导系统,主要对弹道导弹进行远程搜索和预警,执行重要的早期预警和跟踪任务,必要时可作为卫星探测跟踪和控制网的组成部分。雷达探测距离约6 100 km。实战中,"鸡笼"雷达一般与"猫窝"或"狗窝"雷达系统联合使用。

"猫窝"雷达是一种用于反导预警、作战指挥的相控阵雷达。探测距离2 800 km,20世纪70年代末装备。"狗窝"雷达是一种用于反导预警、作战指挥的相控阵雷达,双平面阵列天线。"药盒"是20世纪80年代末部署的大型相控阵雷达系统,外形像金字塔,每面边长约150 m、高35 m,探测距离达3 000 km,为莫斯科导弹防御系统提供信息。

另外,俄罗斯还有类似美国AN/FPS-115(铺路爪)雷达的相控阵雷达,如"达里娅"雷达,采用接收天线和发射天线分置,对$0.1 \sim 0.2 \, m^2$目标的探测距离为6 000 km,能同时监视50个目标,跟踪20个目标。

3. 空间预警探测系统

俄预警卫星系统由2颗照相侦察卫星、11颗电子情报侦察卫星、9颗洲际导弹侦察卫星和潜射导弹侦察卫星以及3颗多用途侦察卫星等25颗预警卫星组成,主要担负对敌弹道导弹的早期预警任务。空间监视系统已成为俄罗斯获取80%以上战略情报的手段。目前,俄每天24 h总有一颗预警卫星监视地球的北半球,在别国导弹发射10 min后,就可收到情报,并能判明导弹发射区的位置,提供有关袭击规模的原始数据。各星采用大椭圆轨道,近地点500~600 km,远地点4 000 km,运行周期12 h,可对美国袭击莫斯科的洲际弹道导弹提供30 min的预警时间,对水下发射的潜射导弹提供5~10 min的预警时间。

四、空天防御探测面临的挑战

在信息化战争条件下,空天防御探测在战争中将首当其冲,是夺取制信息权的重要前提。面对各类信息目标的出现与作战样式的不断发展,空天防御探测系统将面临如下挑战。

1. 战场空间不断扩大

随着技术的发展,现代战争中,新型空天威胁目标的有效使用范围从水下、地(海)面、超低空、低空、中高空、高空拓展到了外层空间,航程、射程都大大增加。因此,新型空天防御探测系统必须能够在更大的空间范围内及时获取、处理、传输战场信息和变化情况,实现全高度、大纵深的预警探测与监视。

2. 目标种类复杂多样

在空天防御战场中,不同区域有着不同类型的目标:中高空有各种战斗机、轰炸机、隐身飞机、弹道导弹,以及电子战飞机、无人驾驶飞机等目标;低空有巡航导弹、武装直升机等;外层空间有各种卫星和航天飞机等。目标种类繁多、样式繁杂,极大地增加了空天防御探测系统的探测难度,只有由多种传感器组成多平台、多手段复合探测系统才能应对这种挑战。

3. 电磁干扰贯穿始终

在现在战场条件下,强烈的电磁干扰已成为压制对方预警探测与监视系统最有效、最常用的一种作战手段。随着干扰技术的发展,电子干扰的频点正向高、低两极扩展,干扰功率逐步提高,自适应能力不断增强,干扰的样式日趋复杂,对空天防御探测构成了较大困难。

4. 隐身目标不断增多

隐身目标利用其外形、结构的巧妙设计和采用吸波、透波材料等一系列措施,减少对电磁波能量的反射和降低红外辐射,显著降低了目标被探测发现的概率。它的出现使传统的防空系统的作战效能大为降低。因此,隐身技术正在不断从飞机类目标向其他典型目标扩展,如隐身巡航导弹等。空天防御探测系统必须采用新的探测手段和体制才能应对隐身目标的挑战。

5. 低空突防普遍使用

利用低空、超低空飞机和巡航导弹进行低空突防,不仅能大大缩短地面雷达的探测距离和预警时间,还能有效降低被对方防空兵器击毁的概率。国外新一代作战飞机和巡航导弹,大都具有很强的超低空突防能力。巡航导弹一般可在距离海面 $7\sim15$ m、地面 $50\sim150$ m 的高度上飞行。地面防空预警与监视系统,受地球曲率的影响,其探测能力受到很大的限制,很难发现低空突防目标,即使发现了,也往往由于距离太近而难以保证提供足够的预警时间。因此,可将预警与监视系统设备升空,增加视距,从而增加预警时间。

6. 反辐射武器严重威胁雷达生存

反辐射武器通常采用被动方式发现并定位电子设备的电磁辐射,同时引导相关武器摧毁辐射源,严重威胁雷达的生存。美军的"哈姆"反辐射导弹射程达 40 km,最大速度达 $Ma=3$,频率覆盖范围 $0.8\sim20$ GHz,对雷达的命中率高达 80% 以上。反辐射无人机可在对方防御阵地上空巡航飞行,自动寻找雷达辐射源,如果雷达关机,反辐射无人机可重新爬升到一定高度盘旋,待雷达开机后再进行攻击。

7. 远程精确打击成为重要作战样式

预警探测与监视设备是现代高技术战争中精确打击的重要目标。目前,激光制导炸弹命中精度已提高到 1 m,电视和红外制导炸弹可在 10 km 处实施精确攻击,可精确摧毁打击目标。远程精确打击下的生存能力是现代空天防御探测系统的一项重要挑战。

8. 航空运输激增

无论战时还是平时,空域管理和航空管制的任务都非常繁重,情况非常复杂。特别是在经济全球化背景下,无论是局部战争还是区域冲突,都必须考虑到民用航空的运行问题。

第二节 空天防御雷达新体制探测技术

一、空天防御雷达探测概述

雷达作为一种全天候、全天时的远程探测手段,具有探测距离远且不易受粉尘、天气、烟雾等因素影响的特点,其在军事方面的作用更是不可替代。空天防御雷达探测是一种利用雷达发射的无线电波来确定目标特征的探测方式。传统雷达是利用电磁波反射原理来探测物体的系统。雷达系统将电磁波按一定方向发射出去,如果该方向有目标,就会有回波,否则无回波。因为电磁波以光速往返几乎是瞬时的,因此目标方位几乎就是电磁波发射时的给定方向,目标距离则是光速与电磁波往返目标之间时间乘积的一半。当被照射物体相对于雷达有变远或变近的径向运动时,回波频率会有所改变,这就是所谓的"多普勒效应",多普勒效应可以将静态杂波(如地面或海面杂波)滤除,从而计算出目标的速度。这就是雷达探测的基本原理。

空天防御雷达工作体制按天线结构可分为机械扫描雷达和相控阵雷达。机械扫描体制雷达主要应用于第一代、第二代地空导弹武器系统,已逐步淘汰;第三代之后的武器系统大量应用相控阵雷达体制;根据射击远距离预警机和抗干扰的特殊需求,无源定位雷达体制也在制导雷达中得到应用。下面简要讲述现代雷达常用的三种典型工作体制的特点。

(一)机械扫描雷达

为了实现雷达波束的指向性,最初的机械扫描天线都是采用反射面将发散的电磁波反射后会聚在特定方向,然后再利用机械装置带动反射面上、下、左、右摆动,实现波束对空域的扫描的。抛物面天线就是机械扫描天线的典型代表,如图3-2所示,馈源安装在抛物面或球面镜的焦点上,经过面镜反射可以聚焦成平行的波束。

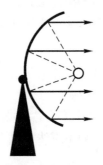

图3-2 抛物面天线实现波束指向原理图

在抛物面天线之后出现的平面阵列天线不再运用反射原理实现雷达波束的指向性,而是用"干涉原理"调制出指向性波束。平面阵列天线本身是一个平面,上面有大量的缝隙状电磁波发射口,所以又称为"开缝天线"。每个发射口都像一个点波源,大量发射口发出的电磁波彼此会产生多狭缝干涉,从而产生需要的波束。波束的性质可以由发射口面的分布来决定,也比较容易抑制旁瓣的生成。最初的平面阵列天线只能调制出固定方向的波束,然后再借助机械装置的摆动来扫描整个空间。

机械扫描雷达工作原理简单,易于实现,但机械扫描具有动态惯性,扫描速度不易提高,极大地阻碍了雷达性能的提升。

(二)相控阵雷达

相控阵雷达是采用相控阵天线的雷达。相控阵天线是由许多辐射单元排列而成的,而各个单元的馈电相位是由计算机灵活控制的阵列。相控阵雷达具有波束捷变(包括波束空间位置捷变及波束方向图捷变)能力等独特的优点,因此可满足对高性能雷达系统日益增长的需要,诸如多目标跟踪、远作用距离、高数据率、自适应抗干扰、快速识别目标、高可靠性及同时完成目标搜索、截获、跟踪和识别等多种功能。相控阵雷达主要分为两大类:无源电子扫描阵列(Passive Electronically Scanned Array,PESA)雷达和有源电子扫描阵列(Active Electronically Scanned Array,AESA)雷达。俄罗斯和美国领导着相控阵技术的发展,并已在战机上大量装备相控阵雷达。

相控阵雷达的基本原理是:通过改变不同波源的相位差来实现雷达波束在空间的扫描,而不必对雷达天线进行机械摆动,即"天线不动波束动"。相控阵雷达与平面阵列天线一样也是利用多波源的干涉。干涉式天线的波束一般垂直于天线平面发射出去,如果平面上的波源没有相位差,或是相位差对称于主轴分布,那么形成的波束主轴就垂直于天线表面。如果波源的相位是从一个端点到另一个端点递增或递减的,调制出的波束主轴就会偏离天线的主轴。因此,通过相位差的变化,即使天线本身不动,也能实现波束方向的变化而完成空间扫描。

与传统机械扫描雷达相比,相控阵雷达有诸多优势:

(1)因扫描速度快,信息更新周期短,可以对付高机动目标;

(2)可以同时跟踪多个目标;

(3)功率高,探测距离提高 1.5 倍以上;

(4)故障率低,机械扫描雷达的平均故障间隔约 100~200 h,而相控阵雷达的平均故障间隔一般在 500 h 以上。

相控阵雷达在硬件上最主要的特点就是每个天线单元都附有移相器,能改变电磁波信号的相位。雷达控制系统通过移相器便能控制天线面上的相位分布,从而调制出不同特性的波束并能改变其方向。

1. 无源相控阵雷达

无源相控阵雷达共用一个或几个高功率发射机,通过功率分配器或空间馈电激励阵列天线,通过组合器实现信号的接收。图 3-3 所示为一典型的无源相控阵雷达工作原理示意图,其发射信号由一个大功率的主振放大式发射机产生,通过收发开关,由馈源经过空馈相控阵天线辐射到空间,控制相控阵天线各单元的移相量,可改变波束的指向。接收时,同样可通过控制相控阵天线各单元的移相量形成接收波束的方向图,接收信号经单脉冲馈源处理可形成和信号、高低差信号与方位差信号三路信号,其发射系统和接收系统与常规的雷达相同。

2. 有源相控阵雷达

有源相控阵雷达中,其射频功率通过阵列结构中的组件放大到辐射所需的电平,通常由阵列单元或子阵中的收发组件(T/R 组件)来实现。考虑到实现方法和成本,有源相控阵雷达有多种形式。一种典型的有源相控阵雷达的组成框图如图3-4所示,相控阵天线共有 m 个子阵,每个子阵又有 n 个相控阵单元,每个单元都有一个收发组件。与无源相控阵雷达相比,不再有一个大功率的发射机,每个收发组件都有一个固态发射机。发射时通过控制各收发组件移相器的移相量,通过空间合成的方式形成大功率的发射波束。与无源相控阵相比,接收时其接收波束的形成主要在数字波束形成器中进行,或通过数字波束形成和改变各子阵中移相量综合形成,相控阵天线的输出为 m 路子阵的数字信号(在先进的有源相控阵天线中,子阵将消失,其输出为 $m\times n$ 个相控阵单元的数字信号), m 个子阵的信号通过复用的方式,通过高速数传系统(通常为光纤)送到数字波束形成(Digital Beam Forming, DBF),然后再送到信号处理机进行相应的信号处理。

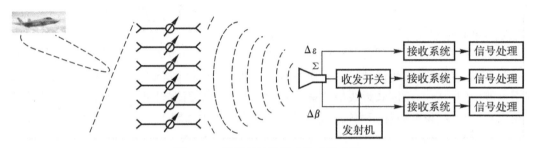

图3-3 无源相控阵雷达构成示意图

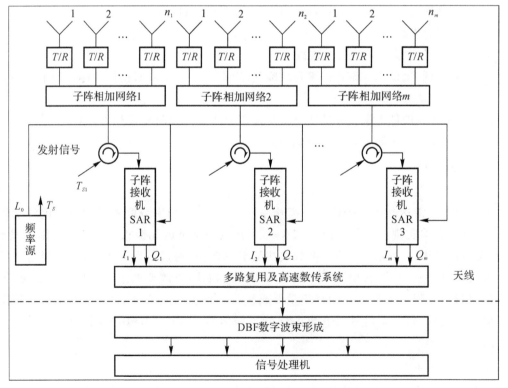

图3-4 有源相控阵雷达构成示意图

3. AESA 雷达与 PESA 雷达性能比较

从 AESA 雷达和 PESA 雷达都得到充分发展来看，两种雷达各有优缺点，从工作原理上看，AESA 雷达更有长远发展优势。

(1) 都具有"同时多任务多目标"能力，但 AESA 能力更强。因为采用电子扫描方式，相控阵雷达的扫描速度远高于机械雷达。相控阵雷达的波束反应时间主要受到移相器反应时间的制约。由于反应时间通常较短，雷达波束能够在不同的方位快速切换，目标根本无法在这么短的时间内"逃离"雷达的视野，因此雷达可以极高的速度轮流切换至不同的目标甚至不同的模式，从而实现"同时多任务多目标"能力。

AESA 雷达的移相器是固态式的，反应时间更短，这意味着在相同的时间内 AESA 雷达能在更多目标之间切换，多目标能力更好。同时，AESA 本身相当于由好几部完全独立的小 AESA 构成，不同的雷达可以分别工作在不同的频率和模式而不相互干扰，因此可以做到真正的"同时"多任务、多目标。

(2) AESA 雷达能量效率高，比 PESA 雷达更易实现高功率。PESA 雷达的信号先经过放大才通过行波管传送至天线，传输过程损耗较大，同时移相器在高功率下移相，损耗也较大。相比较而言，AESA 雷达的信号不经过放大就传给天线，移相器也是在低功率环境下工作，损耗都很小，而最重要的是 AESA 雷达的信号在最后才放大并直接发射出去，几乎没有导管损耗。因此，AESA 雷达能量效率（发射功率与输入功率的比值）较高。一般情况下，非 AESA 雷达的能量效率约为 10%，通常不超过 20%，而现有 X 波段 AESA 的能量效率约为 25%～30%。

(3) AESA 雷达探测距离更远，而且具有宽谱特性。对 PESA 雷达来说，当发射机功率达到一定值后，想要再提高发射机的功率会非常困难，而 AESA 则可通过功率合成实现更大的发射功率。同时因为能量效率较高，在输入功率相同的情况下，AESA 的探测距离会显著高于 PESA 雷达。

能量效率高还有利于 AESA 雷达在更大的频率范围下工作。根据 PESA 雷达的构造，要实现较宽频率范围的信号高效率的放大并传输非常困难。单单以行波管为例，其传输效率就与行波管的外型以及波长有关，而一个雷达里行波管是固定的，这就限制了能有效使用的频段。反观 AESA 雷达，其传输损耗少，而且其固态放大器本来就有宽谱特性，所以可以让更宽频率范围的信号都有很高的效率。

(4) AESA 雷达具有更高的可靠性。无论是机械扫描雷达还是 PESA 雷达，都采用统一的后端系统（如信号产生器与放大器等），一旦其中之一发生故障，整个雷达就无法工作，特别是放大器这种高功率部件更容易发生故障。而 AESA 雷达相当于很多部独立的雷达，因此局部故障顶多导致性能下降，雷达仍然可以工作，特别是最容易发生故障的放大器位于每一个发射单元上，坏掉几个单元对性能影响不大。目前装备的 AESA 雷达一般可以容许 10% 的发射单元发生故障而几乎不影响性能。此外 AESA 雷达使用了固态制造技术，理论上可以比传统的机电系统更长寿。

一般来说，机械扫描雷达和 PESA 雷达的平均故障间隔约为 100～200 h。目前俄罗斯的 AESA 雷达平均故障间隔为 500 h 左右。

(三)被动无源定位雷达

主动雷达等有源探测定位系统具有全天候、受目标、环境和气候变化影响小等优点,在目标探测、预警监视、定位和跟踪方面发挥着其他传感器无法替代的重要作用。但随着电子战的发展,其作战效能很难得到充分发挥,其生存也受到威胁。无源定位系统由于具有作用距离远、良好的抗干扰性能和生存能力强等特点,作为对有源定位装备体系的完善与补充,越来越受到人们的重视。

根据电磁波信号的来源不同,可将无源定位系统分为利用非协作外辐射源信号的无源定位系统和利用目标辐射源信号的无源定位系统两大类。利用非协作外辐射源的无源定位系统,通过无源定位系统接收目标以外的辐射源辐射的信号及经过待定位目标散射后的信号进行探测和定位。这类非协作外辐射源信号包括广播电台、电视台、通信台站、直接广播系统和GPS等民用辐射源。利用目标辐射源无源定位系统则通过截获处理待定位目标自身携带的信号辐射源所辐射的来波信号进行定位。

利用非协作外辐射源的无源定位系统由于受频率和同步信号提取等多种原因限制,其定位精度比较低,通常难以满足制导雷达的要求。

利用目标辐射源无源定位系统根据定位原理又可分为单站定位和多站定位。单站定位无法测量出辐射源的距离,故对于辐射源的位置是不可观测的。如果使观测器与辐射源之间有相对几何位置的变化,则可以在位置变化的过程中完成辐射源的定位。单站定位可通过频率、相位变化率和到达时间等定位,但定位解算的实时性和精度通常难以满足制导雷达的要求;多站可通过测向交叉定位、测向-时差定位和时差定位等方法进行定位。时差定位由于不利用角度信息,具有较高的定位精度,因此在制导雷达中得到应用。对于组网雷达,在受干扰无法测距时,通常具有交叉定位功能。

典型的多站时差定位系统的组成框图如图3-5所示,多个地面接收机同时接收目标辐射信号,由于目标到各个地面接收机的距离不同,各接收机收到目标辐射信号的时间不同,通过接收信号序列的时间相关处理可测量出任意两个接收机信号的时差。由于地面接收机坐标位置已知,在具备准确同步的条件下,只需3个不相关的时差参量就可解算出目标的三维坐标数据,从而实现对目标的精确定位。

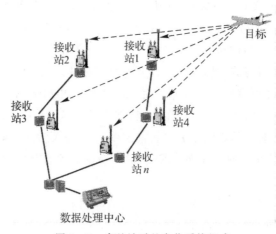

图3-5　多基站时差定位系统组成

被动雷达时差测量一般采用视频脉冲互相关的方法,通过检测互相关函数的峰值,得到两个脉冲序列之间的时差,利用时差关系对目标进行定位。视频脉冲互相关的时差测量精度很大程度上取决于脉冲上升沿和下降沿的陡峭程度以及其稳定性。但是大部分目标辐射信号如通信信号、干扰信号并不具有明显的脉冲特征,这时需采用序列信号相关处理才能测量其平均时差。由于两站之间的等时差(距离差)面为双曲面,因此多站时差定位实质上是求解 3 个或 3 个以上双曲面的交点问题,在存在误差的情况下,很可能无解析解,只能采用逼近求解算法。逼近求解的实质是求解空中一个点,它与各个双曲面的距离二次方和最小,目前已有的算法包括解析法、最小距离求解法、迭代求解法、平面相交法等。

二、MIMO 雷达探测技术

(一)MIMO 雷达基本概念

随着电子技术的迅猛发展,空天防御探测中的电子对抗日趋剧烈,对雷达设备及功能也有了更高的要求,这就促进了新体制雷达的诞生。相控阵雷达技术经过几十年的发展已趋于成熟,相比传统机械扫描雷达,相控阵雷达具有天线波束快速扫描、波束形状可变等优势。工作过程中,通过计算机来控制雷达系统,可人为地改变雷达系统参数,根据环境需要选择工作模式。但其也存在易被敌方截获、无法克服 RCS 闪烁、无法真正实现同时多波束等不足。为克服上述常规相控阵雷达的不足,国内外众多学者对新体制雷达探测技术进行了大量研究。多输入多输出(Multiple Input Multiple Output,MIMO)雷达就是把无线通信系统中的多个输入和多个输出技术引入到雷达领域,并和数字阵列技术相结合而产生的一种新体制雷达。

(二)MIMO 雷达基本原理

1. MIMO 雷达基本组成

MIMO 雷达通常包含多个发射天线和多个接收天线,各天线也可采用收发共用方式实现。各发射天线发射不同的信号波形,经过目标反射后被多个接收天线接收,并经过多路接收机送给信号处理和进行后续处理。MIMO 雷达的组成框图如图 3-6 所示。

在 MIMO 雷达系统中,各天线的发射信号通常相互正交或部分相关,这些信号在空间叠加后不再形成高增益的窄波束,而是会形成低增益的宽波束,可同时实现对较大空域范围的能量覆盖,从而实现对大空域范围内的目标同时进行搜索、截获与跟踪。当 MIMO 雷达各发射信号相互正交时,其发射能量覆盖没有方向性,在各个方向具有相同的增益;当各发射信号部分相关时,其发射能量覆盖变为低增益的宽波束,波束指向和波束宽度由发射信号波形及其相位决定;当各发射信号完全相关时,其发射能量覆盖变为高增益的窄波束,波束指向由发射信号相位决定,此时等效于各发射信号完全相同,只是相位不同,这时就变成了常规的相控阵雷达,如图 3-7 所示。

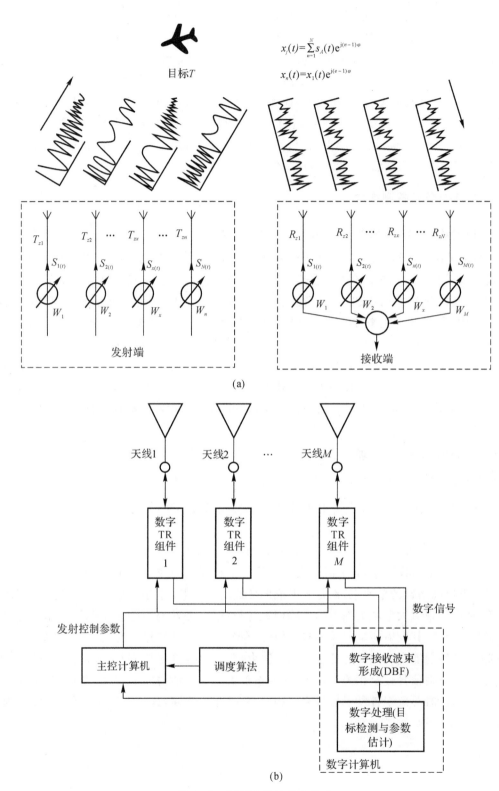

图 3-6 MIMO 雷达基本组成
(a)天线结构;(b)雷达结构

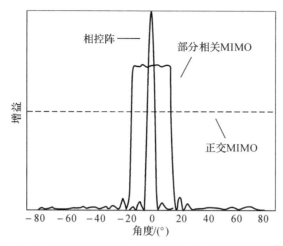

图 3-7 MIMO 雷达不同发射信号时的发射能量覆盖图

2. MIMO 雷达工作流程

根据图 3-6 中 MIMO 雷达的整体结构,当雷达开机后,主控计算机根据外部的程序控制指令将数字 TR 组件需要的发射参数,如信号的波形、重复频率、脉宽等,通过传输线送往各个数字 TR 组件,各个数字 TR 组件合成自身发射信号,经上变频、功率放大后,由天线辐射至空间中。目标反射的回波信号经天线由各个数字 TR 组件接收,传输至 DBF 模块,产生数字接收信号,以进行目标检测与参数估计。处理结果将被送往主控计算机。主控计算机根据现有的任务需求以及目标状态,产生新的任务指令,如波形参数、波束指向等,经调度算法对产生的任务进行时序安排后,将各任务参数送往数字 TR 组件,形成下一次的发射波束。其中,接收 DBF 是指各个数字 TR 组件将接收到的信号分别进行放大、下变频、检波处理,形成中频信号,经数字采样后变为数字信号,然后,通过数字处理以产生接收波束。数字处理包括波束形成器和红波束控制器,其中波束形成器接收数字化单元信号,经过加权求和来形成波束;波束控制器产生合适的加权值以控制波束。而发射 DBF 是指根据系统指令,确定发射信号的工作频率和幅相控制字来控制直接数字形成模块,经上变频处理形成所需的射频激励信号。

由于收、发采用全数字化处理,MIMO 雷达的工作模式更加灵活,其收、发波束有以下三种模式。

(1) 发射、接收均采用 DBF 技术的 SISO(Single Input Single Output)模式。在此模式下,MIMO 雷达采用 DBF 技术在发射端合成高增益的窄波束;在接收端,同样利用 DBF 技术,合成高增益的窄波束,来实现对空间的扫描。值得注意的是,尽管在此模式下 MIMO 雷达与传统单波束的模拟相控阵雷达无太大区别,但其可以凭借多个接收机(每个阵元后连接一个接收机)的优势来降低接收波束主瓣内的干扰增益,进而获得良好的抗干扰性能。

(2) 发射宽波束、接收采用 DBF 的 MISO(Multiple Input Single Output)模式。在此模式下,MIMO 雷达展宽其发射的单个波束,对某一较大区域进行照射,以加速搜索进程;在接收端,采用 DBF 技术对相应的搜索空域形成多个数字波束。此场景可以等效为波束连续扫描。由于波束展宽,增益减小,需要更长时间的积累;但与此同时,多普勒分辨率也获得了提高。

(3) 发射多波束、接收多波束的 MIMO 模式。在此模式下，MIMO 雷达将天线阵面划分为 M 个子阵，每个子阵分别发射相互正交的信号；若接收端含有 N 个通道，则每个通道后需要连接与发射端对应的 M 个匹配滤波器。对于每个通道的接收信号，分别恢复出由发射端发射出的 M 个正交信号，则总共得到 $N \times M$ 路匹配滤波输出。然后，利用这 $N \times M$ 路匹配滤波输出合成多个波束，以进行相应的目标信息提取。需要指出的是，在 MIMO 模式下，由于信号的正交性，在空间并无真实的发射波束，而是在接收端通过 DBF 技术等效合成多个发射波束。

从上述工作流程可以看出，典型的 MIMO 雷达任务主要包括以下三类。

1) 搜索任务。搜索任务即 MIMO 雷达需要对警戒空域进行波束扫描，以检测潜在威胁。当存在目标的先验信息时，MIMO 雷达可以快速调转波束，对目标大致方位进行探测，以快速截获目标；当无目标的先验信息时，MIMO 雷达将根据事先的波位编排，对整个预警区域进行扫描。

2) 目标确认。目标确认搜索过程中，当回波幅度超过检测门限时，雷达需要对回波信号的真实性进行判定，即目标确认。此时，主控计算机发出"重照"指令，使得雷达波束在较短的时间内对"目标"的存在位置进行多次回视照射，以判断回波来自真实目标，或是由杂波、干扰引起的虚警。

3) 跟踪。跟踪雷达在跟踪阶段的任务包括初始跟踪、稳定跟踪和失跟处理（又称作记忆跟踪）等。其中，在确认目标存在的基础上，初始跟踪可以建立一个满足目标位置和速度精度的跟踪状态。此时，雷达通常采用较宽的工作带宽，以便能够较快地进入稳定跟踪。而在稳定跟踪状态工作时，雷达通常采用较窄的带宽，以获得较佳的滤波性能。通常情况下，雷达将根据目标带来的威胁程度以及自身的跟踪精度等因素，对不同目标采用不同精度的跟踪方式，典型的有高精跟、精跟和普跟。各跟踪方式的主要区别在于数据率的不同。在跟踪过程中，目标突发机动、杂波或者主动、被动式干扰等将使得回波信号发生丢失。由于跟踪过程中的数据率较高，偶尔几次的回波丢失不会引起目标的跟丢。但如果目标回波连续多次不存在时，雷达将判定目标失跟。此时，雷达将根据先前时刻对该目标的跟踪结果对目标状态进行递推，以预测目标可能出现的位置，并以此位置为中心，进行较小区域的扩展搜索，此过程即为失跟处理。如果在此期间重新捕获目标，则继续转入目标跟踪；如果未能成功捕获目标，则判定目标丢失，相关航迹终止，对应目标通道释放，雷达转入搜索状态。

需要指出的是，与传统相控阵雷达时分复用的体制不同，MIMO 雷达可以采用 MISO 或 MIMO 模式对多个跟踪任务进行合并执行。此时，通过接收端的 DBF 处理，波束指向不同目标，以完成真正的同时多目标跟踪。两者的区别如图 3-8 所示。

图中，$T_{s1} \sim T_{s5}$ 代表 5 个不同的搜索任务，不同填充图案的阴影部分代表对于 4 批不同目标的跟踪任务。图 3-8(a) 中，传统相控阵雷达采用时间分割方式，利用波束的快速捷变特性完成多种任务。在对预警区域进行搜索的同时，为维持对多批目标的跟踪，相控阵雷达需要中断搜索，调转波束去照射目标。而 MIMO 雷达由于可实现多向接收，则可将多批目标的跟踪任务合并执行，即单次发射即可同时跟踪 4 批目标。但由于波束展宽，增益下降，MIMO 雷达照射时需要进行长时间的积累。

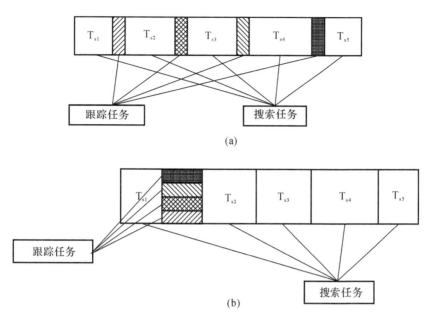

图 3-8 MIMO 雷达与相控阵雷达跟踪图示
(a)相控阵雷达时分复用的跟踪体制；(b)MIMO 雷达 MISO 和 MIMO 模式下的跟踪体制

3. MIMO 雷达信号处理流程

信号处理是雷达系统的核心部分。MIMO 雷达的最大特点是其在信号处理中采用了波形分集技术，在接收端首先对目标反射的各发射信号进行分离，经过相位补偿再合成，完成发射波束形成，接收天线之间再进行接收数字波束形成，从而同时获得了发射和接收天线增益。可以看出，MIMO 雷达的发射波束形成和接收波束形成都是在接收端的信号处理中实现的，所以 MIMO 雷达的基本原理主要体现在信号处理中。MIMO 雷达的典型信号处理流程如下。

假设共有 N 个发射天线和 M 个接收天线，$s_i(n)$ 为第 i 个发射天线发射信号包络（脉冲）的离散时间采样，设发射信号包络共有 L 个离散时间采样，则

$$S_i(n) \begin{cases} \neq 0, & n=1,\cdots,L \\ =0, & 其他 \end{cases}$$

令

$$\boldsymbol{S}(n) = [s_1(n) \quad s_2(n) \quad \cdots \quad s_N(n)]^T \tag{3.1}$$

为方便起见，假设发射信号相互正交，则

$$R_s = \frac{1}{L}\sum_{n=1}^{L} \boldsymbol{S}(n)s^H(n) = \boldsymbol{I}_N \tag{3.2}$$

式中：$\boldsymbol{I}_N$ 为 $N \times N$ 的单位阵。设 $\boldsymbol{a}_r(\theta)$ 和 $\boldsymbol{a}_t(\theta)$ 分别为对应于方向 θ 的接收阵列导向矢量和发射阵列导向矢量，整个接收天线阵列接收到的信号表示为

$$\boldsymbol{y}(n) = [y_1(n) \quad y_2(n) \quad \cdots \quad y_M(n)]^T \tag{3.3}$$

式中：$y_i(n)$ 为第 i 个接收天线接收到的信号。设在方向 θ_0 处有一个目标，则有

$$\boldsymbol{y}(n) = \beta \boldsymbol{a}_r(\theta_0)\boldsymbol{a}_t^T(\theta_0)s(n) + \boldsymbol{w}(n) \tag{3.4}$$

式中：β 为目标回波幅度；$w(n)$ 为噪声。式中忽略了由目标距离引起的信号延迟。

在 MIMO 雷达信号处理中，可以根据发射波束形成放置的不同位置采用不同的处理流程。目前主要有两种处理实现方法：

（1）发射波束形成与接收波束形成联合实现方法。该方法主要包括时域一维匹配滤波和综合波束形成，如图 3-8 所示。其中时域一维匹配滤波实现脉冲压缩和各发射信号分离作用，综合波束形成是指对所有路接收信号的全部时域一维匹配滤波器的输出进行调相求和处理，使其能进行有效合成，等效于同时实现接收波束形成和发射波束形成功能，波束形成的输出再进行和常规雷达相同的脉冲积累、检测等处理。所有路接收信号的全部时域一维匹配滤波器的输出排列成一个向量时就等效于发射和接收阵列联合形成的一个虚拟天线阵列，综合波束形成即是对虚拟天线阵列信号进行的波束形成操作。N 个时域滤波器分别与 N 个发射信号相匹配，所以第 i 个时域滤波器的权系数为

$$h_i(n) = \bar{s}_i(N-n) \quad i = 1, \cdots, N \tag{3.5}$$

式中：上画线表示复数共扼，该滤波器只和时间有关，而与方向无关。由于 N 个发射信号相互正交，上述滤波器在实现匹配滤波的同时，也起到了对目标反射的各发射信号进行分离的作用，例如第 i 个时域滤波器在正好和第 i 个发射信号匹配的时刻，对其他发射信号的滤波输出等于 0，这很容易根据式（3.5）得到。

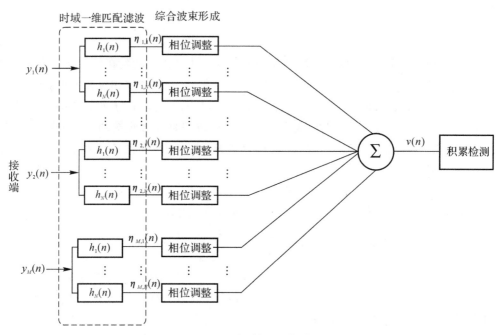

图 3-9　MIMO 雷达第 1 种信号处理方法

（2）发射波束形成与脉冲压缩联合实现方法。该方法主要包括接收波束形成和脉冲综合，如图 3-9 所示。其中，脉冲综合同时实现脉冲压缩和发射波束形成功能。为了对 $\boldsymbol{\theta}_0$ 方向的目标进行脉冲综合，则脉冲综合要 $\boldsymbol{\theta}_0$ 方向的目标回波匹配，其权系数为对 $\boldsymbol{\theta}_0$ 方向的目标回波进行倒序并取共扼，有

$$h(n) = \boldsymbol{a}_t^H(\boldsymbol{\theta}_0)\bar{S}(N-n) \quad i = 1, \cdots, N \tag{3.6}$$

可以看出,脉冲综合不仅和时间有关,还和方向有关,所以其匹配滤波又称为时空两维匹配滤波(其中时间为一维,方向为一维)。脉冲综合等效于实现了对某方向目标反射的发射信号的匹配滤波,而和接收阵列没有关系,如果对不同方向的目标进行匹配滤波,则其脉冲综合权系数不同。而常规相控阵雷达中的脉冲压缩也是匹配滤波,但是其权系数和目标方向无关,这是 MIMO 雷达与常规相控阵雷达的不同之处。

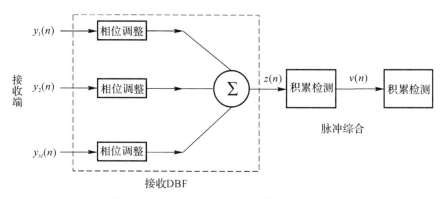

图 3-10 MIMO 雷达第 2 种信号处理方法

虽然上述两种处理方法看似有所不同,但其实质主要是各部分的先后次序不同,可以证明两者是完全等价的,且在通常情况下第 2 种方法的运算量要远小于第 1 种的运算量,但是第 2 种方法中脉冲综合的权系数与方向有关,当同时形成多个方向的波束时权系数较多时,需要的存贮量大。需要说明的是,第 1 种处理方法是 MIMO 雷达默认的处理方法,通过该方法也很容易对 MIMO 雷达形成的虚拟天线孔径和孔径扩展进行解释,但图 3-10 中的处理方法只适用于正交波形的情况,当发射波形非完全正交而是部分相关时,该处理方法需要对时域滤波器的个数和其权系数进行相应的修改。第 2 种处理方法则对正交和部分相关波形都适用。

4. MIMO 雷达技术特点

MIMO 雷达采用空间分散分布、频率分集、多种波形设计技术,在发射和接收端同时采用数字阵技术,发射端每个子阵发射相互正交的信号,由于信号正交在空间不会形成波束,从而保证了空间的有效覆盖。接收端也采用数字阵技术,经过相位补偿后合成,完成发射波束形成。接收子阵之间再进行接收数字波束形成,从而同时获得了发射天线和接收天线增益,并可同时完成多个功能。概括起来,MIMO 雷达具有以下特点:

(1)对动态范围要求低。近程杂波的强度通常远远大于雷达回波信号和噪声,雷达对付杂波的常用方法是采用大范围动目标显示(MTI)和脉冲多普勒技术。大范围动目标显示和脉冲多普勒技术都是相干处理,要求接收通道不能饱和。在脉冲多普勒工作方式下,存在距离模糊,近程灵敏度控制不能使用,这样,系统的动态范围要求就非常高,一般的 A/D 很难满足要求。MIMO 雷达系统在发射端和接收端都采用了数字阵技术,如果 MIMO 雷达系统在发射端采用 X 路发射机、接收端采用 N 路接收机,每路接收机处理所有发射阵的信号,则每路接收机接收到的杂波强度降为原来的 $1/N^X$,系统对动态范围的要求同样降为传统雷达接收机所需的动态范围的 $1/N^X$。所以,MIMO 雷达对接收机的动态范围要求有了很大程度的降低,为杂波的消除提供了更多途径。

(2)雷达信号被截获概率低。导致MIMO雷达信号被侦察机截获的概率低的因素有两个:①发射采用数字阵技术。X个发射天线阵中每个子阵发射正交的信号,在空间不形成波束,发射增益降为原来的$1/X$,则侦察机接收到雷达信号的功率降为原来的$1/X$。②雷达系统采用收发分离的体制,发射端可以发射连续波或准连续波信号,发射信号的峰值功率可以大大降低,雷达可以通过长时间积累获得增益,以满足雷达的威力要求,而侦察机由于不能相干积累,获得的增益将比雷达低得多,这进一步降低了雷达信号被侦察机截获的概率。

(3)信道和系统容量大。MIMO雷达空间复用技术就是在接收端和发射端使用多副天线,充分利用空间传播中的多径矢量,在同一频带上使用多个数据通道(MIMO子信道)发射信号,从而使得容量随着天线数量的增加而呈线性增加。这种信道容量的增加不需要占用额外的带宽,也不需要消耗额外的发射功率,因此是提高信道和系统容量的一种非常有效的手段。

(4)反侦察效果好。MIMO雷达多个发射天线稀疏分布在不同地点发射不同频率的低功率、宽频带、宽脉冲信号,使角度宽开的天线(增益较低)和频率宽开的接收机(灵敏度较低)截获雷达信号造成困难。由于这种雷达每个天线的发射信号是相参的,通过相参积累和脉冲压缩获得的信号处理增益仍能使雷达具有作战要求的探测距离。由于多个天线在不同地点分散布阵并发射不同频率信号,信号在时域和频域的交叠情况严重,使宽带模拟干涉仪测向体制的测角能力下降,并且,多个天线在同一时间或不同时间发射不同频率和不同波形的脉冲,侦察这种信号要做到完全截获全变化周期的所有脉冲,全部获取脉内调制特征并对所有脉冲的波形进行解调和识别,现有侦察系统的体制和技术难以适应。

(5)反干扰能力强。在MIMO雷达中,要求使用频率步进的连续波形,不同步进频率随机出现,这样使MIMO雷达具有电子反对抗(Electronic Counter Counter Measure,ECCM)能力。在通常的远场探测中,电子对抗技术可以根据原有成型的发射机的特点和空间结构来分析计算雷达目标回波信号,采取相应的电子对抗技术。而MIMO雷达天线阵列孔径的发射频带是空间变化的,发射的即时场强模式在空间也不一致,对抗装置无法捕捉回波的频率信息。同时对抗装置也没有成型的分析MIMO雷达发射机的知识,不能实现电子对抗的旁瓣目标注入技术,所以MIMO雷达具有限制噪声的干扰,有效抵制电子对抗技术的能力。

(6)RCS平均近似恒定。由于MIMO雷达目标是由许多小的散射体组成的,所以目标到雷达的距离-方位轻微变动都会引起目标的散射截面变化,即引起反射波能量的变化。MIMO雷达利用目标RCS统计特性,可使目标对MIMO雷达的散射截面近似恒定,提高了雷达的检测性能。

(7)测角精度高。MIMO雷达的角度估计误差是常规雷达的70%。其实质是MIMO雷达测角可以联合使用发射和接收天线两端处理,而传统的相控阵雷达只能使用天线接收端处理,其测角精度只和接收天线孔径有关,所以孔径扩展的定义应该是虚拟天线孔径和接收天线孔径的比值再减去1。

(8)目标识别能力高。MIMO雷达的多个发射天线照射到目标的不同侧面,检测到了更多的目标特征信息,提高了目标识别能力。

(9)反隐身能力效果好。MIMO雷达利用不同角度的散射特性,而隐身飞行器不可能做到任何角度都具有隐身效果,所以总有大的RCS被侦测到。

(10)工作模式灵活。相控阵雷达是通过控制发射信号相位来实现发射信号的空间功率合成的。MIMO雷达可以控制多个发射通道的发射信号波形,其可控自由度更多。MIMO雷达多个发射通道可以像相控阵雷达一样发射相同的信号波形,形成一个窄的发射波束,也可以发射完全正交的信号波形,形成全空域、全向发射方向图,还也可以根据要求发射相关的信号波形,形成同时多个方向发射或展宽的赋形方向图。窄波束发射可以用于单目标跟踪,全向或宽波束发射可用于目标搜索,多方向发射可以用于多目标同时跟踪。其带来的显著优势是可以综合利用发射波形来解决时间和能量资源的矛盾,在多功能雷达中有广阔的应用前景。

(三)MIMO雷达应用前景及关键技术

1. MIMO雷达应用前景

MIMO雷达通过收发分离可以得到广阔的空间覆盖,通过发射正交波形和接收端匹配滤波可以获得多通道的回波数据,实现多种功能,拓宽实际应用范围。MIMO雷达典型的应用前景主要包括以下几个方面:

(1)有限天线孔径条件下提高测角精度。比较典型的应用如:米波雷达、天波超视距雷达等由于波长较长、天线孔径有限、波束宽等因素,其测角精度通常较低,若采用MIMO雷达体制,则可以在相同的天线孔径条件下进一步提升测角精度。

(2)充分利用MIMO雷达可控自由度多的特点,提升雷达系统性能。典型应用前景,如天波超视距雷达可利用MIMO雷达收发联合处理自由度多的特点,通过自适应波束形成(尤其是发射端的波束形成)抑制其他电离层折射回波对目标检测的影响;机载预警雷达可利用收发联合自适应处理提升杂波抑制性能;多功能雷达和认知雷达可以充分利用MIMO雷达发射端多自由度可控形成需要的发射波束覆盖提升雷达系统性能。

(3)提高低空目标和低慢小目标探测性。MIMO雷达可以根据需要通过发射波形设计得到适当宽度的发射波束覆盖,增加脉冲积累时间,提高杂波抑制性能和对目标的多普勒频率分辨率,提升雷达的低空检测和对低慢小目标的探测性能。

(4)天线采用稀布阵列的雷达系统。这时采用MIMO雷达体制,其能量利用率更高。

2. MIMO雷达关键技术

目前MIMO雷达已经完全具备了良好的工程应用条件,下一步的发展除了本身理论的进一步完善之外,应该以克服在实际工程应用中的问题为主,主要包含以下几个方面:

(1)波形优化设计技术。MIMO雷达系统性能在很大程度上取决于所采用的信号形式,而单一形式信号难以普适地满足任意应用场景,因此,需要根据实际需求针对性地设计与任务相匹配的雷达波形。波形的优化则遵循特定原则,首先需要根据任务需求确定优化准则;其次设计代价函数;最后依据优化理论获取最优波形。不同任务场景,波形优化的出发点各不相同。通常对于全空域监测场景,MIMO雷达接收机为准确识别分离出各通道回波信号,采用匹配滤波器组对发射波形匹配和正交波形设计,使不同探测信号间互相关性更小,一般通过正交相位编码、正交频率编码等方式实现,不同类型正交波形集各有所长。此外,噪声信号、混沌信号等随机或伪随机编码方式,模糊函数性质优良,也可用于匹配波形设计。对于搜索场景,发射功率需集中于特定观测方向,以充分利用能量降低旁瓣为主要目的。因此,以能量为约束条件的最小旁瓣方向图成为波形设计首要考虑的对象。在信号处理方面,若通过波形设计提升信号检测与估计性能,则需以最大信噪比为准则,根据实际场景、目标特性、观测环境、杂波抑制、抗干扰等方面综合考虑优化波形,达到信号处理性能优化的目的。此外,基于最大互信息、最小均方差准则的波形优化设计在多种信号处理场景中也实现了参数估计性能的提升。波形优化设计是 MIMO 雷达领域重要的研究方向,在复杂多变的实际应用场景中,自适应地调整波形优化策略以满足复杂多变的实际任务需求,是对波形进行综合优化设计的基本考量。

(2)时间同步技术。MIMO 雷达实现目标探测需要分散部署的发射端、接收端协同工作,其基本前提在于各站实现时间、空间和相位的同步。对于时间和相位同步,可通过导航卫星授时、微波或光线链路通信实现,这种方式同步精度更高,也可通过接收站辅助天线接收发射站直达信号实现,由于受信号质量影响严重,需要精细的误差修正方法改善信号质量,因此同步精度较差,此外,这种方式还存在收发站相互可视的布站约束。对于空间同步,则采用宽发窄收、脉冲追赶的策略实现。

(3)布阵设计技术。收发站数量及其空间分布与 MIMO 雷达系统性能息息相关,因而可通过布阵优化设计实现性能的提升。通常以克拉美罗界为性能指标,利用最优无偏估计器分析阵元位置、目标位置对参数估计的精度影响,从而优化布阵方式以提高参数估计精度。除参数估计性能之外,仍需考虑空间旁瓣引起的空间模糊性在某些应用场景下的影响。对于传统天线阵列,构建稀疏阵列可形成更大孔径、更高角度分辨率,其代价为旁瓣水平明显升高。MIMO 雷达的虚拟阵列也可构建成稀疏阵列矩阵,通过减小虚拟孔径来降低旁瓣水平,从而降低实现空间模糊性的影响。因此,布阵设计需根据实际应用场景权衡参数估计精度和空间模糊性等因素,多方兼顾以获取最佳的分布方案。

(4)对多普勒频率稳健的 MIMO 雷达波形设计。目前 MIMO 雷达的波形大都采用相位编码波形,该波形对多普勒频率敏感,尤其是在波形时宽宽或目标速度较高时,所以开展对多普勒频率稳健的 MIMO 雷达波形设计也是一个重要研究方向。

(5)低复杂度信号处理算法。由于 MIMO 雷达往往同时形成的波束数目多,且波束驻留时间长,积累时间长,运算量大,需要一些快速的信号处理算法。目前的信号处理器件发展日新月异,其计算能力在不停地快速提升,这为 MIMO 雷达工程应用提供了有利的条件。

三、分布式相参雷达探测技术

未来反隐身对预警探测雷达的探测威力提出了更高的要求,这就使雷达要有更大的功率、孔径乘积。然而,雷达的灵敏度与天线孔径的二次方成正比,但当天线尺寸增大时,雷达的机动灵活性将受到较大影响。为满足较高灵敏度、远距离搜索、跟踪和识别能力,同时还便于运输等需求,一些学者研究了由几部较小雷达组成的分布式孔径相参新体制雷达系统(Distributed Coherent Aperture Radar,DCAR)。该雷达系统使用大量分散而不是共置的协同工作的小孔径雷达系统,通过空间相参合成实现单个大孔径的性能。分布式相参雷达是继 MIMO 雷达之后的又一种新体制雷达。

(一)分布式孔径相参雷达基本概念

DCAR 是一种利用多个空间分离的天线孔径,向同一区域辐射信号,实现空间电磁波相参合成的雷达系统。多个空间分离的小孔径天线相参合成在一起时可以实现单个大孔径的性能,继而获得雷达的高灵敏度和机动性。通常,DCAR 由 N 部单元雷达和 1 个中心控制处理系统组成,如图 3-11 所示。各小孔径单元雷达天线在统一的控制下,对雷达发射波形进行时间和相位控制,使各孔径发射信号在目标处干涉叠加达到极大,获得最大的发射相参增益;同时,各接收机在统一的时钟支持下,相参接收目标反射到各个单元雷达的回波,获得最大的接收相参增益。N 个全同天线孔径进行相参合成时,理论上可以改善目标回波信噪比 N^3 的效果。在实现远距离目标搜索和高精度目标识别的同时,多个同样配置的分布式孔径雷达,还带来了潜在的单孔径成本低、系统生存性高、可维护性强、灵活可扩展等诸多优点。

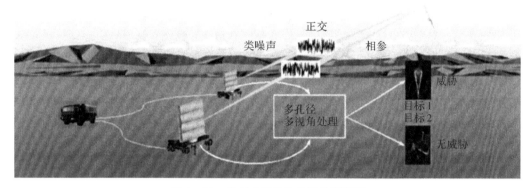

图 3-11 分布式相参孔径雷达原理图

(二)分布式孔径相参雷达基本原理

1. 分布式孔径相参雷达工作原理

分布式相参雷达典型工作流程可分为搜索、截获、跟踪与相参跟踪四部分,如图 3-12 所示。为了保证一定的数据率,前三个阶段主要采用窄带波形。在搜索和截获阶段,每一个基本单元最初独立工作,发射正交波形,并利用相参积累和非相参积累来提高信噪比(Signal to Noise Ratio,SNR),以达到截获目标的目的。在目标一旦被截获,雷达将转入跟踪模式。在跟踪阶段,将对各接收单元的信号进行相参处理,以实现 N^2 高信噪比增益下的跟踪,同时将利用接收单元接收到多个发射信号来估计发射相参参数,并对各接收单元得到的相参参数估计进行融合处理,如图 3-13 所示。获取发射相参参数以后,中心计算机将按照相参参数对发射机在发射群延时与同步相位上进行校正。此阶段各发射单元的发射信号为相同的宽带波形,最终达到 N^3 的相参高精度跟踪与目标识别。

除此之外,相参参数跟踪及更新是分布式相参雷达后端数据处理的一个重要组成部分。中心计算机需对发射相参性能进行实时的监测。当相参误差过大时,应控制各发射单元跳回正交波形工作方式来重新估计相参参数。常用的相参参数实时监测算法主要为相关法与熵测量。因此,需要对相参参数进行实时更新,保证 N^3 的全相参性能。

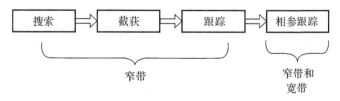

图 3-12 分布式相参雷达工作流程

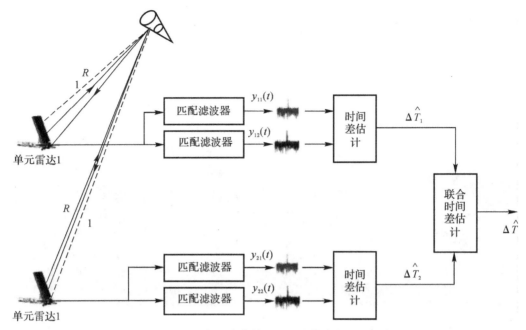

图 3-13 发射相参参数时间延时估计流程示意图

DCAR 工作过程中，在中心控制处理系统的控制下，每部单元雷达既可独立进行搜索、检测、跟踪和识别工作，也可在统一控制下，与其他雷达协同工作，实现多部雷达的相参合成，完成对目标的相参跟踪、成像和识别等任务。因此，DCAR 的工作可分为独立工作模式、接收相参模式和全相参模式 3 个模式。

(1) 独立工作模式：在该模式下，各单元雷达独立工作，分别独立对目标进行搜索、截获、跟踪以及识别等任务。该模式下，各单元雷达通常发射窄带波形。

(2) 接收相参模式：在 DCAR 系统中，接收模式的主要任务是实现对目标的跟踪，并为全相参模式获取相参参数。实际工作过程中，可采用时分、频分或者码分等方式发射窄带或宽带正交波形（其中，发射正交编码的波形是最常用的方法），以区分各单元雷达信号的回波。各雷达工作在接收相参下，接收本雷达发射信号的回波，同时接收其他所有单元雷达的回波，并通过对所有回波的处理，获得各回波的延时和相位等参数。这些参数为全相参提供必要的相参参数，其准确性是收发波形全相参的保证。此时，N 部雷达理论上可以获得 N^2 的信噪比增益。

(3) 全相参模式：在目标锁定、相参参数测量完成后，DCAR 进入全相参模式，各单元雷达发射相同的波形，并根据相参参数调整各自的延时和相位，使各信号同时到达目标，实现发射相参。此时各路信号同相叠加，信噪比将进一步提升 N 倍，相比单部雷达可以获得 N^3 倍信噪比增益。在全相参模式下，目标跟踪全部由中心控制处理系统实现，并在相参跟踪的同时，动态监控和调整相参参数，保证跟踪全过程的相参性。

2. 分布式孔径相参雷达工作过程

图 3-14 中 3 部雷达都对公共视场内的目标测距。分布式孔径相参合成雷达具体的工作过程为：

(1) 系统处于接收相参模式,由外部信息源,如红外卫星或超远程预警雷达提供目标先验位置信息,雷达单元采用正交波形围绕指示位置搜索目标,或雷达主动在感兴趣的空域内进行目标搜索,目标在较远距离条件下,系统可采用长时间积累模式检测直至发现目标。一旦获得稳定跟踪,就可以得到 N^2 倍的增益。

(2) 根据目标距离和角度信息,计算发射相参模式下各单元雷达所对应的延时和相位补偿量;各个雷达单元发射相同波形,并做适当延时和相位调整,使系统切换到发射相参模式。一旦系统进入全相参工作模式,即获得 N^3 倍信噪比增益,可以对该目标进行更远距离的精确跟踪。

(3) 若跟踪出现问题可退回接收相参状态重新进行参数估计。

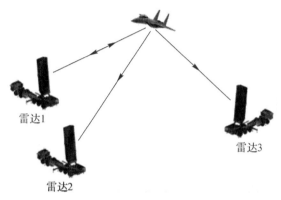

图 3-14 分布式相参孔径雷达系统工作图

3. 分布式孔径相参雷达基本特点

分布式孔径相参雷达体制新颖,具有快速移动、机动部署、灵活使用等很多潜在优势,具体表现在:

(1) 密集分布相参雷达是多个雷达单元的拼接,完全可以当作一部雷达那样工作,包括波束控制、波束形成、目标跟踪等,只不过需要采用一个基准时钟源并采用集中控制;密集分布与分散分布二者之间具有良好继承性,一旦技术难题得以破解,便可很快从密集分布工作模式改成分散分布工作模式。

(2) 机动部署灵活、生存力强、易于维护;每个雷达单元均具有良好的机动性,可以机动部署,快速移动,而且其配置方式也可变化,既可集中配置,也可前置分开配置;既能要地部署,也可前沿部署,及时变化阵地,增强重要方向的作战能力,因而使用十分灵活。

(3) 能获得极高的角度分辨率,识别能力强,且具有优良的可扩展性。该雷达系统可实现很高的角度分辨力,可与导引头的角度分辨力匹配,同时可高精度测角,实现高精度测轨。该雷达系统易实现大扫描角宽带目标成像,大范围识别能力强。

(4) 更好的实现性和更高的可靠性。单元雷达规模小,技术成熟,工程实现性好。另外,多部雷达分布联合工作,即使一部雷达失效,也不会给系统造成很大影响,系统仍可运行,理论上雷达的功能和威力可以通过增加雷达单元数量任意扩展。

(三) 分布式孔径相参合成雷达关键技术

分布式孔径相参合成雷达涉及面较广,是雷达的又一重要发展方向。然而,就系统的实现而言,相比于常规雷达,分布式孔径相参合成雷达首要需解决的技术难点就是各单元雷达之间的时间、空间和相位的同步。新体制、新技术带来好处的同时又提出了一些理论技术难点和挑战,如为实现分布式雷达延时与相位相干参数的提取,需要攻克单元雷达发射正交波形的设计与处理技术、高精度时间同步与时钟源相参技术、延时与相位的估计技术、低信噪比高精度参数估计、分布式阵列稀疏测角等。

(1)多单元雷达间信号的相对延时和相位估计技术。多单元雷达信号的相对延时和相位估计是实现分布式相参合成的前提与核心,频段越高,参数估计和处理的难度越大。分布式雷达远距离截获时,面临"单个雷达看不见,合成以后可看见"的低信噪比参数估计环境情形,需要解决低信噪比条件下的高精度参数估计难题。

(2)正交波形的产生与处理技术。单元雷达彼此之间需要发射正交波形,接收采用一组匹配滤波器,以便对本地与其他回波分别进行匹配处理,从而提取延时和相位等相干参数。正交波形的互相关函数在理想条件下为零,即使两部雷达载频相同,也能互不影响地同时工作。正交波形主要有频率正交和相位编码正交两种。频率正交波形带宽窄,正交性好,对多普勒不灵敏。相位编码信号带宽宽,正交性较好,对多普勒敏感,需要作多普勒频率补偿,由于分布式雷达最终要用同频工作,因此最好选择相位编码正交波形。

(3)时间同步技术。以雷达微波脉冲输出端为衡量基准,可依次从同步方法、传输方式、路径误差、补偿模型、修正方法和监测方法等方面开展研究;同时,本振相参是确保分布式相参合成效率的基础支撑技术,可分阶段递进研究一个基准源与多个基准源的本振相参。频段越高,时间同步要求越高。

(4)延时和相位相干参数的实时监测和闭环更新技术。延时和相位的一些估计算法包括:峰值算法、相关法、全极点模型等。当发射相同波形实现收发相参后,需要进行相参合成效果评估,如果合成效果不好,又需回到接收相参模式,更新延时和相位参数,然后再过渡到收发相参模式。

(5)分布式布局技术。要实现相参合成和检视概率要求,各单元雷达分布布局并非任意的。各单元雷达的布局结构直接影响合成的方向图,稀疏配置会带来栅瓣问题(频段越高,稀疏测角的难度越大),在多目标情况下,需要解决稀疏布阵的无模糊测角。需要解决的技术难题包括如何减弱栅瓣影响、如何构建高精度测角回路。

四、合成孔径/逆合成孔径雷达成像技术

(一)合成孔径/逆合成孔径雷达基本概念

雷达的发明是无线电发展史上的重要里程碑,它可以全天候、全天时、远距离对目标进行检测和定位,在第二次世界大战中发挥了重大作用,至今仍然是军用和许多民用领域的重要传感器。

早期雷达的分辨能力很低,其分辨单元通常远大于目标,因而雷达是将观测对象(如飞机、车辆等)视为"点"目标来测定它的位置和运动参数的。为了获取目标更多的信息,雷达科技工作者做了许多研究工作,设法从回波中提取目标特性。实际上,提高雷达的分辨能力应当是最有效的方法之一,当分辨单元远小于目标的尺寸时,就有可能对目标成像,从图像来识别目标显然要比"点"回波识别可靠得多。

雷达的距离分辨率受制于信号频带,提高距离分辨率相对容易一些。例如信号频带为

300 MHz，则通过匹配滤波输出的脉冲宽度为 3.3 ns，相当于距离长度为 0.5 m（考虑到脉压时为降低距离副瓣所引起的脉冲主瓣展宽，距离分辨率为 0.6 m 多）。在微波波段，现在要产生 300 MHz 或更宽频带的信号是不困难的。

提高横向分辨率，要依靠减小波束宽度，即要采用大孔径的天线。举个实际例子，若天线孔径为 300 个波长（在 X 波段约为 10 m），其波束宽度约为 0.2 度，则在 30 km 处的横向距离分辨率约为 100 m。因此，要将上述横向距离分辨率提高到 1 m，则天线孔径长度还要加大到为原来的 100 倍，即约为 1 000 m，实际上是难以做到的，特别是在飞行平台上。如果只是为了提高方位分辨率，原理上用小天线（称为阵元）排成很长的线性阵列是可行的，为了避免方向模糊（即不出现波束栅瓣），阵元间距应不超过二分之一波长。若目标是固定的，为了简化设备，可以将阵元同时接收改为逐个收发，并铺一条直轨，将小雷达放在轨道上的小车上，步进式地推动小车，而将每一步得到的回波记录下来，这些回波含有接收处回波的相位、幅度信息，将它们按阵列回波作合成处理，显然能得到与实际阵列相类似的结果，即可以得到很高的方位分辨率。依此类推，将雷达安装在飞机或卫星上，在飞行过程中发射和接收宽频带的信号对固定的地面场景作观测，则将接收存贮的信号作合成阵列处理，便得到径向距离率和横向距离分辨率均很高的地面场景图像。合成孔径雷达正是由此得名的。

图像的纵向分辨率提高和横向分辨率提高相比起来，纵向相对简单一些，只须加宽信号频带，而横向则决定于多普勒分辨，因而需要加长相干积累时间，也就是要加大前面提到的合成孔径。为了得到米级的分辨率，合成孔径长度一般应为百米的数量级，即飞机要飞行几百米后才能得到所需的分辨率。前面提到，相对于雷达不同方位角的地面固定目标，多普勒值是不同的。对某一地面固定目标，在飞机飞行过程中，由于其视角不断变化，回波多普勒也随之变化。在多普勒锐化里，只是由于相干时间不长（即合成孔径不大），多普勒的变化可以忽略。现在为提高横向分辨采用了大的合成孔径，这时多普勒锐化波束不能再用简单的傅里叶变化，而需要特殊处理，习惯上用非聚焦和聚焦来区分两者。实际上，多普勒波束锐化也就是非聚焦方法。1953 年夏在美国 Michigan 大学的暑期讨论会上，明确了非聚焦和聚焦方法，"合成孔径"的概念也是在这次会上提出的。

实际需求对横向分辨率的要求越高，所需合成孔径长度就越长，即要有长的相干积累时间。所谓聚焦处理就是将在相干时间内由雷达至目标长度变化而引起的相位非线性变化和包络平移通过补偿作处理，分辨率越高，相干积累时间就越长，对补偿精度的要求也越高，从而处理也越复杂。因此，合成孔径雷达能够达到的分辨率是逐年提高的，早期的分辨率可达 10～20 m，不久就到了米的数量级，近年来，已有分辨率达厘米量级的报道。当然，在应用中并不都要求最高的分辨率，而是根据实际要求确定。

逆合成孔径雷达（Inverse Synthetic Aperture Radar，ISAR）是又一个发展方面。实际上，合成孔径是利用雷达与目标之间的相对运动形成的，此时的目标不动，而雷达平台作直线运动。如果反过来，雷达平台不动，而飞机运动，当以飞机为基准时，也可将雷达视为反向运动，并在虚拟的运动中不断发射和接收信号，而用合成孔径技术得到飞机图像。其实两者在原理上是相同的，不存在原理上的"逆"问题，只不过是运动方倒置，而在雷达界习惯称为逆合成孔径雷达。

ISAR 是在 SAR 的基础上发展起来的，由于成像目标不同，ISAR 与 SAR 成像处理的难点和复杂程度不同，解决问题的方法也不一样。ISAR 通常用于对非合作运动目标进行成像，由于无法获得目标的航迹和姿态等运动信息,ISAR 成像处理的难度较大。因此,ISAR 在对目标进行成像之前,需要对目标回波进行运动补偿处理来消除目标与雷达之间的平动所造成的影响。ISAR 成像是通过雷达发射大带宽信号获得径向距离分辨力,通过目标与雷达相对转动获得横向分辨力的成像目标一般是飞机、舰船、导弹等军事上感兴趣的目标。其分辨率要求一般要高于 SAR,这也增加了雷达 ISAR 成像系统设计和硬件实现的难度。

(二)合成孔径雷达技术

1. 合成孔径雷达成像原理

SAR 的高分辨率体现在高的距离分辨率和高的方位分辨率上。SAR 的高距离分辨率依靠发射大时宽带宽积的线性调频(Lrnear Frequency Modulation,LFM)信号获得,而高方位分辨率依靠合成孔径技术获得。

距离分辨通过脉冲压缩来实现。为了能够探测到较远的距离,雷达发射的信号功率较大,也就是信号具有大的时宽,发射的是宽脉冲信号;同时,要在距离向得到高分辨率,就必须使发射信号具有大的带宽。所以雷达系统发射具有大时宽带宽积的信号,然后对接收到的回波作脉冲压缩,从而达到距离向分辨率。脉冲压缩技术有效地解决了高分辨率需要窄脉冲而大功率需要宽脉冲的矛盾。

按照雷达分辨理论和脉冲压缩原理,合成孔径雷达距离分辨率为

$$\rho_r = c/2B$$

式中:B 表示发射信号带宽;c 为光速。

距离分辨通过合成孔径方式来实现。SAR 的最大合成孔径长度 L_s 可表示为

$$L_s = \frac{\lambda}{D} \cdot R \tag{3.7}$$

式中:D 为真实的天线孔径;λ 为发射信号的波长;R 为雷达到目标的斜距。假设雷达平台的运动速度为 v,则

$$L_s = v \cdot T_s \tag{3.8}$$

式中,T_s 表示一个合成孔径时间,如图 3-14 所示,在 T_s 内,只有一个散射点始终在波束的照射范围内。所以,雷达只有跨越两个合成孔径时间,才能得到整个合成孔径长度区域内的回波。

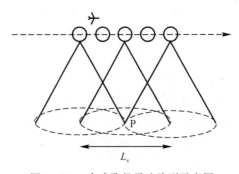

图 3-15　合成孔径雷达阵列示意图

由于收发共用天线,合成孔径的半功率波束宽度为

$$\theta_{0.5} = \frac{1}{2} \cdot \frac{\lambda}{L_s} \tag{3.9}$$

合成孔径雷达方位分辨率 ρ_a 与半功率波束宽度 $\theta_{0.5}$ 成反比，雷达波束越窄，方位分辨力越高。代入式(3.9)可见，等效合成孔径长度越长，方位分辨力越高。综上所述，聚焦式合成孔径雷达可以得到的方位向分辨率为

$$\rho_a = \theta_{0.5} \cdot R = \frac{1}{2} \cdot \frac{\lambda}{L_s} \cdot R = \frac{D}{2} \tag{3.10}$$

由式(3.10)可得，聚焦式合成孔径雷达的方位分辨率只和真实天线孔径大小有关，和距离以及波长都无关。这一特性表明，SAR对照射区域内任意位置目标的分辨率相同，精度的理论极限值为 $D/2$。但是，在实际情况下，SAR系统会存在各种误差，方位分辨率难以达到理论值。

2. 合成孔径雷达的成像模式

根据雷达的运动方向轨迹与波束方向之间夹角的不同，可将机载SAR的成像分为正侧视的模式及斜视的模式。正侧视模式下，雷达平台的运动方向与波束中心的指向垂直；斜视模式下，雷达的运动方向与波束的指向之间存在着一定角度的夹角。根据SAR波束照射的方式，可以分为条带模式(Stripmap)、聚束模式(Spotlight)以及扫描模式(Scan)。

最早研究的一种成像模式是条带模式，它也是一种比较经典的方式。雷达载机平台在运动的过程中，天线的指向是一直保持不变的，故天线均匀地扫过地面时所得到的图像也是连续的。条带模式是针对于地面条带来进行成像，条带区域和雷达飞行的方向与雷达波束的区域是平行的，条带的长度由雷达移动的距离来决定，因为条带模式的成像比较简单，所以雷达的成像一般在此模式中进行。聚束模式的成像也可以叫做定点成像，该模式下的波束照射的区域大于所成像的区域，并且雷达波束的指向可以是不断地变化的，所以通过控制天线波束的指向来提高分辨率。但是聚束模式会在很长的一段时间内一直照射着同一个所成的成像区域，也就是说其每次只能对地面区域的有限域来进行成像。在此种模式之下进行成像的场景比较小，但是分辨率却比较高。它可以在导航状态下，依据航路中特定的标志来修正航向，当在聚束的模式下轰炸目标时，依据被轰炸的目标与周围目标的精确定位来进行轰炸和效果监视。扫描模式的成像和前两种比起来，使用频率很低，因为其在信号处理方面比较复杂。扫描模式也是一种宽测绘带模式的成像，在该模式之下雷达的波束可以在不同的预观测带间来进行转换，并且也可以从中来获得低分辨率的场景成像图，也就是说在一个合成孔径的时间段内，天线进行了多次扫描，它是以方位向的分辨率为代价而获得宽测绘带的。图3-16给出本质介绍的三种成像模式图。

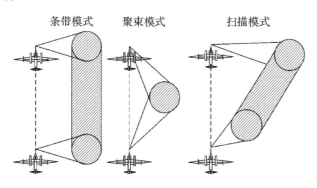

图3-16 SAR典型的成像模式

3. 合成孔径雷达的典型特点

(1) 具有二维高分辨力。

(2) 分辨力与波长、载体的飞行高度、雷达的作用距离无关。

(3) 强透射性不受气候、昼夜等因素影响,具有全天候成像优点,如果选择合适的雷达波长,还能穿透一定的遮蔽物。

(4) 目标分类及识别。不同的目标,往往具有不同的介电常数、表面粗糙度等物理和化学特性,它们对微波的不同频率、透射角及极化方式将呈现不同的散射特性和不同的穿透力,这一性质为目标分类及识别提供了极为有效的新途径。

(5) 分辨率和测量精度。这一特性使雷达具有精确的定位能力。目前微波遥感所能达到的分辨率可小于1 m。

(6) 多功能多用途。例如采用并行轨道或者一定基线长度的双天线,可以获得包括地面高度信息在内的三维高分辨图像。

(7) 多极化,多波段,多工作模式。

实现综合孔径原理,要求复杂的信号处理过程和设备,要求对飞行器运动的非匀直性加以补偿,故其设备操作远较真实孔径雷达复杂。

4. 合成孔径雷达的应用

合成孔径雷达具有全天候、全天时的工作能力,并能在不同频段、不同极化下得到目标的高分辨力图像,为人们提供各种非常有价值的信息。其在地质和矿物资源勘探、地形测绘和制图、海洋应用、水资源应用、农业和林业应用、科学研究以及军事等方面均有重要应用,尤其是在军事应用上更显示其优势,包括全天候全球战略侦察,全天候海洋军事动态监视,战略导弹终端要点防御的目标识别与拦截,战略导弹多弹头分导自动导引,轨道平台开口的识别与拦截,战略地下军事设施探测;全天候重点战区军事监视,大型坦克群的成像监视,反坦克雷场的探测;强杂波背景下的目标识别,低空与超低空目标的探测与跟踪,精密测向与测高,隐藏目标散射特性的静态和动态测量等。

(三)逆合成孔径雷达技术

1. 逆合成孔径雷达成像原理

根据逆合成孔径雷达的基本定义,在成像过程中雷达是不动的,目标是运动的。目标的运动可以分为两个主要分量:一是雷达与目标之间的平动部分,在成像过程中必须去掉,去掉该平动分量的过程就叫 ISAR 运动补偿;二是目标相对于雷达的转动部分,这一分量是目标成像所必需的。因此,在形式上看,ISAR 成像更接近于经典旋转目标成像。事实上,ISAR 成像的难点是其运动补偿技术,因为通常 ISAR 针对的目标是非合作目标。

在介绍 ISAR 成像的基本原理时,首先暂时假设不存在雷达与目标之间的平动分量,即认为可以非常理想地进行运动补偿。图 3-17 描述的是投影二维平面上,且以均匀角速度 ω 绕 z 轴作旋转运动的雷达照射区域内的一个三维目标。雷达与目标旋转中心之间的距离为 R_0,目标绕 z 轴上点 A 旋转的角频率为 ω。那么,在起始时刻($t=0$)目标上某一点(r_0, R_0, z_0)到雷达的距离为

$$r = [r_0^2 + R_0^2 + 2r_0 R_0 \sin(\theta_0 + \omega t)]^{\frac{1}{2}} \tag{3.11}$$

如果雷达与目标之间的距离远大于目标的几何尺寸($R_0 \gg r_0, z_0$),则回波信号的多普勒频率可以写成

$$f_d = \frac{2}{\lambda}\frac{dr}{dt} = \frac{2x_0\omega}{\lambda}\cos(\omega t) - \frac{2y_0\omega}{\lambda}\sin(\omega t) \tag{3.12}$$

式中:λ 为雷达信号波长。假设在 $t=0$ 附近一个较小时间内对接收信号进行处理,则式(3.11)和式(3.12)可以近似为

$$r = R_0 + v_0 \tag{3.13}$$

$$f_d = \frac{2x_0\omega}{\lambda} \tag{3.14}$$

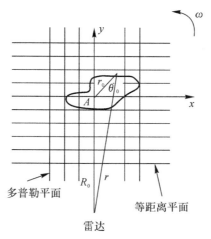

图 3-17 ISAR 成像原理

由此可见,利用分析回波信号的距离延时和多普勒频率,(x_0, y_0) 散射点的位置参数能被估计出来。如图 3-17 所示,等距离平面是一组垂直于雷达视线方向的平行平面;等多普勒平面也是一组平行平面,且平行于由目标转轴与雷达视线方向形成的平面。距离向的高分辨通常是利用大带宽信号获得的,其分辨率为

$$\delta_r = \frac{c}{2B} = \delta_y \tag{3.15}$$

由式(3.14)可以看出,如果要求横向分辨率 $\delta_\infty = \delta_x$,那么就要求多普勒频率分辨率为

$$\delta f_d = \frac{2\omega}{\lambda}\delta_x \tag{3.16}$$

实际上能达到的多普勒频率分辨率是由相干积累时间 T 决定的,即

$$\delta f_d = \frac{1}{T} \tag{3.17}$$

将式(3.17)代入式(3.16),就得到横向分辨率为

$$\delta_\infty = \frac{\lambda}{2\omega T} = \frac{\lambda}{2\Delta\theta} = \delta_x \tag{3.18}$$

式中:$\Delta\theta$ 为目标旋转的角度。由式(3.18)可知,横向分辨率正比于 λ,反比于 $\Delta\theta$。因此,要是横向分辨率高(即 δ_∞ 小),则需要有大的 $\Delta\theta$ 值。实际上,式(3.17)是在小目标转角条件下推导出的一个近似表达式,在这种情况下可以利用距离多普勒二维可分的信号处理进行成像。但

是,当目标转角较大时,上述近似就不成立了,或者说转角越大其近似误差越大,因此也就不能用简单的距离多普勒二维可分的信号处理进行成像,而要采用极坐标或更复杂的成像处理方法才可以,否则会造成离旋转中心比较远的散射点穿越分辨单元现象。

对目标进行 ISAR 成像时,为了获得很高的距离分辨率,一般发射信号具有很大的带宽,但这样给数据采集带来了很大的困难。为了降低采样频率,当发射信号为线性调频信号时,对回波数据可以采用 Stretch 处理的方法,亦即解线频调处理,该方法能有效降低系统带宽,可将大带宽信号转换为中频甚至视频信号,从而大大降低信号处理对硬件的要求。

2. 逆合成孔径雷达成像处理流程

设雷达发射的线性调频脉冲信号为

$$S(\hat{t}, t_m) = \mathrm{rect}\left(\frac{\hat{t}}{T_p}\right) \exp\left[\mathrm{j}2\pi\left(f_0 + \frac{1}{2}\gamma \hat{t}\right)\right] \tag{3.19}$$

式中:$\mathrm{rect}(u) = \begin{cases} 1 & |u| \leqslant 1/2 \\ 0 & |u| > 1/2 \end{cases}$;$f_0$ 为中心频率;T_p 为脉宽;γ 为调频率;$\hat{t} = t - mT$ 为快时间,其中 m 为整数,T 为脉冲重复周期,$t_m = mT$ 为慢时间。

经典距离多普勒成像算法回波处理流程如图 3-18 所示,其中距离向处理首先采用针对 LFM 信号提出的解线频调(Stretch)处理方法。Stretch 处理方法是对不同延迟时间信号进行脉冲压缩,在一些特殊场合,它不仅运算简单,而且可以简化相关设备,目前已广泛应用于 SAR 和 ISAR 中做脉冲压缩。

图 3-18 R-D 成像算法流程图

首先对回波做 Stretch 处理,如图 3-19 所示,即用一时间固定,而频率、调频率相同的 LFM 信号作为参考信号,用它和回波作差频处理。设参考距离为 R_{ref},则参考信号为

$$S_{\mathrm{ref}}(\hat{t}, t_m) = \mathrm{rect}\left(\frac{\hat{t} - 2R_{\mathrm{ref}}/c}{T_{\mathrm{ref}}}\right) \exp\left\{\mathrm{j}2\pi\left[f_0\left(t - \frac{2R_{\mathrm{ref}}}{c}\right) + \frac{1}{2}\gamma\left(\hat{t} - \frac{2R_{\mathrm{ref}}}{c}\right)^2\right]\right\} \tag{3.20}$$

式中:T_{ref} 为参考信号的脉宽,它比 T_p 要大一些。参考信号中的载频信号 $\mathrm{e}^{\mathrm{j}2\pi f t}$ 应与发射信号中的载频信号相同,以得到良好的相干性。

假设目标上 P 点到雷达的距离为 R_t,则雷达接收到的该散射点的回波信号为

$$S_{\mathrm{ref}}(\hat{t}, t_m) = \mathrm{rect}\left(\frac{\hat{t} - 2R_t/c}{T_p}\right) \exp\left\{\mathrm{j}2\pi\left[f_0\left(t - \frac{2R_t}{c}\right) + \frac{1}{2}\gamma\left(\hat{t} - \frac{2R_t}{c}\right)^2\right]\right\} \tag{3.21}$$

Stretch 处理示意图如图 3-19 所示,若 $R_\Delta = R_t - R_{\mathrm{ref}}$,则其做差频输出信号为

$$S_{\mathrm{if}}(\hat{t}, t_m) = S_r(\hat{t}, t_m) * S_{\mathrm{ref}}^*(\hat{t}, t_m) = A\mathrm{rect}\left(\frac{\hat{t} - 2R_t/c}{T_p}\right) \mathrm{e}^{-\mathrm{j}\frac{4\pi}{c}\gamma\left(\hat{t} - \frac{2R_{\mathrm{ref}}}{c}\right)R_\Delta} \mathrm{e}^{-\mathrm{j}\frac{4\pi}{c}f_0 R_\Delta} \mathrm{e}^{\mathrm{j}\frac{4\pi\gamma}{c^2}R_\Delta^2}$$

$$\tag{3.22}$$

由式(3.22)可得，Stretch 处理后的相位为

$$\Phi = -\frac{4\pi}{c}\left(t - \frac{2R_{ref}}{c}\right)R_\Delta - j\frac{4\pi}{c}f_0 R_\Delta + \frac{4\pi\gamma}{c^2}R_\Delta^2 \tag{3.23}$$

其中，等号第一项是快变化的，经过傅里叶变换后得到的是单频信号 $f_i = -\gamma\dfrac{2R_\Delta}{c}$，包含了我们所需要的距离信息，称此相位项为距离项；第二项的相位变化会使回波产生多普勒，这是正常的；而第三项是 Stretch 所独有的，称为视频残余相位，它会使多普勒有少许改变。

Stretch 处理之后再对其输出做距离向上的距离压缩，可得到一系列的一维距离像。距离向的距离压缩可以理解为分别对每次回波做一次傅里叶变换。

由于运动目标相对于雷达的运动可以分解为平动和转动两个分量，如能设法将平动分量补偿掉，而将目标上某特定的参考点移至转台轴心，则运动目标成像就简化为转台目标成像。

转台的旋转将会使各散射点子回波在两个方面发生变化，即包络位移和相位变化。这两者都是由散射点发生距离向走动引起的，但它们的影响程度是不同的。通常相位的影响是相对于雷达波长而言的，当雷达波长为厘米级时，毫米级的距离向走动就会产生明显的相位变化。而包络位移是相对于距离分辨单元而言的，它的位移变化量通常比距离单元长度小得多，虽然如此，在目标转动期间，目标上总是会有一些散射点从一个距离单元进入到附近的距离单元，这称为越分辨单元走动。发生越分辨单元走动会对成像效果产生影响，主要影响表现在图像分辨率下降。

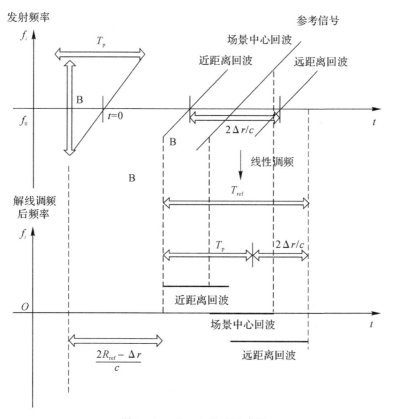

图 3-19 Strech 处理示意图

如果假设在 ISAR 成像目标转动的过程中,只考虑散射点子回波的相位变化,而忽略散射点的越分辨单元走动,在这种情况下,转台模型的 ISAR 成像将会大大简化,因为在目标转动过程中各距离单元里驻留的散射点是一定的,只是由于其距中心轴的横距不同,它的子回波的多普勒也不同,因此将各距离单元的回波作傅里叶变换就可得到散射点的横向分布,即完成方位向距离压缩,从而实现转台成像。

以上阐述过程即为 R-D 成像算法的流程,其中涉及的运动补偿过程称为平动补偿。根据有关研究,目标平移运动对 ISAR 成像的影响表现在两个方面:一是使相邻一维像在距离向错开;二是使回波存在多普勒频移。ISAR 运动补偿的主要任务就是消除掉平移运动在这两方面的影响,使成像转变为经典的旋转目标成像。与之相对应,补偿过程一般分为距离对准和相位校正两步,其中包络对齐使不同时刻的一维距离像在距离向上对齐,从而使得同一个散射点的回波信号集中在相同的距离单元内,而相位校正则是消除由平动引起的多普勒变化。

(1)包络对齐方法。包络对齐通常是根据相邻一维距离像包络的相似性来进行的,这就要求在小观测角范围内,目标上散射点的位置和散射强度近似保持不变。目前的包络对齐方法已经很多,对齐的基本原则均是采用某种对齐准则使当前一维距离像与参考一维距离像在距离向上对齐,这些方法的不同之处主要在于对齐准则的不同和参考一维距离像选取方式的不同。

根据对齐准则即一维距离像相似性描述的不同,包络对齐方法可以分为互相关法、基于图像锐化度准则的方法、基于空间距离最小准则的方法三大类。

互相关法以相关系数最大为对齐准则,最早由 C、C、Chen 和 Andrews 于 1980 年提出,因其可以利用快速算法实现而受到广泛关注,后续研究中又提出了一系列的改进算法。根据锐化度描述的不同,基于图像锐化度准则的对齐方法又主要分为最大对比度方法和最小熵方法,由于图像锐化度准则易于与全局对齐处理相结合以达到较高的对齐精度,故此方法逐渐受到重视,但与互相关法相比,其付出的代价就是计算量成倍的增加。基于空间距离最小准则的对齐方法主要包括模-2 距离方法(与互相关法等价)和模-1 距离方法。模-1 距离方法以范数 1 向量空间距离最小为准则完成对齐,它可以避免回波突跳,具有较好的稳健性,这种准则是针对带有游动部件的非刚体目标提出的,可以提高非刚体目标一维距离像的相似性,从而提高对齐精度。对于游动部件回波较强的非刚体目标,还可以通过限幅、幂变换等处理,提高一维距离像的相似性,然后再采用基于全刚体目标模型的包络对齐法进行对齐。

根据用于对齐的参考一维距离像选取的不同,包络对齐方法又可以分为相邻对齐、加窗积累对齐和全局对齐三种。

相邻对齐以上一次的一维距离像为基准,但完成一幅 ISAR 成像处理需要上百次或更多的脉冲回波,相邻回波即使很小的对齐误差在对齐时也可能产生积累,造成距离像包络漂移。此外,实测回波数据有时还发现回波突跳的现象,即突然有几次回波的一维距离像有明显变化,然后又恢复正常,所以对于相邻对齐处理,这将会产生突跳误差,影响对齐效果。加窗积累对齐处理是将已对齐的一维距离像进行加权求和得到合成包络作为对齐基准。加窗积累对齐可以抑制距离像漂移和突变,但不能将其完全消除,对齐效果改善比较明显。全局对齐处理是通过多维搜索将所有一维距离像进行整体上对准,这种方法能完全消除距离像漂移和回波突变,但由于对齐需要进行多维搜索,这带来的直接后果就是计算量巨大。为降低计算量,常用的方法是将多维搜索分解成多个一维搜索进行迭代寻优,但全局对齐处理仍存在计算量大的问题。

(2)相位校正方法。在完成包络对齐以后,相当于我们已将目标放置在一固定的转台上。但是由于每次观测还存在未知的误差相位,因此需要通过相位校正消除由平动引起的多普勒变化。这时各次回波信号具有以下两个特征:第一是各次观察的误差不同,第二是每次观测得到的目标距离像在各距离单元具有相同的误差相位。依据上述特性进行相位误差校正,目前主要方法有基于特显点的方法、基于连片目标的方法和基于最小熵的非参数化方法。

基于特显点的方法是目前 ISAR 成像中经常使用的方法。C、C、Chen 等首先提出了利用目标上的某个散射点来估计初相误差。Steinberg 则将这一思想发展到了一个新的高度,提出了特显点法且明确给出了特显点的定义,讨论了它的性质和寻找方法,这使特显点法得到了广泛的应用,但这种方法需要满足在目标的回波中必须能找到一个高质量的特显点的要求,否则会造成成像效果明显变差。为了克服实测回波数据中难以找到单特显点的难题,一些研究者相继提出了基于多特显点的相位校正方法,这类方法通过利用多个散射信号的相位误差来实现相位校正,如多特显点综合法、相位梯度法以及 AUTOCLEAN 法等。

当成像目标上主要散射点呈连片分布的时候,这种情况下很难找到好的特显点,于是使得基于特显点的方法很难应用。对于这种情况,须从连片目标的回波中估计初相误差,典型的方法包括散射重心法、多普勒中心法,以及恒定相位差消除法和散射质心法等。

基于最小熵的相位校正方法最早是作为参数化方法提出的,即它依赖于回波的相位模型,但这影响其在实际中的应用,随后针对此提出了基于最小熵的非参数化相位校正方法,当然同时也增加了计算量,为降低计算量,一系列的相关改进算法又相继被提出。

以上相位校正方法由于不依赖于回波相位模型,具有比较广的应用范围,而且基于特显点的方法和基于连片目标的方法计算量较小,相位校正效果也比较好,因此适合于实际应用中使用。基于最小熵的非参数化相位校正方法对目标散射点模型和回波相位模型都没有限制,应用范围更加广泛,缺点是计算量比较大。

3. 逆合成孔径雷达(ISAR)的应用与发展

作为在 SAR 技术基础上发展起来的一种新的成像技术,ISAR 成像是雷达成像的重点发展方向之一,也是当代科技的前沿课题。由于 ISAR 一般针对飞机、导弹、卫星和空间站等非合作运动目标成像,因此成像处理的难度和复杂度高于 SAR。

在空天目标 ISAR 成像方面,空天目标成像的发展与成像系统和理论的发展紧密相联。总体而言,ISAR 成像经历了从匀速转台目标到机动目标、从单目标到多目标、从散射点目标模型到复杂电磁模型的发展阶段。早期 ISAR 的研究主要针对合作目标成像。20 世纪 70 年代初,美国麻省理工学院林肯实验室首先获得了高质量的近地空间目标 ISAR 图像。20 世纪 70 年代末,林肯实验室成功实现了对苏联人造卫星的成像。近年来,由于宽带雷达广泛应用于各个领域,ISAE 成像技术正处于新的发展阶段。其中,对平稳飞机、卫星、导弹等空天目标的成像技术已经通过实测数据得到了初步验证。

随着对 ISAR 研究的广泛开展和不断深入,在航天目标雷达观测成像方面,目前已经能够得到部分平稳运动目标聚焦良好的图像,图像已经成为战略防御体系中极为重要的空天目标识别手段。目前,主要发达国家都已将 ISAR 技术广泛应用于实际雷达系统,特别是航天目标观测雷达系统中。作为防御体系的重要组成部分,该类雷达主要用于对远距离弹道导弹、卫星或空间碎片等在轨运行目标的截获、坐标测量和高分辨成像。航天目标观测雷达具有下述主

要特征:

(1) 具有高发射功率,能够对几千公里外、雷达截面积较小的目标进行检测。例如,空间碎片探测雷达能够对 1 000~2 000 km 外、RCS 约为 10^{-4} m^2 的小碎片进行探测。

(2) 能够在同一部雷达中实现目标截获、三维坐标测量、跟踪和辨识等多种功能。

(3) 采用多通道技术对多个观测目标进行同时观测和处理。

(4) 采用复杂波形以解决辨识问题。

(5) 采用高速多处理器单元对雷达获取的信息进行实时处理。

按照不同的用途,航天目标观测雷达可分为弹道导弹监视与预警雷达和在轨目标观测雷达。弹道导弹监视与预警雷达主要用于检测弹道导弹并确定其数量、弹道落点、运动特性和几何分布等特征参数。在轨目标观测雷达则主要用于对近地空间中卫星、空间站和空间碎片等目标的截获、跟踪和分类。同时,某些在轨目标观测雷达也具有对弹道导弹的探测和识别能力。

五、认知雷达探测技术

作为一种广泛应用于监视、跟踪系统,在利用电磁波进行探测的过程中,雷达时刻都受到周边环境的影响。20 世纪 70 年代起,自适应信号处理技术的发展使得雷达具备了基本的适应环境与干扰对抗能力。但是随着现代战争对抗技术的不断发展,对抗手段日益复杂,传统基于数据的自适应算法和系统处理架构,难以满足现代战争对雷达系统的需求。为应对复杂地理和电磁环境对雷达探测性能的影响,美国空军研究实验室和美国国防高级研究计划局先后资助多项研究,从基于知识的雷达(Knowledge Based Radar,KB-RADAR)、知识辅助的传感器信号处理与专家推理(Knowledge Aided Sensor Signal Processing and Expert Reasoning,KASSPER)到知识辅助雷达(Knowledge Aided Radar,KA-RADAR),雷达适应环境的能力逐步提升。为了进一步使得雷达具有"环境自感知、处理自适应、能力自提高"的能力,2006 年,加拿大学者 S. Haykin 提出了认知雷达的概念。在概念提出之初,他希望可以借鉴蝙蝠回声定位系统及认知过程,将雷达系统的自适应从接收扩展至发射,从而构成闭环的全自适应雷达处理架构,使得雷达能够通过与环境的不断交互和学习,获取环境信息,结合先验知识和推理,不断地调整它的接收机和发射机参数,自适应探测目标,提高探测性能。

(一) 认知雷达基本概念

认知雷达的概念是受蝙蝠回声定位系统及认知过程的启发而提出的。人类和动物的基本认知过程通过反馈信息感知、分析其行为作用结果,并利用经验调整其行为活动,以实现最优、智能的行为控制,并通过学习更新其经验知识。

认知雷达受蝙蝠回声定位的启发,通过发射-接收电磁波感知环境,利用它与环境不断交互时得到的信息,结合先验知识和推理,不断地调整接收机和发射机参数,自适应地探测目标。认知雷达的基本结构如图 3-20 所示。

Simon Haykin 将认知雷达总结为以下三点:

(1) 智能化是雷达系统实现认知的基本需求。

(2) 从接收到发射的反馈是智能化信号处理的必备条件。

(3) 雷达回波中信息的存储对雷达接收性能的提升至关重要。

雷达智能化认知的能力可以归纳为自适应能力和学习能力,通过自适应能力实时调整系

统状态,通过学习能力不断自我完善系统模型和参数,具体体现在三个方面:

首先,雷达系统应该具备基于当前数据的自适应能力。比如通过对环境的分析处理,获取外界电磁信号的到达角、时频特性、杂波情况(地面、气象)等信息,即系统应具有环境感知通道和处理反馈系统。

其次,雷达系统应该具备自适应调整能力。雷达系统工作过程中,能够根据需要对系统工作状态、工作方式、系统参数和处理策略等模式与参数进行自适应调整,这种调整能力不仅限于接收端,还可以用于发射端。

最后,雷达系统应该具备知识自适应能力,即雷达系统能够通过学习实现信息分选、存储和更新,通过数据的积累对知识进行调整与跟踪。

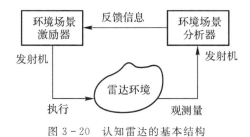

图3-20 认知雷达的基本结构

(二)认知雷达体系架构

受认知雷达基本概念的牵引,其典型体系架构如图3-21所示。相比传统雷达系统,认知雷达的系统架构是一个全自适应的闭合环路,其不仅实现了"发射-环境-接收"的大闭环,而且实现了知识的"应用-评估-更新"的闭环。典型的认知雷达系统架构主要包含高性能收发前端、动态知识库、环境感知模块、收发自适应处理、专家判决与人机交互模块等。

高性能收发前端主要完成雷达信号的发射和接收。相比传统雷达,认知雷达需要获取的信息更多,因此对收发前端提出了更高的要求,例如更大的收发带宽(甚至跨频段)、更灵活的收发波束控制等,此外,还需要兼容多源信息和多平台的数据。

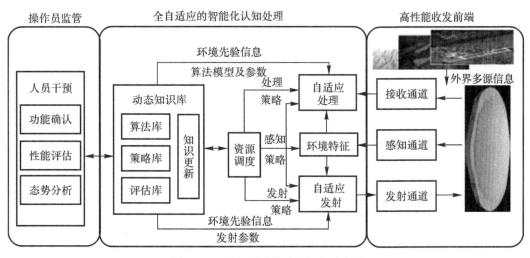

图3-21 认知雷达的系统架构示意图

动态知识库主要用于存储、调度和更新各种类型的先验知识。动态知识库的存在是认知雷达走向智能化的重要基础,认知雷达的所有处理均离不开动态知识库的支撑,知识库应该包含环境知识、算法知识、系统知识、升级知识等多个层面的知识体系,并且知识能够实现自主的更新和升级。

环境感知模块主要完成对战场环境的感知。其可以获取雷达所需要的地理和电磁环境的信息,同时可以实现与多源传感器和多平台的信息交互,在先验知识的辅助下,完成环境信息的分析和识别,对地理环境、电磁环境、干扰样式等进行有效甄别,为信号处理和资源配置提供相关的信息。

收发自适应处理模块主要完成认知雷达的信号处理。相比传统雷达,认知雷达的信号处理首先是全自适应的闭环体系,其不仅在接收端实现自适应,而且实现收发处理联合自适应处理,先验知识与接收数据联合处理,算法、资源、策略的多层次自适应调度,充分发挥多源信息和先验知识具有的优势,同时利用实时数据弥补先验知识在时效性上的缺陷。

专家判决与人-机交互模块完成雷达性能的评估和反馈。专家判决和人-机交互的存在是认知雷达走向智能化的重要标志,不同于机器人,雷达性能评估和作战使命不应该将人为因素排除在外,但考虑到人和机器在信息处理、信息交互等多个方面存在的不对称性,必须通过专家判决和人-机交互进行权衡,这样不仅避免了人在信息处理方面的瓶颈因素,而且也回避了机器自适应处理中因为过度优化而导致的系统性能损失。

认知雷达最重要的就是全自适应的智能化认知处理,这是整个认知雷达的大脑,特别是在当前雷达硬件趋同的大背景下,先进的信号处理体系直接决定了雷达的性能。

(三)认知雷达关键技术

认知雷达中,自适应发射机、自适应接收机与目标环境构成了认知动态系统结构。这一结构又被称为知觉动作回路,它的运行目的在于实现雷达发射波形的优化,使雷达系统获得与环境的交互能力;知识辅助与专家推理系统为雷达系统提供先验知识和准则预案,使其能够应对复杂环境。

1. 知觉动作回路

认知过程包含知识的获取与应用,而知觉动作回路是认知系统实现知识获取与应用过程的结构基础,图3-22为认知雷达的知觉动作回路。在认知雷达系统中,接收机与发射机分别扮演知觉器和驱动器的角色。对目标与环境状态的测量与估计是信息获取过程,即知识的获取;波形的优化与调整是基于知识和准则的响应过程,即知识的应用。知觉动作回路的运转成为认知雷达提升性能的关键。

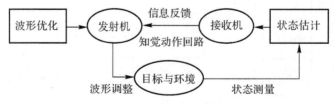

图3-22 认知雷达的知觉动作回路

(1)状态估计技术。雷达通过发射电磁波并接收环境调制的回波信号来实现其预期功能,如目标状态的测量以及环境状态的感知等;通信系统可将目标、环境及传播路径统一为环境信道整体(简称环境),其调制作用视为发射信号到接收回波的变换,调制结果包含目标电磁散射回波、环境杂波以及噪声等。对于环境时变状态的实时估计,通常采取模型-滤波(Model - Filter)的贝叶斯估计方法。环境状态估计的精确程度一方面取决于刻画环境状态模型(状态空间模型,state - space model)的准确性,另一方面取决于滤波算法的适用性。特别地,先验知识将有益于提高状态估计的准确程度。知觉动作回路将接收机获得信号进行贝叶斯得到的目标与环境信息反馈至发射机端,用于后续波形优化及自适应发射过程。

(2)认知波形设计技术。

1)从检测的角度讲,雷达接收机输出信噪比和雷达检测性能紧密相关。在传统雷达下,假设目标为点目标、噪声为高斯白噪声,匹配滤波器输出信噪比只与发射波形的能量有关,与发射波形的具体形式无关。在认知雷达系统中,可以根据自适应调整发射带宽等参数,并发射与目标响应相匹配的波形,使输出信噪比最大化。

2)从干扰抑制的角度讲,可以对发射射频频谱进行最优"重新分配"来抗有色噪声射频干扰源,使信干噪比最大化。

3)从杂波抑制的角度讲,利用杂波分布和目标单元的位置关系,可以设计发射波形的模糊函数的旁瓣,降低目标单元的杂波能量,达到抑制杂波的目的,从而提高雷达性能。

4)从目标跟踪的角度讲,可以根据接收机的反馈,自适应调整发射的波形参数,提高跟踪的能力和精度。对于多目标跟踪,可以根据目标 RCS 的强弱分配跟踪资源,增强多目标跟踪能力。

(3)自适应发射技术。认知雷达相对于传统雷达的最显著特征是引入自适应发射功能。自适应发射的目的在于通过调节发射波形,使其与空间目标环境达到最优匹配,从而实现接收端的信息最优获取。传统雷达自适应往往受限于接收机,自适应性针对接收到的雷达回波,发射自适应仅限于雷达工作模式的调整;认知雷达的突破在于自适应发射机具有发射波形的多自由度动态优化能力。自适应发射是认知雷达相对于传统雷达性能提升的关键,知觉动作回路的运转、波形优化均是对自适应发射功能的辅助。自适应发射的基础在于自适应发射算法和自适应发射装置。在硬件方面,数字任意波形产生器和固态发射机是自适应发射不可或缺的硬件基础,存储设备应为发射机提供快速完备的知识辅助,成熟的硬件是发射自适应的基本保障。在软件保障方面,匹配照射、波形优化是关键技术。雷达发射自适应的基本思想是通过改变当前发射状态,使其适应当前场景以达到最佳检测等目的。传统雷达最早的发射自适应受限于发射模式的调整,而认知雷达的发射自适应则着重于信号波形的连续实时调整,其中涉及匹配照射和波形优化设计。

(4)知识辅助与专家推理准则构建技术。在估计理论中,可靠的先验信息有助于提升估计的准确程度。认知雷达的另一大亮点便是采用先验信息辅助——知识辅助处理系统以整体提高雷达性能。

知识辅助系统可简称为 KA 系统。"知识辅助"包含"知识"和"辅助","知识"包含 KA 系统中与雷达相关的全部先验信息,如与目标、大气、干扰、噪声、杂波相关的模型、数据、算法和信息等,以及所有雷达精度和性能的影响因素。成熟的 KA 系统须具备完备性,完备性一方面体现于知识的完备性,另一方面体现于功能的完备性。KA 系统包括如何获取、储存、使用这些先验信息。获取先验信息的方法包括预置、测量和训练等;使用先验信息的方法包括 KA

辅助的信号波形设计、KA 辅助的信号处理等。信息以及与这些信息相关的方法共同组成了 KA 系统。

(四)认知雷达典型应用场景

1. 复杂任务场景的认知雷达抗干扰探测

雷达"四抗问题(即抗反辐射导弹、抗隐身、抗干扰、抗超低空突防)"中最为突出的即抗有源/无源干扰。对此,认知雷达抗干扰感知探测技术的核心在于通过波形设计来提高雷达抗干扰能力,最终实现对目标信息的可靠、稳健获取。该方面研究多集中于利用场景知识,调整波形来有效抑制时/频域干扰等。其中,强散射体旁瓣遮蔽(见图 3-23)、发射单元波形间互扰、有源干扰及频谱复用等都可视为抗干扰波形面临的典型任务。

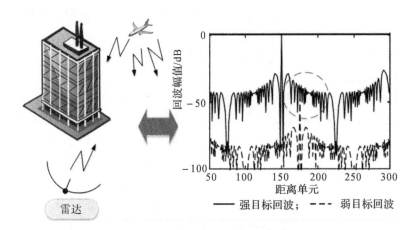

图 3-23 距离旁瓣遮蔽示意图

针对特定距离区间抑制旁瓣遮蔽影响、设计频谱凹口应对有源干扰和频谱复用问题等都是当前研究的热点。前者多以自相关函数为着力点设计波形,来抑制其他单元的旁瓣干扰;后者则从功率谱角度出发设计波形来抑制频域干扰。

对于探测低可见/隐身目标而言,组网雷达机制可视为最佳思路。多输入-多输出雷达可视为其典型例子,利用空间分集与波形分集特性从多视角对目标进行观测,能够提高目标检测、跟踪和抗干扰性能,受到广泛关注。对于认知组网雷达而言,探测波形的设计相对单发-单收系统更加复杂。考虑到雷达频谱资源日趋紧张且常受到同频窄带干扰问题,在干扰频带处形成陷波以抑制干扰成为当前组网波形设计中的关键问题;另外,组网雷达同样存在高距离旁瓣及节点雷达间波形互扰问题。因此,设计满足低波形互扰、躲避某频段电磁干扰且具有低距离旁瓣的稀疏频谱波形成为当前组网雷达波形设计的重点。

2. 认知雷达面向敌对动目标的抗干扰抗截获探测技术

"四抗问题"中敌方电子侦查、低空突防严重威胁我方设施安全。以无人机为例,敌对无人机严重威胁政府机构、居民区、军事设施等安全,干扰正常的通信畅通。

该类目标具有"低、小、快、隐"特点,相比于灯塔、机场建筑、铁塔等军民设施中的大型反射体,其较小的 RCS 使得雷达反射信号易淹没于大散射体回波中;同时,该类动目标往往具备信号搜集及低空突防能力,使得传统雷达信号易被截获,进而实施电子对抗打击,给民用导航雷达、岸基/舰载探测雷达带来挑战。

在此背景下,传统雷达难以利用发射波形灵活性来获得满意的目标检测、跟踪性能。为提高波形抗截获性能,Prolon 等提出随机相位频率调制噪声波形,Lukin 等利用 FPGA 产生噪声雷达信号,使得噪声信号硬件发射成为可能。该类随机噪声波形的模糊函数形如图钉状,具备极好的多普勒分辨率和低截获概率特性,但其距离-多普勒容忍性较差,难以对动目标进行距离-速度联合估计。传统线性调频波形具有大时宽带宽乘积和较高的多普勒容忍性,而二次相位特性使其易被敌方接收器截获。

3. 认知雷达面向机动目标跟踪的探测技术

战场中机动目标往往呈现随机性、多样性特点,使得传统雷达难以对其有效追踪,这成为当前研究的热点和难点。分析可知,影响目标跟踪性能的因素有两个:一是对机动目标状态的先验预估精度,它由先验状态模型及滤波算法决定;二是观测信息稳健性,它由波形、接收传感器观测精度等决定。因此要提高雷达跟踪性能,一方面需选择与场景/目标状态匹配的模型和滤波算法,另一方面需选择最佳的发射波形及参数,这两方面缺一不可。场景/目标动态、非平稳特点往往造成先验知识丢失或不准确,使得所建模型与实际机动状态失配。当前多数研究仅从接收端数据处理出发,侧重目标状态建模及滤波算法改进,忽视目标跟踪精度不仅与数据处理方式有关,且受发射波形影响,导致跟踪误差大、鲁棒性差等问题。对此,认知雷达可视为解决此类问题的有效途径,其能够感知目标状态机动并调整波形及接收端信号处理方式,以获取准确的目标信息。

第三节 空天防御光电探测技术

目标探测就是采用光学、声学和电子学等手段来对感兴趣目标进行捕获,进而获取其外形、尺寸、位置、功能等信息来完成目标的识别或跟踪。目标探测的相关技术广泛地应用于国防、环境、空间等各个领域,并随着现代加工制造技术的革新而得到更加迅速的发展。

目标探测从探测手段上划分,可分为无线电探测和光电探测,它们在功能上存在很强的互补性。相对无线电探测设备,光学成像探测仪器具有获取目标高分辨率几何图像信息的能力,并且在探测距离、功耗、成本等方面具备更大优势,目前已广泛应用于军事目标侦察、空间目标探测、水土环境监测等多个民用及军用领域。

一、红外探测技术

(一)红外探测基本概念

红外线是一种热辐射,是物质内分子热振动产生的电磁波,其波长为 $0.76\sim1\,000\,\mu m$,在整个电磁波谱中位于可见光与无线电波之间,如图 3-24 所示。它的波谱位于可见光的红光之外,所以被称为红外线。

红外线与可见光一样都是直线传播,速度同光速一样,具有波动性和粒子性双重特性,遵守光学的折射、反射定律。可见光的成像、干涉、衍射、偏振、光化学等理论都适用于红外线,因此可以直接应用这些理论来研制红外仪器。

任何在绝对温度零度以上的物体都能辐射红外线,红外辐射能量随温度的上升而迅速增加,物体辐射能量的波长与其温度成反比。红外线和其他物质一样,在一定条件下可以转化。红外辐射可以是由热能、电能等激发而成的,在一定条件下红外辐射又可转化为热能、电能等。能量转化原理是光电效应、热电效应等现象的理论基础,我们可以利用光电效应、热电效应制成各种接收、探测红外线的敏感元件。

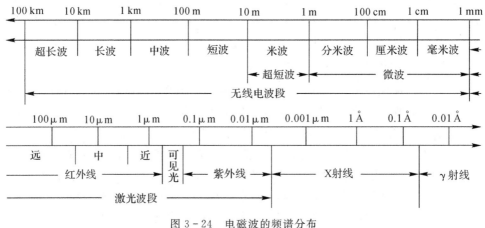

图 3-24 电磁波的频谱分布

注:$1\text{Å}=10^{-10}$ m

按红外探测器探测过程的物理属性,红外探测器分为热探测器和光子探测器两类。热探测器是利用红外线的热效应引起探测器某一电学性质的变化来工作的,主要有热电探测器、热敏电阻、热电堆、气体探测器等。光子探测器是利用红外线中的光子流射到探测器上,与探测器材料(半导体)内部的电子作用后,引起探测器的电阻改变或产生光电电压,以此来探测红外线的。红外探测器的响应时间短,探测效率高,响应波长有选择性。

红外探测器通常分为光电导探测器、光生伏特探测器、光磁电探测器三种类型。其探测性能在很大程度上受到探测器所采用的红外敏感器件。根据采用的敏感器件不同,目前最常用的探测器有:

(1) 硫化铅(PbS)探测器。硫化铅探测器它是目前室温下灵敏度最高、应用最广泛的一种光导型探测器,也是发展最早、最成熟的红外探测器之一,它的探测率高,并能通过致冷、浸没等工艺进一步提高探测率。例如,响尾蛇 AIM-9D 等导弹就是采用致冷硫化铅浸没探测器。较常用的方法之一是用低熔点玻璃把浸没透镜和有光敏层的石英基片黏合起来。但这种探测器只能在高于干冰温度(-78℃)时使用,更低温时可能出现龟裂。若要求工作在更低温度,提高探测距离和抗背景干扰能力,则可将硫化铅薄膜直接沉淀到浸没透镜平面端,这样减少中间介质的吸收和界面的反射,可靠性得到显著提高。但致冷的结果会响应时间加长,一般要求响应时间在几十至几百微秒之间。

(2) 锑化铟(InSb)探测器。锑化铟探测器是在 $3\sim 5\mu m$ 的大气窗口具有很高探测率的探测器。它有光伏型(77 K)、光导型(室温与 77 K)及光磁电型(室温)。光伏型比光导型的探测率高,响应时间约 $1\mu s$。光伏型 InSb 已制成大面积的多元阵列。

(3) 碲镉汞(HgCdTe)探测器。碲镉汞探测器是在 $8\sim 14\mu m$ 大气窗口具有很高探测率的重要探测器,有光伏型(77 K)、光导型(77 K)两种,调节碲镉汞材料中镉的份量,可以改变响应波长。目前已设计出响应在 $0.8\sim 40\mu m$ 波长范围内一切所需工作波段的探测器。碲镉汞探测器的噪声小,探测率高,响应快(光伏型 $\tau=1~\mu s$、光导型 $\tau\approx 1~\mu s$),适用于高速、高性能设备及探测阵列使用。碲镉汞探测器的另一发展方向是室温、高性能、快速的 $1\sim 3~\mu m$ 和 $3\sim 5~\mu m$ 这两个波段的探测器。

以上三种是常用器件,因为红外技术在飞跃发展中,目前已经出现和正在研制的有各种各样的探测器。在红外导引头中设计和选择探测器时,一般考虑:①探测度足够大;②光谱响应的峰值波长在大气窗口内;③时间常数小;④结构简单、体积小。

(二)红外探测基本原理

红外探测技术利用目标与背景之间的红外辐射差异所形成的热点或图像,获取目标和背景信息。根据探测原理不同,红外探测系统又可分为红外点源探测系统与红外成像探测系统两大类。

1. 红外点源探测系统的组成及原理

在红外点源探测系统中,目标被作为一个点源处理,目标经光学系统成像于像面上时也被看成一个点,这里以红外点源导引头为例简单介绍其探测系统组成与工作原理。红外点源导引头由光学接收器、光学调制器、红外探测器及其致冷装置、信号处理装置、导引控制系统等部分组成。

(1)光学接收器。光学接收器类似于雷达天线,它会聚由目标产生的红外辐射,并经光学调制器或光学扫描器传送给红外探测器。

(2)光学调制器。光学调制器有空间滤波作用,它通过对入射红外辐射进行调制编码实现。另外,红外点源导引头还有光谱滤波作用,通过滤光片实现。

(3)红外探测器及其致冷装置。红外探测器将经会聚、调制或扫描的红外辐射转变为相应的电信号。一般红外光子探测器都需要致冷,因此,致冷装置也是导引头的组成部分之一。

(4)信号处理装置。红外点源导引头的信号处理主要采用模拟电路,一般包括捕获电路和解调放大电路等。它将来自探测器的电信号进行放大、滤波、检波等处理,提取出经过编码的目标信息。

(5)导引控制系统。红外点源导引头对目标的搜捕与跟踪是靠搜捕与跟踪电路、伺服机构驱动红外光学接收器实现的。它包括航向伺服机构、航向角跟踪电路和俯仰伺服机构、俯仰角跟踪电路两部分。

红外点源探测系统的工作过程:当红外点源导引头开机后,伺服随动机构驱动红外光学接收器在一定角度范围进行搜索。此时稳定系统将光学视场稳定在水平线下某一固定角度,保证弹体在自控段飞行中,俯仰姿态有起伏时,视场覆盖宽于某一距离范围。稳定系统由随动机构、稳定陀螺仪、俯仰稳定电路和脉冲调宽放大器组成。

光学接收器不断将目标和背景的红外辐射接收并会聚起来送给光学调制器;光学调制器将目标和背景的红外辐射信号进行调制,并在此过程中进行光谱滤波和空间滤波,然后将信号传给探测器;探测器把红外信号转换成电信号,经由前置放大器和捕获电路后,根据目标与背景噪声及内部噪声在频域和时域上的差别,鉴别出目标;捕获电路发出捕获指令,使光学接收器停止搜索,自动转入跟踪。

红外点源导引头在航向和俯仰两个方向上跟踪目标。其角跟踪系统由解调放大器、角跟踪电路和随动机构组成。

(1) 红外点源导引头的光学系统。红外点源导引头的光学系统有多种形式,但大多采用折反式,因为这种形式的轴向尺寸小。光学系统位于红外接收最前部,用来接收目标辐射的红外能量,并把接收到的能量在调制器上聚焦成一个足够小的像点。光学系统靠镜筒安装成一个整体,它一般由整流罩、主反射镜、次反射镜、校正透镜等组成,如图 3-25 所示。

整流罩是一个半球形的同心球面透镜,能透射红外线。若整流罩由石英玻璃制成,则对 6 μm 以下波长的红外线有较好的透射能力,这与喷气飞机发动机喷口辐射的红外波谱相对应。同时,整流罩的工作条件恶劣,要求整流罩结构合理,材料选择适当,加工要精密。

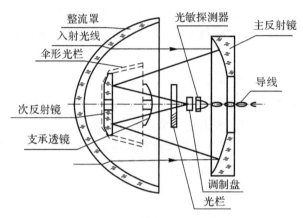

图 3-25 红外光学系统示意图

主反射镜用于会聚光能,是光学系统的主镜。它一般为球面镜式抛物面镜。为了减小入射能的损失,其反射系数要大,为此镀有反射层(镀铝或锡),使成像时不产生色差,并对各波段反射作用相同。

次反射镜位于反射镜的反射光路中,主反射镜会聚的红外光束,经次反射镜反射回来,大大缩短了光学系统的轴向尺寸。次反射镜是光学系统的次镜,一般为平面或球面镜,镀有反射层。

为了提高光学系统性能,该系统还可增加校正透镜、滤光片(滤光镜)、浸没透镜、伞形光栏等组件。

光学系统的工作原理是:目标的红外辐射透过整流罩照射到主反射镜上,经主反射镜聚焦、反射到次反射镜上,再次反射并经伞形光栏、校正透镜等进一步会聚,成像于光学系统焦平面的调制器上。这样,辐射的分散能量聚焦成能量集中的光点,增强了系统的探测能力。红外像点经调制器调制编码后变成调制信号,再经光电转换器转换成电信号,因目标像点在调制器的位置与目标在空间相对导引头光轴的位置相对应,所以调制信号可确定目标偏离导引头光轴的误差角。

为了讨论方便,用一个等效凸透镜来代表光学系统,二者的焦距相等,目标视线与光轴的夹角用 $\Delta\varphi$ 表示,如图 3-26 所示。

当 $\Delta\varphi=0$ 时,目标像点落在 O 点;当 $\Delta\varphi\neq 0$ 时,目标像点 M 偏离 O 点,设距离偏差 $OM=\rho$,由于 $\Delta\varphi$ 很小,则 $\rho=f\tan\Delta\varphi\approx f\Delta\varphi$,即距离 ρ 表示了误差 $\Delta\varphi$ 的大小。f 为光学系统的焦距。图 3-26 中,坐标 yOz 与 $y'O'z'$ 相差 $180°$,目标 M' 位置与 $O'z'$ 轴的夹角为 θ',像点 M 与 Oz 轴的夹角为 θ(像点方位角),由图可得 $\theta=\theta'$。即像点 M 的方位角反映了目标偏离光轴的方位角 θ'。

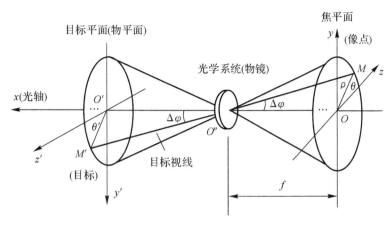

图 3-26 目标和像点的位置关系

可见,光学系统焦平面上的目标像点 M 位置参数 ρ、θ 表示了目标 M' 偏离光轴的误差角 $\Delta\varphi$ 的大小和方位。

从图 3-27 还可以看到,导引头所观察的空间范围是受调制盘尺寸限制的。如果放在焦平面上的调制盘的直径为 d,与光轴成 α 范围内的斜光束均可聚焦到调制盘上,比 α 更大的斜光就落到调制盘外面去了。

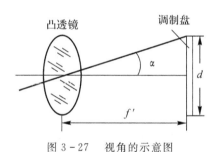

图 3-27 视角的示意图

这部分能量不能被系统所接收。因此 α 就决定了这个系统所能观察到的有效空间范围大小,称 α 为光学系统的视角(也称瞬时视场)。因为调制盘对称于光轴,所以光学系统全部视角为 2α,$2\alpha = 2\arctan(d/2f')$。

显然,视场角大,导引头观察空间范围就大,但视场角越大,背景干扰就越大,需要导引头的横向尺寸亦大,综合以上考虑,导引头的视场角不能设计太大。

(2)红外调制器及其工作原理。经光学系统聚焦后的目标像点,是强度随时间不变的热能信号,如直接进行光电转换,得到的电信号只能表明导引头视场内有目标存在,无法判定其方位。为此,必须在光电转换前对它进行调制,即把接收的恒定的辐射能变换为随时间变化的辐射能,并使其某些特征(幅度、频率、相位等)随目标在空间的方位而变化,调制后的辐射能,经光电转换为交流电信号,便于放大处理。

调制器是导引头中的关键部件。目前广泛应用的调制器是调制盘。调制盘的样式繁多,图案各异,但基本上都是在一种合适的透明基片上用照相、光刻、腐蚀方法制成特定图案。按调制方式,调制盘可分调幅式、调频式、调相式、调宽式和脉冲编码式。下面以一种常用的调制盘为例来讨论。

调制盘的花纹图案形式繁多,但基本原理是类似的,为了分析问题方便,我们以一种简单而典型的图案(见图3-28)来说明。

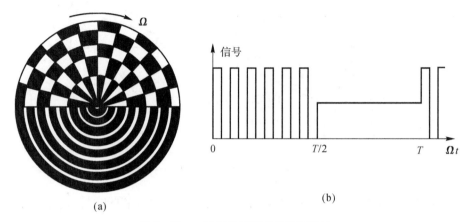

图3-28 一种简单调制盘及调制脉冲

图3-28(a)中上半圆是调制区,分成12个等分的扇形区,黑白区相互交替;下半圆是半透明区,只能使50%的红外辐射能量通过。在上半圆调制区内是黑白相间的辐射状扇形花纹,白条纹区的透过率 $\tau=1$,黑条纹区的透过率 $\tau=0$。这样,对大面积背景来说,上、下半圆的平均透过率都是二分之一,产生相同幅度的直流电平,便于滤除。

调制盘放在光学系统的焦平面上,调制盘中心与光轴重合,整个调制盘可以绕光轴匀角速度旋转。当调制盘后配置场镜,把辐射再次聚到探测器上。当距离大于500 m时,目标辐射的红外线可以认为是平行光束射到光学系统上的。光学系统把它聚成很小的像点,落在调制盘上,当目标在正前方时,落在调制盘中心。当目标偏离导引头光轴时,像点落在调制盘的扇形格子半圆上,由于调制盘的旋转,目标像点时而透过调制盘,时而不透过调制盘,所以目标像点被调制成断续相同的六个脉冲信号。脉冲的形状由像点大小和黑白纹格的宽度之比决定。当目标相点落在黑白线条的下半圆上时,目标像点占有的黑、白线条数目几乎相等,此时,目标辐射不被调制,而通过的热辐射通量为落在此半盘上的50%。这样就形成了图3-28(b)所示的信号,该信号经光敏元件后便转换为相应的电脉冲信号。

调制盘是用来鉴别目标偏离光轴位置的,目标像点可以出现在调制盘上的任意位置。下面分析像点落在调制盘上不同位置时所产生的脉冲序列的形状,如图3-29和图3-30所示。

1)当目标位于光轴上时,失调角 $\Delta q_1=0$,像点落在调制盘中心,如图3-29中位置"①"。当调制盘旋转一周后,由于调制盘两半盘的平均透过率相等,光敏电阻输出一个常值电流信号,如图3-30中情况1所示。此信号送入放大器要经过一个电容耦合,由于电容隔直流的作用,故信号输出 u'_{F1} 为零,误差信号 $u_{\Delta 1}$ 为零。上述结果是自然的,因为目标在光学系统轴上,输出电压也应该为零。

2)目标像点落在调制盘上位置"②"时,失调角为 Δq_2,偏离调制盘中心的距离为 $\Delta \rho_2$,由于此处栅极弧长较小,目标像点大于一个格子,即像点不能全部透过白色格子,也不能全部被黑格子所挡住,在调制盘转动一周后所获得的脉冲信号幅度值较小,如图3-30中情况2所示。此信号经耦合电容滤去直流分量后输出信号为 u'_{F2}，并由电子线路处理放大，检波之后得到误差信号 $u_{\Delta 2}$，其幅度值与目标偏差角 Δq_2 成正比。$u_{\Delta 2}$ 是随时间变化的，可用下式表示：

$$u_{\Delta 2} = k \Delta q_2 \sin 2\pi f_b t = U_{m2} \sin \Omega t \tag{3.24}$$

式中：k 为比例系数；$\Omega = 2\pi f_b$ 为调制盘旋转的角速度。

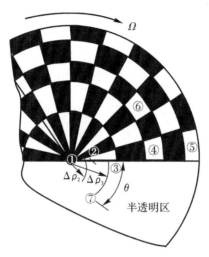

图 3-29 目标偏差不同时的像点位置

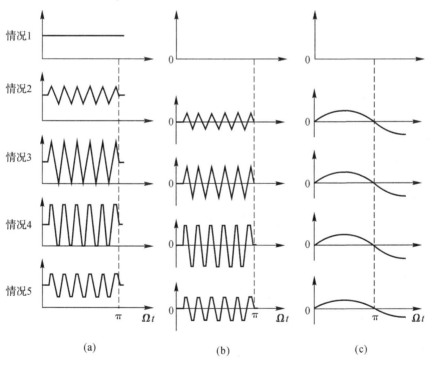

图 3-30 相点在调制盘上不同位置输出电信号的波形

3）当目标像点落在调制盘 ④ 位置时，像点大小刚好等于一个格子。调制盘旋转一周后，获得的电脉冲幅度值最大，如图 3-30 中情况 3 所示。放大器输出的误差信号电压 $u_{\Delta 3}$ 为

$$u_{\Delta 3} = k\Delta q_3 \sin 2\pi f_b t = U_{m3}\sin\Omega t \qquad (3.25)$$

4）当目标像点落在调制盘 ④ 位置时，此时脉冲信号幅度值也为最大。但是由于弧度较长，目标像点透过和被挡住的时间也比较长，所以电脉冲信号的前后沿变得陡直些，并且最大幅度值保持一定时间。调制盘旋转一周后，光敏电阻上获得的电信号如图 3-30 中情况 4 所示。此时获得的误差电压 $u_{\Delta 4}=u_{\Delta 3}$。

5）若像点落在调制盘上的 ⑤ 位置，此处的特点是格子的弧度更长了，但格子的宽度却小于目标像点的直径，因此，电脉冲的幅度开始减小，而脉冲信号的宽度增加。调制盘旋转一周后，光敏电阻上获得的电信号如图 3-30 中情况 3 所示。此时误差信号的幅值将小于 $u_{\Delta 4}$ 的幅值，即 $U_{m5}<U_{m4}$。

6）当目标像点落在调制盘上的 ⑥ 位置时，则透过的热辐射通量始终为 50%，即与位置 ① 的情况相同，光敏电阻输出的直流信号经耦合电容后为零。因目标机动，偏差信号在不断变化，像点不可能始终位于 ⑥ 的位置。

上面分析表明，利用调制盘对目标红外线辐射的调制作用，即像点由调制盘中心向外作径向运动时，将出现幅度调制，由它能确定目标偏离光轴的大小。下面介绍确定目标方位的方法。

在图 3-29 中，相点处于 ①～⑤ 位置时，目标偏离导弹的方位是相同的。当目标像点处于位置 ⑦ 时，它到调制盘中心的距离与点 ③ 位置相同，也是 ρ_3，但是方位角上相差 $\theta(°)$。当调制盘旋转时，光敏电阻两端输出的脉冲电信号，通过电子线路处理后输出的误差信号如图 3-31 所示。与点 ③ 相比，仅仅初始相位滞后 $\theta(°)$，而电压幅值未变，即

$$u_{\Delta 7}=k\Delta q_7 \sin(\Omega t - \theta)=k\Delta q_3 \sin(\Omega t - \theta) \qquad (3.26)$$

考虑到 $u_{\Delta 3}=k\Delta q_3 \sin\Omega t$，故可看出，误差的相位能反映目标偏离导引头光轴的方位。因此，可以得出以下结论：误差信号电压振幅值的大小可反映目标偏离导引头光轴的角度 Δq 的大小，误差信号的初始相位反映与目标偏离导引头的方位。因此将误差信号的初始相位与水平基准信号相比较，可得方位误差信号，再与垂直基准信号相比较就可以得到俯仰误差信号。利用这些误差信号就可以驱动系统，使红外跟踪系统自动对准目标，实现自动跟踪。

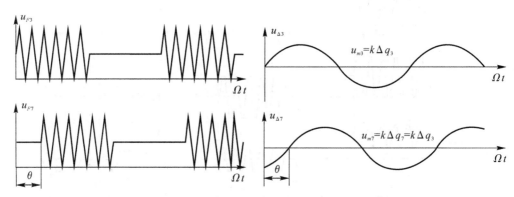

图 3-31　像点在调制盘上不同位置时的输出电信号波形

(3) 红外探测器。为了提取目标信号，须将光学系统接收到的目标辐射的连续的热能信号转换成电信号。这种进行光电转换的器件称为红外探测器。红外探测器的质量优劣，对缩小导引头体积、减轻重量、增大导引头作用距离，都起着重要作用。

(4) 信号处理电路。目标的辐射经过调制盘的调制,照射到探测器上,探测器输出的是一个包含目标方位信息的微弱的电压信号,通常为微伏级或毫伏级,这样微弱的信号必须经过信号处理电路进行放大、解调和变换后,通过伺服系统控制导弹跟踪目标。信号处理电路一般包括输入电路、前置放大器、主放大器、解调器和自动增益控制电路等。一种调幅调制盘系统的误差信号处理电路原理框图如图 3-32 所示。

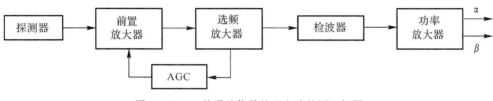

图 3-32 一种误差信号处理电路的原理框图

它们的功用是对目标误差信号进行电流放大和电压放大,对误差信号进行解调和变换,保证跟踪系统的工作不受相对距离变化的影响。

2. 红外成像探测系统的组成及原理

由目标的红外辐射特性可知,只要能收集并探测目标不同部位红外辐射的能量,就可以通过重新排列来自探测器的信号形成与目标辐射分布相对应的温度分布图像,这就是红外成像的物理原理。这里以红外成像导引头为例,简单介绍其红外成像探测系统的基本组成与工作原理。

红外成像导引头通常分为实时红外成像器和视频信号处理器两部分,其中包含红外摄像头、图像处理电路、图像识别电路、跟踪处理器和摄像头跟踪系统等。实时红外成像器用来获取和输出目标与背景的红外图像信息;视频信号处理器主要用来对视频信号进行处理,对背景中可能存在的目标进行搜索、截获、识别和跟踪,并将目标信息输送到弹载计算机。还可通过引入速率陀螺组合实现对红外图像信息的捷联式稳定,达到稳定图像、提高探测性能的目的。

红外成像系统的工作过程是:首先由视场内各种物体热辐射的差别摄取目标的红外图像,并进行信号处理,得到数字化的目标图像;其次对目标图像进行图像处理与图像识别,区分出目标、背景信号,识别出真假目标并抑制假目标;最后由跟踪装置按预定的跟踪方式跟踪目标,获取目标参数。

(1) 实时红外成像器。实时红外成像器用来获取和输出目标与背景的红外图像信息。从实现原理上划分,红外成像器可分为光-机扫描成像系统与红外凝视成像系统两类。

1) 光-机扫描红外成像系统基本原理及组成。

a. 光-机扫描红外成像系统基本原理。典型的光-机扫描红外成像系统如图 3-33 所示。

在图 3-33 所示的红外扫描系统中,核心部件是一个二维光学机械扫描器和一个单元探测器。有的系统也使用线型探测器阵列甚至更复杂的探测器阵列。但无论哪种情况,所成的像都是按预先确定的顺序构建的。工作过程中,探测器的瞬时视场按设计好的顺序移动直至覆盖系统的整个视场角。绕垂直轴旋转的反射镜实现水平方向的场景扫描。另一个反射镜用于提供垂直方向的扫描。通过水平扫描镜和垂直扫描镜的配合运动,物平面上各个场景单元的红外辐射依次投射到置于像平面上的单个光子探测器上,就可以得到反映扫描场景的电信号。按照扫描同步的方式对这些信号进行调制与预测,就可以得到扫描区域的二维图像。为了获得很高的扫描速率,往往使用多角鼓形的水平扫描镜。为了快速获得具有足够多像素的热像,需要使用快速的光子探测器和短的信号积分时间。

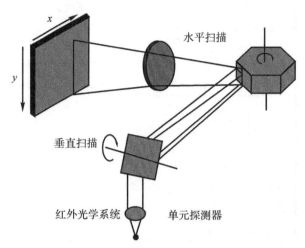

图 3-33 单元探测器通过光-机扫描成像原理示意图

b. 光-机扫描红外成像系统基本组成。光机扫描红外成像系统由光学装置、扫描器、稳速装置、红外探测器、制冷器、信号放大器、信号处理器和扫描变换器等部分组成。

光学装置主要用来收集来自目标和背景的红外辐射,分为平行光束扫描系统和会聚光束扫描系统两类。

目前用于导引头红外成像器中的扫描器多数是光学和机械扫描的组合体。光学部分由机械驱动完成水平和垂直两个方向的扫描,实现快速摄取被测目标的各部分信号。扫描器可分为物方扫描和像方扫描两类。所谓物方扫描是指扫描器在成像透镜的前面的扫描方式;像方扫描是指扫描器在成像透镜后面的扫描方式。

稳速装置用来稳定扫描器的运动速度,以保证红外成像器的成像质量。它由扫描器的位置信号检测器、锁相回路、驱动电路和马达等部分组成。

红外探测器是实时红外成像器的核心。目前用于红外成像导引头的探测器主要是工作于 $3\sim5~\mu m$ 波段和 $8\sim14~\mu m$ 波段的锑化铟器件和碲镉汞器件。

制冷器用于对红外探测器降温。因为锑化铟器件或碲镉汞器件都需要 77 K 的工作温度才能达到所要求的高灵敏度。实际使用中,提供的是红外探测器和制冷器的组合体,即红外探测器组件,制冷器并不单独存在。

信号放大器主要用于放大来自红外探测器的微弱信号。它包括使红外探测器得到最佳偏置和对弱信号放大两个功能。因为没有最佳偏置,红外探测器就不可能呈现出最好的性能,所以保证最佳偏置与对微弱信号的放大同等重要。

信号处理器主要完成提高视频信噪比和对获得的图像进行各种变换处理,从而可以方便、有效地利用图像信息。

扫描变换器的功能是将各种非电视标准扫描获得的视频信号,通过电信号处理变换成通用电视标准的视频信号。扫描变换器能将一般光机扫描的红外成像系统与标准电视兼容。

2）红外凝视成像系统原理及组成。

a. 红外凝视成像系统基本原理。红外凝视成像系统就是指系统在所要求覆盖的范围内，对目标成像是用红外探测器面阵充满物镜焦平面视场的方法来实现的，即指采用红外焦平面列探测器的红外成像系统。所谓红外焦平面阵列就是将红外探测器与信号处理电路结合在一起，并将其设置在光学系统焦平面上。而"凝视"是指红外探测器响应景物或目标的时间与取出阵列中每个探测器响应信号所需的读出时间相比很长。探测器"看"景物时间很长，而取出每个探测器的响应信号所需的时间很短，即"久看快取"，就称为"凝视"。

探测过程中红外焦平面阵列与目标瞬时视场的关系如图 3-34 所示。

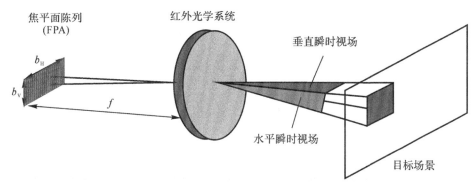

图 3-34　凝视成像系统的瞬时视场和场景

由于景物中的每一点都对应一个探测器单元，凝视阵列在一个积分时间周期内对全视场积分，然后由信号处理装置依次读出，因此，在给定帧频条件下，凝视型红外系统的采样频率取决于所使用的探测器数目，而信号通道频带只取决于帧频。在红外凝视成像系统中，以电子扫描取代光机扫描，从而显著地改善了系统的响应特性，简化了系统结构，减小了体积和重量，提高了系统的可靠性。

②红外凝视成像系统基本组成。红外凝视成像系统一般由红外光学系统、红外焦平面阵列探测器、信号放大及处理和显示记录系统等组成。其中，红外焦平面阵列探测器作为辐射能接收器，通过光电变换作用，将接收的辐射能变为电信号，再将电信号放大、处理，形成图像。红外焦平面阵列探测器是构成红外凝视成像系统的核心器件，红外焦平面阵列探测器可分为致冷焦平面阵列探测器和非致冷焦平面阵列探测器两大类。致冷红外焦平面阵列探测器是当今使用最多的红外焦平面阵列探测器，为了探测小的温差，降低探测器的噪声，以获得较高的信噪比，红外探测器必须在深冷的条件下工作，一般为 77 K 或更低。为了使探测器传感元件保持这种深冷温度，探测器一般都集成于"杜瓦瓶"组件中。杜瓦瓶本质上就是绝热的容器，类似于"保温瓶"。

红外成像系统为了获取景物图像，首先将景物进行空间分解，然后依次将这些单元空间的景物温度转换成相应的时序视频信号。凝视型红外成像系统中信号处理的基本任务是：放大探测器输出的电信号，形成与景物温度相应的视频信号，如要测温，还要根据景物各单元对应的视频信号标出景物各部分的温度。为了提高图像质量和测温精度，需要对探测器输出的信号进行必要的补偿、校正、转换、量化及伪彩色编码等处理，然后按一定的格式进行显示。

（2）视频信号处理器。视频信号处理器的作用是对来自红外成像器的视频信号进行分析、鉴别,排除混杂在信号中的背景噪声和人为干扰,提取真实目标信号。为了完成这些功能,通常视频信号处理器采用专用的数字图像处理系统。

视频信号处理器的基本功能包括:信号预处理、识别捕获、跟踪处理、信号增强及显示和稳定处理等,如图3-35所示。

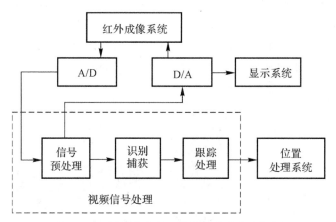

图3-35 视频信号处理器的基本功能方框图

1)信号预处理。预处理是目标识别和跟踪的前期功能模块,包括A/D转换、自适应量化、图像滤波、图像分割、瞬时动态范围偏量控制、图像的增强和阈值检测等。其中图像分割是最主要的环节,它是识别、跟踪处理的基础。

a. 图像分割。图像分割是对图像信息进行提炼,把图像空间分成一些有意义的区域,初步分离出目标和背景,也就是把图像划分成具有一致特性的像元区域。所谓特性的一致性是指:①图像本身的特性;②图像所反映的景物特性;③图像结构语意方面的一致性。

b. 图像滤波。预处理是在进行目标识别之前进行的,此时尚不确知目标究竟在图像中哪一个区域,因此要对全图像进行处理。滤波属于空间滤波,主要目标是平滑随机空间噪声,同时保持突出某种空间结构。常用的方法是用$K×K$的模板对全图像做折积运算。目前的研究突出一些特殊而有效的滤波算法,如保持阶跃结构的Median滤波器,保持纹理的Nagao滤波器及Refine滤波器等。

c. 图像增强。视频处理器中图像增强的目的是使整个画面清晰,易于判别。一般采用改变高频分量和直流分量比例的办法,提高对比度,使图像的细微结构和它的背景之间的反差增强,从而使模糊不清的画面变得清晰。图像的增强处理是从时域、频域或空域三方面进行的,无论从哪个域处理都能得到较好的结果。图像增强的实质是对图像进行频谱分析、过滤和综合。事实上,它是根据实际需要突出图像中某些需要的信息,削弱或滤除某些不需要的信息。

2)识别捕获。目标的自动识别对于"发射后不管"导弹的红外成像导引头是一个最为重要,也是一个最为困难的环节。显然该项内容属于模式识别范畴。

要识别目标,首先要找出目标和背景的差异,对目标进行特征提取。其次是比较,选取最佳结果特征,并进行决策分类处理。在目标识别中,目标特征提取是关键。归纳起来,通常可供提取的目标物理特征主要有:

a. 目标温差和目标灰度分布特征；

b. 目标形状特征（外形、面积、周长、长宽比、圆度、大小等）；

c. 目标运动特征（相对位置、相对角速度、相对角加速度等）；

d. 目标统计分布特征；

e. 图像序列特征及变化特征等。

提取目标特征后，可基于目标特征采用一定的方法进行目标的识别处理。根据识别处理的原理，通常分为单帧检测算法与多帧检测算法两类。单帧检测算法利用目标点与背景图像的灰度差异来进行检测和分割，图像经过预处理之后，背景得到抑制，目标点相对突出，然后寻求一合适分割阈值进行目标分割。多帧检测算法是利用目标点在序列图像中运动的连续性和轨迹的一致性这两条特性来完成目标检测的，此类方法能够充分利用序列图像的时间和空间信息，现在实际应用中的红外点目标检测算法大都属于此类算法。

3）跟踪处理。

跟踪处理的关键技术是跟踪算法。理论上讲，跟踪算法较多，如热点跟踪、形心跟踪、辐射中心跟踪、自适应窗跟踪、十字跟踪和相关跟踪等等。红外成像自动导引系统对目标的跟踪属于自适应跟踪，即随着目标与导弹的相对变比，自适应地改变跟踪参数，以达到不丢失目标的目的。

对于单目标的跟踪，通过对目标运动轨迹进行数学建模，利用轨迹滤波器进行自适应滤波。典型的滤波算法有卡尔曼滤波算法等。

对于多目标的跟踪，可以对探测器所接收到的测量数据进行分析计算，得到不同目标分别对应产生的不同观测轨迹或集合。只要确认了目标的测量轨迹，那么就可以确定被跟踪的目标数，就能获得每个目标对应轨迹的目标运动位置及运动速度等特征。多目标跟踪的本质是处理多目标联合状态估计，解决非线性、非高斯的状态估计问题。

（三）红外探测新技术

军事应用是推动红外探测技术发展的直接动力，因此红外探测技术的发展方向必须紧扣未来战争的需要。未来战争形态的突出特点是，以"网络中心战"为核心，以隐身飞机/舰船/车辆、低/小/慢无人作战飞机、高空高速临近空间飞行器为载体，以复杂电磁/光电对抗作战环境为依托，以各种高精确打击武器为主要手段，通过网络化数据链接收作战任务并迅速完成作战规划，对战场上不同类型的"时敏"目标进行实时打击，加大空袭作战的突然性、远程打击的精确性、海陆空天电的多维性、作战的快捷性和战争进程的可控性。战争的需求推动着红外探测技术向前发展。

1. 高分辨探测技术

未来战场上存在大量的隐身类目标，其红外特征较以往的目标小。因此需要发展高分辨探测技术，保证武器系统能在远距离准确识别隐身目标。高分辨探测技术的发展主要是提高探测系统的温度分辨力和空间分辨力。探测系统的温度分辨力一方面取决于高灵敏度探测器（可用 NETD 指标来衡量，目前制冷型探测器的 NETD 可达到 15 mk 以下），另一方面取决于大的通光孔径、高透过率光学系统和低预处理电路噪声。

提高空间分辨力主要有三条技术途径：一是采用变焦距光学系统，二是增大新型焦平面阵列红外探测器的规模，三是采用超分辨率技术。

变焦距光学系统可以有效地兼顾大视场和小单元瞬时视场的需求。目前多挡变焦技术较为成熟,其优点是结构较简单,但缺点是机械结构占据空间较大,焦距调整范围有限,且在换挡过程前、后信息处理系统记录的目标特征会有较大变化,给连续跟踪目标带来一定困难。

通过增大焦平面阵列探测器的规模,可以有效地提高空间分辨率。随着探测器制作工艺的成熟,目前超大规模焦平面阵列探测器已经出现,HgCdTe阵列和Insb阵列已经可做到640×480以上。但是,超大规模的焦平面阵列也带来了超大规模的运算量,给导引头信息处理系统造成了很大的压力。

超分辨率技术是一种新的技术途径。目前已应用在机载前视红外成像系统中的技术是微扫描振镜技术,通过在光学系统物镜和焦平面阵列之间加入一个微扫描平面镜,使其以一定的扫描规律转动,所形成的图像有一个亚像元级的平动的图像序列,通过对这些图像进行超分辨率处理就可以重建出一幅高分辨率的图像。

2. 多光谱探测技术

近年来,随着面源型红外诱饵弹等光电对抗技术的快速发展,单一波段的红外成像制导武器的作战效能日益削弱。因此未来得到重点发展的将是多光谱成像制导技术。该技术可以同时在多个窄的光谱波段上对同一对象(背景与目标)进行观测并获得相应波段的相应图像,包含了观测对象的更多信息。由于光谱特征是不同化学成分的物质所具有的固有特性,因此利用该特性可大大提高导弹的抗干扰能力。

采用多光谱成像制导技术还可对抗激光致眩干扰。由于激光的谱段很窄,因此采用多光谱探测后,当一个波段受到激光致眩干扰时,可以利用与激光谱段不重合的光谱段进行目标探测与跟踪,从而使激光致眩干扰失效。

未来提高红外导引头的光谱分辨率有两种途径:一是采用能够同时输出多光谱图像数据的焦平面阵列探测器,目前比较成熟的是双色面阵红外探测器;二是采用能够分时输出多光谱图像数据的宽光谱探测器+谱段选择器。常规的超光谱探测系统则因为体积问题,短期内无法进入制导领域。

3. 红外偏振探测技术

随着各种红外伪装、对抗措施在武器装备上得到广泛应用,导致目标强度对比度剧降,或者目标和背景、干扰在辐射强度特性上非常接近,严重影响红外探测系统对目标的探测、识别、抗干扰能力。红外偏振成像探测技术有望成为解决该难题的重要途径。自然界的电磁波由许多偏振度不同的电磁波组成。这种现象在反射和辐射中均有表现,各种物体都有着不同的偏振度。研究表明,通常人造目标比自然背景表现出更高的偏振度。同非偏振探测相比,偏振探测能够获得更多区分目标及背景的特征信息。偏振探测技术把信息量从三维(光强、光谱和空间)扩充到了七维(光强、光谱、空间、偏振度、偏振方位角、偏振椭率和偏振旋转方向)。

4. 低成本红外探测技术

红外探测器在红外探测系统的成本中占有较大的份额。传统的红外探测器价格较为昂贵,一方面制约了其在民用产品上的推广,另一方面造成红外制导武器价格不菲,给军事部门带来较大的经济压力。因此低成本红外探测技术得到越来越多的重视。目前,常见的低成本红外探测器是非制冷红外探测器。另外,近年来美国、英国在短波波段的低成本探测器技术上也有了巨大的进步。

(1)非制冷红外探测技术。传统的制冷 FPA 探测器虽然具有灵敏度高的优点,但是体积功耗大,价格昂贵,工作寿命短;而非制冷 IRFPA 探测器虽然灵敏度稍低,但其能在室温状态下工作,并具有质量轻、体积小、寿命长、成本低、功耗小、启动快等优点,满足了民用红外系统和部分军事红外系统对长波红外探测器的迫切需要。尤其是在对地攻击中,低成本的 GPS+非制冷红外末制导正越来越多地代替传统的惯导+制冷红外末制导的模式,如美国正在研制的小直径制导炸弹上就采用了该技术。

目前采用非制冷 IRFPA 探测器的轻型红外热像仪系统逐渐增多,以非晶硅和氧化钒表现最为突出。采用的探测器的规格主要有 320×240 元和 384×288 元等。通过技术上的不断改进和提高,未来可能会有更好的提高 IRFPA 探测器性能的方法,如尚处于研究阶段的热机械双材料微悬臂梁红外探测器和热电光红外探测器。目前高性能的非制冷探测器的 NETD 已经可以达到 40 mk,接近制冷光子型探测器,因此将有可能在很多领域内代替传统的制冷探测器,也是新一代 IRFPA 探测器发展方向之一。

(2)短波红外探测器。红外探测应用是从短波开始的,后来逐渐向中长波方向发展。短波波段逐渐被人们忘记。但是,近期美国人对短波波段产生新的认识。在 DARPA 和 NVESD 的支持下,雷锡恩公司对短波探测器进行了长期研究,在单光子短波红外探测器领域已经取得了巨大的技术进步。

雷锡恩公司采用 InGaAs 技术研制了 PCAR(Photon Counting Arrays)短波红外探测器,其红外探测系统的优点非常明显:

1)真正的低照度成像能力;
2)在恶劣条件下的穿透能力优于可见光;
3)比通常的长波热像更清晰;
4)可以观察现在主流的激光指示器;
5)非制冷技术,体积、重量和功耗比循环制冷机好;
6)可以看透玻璃;
7)高分辨率的红外成像,并支持激光距离选通成像。

5."灵巧"红外焦平面阵列技术

通常的红外探测器实现的功能主要包括光电转换和信号的顺序切换读出,这是由于读出电路的面积有限,不仅对探测器的性能有限制,对读出电路所能集成的功能也有限制。

为了克服读出电路面积的限制,人们开发的垂直集成探测器(Vertically Integrated Sensor Array,VISA)技术,VISA 技术使得提高读出电路的复杂度成为可能。垂直集成探测器可以通过提高积分电荷容量,从而提高器件的性能,并将 AD 转换器和一些模拟、数字处理功能集成到读出电路中,缩小系统的体积。

在 VISA 技术的支持下,人们试图将仿生学引入探测器中。模仿人类视网膜对信号处理的结构与形式,采用模拟实现的图像邻域并行处理技术,实现非均匀性校正、边缘提取、运动检测等图像处理功能,大大压缩了探测器对外输出的信号量。这种在探测器中附加进行某些像元级处理的红外焦平面阵列称为"灵巧"红外焦平面阵列(SMART IRFPA),其优点是简化了外部信息处理,提高了搜索速度和态势感知速度,减小了体积、质量,降低了功耗和成本,增强了可靠性。

二、激光探测技术

(一)激光探测基本概念

激光雷达(Light Detection And Ranging,LiDAR)区别于以电磁波为传播媒介对目标进行探测的传统雷达,采用激光作为载波对目标进行探测。激光雷达通常利用激光固有的振幅、频率、相位等来携带信息,再配合激光发射与接收单元来实现探测功能。由于相比于微波雷达,激光具有更短的波长、小的发散角等特性,故激光雷达具有更好的分辨率和更高的探测效率。利用激光雷达进行测绘是一种新型探测手段,它是微波雷达与激光技术相融合的产物。

当前,通常采用由超远程雷达和大口径光学望远镜组成的空间监视系统对空间目标进行探测与跟踪;然而,采用这种方式虽可实现对空间目标的有效探测与监视,但在这种方式下难以对目标进行合理的识别,同时成套系统通常较为庞大且复杂,故运行成本较高。在实际运行过程中,若单使用雷达系统探测空间目标,则由于雷达的波束较宽,分辨率较低,难以获得空间目标的准确方位以及其形态特征;若单使用光学望远镜探测空间目标,则无法获取空间目标的距离与速度信息,同时由于是对目标进行被动光学探测,探测过程受空间环境的影响较大。因此,往往需要雷达与光学系统相互之间紧密配合,才能实现对空间目标的高效探测。

激光雷达通过系统发射激光束,对目标的距离、方位、速度等参数进行测量。由于激光器具有单色性、相干性等特点,使得激光雷达在测距精度、抗干扰能力、目标识别等诸多方面具有明显优势,这恰好补充了微波雷达的劣势,因此激光雷达在社会发展的多个方面都有应用空间。在民用方面,激光雷达可以用于进行气象观测、海底地形观测、风场测量、激光通信等;在军事方面,激光雷达可以用来空间跟踪监视、水下探测、成像探测等。

(二)激光探测基本原理

激光雷达具有多种类型、多种用途,不同激光雷达具有不同的工作原理与系统组成结构,分类方法也是千差万别。从激光雷达探测手段的角度来说,激光雷达的典型类型有非相干探测方式和相干探测方式。非相干探测通过光电探测器直接对目标的回波信号进行解调,提取有用信息;与非相干探测体制相比,相干探测在探测过程中需要引入本振光,信号光与本振光混频之后再由光电探测器进行解调,进而提取目标信息,具有转换增益高、探测灵敏度高、背景光不敏感等优点。

典型的激光雷达探测系统如图3-36所示。

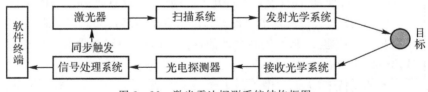

图3-36 激光雷达探测系统结构框图

如图3-36所示,信号处理系统控制激光器发射激光,经过波束整形(扩束、准直等)后,进入扫描系统。扫描系统采用各种特定方式实现空间扫描,控制激光雷达对空域的探测;与扫描系统相互配合,发射光学系统将产生的激光发射出去,实现对空间指定区域进行探测。当激光照射到目标时,目标表面会对照射激光进行散射,形成散射光,接收光学系统接收到散射光后,由光电探测器检测并交由信号处理系统进行解调处理。最后将解调信息送到软件终端,实现对目标的探测、定位和跟踪等功能。

激光雷达对运动目标的跟踪过程,主要是基于对目标各个时刻运动参数的测量,通过滤波算法实现的。利用激光雷达,在获得目标的空间信息(如位置、速度、加速度等参数)的基础上根据一定算法即可预测目标下一时刻可能出现的位置,为下一时刻雷达的探测提供预测点或对雷达下一个探测点进行指示;以此信息为依据通过伺服系统控制扫描区域的转动使扫描区域的中心为估值点位置,即可实现雷达下一时刻对目标的探测。因此,在激光雷达的探测过程中,高效滤波算法的设计和准确的运动预测建模对运动目标的跟踪及预测极其重要。

激光雷达的典型测距方法有:脉冲法、相位法、三角法和干涉法等。下面简要介绍几种测距方法的基本原理。

(1)脉冲法。在脉冲法激光测距过程中,首先采用脉冲激光器向目标发射单次激光脉冲或激光脉冲串,在接收机接收到激光脉冲回波后,通过计数器测量激光脉冲回波的时间(也就是激光到达目标并返回的时间),并由此计算目标的距离。脉冲法激光测距利用激光脉冲持续时间极短、瞬时功率很大的特点,即使没有合作目标,也能通过接收被测目标的漫反射信号,进行距离测量。脉冲测距仪的原理和结构比较简单,测程远,功耗小,而且一次测量就能得到单值距离,缺点是绝对测距精度不高。影响脉冲激光测距精度的因素有很多,有脉冲激光的时间宽度、光波传播速度的测量精度、大气折射率、时钟频率的误差、计时误差以及仪器测量误差等等。

目前,脉冲激光测距在地形测量、工程测量、云层和飞机高度测量、战术前沿测距、导弹运行轨道跟踪、人造地球卫星测距、地球与月球间距离的测量等方面得到了广泛的应用。

(2)相位法。相位法激光测距是利用发射的调制光和被测目标反射的接收光之间光强的相位差包含的距离信息,来实现对被测目标距离的测量的。测距过程中,通常由发射模块发出经过调制的激光,经被测目标反射后返回,返回光与测量光之间由于有待测距离的存在,两种光之间将产生相移。因此,通过测量调制的激光信号在待测距离上往返传播所形成的相移,即可间接测出激光在测量点与目标间的往返时间,最终根据光速,也就得到了被测距离。由于采取调制和差频测相等技术,相位法具有测量精度高的优点。为了确保测量精度,通常要在被测目标上安装激光反射器,即合作目标。采用非合作目标时,它的作用距离一般在几米至几十米;采用合作目标时,作用距离可达几万米,测距测量精度可达到毫米量级,相对误差可达百万分之一。

(3)三角法。三角法激光测距原理:由激光器发出的光线经过会聚透镜聚焦后入射到被测物体表面上,接收透镜接收来自入射光点处的散射光,并将其成像在光电位置探测器敏感面上,当物体移动时,通过光点在成像面上的位移来计算出物体移动的相对距离,三角法激光测距的分辨力很高,可以达到微米级。

(4)干涉法。干涉法测距是一种经典的精密测距方法,其本质上也是一种相位法测距,但它与相位法不同,不是利用调制激光信号的相位差测距,而是利用未经调制的光波本身的相位干涉来测距。干涉法测距过程中,利用光的干涉原理使激光束产生明暗相间的干涉条纹,采用光电转换元件接收该干涉条纹并将其转换为电信号,经处理后由计数器计数,实现对位移量的检测。

由于光的波长极短,特别是激光的单色性高,其波长值很准确,所以利用干涉法测距的分辨率至少为 $\lambda/2$,精度为微米级。利用现代电子技术还可能测定 0.01 个光干涉条纹,因此干涉法测距的精度极高。

这些方法各有特点,分别应用于不同的测量环境和测量领域,针对各种不同的工作场合和不同的精度要求,应选用不同的测距方法。脉冲法测量过程中,激光脉冲的能量相对比较集中,能够传输较远的距离,脉冲法的测量范围从几十米到几十公里,测量精度为米级或分米级,主要应用于科研与军事领域,比如地月距离测量等;相位法采用激光调制的方法,通过测量载波调制频率的相位,达到测量距离的目的,避免了测量非常短的时间间隔,可以达到较高的测距精度,精度达到毫米级,但其测量范围相对较短(从几米到几千米),主要应用于大地测量与工程测量;三角法的最大测程不会超过 1 m,精度可达微米级,广泛应用于物体的表面轮廓、宽度、厚度、位移及振动的测量;干涉法一般测量厘米级左右的距离,精度高达微米级或亚微米级,主要应用于地质灾害的预报。

(三)相干激光探测技术

激光雷达直接探测的方法结构简单、易于实现,但探测灵敏度相对较低,对于较低输入信噪比的信号无能为力。因此,采用该方法的激光雷达,其探测距离通常较小。若要通过直接探测的方法实现较大的作用距离和较高的距离分辨率,则对雷达的激光器和探测器均提出了很高的要求。在器件制作工艺水平受限的情况下,为使得上述问题得到合理解决,一些学者提出了相干探测体制。相干探测体制中采用本振光改善系统的信噪比,能够对微弱信号进行有效探测,可拓展相同发射功率激光器激光雷达的探测距离,同时也可以通过改变发射光信号波形增加脉冲带宽,增强系统分辨距离的能力。

1. 基本原理

相干激光探测在探测过程中增加了一束本振光,通过使得本振光和信号光满足特定的匹配条件,对两者在光电探测器处进行混频,得到的输出信号与本振光场强和信号光场强的二次方和成正比,进而从中提取本振光和信号光的差频信号。由于该信号与信号光束的变化规律相同,因此可实现幅度、频率、相位和偏振等各种调制方式。典型的相干激光探测结构示意图如图 3-37 所示。

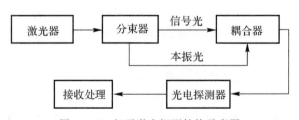

图 3-37 相干激光探测结构示意图

激光相干探测又称为激光的外差探测,其原理与无线电波的外差接收原理基本一致。激光回波相干探测的本质是将本振光信号与探测回波信号进行相干混频,然后被探测器所接收,从而达到提高探测灵敏度和增强信噪比的目的。空天防御探测过程中,由于目标微动产生的多普勒频移相对于激光频率非常小,因此,采用激光雷达探测目标微多普勒效应时,通常采用相干激光探测的方法。

在相干激光探测过程中,通常采用满足相干条件的两束激光光束进行探测,利用偏振调节器使回波信号光束和本机振荡光束具有相同的偏振方向。设两束光的电场分别为

$$e_s(t)=E_s\cos(\omega_s t+\varphi_s), e_1(t)=E_1\cos(\omega_1 t+\varphi_1) \tag{3.27}$$

式中:e_s、ω_s和φ_s分别表示回波光的振幅、频率和相位;e_1、ω_1和φ_1分别表示本振光的振幅、频率和相位。

则在光混频器光敏面上总的电场为

$$e_1(t)=E_s\cos(\omega_s t+\varphi_s)+E_1\cos(\omega_1 t+\varphi_1) \tag{3.28}$$

由于光混频器的输出与入射的光强或光电场的二次方成正比,所以光混频器输出的光电流为

$$i_p=\beta\overline{E_1^2(t)}=\beta\{E_s^2\overline{\cos^2(\omega_s t+\varphi_s)}+E_1^2\overline{\cos^2(\omega_1 t+\varphi_1)}+$$
$$E_sE_1\overline{\cos[(\omega_s+\omega_1)t+(\varphi_s+\varphi_1)]}+E_sE_1\overline{\cos[(\omega_s-\omega_1)t+(\varphi_s-\varphi_1)]}\} \tag{3.29}$$

式(3.29)中等号的右端可以分为四个部分。这四个部分分别对应了四个频率成分。从光电探测器的基本特性进行分析,式中的$\overline{\cos^2(\omega_s t+\varphi_s)}$和$\overline{\cos^2(\omega_1 t+\varphi_1)}$这两项给出了两个直流分量;而$\cos[(\omega_s+\omega_1)t+(\varphi_s+\varphi_1)]$项由于$\omega_s+\omega_1$比较高,光电探测器基本不响应;$\cos[(\omega_s-\omega_1)t+(\varphi_s-\varphi_1)]$项,只要$\omega_s-\omega_1$低于光电探测器的截止频率,探测器就能输出相应的光电流。

如果把信号的测量限制在差频的通带范围内,则可得到通过带通滤波器的瞬时中频电流为

$$i_{IF}=2\beta E_sE_1\cos[\cos(\omega_s-\omega_1)t+(\varphi_s-\varphi_1)] \tag{3.30}$$

式(3.30)表明,通过相干探测可以获取光信号所携带的多种调制信息。从式(3.30)中可以看出,输出电流随本振光功率增大而增大,即所谓的本振增益。

2. 相干激光探测基本特性

与直接激光探测相比,相干激光探测在探测能力上有其突出的特点,典型的有:

(1)相干激光探测的转换增益相对较高。采用相干激光探测时,在相同信号光功率条件下,想干探测信号功率相比直接探测功率显著增强。

(2)相干激光探测具有良好的滤波特性。采用直接激光探测时,通常采用光探测器接收所发射激光的回波,然而,在实际探测过程中,伴随着所发射激光的回波信号,还有一些杂散的背景光信号会一同被光探测器接接收到,一并被转换为电信号。为提高接收回波信号的信噪比,通常将孔径光阑和窄带滤光片等器件放置在光探测器的前方,对回波光进行滤波处理。尽管这样可以取得较好的滤波效果,但是这种处理方式无疑增加了探测系统的探测系统体积和复杂性。和直接激光探测不同,在相干激光探测系统中,中频滤波器可以把与本振光混频后不在此频带范围内的杂散噪声直接滤除掉,进而大大提高接收信号的信噪比。由于相干激光探测过程中,本振光束和信号光束在空间上、相位上都是严格调准的,而杂散背景光在入射方向上是杂乱无序的,所以这些噪声信号通常不会引入到输出中。因此,相干探测对于杂散背景光等噪声具有良好的滤波性能。

(3)相干激光探测对信号光和本振光的单色性和频率稳定度有较高要求。从物理光学的角度分析,相干激光探测实质上是本振光束和信号光束叠加干涉的结果,两种光束的单色性和频率稳定度决定了干涉的效果。为保证相干激光探测的性能,必须保证探测信号光与本征光

的单色性和频率稳定度,即相干激光探测对信号光和本振光的单色性和频率稳定度均有更高的要求。

(4)同样接收信号光功率下,相干探测系统输出增益更高。采用相干探测时,光混频器输出的信号功率与信号光和本振光平均光功率的乘积成正比关系,相比直接探测与近信号光平均功率的二次方成正比具有更高的输出增益。

(5)能获得相位和频率信息。与直接探测仅与光功率相关不同,相干探测体制下,光电探测器输出的光电流的振幅、频率和相位都可以反映目标信息。

3. 相干激光探测的实现条件

根据式(3.30)可知,要实现相干激光探测,本振光和信号光波前在探测器接收处的相位关系必须保持一致。由于激光的波长相对于光电探测器中光混频面大小要小很多,因此,光的混频本质上还是光能量分布的问题。混频面上总的中频电流等于每一个微面积上所产生的中频微电流之和,根据相干原理,只有这些中频微电流具备同一种相位关系时,光混频面上产生的总的中频电流才能达到最大值。要实现相干激光探测,首先需要满足以下条件:

(1)探测中,本振光和信号光必须具备相同的模式结构。在激光器的选择中应当选取单频基模激光器。

(2)本振光和信号光在光混频面上必须能够实现相互重合。为了尽可能增强信号的信噪比,本振光束的光斑直径应和信号光束的光斑直径保持一致。

(3 本振光束的能流矢量应和信号光束的能流矢量在相同方向上,也就是说,本振光和信号光需要尽可能保持空间上的角准直关系。

(4)在本振光和信号光保持角准直的条件下,两个光束的波前面还应尽可能保持曲率匹配。也就是说,本振光束和信号光束的波前面都是相同曲率的曲面。

(5)因为本振光束和信号光束在光混频面上矢量相加,所以本振光束和信号光束还应保证偏振方向的一致。

综合上述实现条件,不难看出,相干激光探测系统的性能与探测器的性能紧密相关,其最关键的要求主要包括以下三点:

(1)探测器具备较宽的响应频带。同样的相干探测系统和探测环境,探测器的响应频带越宽,测量的动态范围就越大,对应的多普勒频移量也就越大。

(2)探测器具备较好的均匀性。要求在整个光敏面上探测器的光电性能都能够保持一致。

(3)探测器具备较宽的工作温度范围。从工程应用上考虑,能根据需要,适应各种不同的工作环境条件。

(四)激光雷达探测关键技术

1. 大范围高精度激光测距技术

当非合作目标相距几十米到几公里时,可采用脉冲式激光测距的方式进行距离测量,其工作原理与雷达测距原理较为接近,如图3-38所示。工作过程中,激光器发出一个很强很窄(约几纳秒到十几纳秒)的激光脉冲。这个光脉冲经过光学系统发射出去的同时,其中极小一部分光经过分束后被探测器接收而转换为电脉冲信号,此信号作为发射的参考信号,用来标定激光发出的时间;射向目标的激光脉冲,由于目标的漫反射作用,一部分光从原路反射回来,进入接收望远镜,再经过窄带滤光片、光电探测器、放大处理电路和检波电路进入时间测量系统,作为停止脉冲使计数器停止计时。通过测量发射激光脉冲的时刻和接收到激光回波信号的时刻之间的间隔,就可以计算出目标和激光测距仪之间的径向距离。

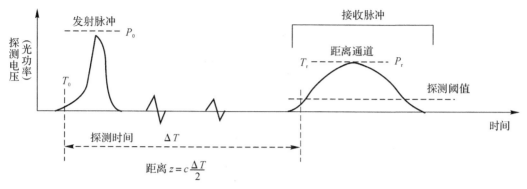

图 3-38 脉冲激光测距仪工作原理

脉冲激光测距仪的距离测量公式如下:

$$R = \frac{cT}{2} \tag{3.31}$$

式中:$c=2.997\,924\,58\times10^8$ m/s,为光在真空中的传播速率;T 为时间测量电路给出的测量结果;R 为目标和激光测距仪之间的距离。

2. 全波形激光探测技术

目前激光雷达系统按回波记录方式的不同可分为两种:一种是只记录两次回波(发射脉冲与最后一次接收脉冲)或有限次回波数据(最多 6 次)的传统离散激光雷达;另一种则是可以记录完整的波形数据的全波形采样激光雷达。

全波形激光雷达是一种主动的激光远距离探测技术,通过向物体发射一个超短的脉冲信号,再通过高速的数据采集卡记录下每一个发出的波形和返回的脉冲波形,用一个大存储容量的存储设备储存。记录激光脉冲与激光波束内的物体相互作用的回波脉冲叫做全波形回波,因此物体的几何学和物理学的特性可以从全波形回波中提取出来。由于衍射效应,光斑会出现溢出现象。可能会有一些不同距离范围内的反射回波产生分散的背景散射脉冲。因此全波形回波是由复杂的物体或表面在不同距离下的激光足迹的回波叠加组成的。回波的成分可以通过分解全波形回波得到。之后,激光脚印内的物体的距离和特性,如坡度、粗糙程度和反射率可以通过分析相应的回波成分而获得。

图 3-39 所示为一组传统的离散形激光雷达与全波形激光雷达回波对比图。由图可见,当飞机飞过一片树林时,离散性激光雷达只记录了高于阈值的首次回波和末次回波这两组回波。而全波形激光雷达不仅记录了回波随时间变化的各次脉冲后向散射回波的位置,还以很小的采样间隔,获取了激光光斑经过路径内的所有反射的后向散射回波波形。在存储波形的过程中,全波形激光雷达系统内的波形数据采集单元还将返回脉冲进行小间隔的强度量化。与传统离散型激光雷达相比较,全波形激光雷达可以获得更为丰富全面的波形信息,具有更好的穿透性,有更明显的探测优势。

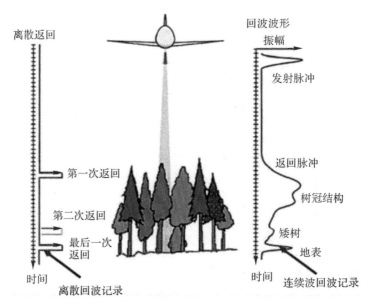

图 3-39　离散形激光雷达与全波形激光雷达回波比较

全波形激光雷达的波形实质是一种激光发射脉冲或返回脉冲的能量与时间变化的函数。当激光的发射脉冲与光斑内的物体相接触的时候,会对发射脉冲的波形有一定的影响,体现在接收波形上。对这些波形进行等间距小间隔的强度采样,将强度值进行数字量化,并记录下后向散射脉冲的强度值,就会得到强度随时间变化的函数,即为全波形激光雷达的波形。

工作过程中,全波形采样雷达可通过对脉冲波形信号进行等间隔的强度采样,并对回波波形进行全波形分析,获取所有回波的波形信息,其发射的激光光斑内就包含这些复杂的回波信息,并可以通过波形数据处理得到脉冲时间、振幅、脉宽及脉冲个数等信息。因此与离散激光雷达相比,波形激光雷达获取的信息更加丰富,数据处理也更为灵活,可操作性很强,用户完全可以根据自己的需求对波形数据进行利用,以获取更多有用信息,这对目标的结构参数提取等研究是十分重要的。另外,全波形探测技术还可以有效地避免离散探测的过程中误探测的问题。例如,如图 3-40 所示,目前很多脉冲检测是通过探测超过阈值时的前沿时刻鉴别的方法,但是在实际探测的过程中很有可能出现目标点的脉冲强度比阈值低的情况,这就有可能落掉一个真实的高程点,对整个探测精度带来影响。而全波形激光雷达的全波形数据刚好能很好地解决这个问题。

全波形激光雷达以很小的时间采样间隔对后向散射回波进行等间隔记录,并量化了采样的强度值,将强度信息进行记录,最终得到完整的回波波形。其典型特征如下:

(1)采集的数据量巨大。在全波形激光雷达工作过程中,为了获得详细的地面数据信息,需要记录所有经过路径的反射回波波形,导致其对数据采集量的需求大大增加,在很大程度上增加了对波形数据处理单元和存储单元的负担,导致处理时间变长,操作变慢,存储设备容量不足。

(2)采集的数据丰富。全波形采样的数据时间间隔小,数据中记录有所有激光脉冲触碰的信息;当对采集数据信息进行处理时,可以得到幅度信息、脉宽信息、相对时间信息以及多回波分布等全波形信息,为全方位获取目标的综合信息提供了一定的参考途径。

(3)采集适应性更好。全波形激光雷达通常采用激光窄脉冲主动探测技术对目标进行探测,这种探测方式相比传统微波雷达具有更好的时间适应能力;但为了提高探测的精度,通常选择在能见度较高的环境下进行数据采集,避免产生不必要的误差,如雾霾、雨雾等,都会影响激光的传输。

(4)探测精度提高。全波形激光雷达采用窄脉宽的激光脉冲进行探测,具有更精确的距离探测精度,相同的时间间隔内较微波雷达具有更高的距离精度,通常的距离探测精度都可以达到厘米级。如 Riegl 生产的机载激光雷达系统 LMS-Q560 的垂直精度已达到 15 cm。

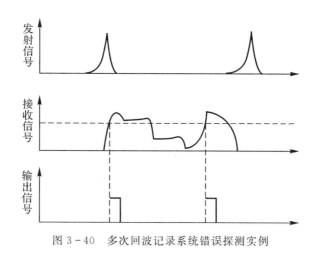

图 3-40 多次回波记录系统错误探测实例

三、光学多通道探测技术

(一)光学多通道探测基本概念

光学多通道探测技术是多通道检测技术在光学领域的延伸,其研究的思路和方法与多通道检测技术有很多的相似之处。采用光学方法提取目标特征的典型方法有两种,即几何成像方法与光谱分析方法。通常,采用几何成像的多通道探测技术又称为空间型多通道探测技术,而采用光谱分析的多通道探测技术可称为光谱型多通道探测技术。

(1)空间型多通道探测技术。空间型多通道探测技术是随着大面阵光电探测器的出现而得以实现的一种多通道技术,又称为光场照相术(light field photography)。这种成像技术在成像原理上是一种几何成像,但通过引入处理技术,又具备了计算成像术(computational photography)的特点。采用空间型多通道探测技术所成的像,通常不是常规的二维图像,而是一种四维光场图像,这种图像相比传统二维图像增加了到达探测器面的光束路径和入射角度信息。这些新信息的引入,使得人们通过对光场图像的解算就可以方便地提取目标物体上不同位置、不同景深物点的清晰特征,从而实现了目标几何信息和深度信息的同时获取。空间型多通道探测技术的原理如图 3-41 所示。

图 3-41(a)中描述的是一种达芬奇描述的视觉金字塔(visual pyramid)概念,尽管它是一种从绘画的角度对光影问题提出的见解,但却在一定程度上揭示了物体、光线以及像的相互关系。图 3-41(b)所示的利用针孔相机对一个具有一定景深的物体进行成像,展示了这种视觉金字塔的一个典型例子。通常将图 3-41(b)中的这个孔以及其对应的成像面称为一个探测

通道，从中可以看出，目标中处于不同深度的三点被成像于一个平面上，也就是说这三个点的层次信息被淹没了，无法得到体现。当使用双孔立体相机对该物体成像时，如图3-41(c)所示，其实就是采用两个相对独立但空间位置关系相对固定的通道对目标进行双通道探测，通过对探测过程所获得的两组图像进行信息互补处理，可以提取出具有一定精度的目标景深信息，进而获得更加真实的目标特征。如果在小孔位置替换成传统照相镜头，就会出现如图3-41(e)所示的现象——瞄准点的成像汇聚在一点，也就是物点对应像面上清晰的像点，而具有其他深度特征的物点在像面上则会形成形状各异的弥散圆。

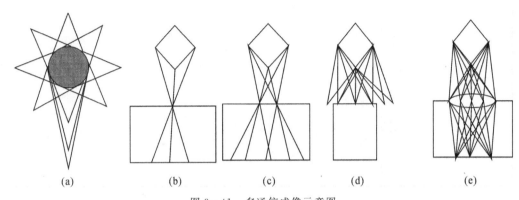

图3-41 多通信成像示意图
(a)视觉金字塔示意图；(b)单孔相机成像；(c)双孔相机成像
(d)运动中的单孔相机连续成像；(e)用透镜替代小孔后的连续成像

(2)光谱型多通道探测技术。光谱技术是一种以光谱分析理论为基础，通过研究目标不同波长下的光谱特性，对目标成分特性进行分析的处理技术；成像技术是一种通过研究目标外形信息，分析目标空间特性的处理技术。光谱成像技术将光谱技术与成像技术相结合，在传统二维空间成像的基础上，通过增加一维光谱信息，极大地提高了对目标探测的准确性、灵敏度，扩展了传统成像系统的探测能力，是光电探测领域的一个重大飞跃。光谱型多通道探测技术是一种采用光谱分析手段的多通道探测技术，是随着光谱成像技术的出现而出现的一种探测技术，涉及光谱线性或非线性的叠加操作(成像相机、多光谱相机、光谱成像仪)，这种技术的出现使得传统的光谱分析和成像相机不再像以前那样泾渭分明。

光谱型多通道探测成像按照光谱分辨率的不同，可分为多光谱成像系统、高光谱成像系统、超光谱成像系统。多光谱成像系统观测的光谱范围通常较宽，光谱分辨率一般在100 nm左右；成像过程中，通常根据待观测目标实际辐射特性来合理地选择和组合成像波段，波段数一般控制在3~12之间。高光谱成像系统的观测光谱范围通常较窄，光谱分辨率较适中，一般在10 nm左右；波段数通常为100~200之间。超光谱成像系统的观测光谱范围最窄，光谱分辨率也最高，可控制在1 nm以下；波段数通常在1 000~10 000之间。

(二)多光谱成像技术

多光谱成像系统利用较少的波段数换取较大的空间分辨率，使其在成像过程中既保持了高光谱成像中光谱分辨率高、识别能力强的优点，又兼具单一波段面阵相机空间分辨率高、畸变小的特点。多光谱成像系统，在实际使用中，对观测目标的针对性较强。通常结合具体应用场合和不同目标的光谱特性，选择与之相适应的波段组合，使波段之间在低耦合性和高信息量之间达到更好的平衡。采用这种技术进行成像时,通常在成像光谱段内选择最能反映敏感目标的辐射特性位置,通过分光器件将成像光束分为几个或几十个通道,并采用线阵探测器和推扫方式等方式进行成像。采用这种技术对目标成像时,可在实现高空间分辨率的同时,获取目标的宏观光谱标识,通常用于地面目标形态、特性识别等方面。

多光谱设备按工作方式可分为多光谱相机和多光谱扫描仪;从谱段上可分为:可见光、近红外、短波红外和长波红外。多光谱相机是一种同时采用多个波段对同一景物进行成像的相机,早期的多光谱相机将各个谱段的影像分别记录在黑白、红外或彩色的胶片上,这种成像方式简单,易于实现,但胶片在冲洗后处理较为繁琐。现有的多光谱相机大多采用以 CCD 为代表的光电探测器。

1. 军事意义

多光谱成像技术在军事和国民经济建设中都有重要作用,它既可获取目标图像信息,又可获取目标的光谱信息,在军事侦察系统和军事测绘等应用领域具有很大价值。根据其搭载平台不同,可分为航空型和航天型。航空型以飞机为搭载平台,通常又称为机载型;而航天型以卫星、飞船等空间平台为搭载平台,通常又称为星载型。

2. 多光谱成像系统成像及处理技术

(1)自动对焦。目前应用于成像系统的自动对焦方法主要有测距法和图像法两种。

1)测距法。采用测距法进行自动对焦时,首先利用激光测距仪等测距设备测量目标距离,再利用当前的环境温度信息与牛顿公式进行对焦。这种方法实现过程原理简单、对焦快速,但激光测距过程易于受到天气状况(如大雾)等影响,导致测距误差变大,使得对焦失败。同时,激光测距设备的引入也将增大设备成本与系统的复杂度。

2)图像法。采用图像法进行自动对焦时,首先获取目标在不同对焦程度下数字图像的灰度梯度、频谱特性等参数特征,再根据这些特征随着对焦程度的变化进行自动对焦。这种基于图像法的自动对焦仅从图像信息即可实现对焦特性的提取,实现起来简单,无需其他辅助测距设备。

基于上述特点,近年来,数字图像自动对焦法渐已成为研究热点。数字图像自动对焦法又可进一步划分为对焦深度法(Depth From Focusing,DFF)和离焦深度法(Depth From Defocusing,DFD)两大类。

a. 对焦深度法。采用对焦深度法进行自动对焦时,通常先按照特定的清晰度评价函数对同一场景下不同对焦程度的连续多个数字图像进行比较,通过选择具有最佳清晰度评价值的位置作为最佳对焦位置进行自动对焦。目前,常用的清晰度评价函数有 Tenengrad 函数、能量梯度函数、Brenner 函数、方差函数、频谱函数及熵函数等。

b. 离焦深度法。采用离焦深度法进行自动对焦时,通常是利用同一场景下的多张数字图像,采用相关数字图像处理算法提取深度,进而实现系统的自动对焦。离焦深度法相比对焦深度法省去了繁琐的最佳对焦位置搜索过程,提高了对焦速度,但算法较为复杂,单帧运算量较大,同时对焦精度也相对较低,因此较适合于对焦精度要求不是很高的粗略对焦场合。

(2)电子稳像。电子稳像是数字图像获取过程中,保持图像质量的一个重要环节。常见的稳像手段按稳像装置可分为三类,即机械式稳像、光学稳像和电子稳像。

机械式稳像将整个成像设备放置于稳定平台上,通过机电控制的方法达到稳像的目的。

光学稳像通常在光学系统的光路中安装个光学补偿元件对平台抖动进行补偿,以实现稳定图像输出的目的。电子稳像本质上是一种基于电子学、计算机及图像识别等技术于一体的软件处理稳像方法,其基本思想是通过估算图像序列的帧间运动矢量及运动补偿来实现图像序列的稳定输出。这种方法只需在现有的数字处理平台上进行图像识别和信号处理,无需额外添加任何光机结构,更重要的是电子稳像由于具有稳定精度高、实时性强等优点,已在成像系统的稳像领域得到了越来越广泛的应用。

典型的电子稳像方法主要分为代表点匹配法、特征量跟踪法、位平面匹配法、灰度投影法等几大主流算法以及相关的衍生算法。

3. 多光谱成像原理

多光谱成像的基本过程是:物体光学成像过程中,物体反射光进入光学系统后,被分为多个光谱通道,各个光谱通道下物像信息被成像平面获取,从而计算物像的光谱。目前主流的多光谱成像系统使用的是基于滤色法的分光技术,其设备通常由单色相机和分光器件构成。其中,分光元件有声光和液晶两种可调谐光学滤波器,也有滤片轮。图 3-42 给出了一种由光源、一部带镜头单色相机、一个装有一组窄带滤光片的滤片轮共同组成的多光谱成像系统。

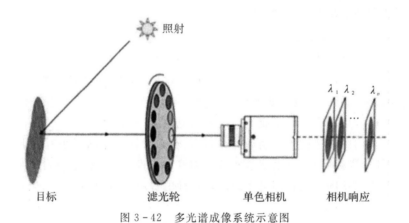

图 3-42 多光谱成像系统示意图

在图 3-42 的多光谱成像系统中,滤光轮置于镜头前,保证镜头到单色相机成像平面的光路不被改变,也有部分采用研究将滤光轮置于镜头和相机之间。

(三)高光谱成像技术

1. 高光谱成像基本原理

高光谱技术是一种基于方位和光谱三维信息探测(方位 x、y 两维,波长一维)技术,获取目标细微特征的成像探测技术(所谓的光谱"指纹效应")。高光谱成像过程中通常采用面阵探测器,利用分光元件或干涉仪把成像光束分为上百个(甚至上千)光谱通道,光谱分辨率可以达到几十纳米到几纳米(色散型)。对于干涉型的波数,分辨率可以达到 10^{-2} 个波数,由于光谱分辨率较高,通常用于目标的精细光谱特征探测。

高光谱成像光谱仪在结构上通常包括物镜、狭缝、准直镜、分光元件、会聚镜、探测器等组成部分,典型高光谱成像光谱仪的基本运作原理图如图 3-43 所示。目标物体首先通过物镜成像在入射狭缝处,该狭缝的大小很大程度上决定了光谱仪的视场;其次,所成的像通过准直镜投射到分光元件上,分光元件将不同波长的光进行分离后,再经过会聚镜投射到探测器上。探测器的类型可以是面阵或者线阵,不同类型将直接影响所呈图像的维数。如果探测器是面阵,则探测器上获取的图像为二维数据,若此时探测器安装在特定的扫描系统上,则可获取另一维数据,这维数据可与面阵探测器的二维数据构成数据立方体,如图3-44所示。

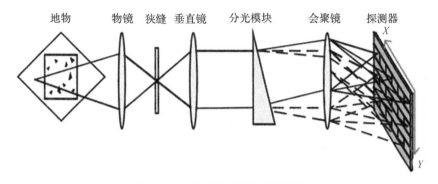

图 3-43 高光谱成像基本原理图

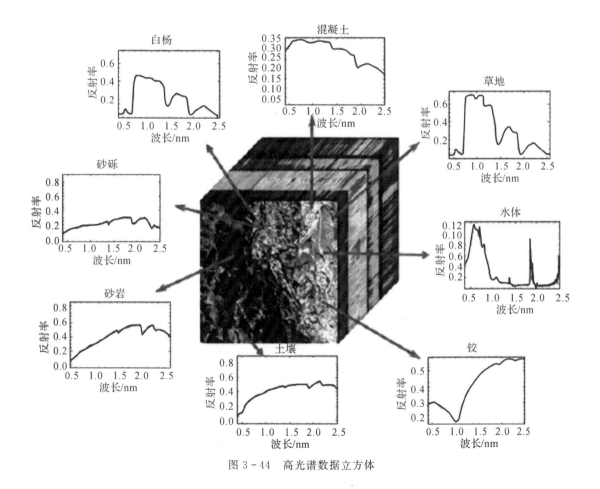

图 3-44 高光谱数据立方体

高光谱图像具有图谱合一的特点,既是在连续窄波段上成像的高精度配准图集,也是每个像素点均对应一系列光谱响应值的数据集,天然地将地物属性与空间信息有机地联系在一起。目标探测是判定图像中是否存在目标的过程,而高光谱图像中高分辨率光谱正是地物本质的体现,它具有诊断性,为探测和识别目标提供了丰富的信息源,可大大提升在目标探测和识别过程中提取解析目标信息的能力,从而准确、高效地对图像信息进行判读、理解。

2. 高光谱成像方式

高光谱成像仪根据成像方式的不同可归为:光机扫描型高光谱成像、推扫式高光谱成像、凝视成像式高光谱成像三类。

(1)光机扫描型高光谱成像。光机扫描式光谱仪成像的基本原理如图 3-45 所示。目标的反射光线经过镜头入射到分光系统分光之后,再被探测器所采集,得到光谱维的数据;成像过程中,电机驱动扫描镜从目标物体的一端扫至另一端,完成穿轨方向空间维的成像,此时,光机扫描式光谱仪成像搭载平台沿着飞行方向运动,成像系统即可采集沿轨方向空间维的图像。摆扫式的成像光谱仪主要由成像子系统、扫描机构和分光元件等部分组成,各个组成部分之间通过机械结构连接,这些部分完成光线的传递与光电能量的转化。光机扫描型高光谱成像系统的性能指标受成像仪机械结构、光谱分辨率、空间分辨率等制约。

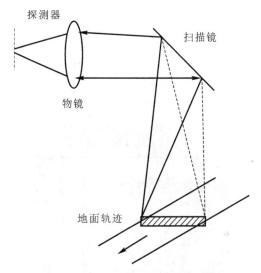

图 3-45　光机扫描成像方式原理图

扫描式高光谱成像主要有以下三种优势:
1)总视场可根据需要在较大范围内调整;
2)成像均匀性好,单个探测像元成像使得波段内不存在均匀性不相同的问题。
3)数据稳定性能高,标定简单方便;
光机扫描式成像主要有以下两个缺点:
1)需要采用运动结构,机械结构相对较为复杂;
2)曝光时间较短,导致信噪比、空间分辨率的改善受限。

(2)推扫式高光谱成像。推扫式高光谱成像是一种对目标物体穿轨方向的空间维成像(通过面阵探测器的一维单元)与沿轨方向的空间维成像(通过成像系统跟随运动平台的运动)相结合的成像方式,其原理图如图 3-46 所示。与光机扫描式成像相比,推扫式成像有其独特的优势:首先是避免了沿轨方向的摆扫,省去了机械摆扫结构,系统结构更为简单;其次,在一次曝光时间内即可完成沿轨方向的成像,曝光时间得以极大提高,可很容易提高成像的空间分辨率和灵敏度。但推扫式成像的视场受探测器尺寸、光学系统等多种客观因素的限制,无法根据所需做到非常大,导致实际工作过程中效率相对较低;同时,成像过程中需要采用上百个像元在同一时间采集图像数据,为保证成像的均匀性,通常需要进行定标处理,定标过程复杂,且工作量较大。因此,在现有技术水平下很难采用大面阵的探测器。

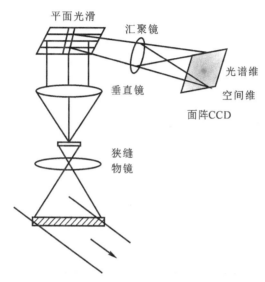

图 3-46　推扫式成像光谱仪的基本原理图

（3）凝视成像式高光谱成像。凝视成像式高光谱成像的基本原理如图 3-47 所示,成像过程中,通常通过面阵探测器对二维视场(沿轨以及穿轨方向)进行成像,与此同时通过分光系统(一般为滤光片型如声光调制滤光片、液晶可调谐滤光片等)对目标物体进行波段扫描获取目标物体的光谱信息。这种成像方式相比前文介绍的光机扫描型成像和推扫式成像有很大区别:采用凝视成像时,可对目标物体两个方向同时成像,使得对目标物体的凝视时间得到极大的提高,缩短了响应速度;同时,成像过程无需扫描,结构上没有扫描机构,简化了系统结构。但这种成像方式不是在同一时间获取目标的空间维和光谱维数据的,不利于动态目标探测;同时,图像需要后期处理且难度较大,目前在实验室和地面应用较多,而在星载与机载等运动平台上的应用还需要进一步探索。

3. 高光谱成像分光元件

分光元件是高光谱成像仪中最为重要的一个组成部分,也是区分高光谱成像仪与其他普通相机的一个关键点。分光元件可根据波长的不同在空间上将射入光线进行分割,进而获得目标的光谱数据信息。分光元件的分光方式有多种,不同的分光种类直接决定了整个成像光谱仪的分光性能以及光谱仪系统性能的复杂程度。按照光谱测量方式的不同,高光谱仪分光方式可分为 LCTF 分光、AOTF 分光、傅里叶变换分光、棱镜分光、光栅分光、PGP 分光等。在这些分光方式中,棱镜分光、光栅分光、PGP 分光的应用最为广泛。下面简单介绍几种分光方式的原理与特点。

(1)棱镜分光。棱镜分光是色散分光的一种,利用透镜材料的色散原理实现分光。其原理如图3-48所示,由于棱镜对不同波长波段的折射率不相同,当一束具有全波段的白光射入到棱镜平面时,这束白光中不同波段的出射光会因为折射率不同而从空间上被分离开来。棱镜分光能够克服多级光谱重叠的问题,而且效率很高,有效光能损失很小;缺点是存在谱线弯曲问题,较长的狭缝会引起谱线的弯曲,导致光谱信息和空间信息混杂在一起。红外波段要求材料有较大色散,这造成红外波段的光程变长,吸收损失变大,通常对红外波段不建议采用棱镜分光的方式进行光谱成像。

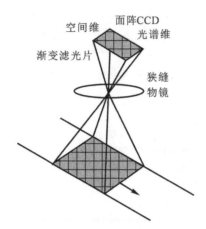

图3-47 凝视成像工作原理图

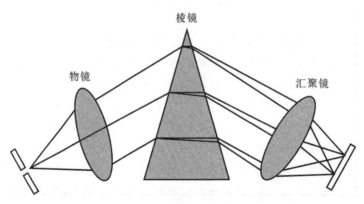

图3-48 棱镜分光原理示意图

(2)光栅分光。光栅分光是目前高光谱成像仪中应用最为广泛的一种分光方式。根据光路结构的不同,光栅分光通常可分为反射光栅和透射光栅两种类型。反射光栅通常在反射镜上制作许多刻痕,当光线入射时,在未刻痕的地方,反射光线会发生衍射,而在有刻痕的地方,则会进行漫反射。透射光栅通常由许多间隔和大小相同的狭缝构成,在分光过程中,每一个狭缝都能产生一个衍射条纹,而且由于每个狭缝还能互相干涉,因此在透镜的焦面上能够形成一种组合的干涉,这种组合的干涉被称为衍射条纹,其极大位置和波长的大小相关,从而实现分光。光栅分光的基本原理是:相同光栅的不同波段是按一定的顺序排列并且极大位置不重合。我们通过它的原理可以获得入射光的光谱信息。光经过多个等间隔的狭缝会出现干涉与衍射的现象分光,如图3-49所示。光栅分光的优点是线性度较好,缺点是物镜光学效率较低,会同时出现多级光谱间叠加的现象。

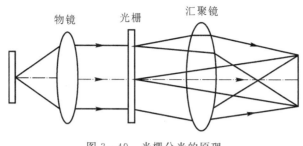

图3-49 光栅分光的原理

(3)PGP分光。PGP分光实质是光栅-棱镜-光栅分光,是随着全息光学的快速发展而产生的一种分光方式。它的结构组成是在全息光栅的两侧粘贴两块相同的棱镜,所以PGP分光方式同时具有光栅分光和棱镜分光两者的优势,不但光学效率较高,线性度好,而且没有多级光谱重叠的现象。这种分光方式被广泛运用到高光谱成像系统中,其工作原理如图3-50所示。

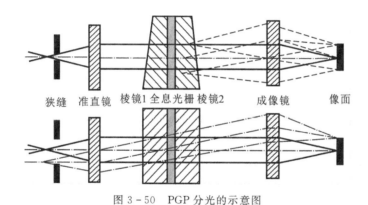

图3-50 PGP分光的示意图

思 考 题

1. 为什么要进行预警探测与监视? 预警探测与监视系统的作用是什么?
2. 美国预警与探测系统由哪些部分组成?
3. 俄军的预警探测系统由哪些部分组成? 与美军预警探测系统相比,俄军预警探测系统有哪些特点?
3. 空天防御探测面临的挑战有哪些?
4. 什么是空天防御雷达探测?
5. AESA雷达与PESA雷达在性能方面各有什么优缺点?
6. 什么是MIMO雷达? MIMO雷达的基本原理是什么? 它有何技术特点?
7. 什么是分布式相参雷达? 分布式相参雷达的基本原理是什么? 它有何技术特点?

8. 什么是合成孔径雷达？合成孔径雷达的基本原理是什么？它有何技术特点？
9. 什么是逆合成孔径雷达？逆合成孔径雷达的基本原理是什么？它有何技术特点？
10. 什么是认知雷达？雷达智能化认知的能力体现在哪些方面？
11. 红外探测、激光探测、光学多通道探测的基本原理是什么？
12. 红外探测、激光探测、光学多通道探测各有哪些优缺点？
13. 多光谱成像技术在军事中都有哪些应用？
14. 光学多通道探测技术与激光探测技术有何联系与不同？

第四章　空天防御指挥控制新技术

第一节　空天防御指挥控制概述

一、指挥控制系统基本概念

（一）指挥控制

指挥控制是指挥员及其指挥机关对部队作战或其他行动掌握和制约的活动。"指挥"是指挥员及其指挥机构根据作战任务，运用指控装备对所属部队的作战行动和其他行动实施的领导活动，其目的是使部队统一意志、统一行动、协调一致地作战，简单地说就是指判断情况并定下决心、制定作战方案、拟制作战计划、下达作战命令等活动，主要目的是进行决策并使部队理解作战企图与指挥意图。"控制"则是指控制所述武器装备，使其按控制者的意愿展开活动，如战勤人员操作装备对作战行动进行调整、协调等行为，主要指战斗实施阶段的控制。随着自动控制技术在指挥控制领域的广泛应用，不仅作战指挥朝着"自动化"的方向发展，而且"闭环控制"式的武器控制成为主要形式。因此"控制"既有武器系统控制的含义，也有指挥自动化的含义。对武器系统来说主要是指控的自动化过程。虽然"指挥"与"控制"二者内涵不同，但是随着技术发展，须将"指挥"和"控制"两个过程作为一个整体去看待。

（二）指挥控制系统

依托相应的指挥装备实施指挥控制的装备就是指挥控制系统。指挥控制系统是指挥员对部队进行实时管理所必须的软/硬设备及工作流程的总称，指挥控制系统有广义与狭义之分。广义上的指挥控制系统是指支持指挥控制过程的信息系统都是指挥控制系统；而狭义的指挥控制系统是指在实际应用中，与指挥控制功能直接相关的那部分系统，主要是辅助指挥或作战人员进行信息处理、信息利用并实施指挥或控制的系统。本书若不做特别说明，则均指狭义的指挥控制系统。

现代空天防御作战过程的核心是指挥控制系统，其如大脑一般将各种探测、跟踪、制导、发射及保障单元统一指挥协调，使组成空天防御作战体系的各个要素形成一个有机整体。而指挥控制系统的核心是软件，从最简单的火控射击指挥仪，到包括指控、火控、发控在内的复杂综合作战指挥系统，软件始终是完成防空武器控制功能的承担者。随着现代作战环境的日益复杂，对指挥控制系统的要求也越来越高，而实现这种高要求的现实基础是软件设计技术的不断进步和发展。

随着智能化要素军事应用的不断深入拓展,未来空天防御武器的指挥控制系统除了要进一步提高系统的响应速度和处理信息的能力之外,也在逐步向智能化方向发展,能够根据实时的空中态势情况,参考数据库中的经验,提出适时的建议,辅助指挥人员进行作战指挥决策,具有专家决策系统的功能。

二、指挥控制系统基本功能与相互关系

(一)指挥控制系统基本功能

指挥控制系统的功能是指在各种军事环境下,为了提高指挥控制业务过程的科学化、实时化、自动化和智能化等方面的程度,指挥控制系统应具备的能力或条件。指挥控制的业务过程是指挥控制系统的功能基础,两者具有密切的映射关系,但并不是一一对应关系,而是多对多的映射关系。

指挥控制系统作为信息化战争条件下指挥控制的主要手段,其功能要素的组成是为了满足指挥控制的业务过程需要。根据指挥控制的业务需求,指挥控制系统的功能包括文电处理功能、信息共享功能、安全保密功能、管理监控功能、态势处理功能、方案制定功能、业务计算功能、计划制定功能、仿真模拟功能、态势监视和评估功能等。

(二)指挥控制系统与其他信息系统之间的关系

指挥控制系统是指挥信息系统(C^4ISR)的核心组成部分,指挥信息系统的其他组成部分都是围绕指挥控制系统而发挥作用的。指挥信息系统除了指挥控制系统外还包括通信系统、情报系统与侦察监视系统,如图4-1所示。

图4-1 指挥信息系统组成

指挥控制系统与其他信息系统之间的关系如图4-2所示。如果把指挥信息系统比作人体系统的话,情报系统、侦察监视系统就是人体的五官,负责收集、感知、监视周边环境的信息,通信系统就是人体的神经网络,负责传递五官所感知的信息,而指挥控制系统就是人体的大脑,负责处理由神经网络传递的信息,同时对感知的信息做出思考与决策,然后控制人体的其他部分对环境信息做出适当的反应。由此可以看出,指挥控制系统在整个指挥信息系统中的核心与龙头作用。

由于空天防御作战指挥控制系统广泛分布于陆、海、空、天、网、电、认知等多维空间,呈现出分布式特点,故称之为分布式指挥控制系统。其主要功能是实施作战筹划,掌握空天战场态势,进行辅助决策、威胁判断和作战计划(方案)生成,实施作战资源管理、指挥、控制、协调各种参战力量的作战行动等。空天防御指挥控制系统正在进一步向态势感知可视化、系统应用安全化、决策支持智能化、组织结构扁平化、指挥控制网络化、信息实时共享化的方向发展。

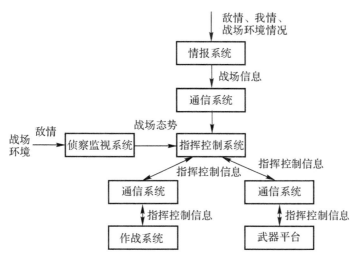

图 4-2 指挥控制系统与其他信息系统之间的关系

(三) 指挥控制系统层级关系

空天防御分布式指挥控制系统，按照指挥层次可分为战略级指挥控制分系统、战役级指挥控制分系统、战术级指挥控制分系统、火力级指挥控制分系统；按功能可分为防空防天一体化指挥控制分系统、防空指挥控制分系统、反导指挥控制分系统、反卫指挥控制分系统等；按主体结构可分为指挥控制设备、信息传输网、导航网等。

1. *防空作战指挥控制的层级*

在当前复杂多样的战场环境中，如果没有成体系的指挥控制，地空导弹武器将无法发挥出实际的作战效能。具有多种传感器信息综合、战场态势分析、空中威胁判断等功能，能对所属武器进行集中控制的多层次指挥控制体系是现代防空的必然结果。它是一个多层次的网状体系，每一层都对应着不同的作战能力、作用范围和火力配系。为适应空天防御作战指挥体制的需要，防空指挥控制系统通常由国家战略层、战役区域层和武器系统层三个主要层次组成。武器系统层的指挥控制又可分为战术单元指挥控制级和火力单元指挥控制级。不同层次或级别上的指挥控制能力、任务范围、武器数量规模、保障能力要求与协同组织方式都不相同，对应的指挥控制系统组成、结构和作战流程也不尽相同。

2. *反导作战指挥控制的层级*

相对于防空作战，反导作战对作战时效性要求更高，这就要求反导作战的指挥控制系统必须具备较强的反应能力与果断的指挥决策能力，系统的体系结构相比防空作战指挥控制系统具有更强的时效性与协同性，能力尤为独特。

根据作战环境与对象，可将指挥控制的系统体系结构逐级分层，对作战模式做出灵活的相适应的合理指挥。目前，典型的反弹道导弹指挥控制系统体系结构主要有扁平体系结构、压缩体系结构和分层体系结构三种。

(1) 分层体系结构。分层体系结构与整个反导体制结构吻合，如图 4-3 所示。

如图 4-3 所示，这种分层的体系结构在规模较小的战场环境下能够将导弹的预警信息准确检测出来,并迅速将作战命令传递到的火控单元,但与其他的导弹防御系统相比,这种导弹防御在作战中需具备强大的战场态势感知能力和战场管理能力。因此,在分层的体系结构中需要大量的数据信息才能对传递的命令做出相应反应,以满足战役控制中心对该体系内部的单个冲突信息进行处理的要求,这样才能使整个体系的结构具有较强的稳定能力。

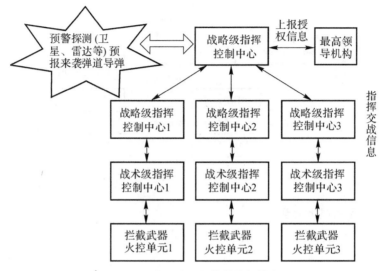

图 4-3 分层式反导作战指挥模式

(2)扁平体系结构。扁平体系结构的指挥跨度小,可直接将导弹预警信息由战略级指挥控制中心发送至火控单元以及其他指挥控制中心,对数据链要求比分层式低,如图 4-4 所示。与此同时,预警和作战信息将上报统帅部、战役指挥控制中心、战术指挥控制中心等,使各指挥控制中心及时了解预警信息和战场作战进程。在扁平式反导作战指挥模式中,对统帅部和战役指挥控制中心留有余地,可根据其他途径获取的信息和情报发布命令,反之,利用其他途径获得到的信息和情报可对指挥控制中心进行补充,支持和保障拦截导弹作战。

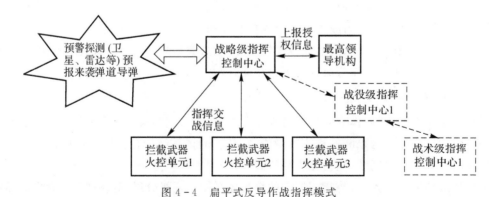

图 4-4 扁平式反导作战指挥模式

扁平体系结构的优点是:既不会减少火控指挥中心的内在权力与责任,又会使火控中心在没有外部的支持下,完成整个攻击作战,而且仍然具有组织导弹拦截目标的权力,甚至具有采取各种方式来摧毁来袭导弹的义务。作为作战样式,这种模式能够使导弹在防御的一定时间内来增加对需求的感知能力,从而更好地完成资源管理的决策。

扁平体系结构允许在内部进行较大的通信模式,扁平式指挥模式是"网络中心战"的具体表现,它允许在体系内进行较大的平行通信。这种扁平方式使指挥者在导弹防御作战有限的时间内,增强感知需求跨度,更好地完成决策和资源管理决定。

(3)压缩体系结构。压缩体系结构将预警探测信息直接传送到战役指挥控制中心,因此预警探测中心必须使战役指挥控制中心信服所接收的信息,确保它能更好地进行作战,如图4-5所示。

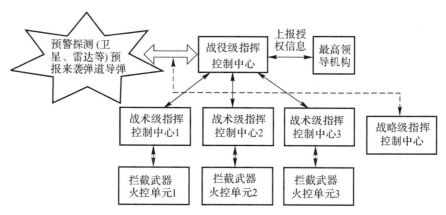

图4-5 压缩式反导作战指挥模式

如图4-5所示,压缩体系结构具有两个指挥控制中心,并且这两个指挥控制中心在对导弹防御系统时需要两个进行紧密的关联工作,将这种情况称为重叠结构。重叠结构需要从监视的角度来观看,具有精准度高的优势,能够减少导弹袭击出现漏警的现象。

三、指挥控制系统主要组成

(一)硬件组成

指挥控制系统硬件一般包括显示控制台、指控计算机以及接口通信设备,当无供电设备时,还应自备电源等。

(1)显示控制台。显示控制台简称显控台,主要由台体、显示部件和操控部件组成,是指挥控制系统主要的显示和操作设备。台体为显示部件、操控部件及其他组件、线缆提供装载容纳空间,通常在其顶部和背板提供接插件以连接线缆。显示部件主要包括:数码管、指示灯、标准显示器、表页显示器等。操控部件主要包括:开关、按键、键盘、触摸球等。

(2)指控计算机。指控计算机主要包括任务计算机和接口计算机。随着计算机技术的发展,当前通常采用一台高性能计算机完成全部功能。指控计算机的操作系统一般采用高性能、具有高可靠性的嵌入式系统,指挥控制战术软件、显控软件和其他辅助应用软件在指控计算机中加载运行,这些软件是实现指挥控制系统各项功能的核心。

(3)接口通信设备。接口通信设备主要包括网络通信、并/串口通信、视频处理和接口转换等设备。指挥控制系统通过接口通信设备及其软件实现对内对外的数据传输和转换。

具体而言,通信设备包括无线电台、有线数传设备、串行通信控制器、网络交换机、中继设备以及通信电缆等。视频处理设备包括对雷达和光电设备的模拟/数字式视频收发设备、信号处理设备以及视频电缆等。接口转换设备包括综合导航模拟量转换装置、触点信号控制装置、准秒脉冲信号转换装置以及电缆等。

（二）软件组成

指挥控制系统软件一般根据硬件设备及其功能要求划分配置项，主要包括：核心作战软件、综合显控软件、情报处理软件和仿真记录软件。

（1）核心作战软件。核心作战软件实现为完成指挥控制系统任务所需的计算、逻辑判断和控制功能，在指控计算机中加载运行，是指挥控制系统的核心功能软件。核心作战软件普遍采用嵌入式设计，具有最高的安全性关键等级和强实时性、高可靠性等特点。

（2）综合显控软件。综合显控软件实现显示界面的绘制和操控部件的控制响应功能，在接口计算机中加载运行。随着计算机硬件和专用图形软件的不断发展，现在逐渐发展为在指控计算机上运行专用图形软件和应用软件来完成综合显控功能，此时不存在单独的显控软件，该配置项作为一个功能模块并入核心作战软件。

（3）情报处理软件。情报处理软件主要实现指挥控制系统与外部预警系统、上级指挥所等外部情报源之间不同接口、不同格式的数据传输、转换和处理功能，在情报处理计算机中加载运行。情报处理软件需要对各种外部情报信息进行综合处理、优先级排序、响应上级命令及上报本武器系统实时信息等功能。由于各种外部情报源的硬件接口不尽相同，软件还需要完成各种串行接口通信、对模拟量的转换以及对时统设备准秒脉冲信号和网络时码的处理等功能。

（4）仿真记录软件。仿真记录软件主要实现指挥作战过程的数据记录存储、复现和模拟生成等功能，该软件在仿真记录计算机中加载运行。

四、指挥控制系统主要模型

指挥控制本质上是一个有反馈的过程活动，指挥控制系统的模型主要是指描述指挥控制过程活动的模型，其类型多样，主要有 SHOR 模型、控制理论模型、Lawson 模型、OODA 模型以及在 OODA 基础之上发展起来的其他更为复杂的模型，如 Klein 的 RPD 决策模型、梯形模型等。这些模型不同之处在于把指挥控制划分为若干个数量不等的环节，其存在基于指挥控制的高度动态性的共同特点，都将指挥控制视为一个具有各种信息反馈的动态控制过程，从而把指挥控制建立为一个动态的循环结构模型。

（一）Lawson 模型

Lawson Joel S. 在 20 世纪 70 年代中期基于控制论思想提出了指挥控制过程的概念模型，他用"感知、处理、比较、决策、执行"来描述这个过程，如图 4-6 所示。该模型表现了指挥控制应完成的功能及其先后次序，具体包括：情报/信息获取，局势评估、分析与比较，作战计划的产生，作战计划选择，制定作战计划，以及发布命令与决策执行等。

（二）OODA 模型

美国战略学派代表人物 J. R. Boyd 于 1987 年提出由观察（Observation）—判断（Orientation）—决策（Decision）—行动（Action）四个环节组成的作战指挥活动循环模型，简称 OODA 循环，也称 OODA 模型。如图 4-7 所示，各个环节实现的功能分别为：

观察——利用各种技术手段、人员及装备,从战场环境中收集信息。

判断——结合以往的知识和经验,综合理解收集到的信息,并判断应当观测哪些信息,以及如何利用这些信息。

决策——决定并评估各种行动方案并最终确定一个行动计划。

行动——执行形成的行动计划,在行动执行之后,其对于当前态势的影响又可为观察阶段输入更多的信息,如此循环往复。

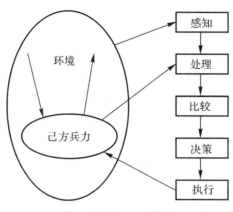

图 4-6　Lawson 模型

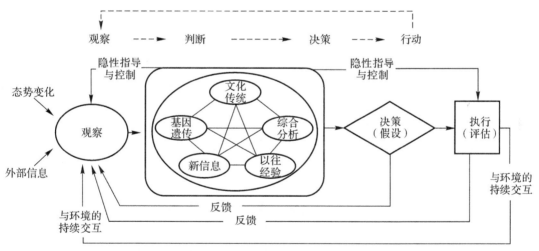

图 4-7　J. R. Boyd 的 OODA 循环

OODA 循环具有周期性,周期的长短与作战的兵力规模、空间范围和作战样式有关,一个周期的结束是另一个周期的开始。OODA 循环以嵌套的形式关联,如在舰队作战系统中,最小的 OODA 循环是近距离武器系统的火力闭环控制环,在单个飞机作战层级上有 OODA 循环,即飞机作战指挥控制环,在编队层次同样有 OODA 循环,这些指挥控制环相互嵌套,内环周期短,外环周期长。OODA 循环模型克服了 J. G. Wohl 的 SHOR 模型和 Lawson 模型中的不足,得到了广泛的应用,此模型在解释指挥控制战中敌我互动关系时比较成功。

Boyd 的上述思想对信息化条件下的军事变革产生了重要的影响,它导致了"机动战""信息战""指挥控制战""信息优势""决策优势"等许多重要的作战概念和理念的出现,对军事理论的发展及日常的军事训练等都产生了重要的影响。在信息化条件下,获取信息优势,并将信息优势进一步转化为决策优势,已经成为军事作战的首要目标。

(三)四域模型

在信息化战争时代,信息要素在指挥控制过程中的重要性凸显,主要表现在信息获取、信息传输以及信息共享。高效获取信息是指挥控制的目标,可以消除战场的不确定性;通过信息传输,指挥控制的意图可以进行分发,以达到控制的目的;通过信息共享,进行态势、认知、计划和行动的协同,实施指挥控制作战。为此,我们将指挥控制中的信息流所涉及的区域划分为四个域,并通过指挥控制在四个域的作用描述指挥控制的过程,称之为四域模型。

指挥控制所涉及的四个域为物理域、信息域、认知域以及社会域。

物理域是部队寻求作战影响的领域,是通过地面、海上、空中和太空环境实施打击、防护和机动的领域。物理域是真实存在的有形领域,包括物理平台和连接平台的各种通信网络等武器装备和战争发生的物理空间,是部队实施作战行动的领域。相对而言,物理域的元素是最容易衡量的,因而传统的战斗力量主要是在这个领域进行衡量。衡量物理域战斗力量的两个重要指标是破坏性和生存性。

信息域是信息所存在的领域,是创造、采集、处理、传输和共享信息的领域,是便于作战人员进行信息交流、传送现代武装力量的指挥控制信息和目标信息、传递指挥官作战意图的领域。信息域中的信息未必能够很真实地反映实际情况。信息在信息域中进行传递和交互时受到各方面的干扰和影响,因此对信息域进行防护使得武力在敌攻势面前更有战斗力。在所有争取信息优势的战斗中,信息域是战斗的中心。

认知域是指作战人员的意识、思想、心理等领域,既包括知觉、感知、理解、信仰、价值观及据此做出的决策,也涉及军事领导才能、部队士气与凝聚力、训练水平与作战经验、态势感知能力和公众舆论等。

社会域是指挥控制中所涉及的个体与个体、个体与组织、组织与组织之间关系存在的区域。社会域中最重要的概念是协同。协同是社会域中两个或多个实体之间发生的一个过程。协同常常意味着为了一个共同的目的和任务而一起工作。

第二节 多传感器信息融合技术

一、多传感器信息融合基本概念

(一)多传感器信息融合的基本概念

随着技术的发展,作战平台的威胁日益增多,其工作的电磁环境日益复杂,而仅靠单一的传感器已经无法满足作战需求。多传感器的信息融合能产生比系统任意单元更有效、更精确的目标位置估计和身份识别。美国三军组织实验室理事联合会(Joint Directors of Labortories,JDL)1987年将信息融合定义为对来自单一的和多传感器的数据进行关联、相关和综合处理,从而获得较为准确的关于目标的状态和身份估计,以得到对战场态势和威胁及其重要程度的及时、完整的评价。后期,研究又对该定义进行了修正,认为信息融合是一种多层次、多方面的处理过程，完成的任务主要包括对多传感器多源数据进行自动检测、关联、相关、估计和组合等。目前，JDL将信息融合的定义泛化为一个数据或信息综合过程，用于实现实体状态的估计或预测。

多传感器信息融合主要包括两个过程，首先是对不同传感器的数据进行综合处理，对同类型的数据进行整合，对不同类型的数据进行转换；其次是将多传感器处理后的信息进行融合，其中还包括了对数据结果进行优化的相关方法，有利于对目标数据的提取，以达到准确获得有效信息的目的。

数据融合是关于协同利用多传感器信息，进行多级别、多方面、多层次信息检测、相关、估计和综合以获得目标的状态和特征估计以及态势和威胁评估的一种多级自动信息处理过程。如同人类通过耳、鼻、眼、肢体获得了声音、气味、图像、感觉等信息之后，综合自身的生活经历，即先验信息，自适应地对所处环境做出估计，进而进行态势评估、未来预测等。传感器信息融合便是一种相类似的功能模拟。传感器获得的信息可能类型不同、时间不同、维数不同，或者相互补充支持，又或者存在冲突、矛盾，融合系统将这些信息按照一定的融合准则进行综合处理，以获得对当前目标的一致性解释和描述，并且做进一步评估与预测。

多传感器的信息融合是利用计算机技术对多个传感器的采集到的信息在一定的准则下加以分析和处理，为任务的决策提供一种依据，属于一种信息的综合处理过程。由此定义可知：信息融合的工作对象是采集的信息，其核心是利用信息融合算法对采集的相关信息进行优化和综合处理。近年来，多传感器信息融合技术的迅猛的发展，已经在身份识别、监控、刑事侦查、军事等领域得到了广泛的应用。图4-8所示的是多传感器信息融合的过程，n个传感器对目标区域环境进行信息感知、采集，然后传感器信息协调管理器根据目标任务的性质和需求，制定一定的数据融合的准则，实现对外界信息进行综合的分析、检验、分类、融合，从而形成对目标环境区域的描述。

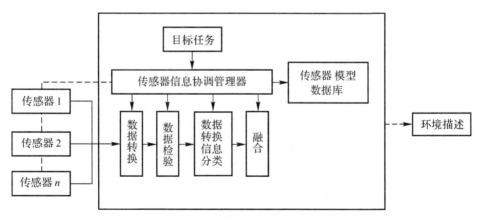

图4-8 多传感器信息融合过程

在目标区域环境中，多传感器信息融合系统对不同种类、不同形式的外界信息进行分析、分类，进而实时地处理大量的信息，通过不断地对外界信息的优化筛选出更加有效、重要的消息，为多传感器协同探测系统提供更加准确的实际环境情况。与单传感器相比，多传感器信息融合系统的优点主要体现在以下几个方面：

(1)增强探测系统的稳定性。多传感器增加了测量空间的维数，如果多传感器中的一个或者多个出现故障,系统的其他传感器会继续工作,保证了系统的稳定性。

(2)增强探测系统的可信度。多个传感器对目标区域环境的同一个目标进行信息的融合,减少了信息的模糊性,提高了系统的可信度。

(3)提高探测系统对目标区域环境的描述能力。在目标区域环境中,信息融合能够更加准确以及全面地获取目标区域环境的信息,弥补了单个传感器信息获取的片面性和不确定性。其中不同类型的传感器可以通过信息融合进行信息互补,为协同探测系统作出决策提供更加准确的信息。

(4)提高了探测系统的时效性。单个传感器提供信息的速度是固定的,而在多传感器信息融合系统中,多传感器系统的并行运行,可根据任务的要求,得到满足精度的快速输出,提高信息获取的速度。

(二)多传感器信息融合的特点

多传感器信息融合的特点如下:

(1)多传感器提供的信息存在冗余性(redundancy)。采用多传感器可以获得对象信息的冗余表达,由于传感器存在误差,这种冗余的信息可以减小误差,提高系统的精度;在单一传感器系统中,当传感器出现故障时,会对系统造成重大影响,甚至会使系统不能正常工作;而多传感器信息融合系统就能有效避免这种现象发生,基于多传感器所提供的冗余信息,提高系统的稳定性。

(2)多传感器提供的信息存在互补性(complementarity)。不同的传感器,尤其是不同种类的传感器,所获得的对象的信息不尽相同,这些信息来自不同侧面对对象的反映,多传感器融合系统在融合这些信息时就会产生互补信息,对对象的描述更加全面,有效地扩展了系统处理信息的能力。这主要体现在系统的较高层面上。图4-9为多传感器信息融合的示意图。

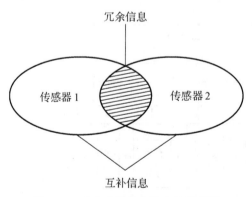

图4-9 多传感器信息融合的示意图

(3)提高系统的稳定性。利用信息融合的方式降低不利因素对系统的干扰,保证系统正常工作。

(4)拓展空间覆盖范围。利用多传感器分布式探测结构,能够扩大传感器的探测区域,增加探测能力。

(5)拓展时间覆盖范围。通过多传感器可以获得更加全面、精确的不同时刻目标状态数据。

(6)增强系统的识别能力。利用多传感器的交互信息来强化系统的识别性能。

(7)增强系统的精确度。合理的多传感器融合算法能够有效提高系统的跟踪精度,能够降低个别传感器失效等不利因素的影响。但是,多传感器信息融合系统的组成相较与单传感器系统要复杂得多,同时性价比、系统实时性、应用背景等因素也是要考虑的问题。

二、多传感器信息融合层次结构

从定义描述,可总结出信息融合的几项主要功能:

(1)信息融合的综合信息处理过程是在多个层次上完成的;

(2)信息融合包括多个环节,即检测、关联、相关、估计和综合;

(3)信息融合的目的是获得所需的对象状态及身份的估计。

信息融合在不同的信息层次上对信息进行处理,依据处理信息源所在的层次,信息融合可以分为低层次融合(也即数据层融合)和高层次融合(又分为特征层融合和决策层融合)。其中,数据是指每个区段传感器采集的测量数据,特征是指分析和转换后的数据结果和知识。决策是指观察目标的结论。这里对各融合层次分别研究后,具体内容如下所述。

(一)数据层融合

数据层融合属于低层融合,也可称其为像素级融合,现今主要用于图像处理领域以及同类雷达波形的直接合成等。其将原始数据进行直接融合,融合过程如图4-10所示。其输入是由多个传感器提供的各种类型的原始数据,输出为特征提取或者局部决策的结果。数据层融合的优点是:可以对其他融合层中没有的原始数据中提取更多细节。其缺点是:较繁重的计算负担、较差的实时性能以及需要良好的容错能力来处理传感器数据本身的不稳定性和不确定性,且仅使用于同类传感器的原始数据融合。

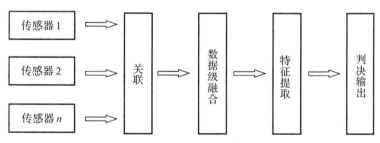

图4-10 数据级融合

(二)特征层融合

如果数据不匹配,则需要采用特征级融合或决策级融合。在特征级融合中,首先提取数据源的特征信息进行分析和处理,保留足够的重要信息,为后期决策分析提供支持。特征层融合的优点是:提取原始数据信息特征后,减少了待处理的数据量,提高了实时性。

信息融合中的特征层融合可简单划分为目标状态信息融合和目标特性信息融合两大类。

目标状态信息融合关注于目标运动学状态信息,主要应用于多传感器目标跟踪领域。目前,目标跟踪问题已有一套较为成熟的理论方法,在一定情形下,能通过较为准确的数学建模和求解最优解来描述多传感器目标跟踪及信息融合过程。

图 4-11 为目标状态信息融合框图。从多传感器输出中获取的参量数据可能是目标的方位角(或俯仰角),以及目标在被观测平台中的位置、距离、目标的速度等。融合系统对来自传感器的数据进行有效的数据配准,将其转换为统一的数据表达形式,然后进行数据关联,进而得到状态矢量的估计。

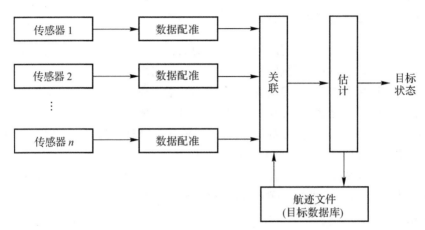

图 4-11 目标状态信息融合框图

数据关联是把各传感器的量测分配给其对应的观测对象,一旦关于同一目标的各个观测得以正确关联,就可应用估计技术得到对目标状态的估计。目前,用于该层次融合的具体数学方法有卡尔曼滤波法、序贯估计方法、联合概率数据关联法、多假设方法和交互式多模型法。

目标特性信息融合本质上可归结为模式识别问题,它主要是从多传感器的观测信息中提取比单传感器更多的关于目标特征的有用信息,以实现对多目标更为准确的分类和识别。具体的提取:可采用同一种方法进行特征提取,将各组特征矢量连接成一个更高维的特征矢量,也可联合不同方法提取涵盖信息量更为丰富的特征集,组合成全新类型的特征矢量。融合系统对各传感器提供的目标特征矢量进行融合,最终得到目标身份的联合识别结果。其具体过程如图 4-12 所示。

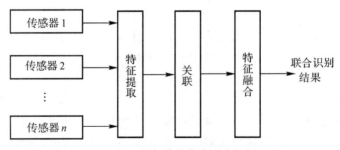

图 4-12 目标特性信息融合框图

对目标进行融合识别的技术主要包括特征压缩和聚类算法、K -近邻算法、神经网络方法等。参与该融合的传感器可以是同类传感器,也可以是异质传感器,从而具有较大的灵活性。

(三)决策层融合

决策层融合是一种高层次融合,具有高灵活性、强抗干扰性、良好的容错性和较小的通信带宽要求。其基本实现过程如图 4-13 所示。融合过程中，首先要对传感器测量数据进行预处理，获得研究对象的初步决策；其次将所有局部决策结果在某种规则下进行组合，以获得最终的联合决策过程。因此，决策层融合需要压缩传感器测量数据，这不仅具有高处理成本，而且还会丢失大量细节信息。目前，专家系统方法、贝叶斯推理、Dempster-Shafer 证据理论等方法常用于该层次的融合中。

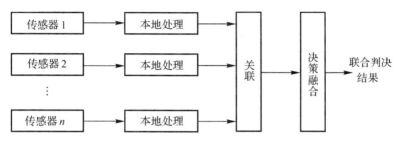

图 4-13 决策层融合实现过程框图

综合以上分析介绍可知，3 种不同层次的信息融合各有其优缺点和适用范围。假设各个传感器数据相互匹配（例如，两个传感器测量相同的物理特性），测量的传感器数据可以直接在数据层融合。当各个传感器数据相互不匹配时，则需要根据特定情况来判断是采取特征层融合还是采取决策层融合。通常，通过融合原始数据来获得特征，再使用特征的融合来做出判断决策。无论是数据层融合、特征层融合还是决策层融合，都需要将相关的信息进行关联和配准，区别在于数据的相关性和相互匹配的顺序是不一样的。理论上，数据层融合的优点是可以保留大量的原始数据，来为目标提供尽可能精细的信息，并获得尽可能准确的融合效果。决策层融合较少依赖于传感器。对于特定用途，判断采用哪个级别的融合集成是系统工程问题，应该全面的考虑环境、计算资源、信息来源等影响。

数据层、特征层和决策层融合都有各自的优缺点，见表 4-1。

表 4-1 三种融合层次的性能比较

层次	通信量	信息损失	实时性	容错性	抗干扰	精度	计算量	开放性
数据层	大	小	差	差	差	高	大	差
特征层	中	中	中	中	中	中	中	中
决策层	小	大	优	优	优	低	小	优

三、多传感器信息融合处理方式

根据对传感器信息处理的方式，信息融合系统可以分为集中式信息融合系统、分布式信息融合系统以及混合式信息融合系统。

(1)集中式信息融合系统主要是将传感器采集到的原始信息直接发送给信息融合中心，融合中心再对相关的数据信息进行处理，如图 4-14 所示。集中式信息融合系统可利用所有的传感器的全部信息进行状态估计、速度估计和预测值计算。其主要优点为：可以利用全部信息，系统的信息损失小，性能好，目标的状态、速度估计是最佳估计。其不足是需要把所有的原始信息全部送给处理中心,通信开销太大,要求融合中心计算机的存储容量大。

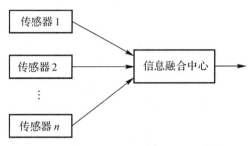

图 4-14　集中式信息融合系统结构

(2)与集中式信息融合系统结构不同的是,分布式信息融合系统中的每个传感器都有自己的信息处理器,如图 4-15 所示。传感器采集的原始信息首先经过处理器进行局部处理,然后将处理后的结果传送到信息融合中心,完成一次信息分析过程。由于传感器对原始数据进行了处理,部分原始数据流失,对信息的分析效果较集中式结构差。但是分布式信息融合中心只接受来自传感器局部处理的结果,使得处理信息的负载大大减少,对系统带宽的要求比较低,故目前得到了广泛的应用。

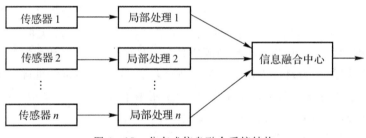

图 4-15　分布式信息融合系统结构

(3)为了保证原始数据的完备性以及实现的难易程度,学者们提出了混合式信息融合系统结构。该结构的信息融合中心接收的是经过局部融合中心处理的消息,如图 4-16 所示。此结构结合了集中式信息融合系统结构和分布式信息融合系统结构的双重优点,在保证消息完备性的同时,提高了系统的利用率,排除了一些干扰信息,对系统带宽的要求也比较低。混合式的信息融合系统相对比较复杂,一般适用于逻辑信息的融合系统。

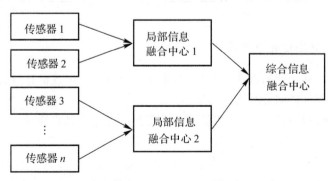

图 4-16　混合式信息融合系统结构

数据融合是一项跨越多个学科、多个应用领域无统一的专业技术。1986年,JDA数据融合工作组成立,创建了一个有效的、跨越多个应用领域的数据融合处理模型,确定了适用于数据融合的过程、功能、技术种类和特定技术,如图4-17所示。

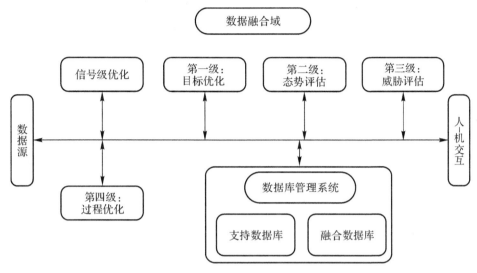

图4-17 数据融合的JDL处理模型

第一级处理中,使用综合多传感器的数据来更精确估计目标的方位、属性、身份等信息,这是一个相当古老的问题,也是整个模型中研究最成熟的一级,同时使用卡尔曼滤波等手段进行多传感器单目标跟踪,这也已经是一个非常简单易行的问题了,难点在于复杂环境和密集目标下的多目标跟踪及目标分配问题。

第二级和第三级的研究都尚不成熟,鲁棒、有效的态势评估和威胁估计系统可以说是凤毛麟角,瓶颈是相应数据库的建立,较为常用的方法都是基于知识的,简单粗糙的模仿人类认知的模型远远无法满足复杂的推理过程。

第四级是一个后台优化过程,用以评估和改善数据融合过程的性能,主要研究在多传感器多目标、复杂观测环境、多约束环境下,如何进行资源利用率和系统性能之间的平衡和取舍。

四、多源信息融合关键技术

信息融合可以划分为对准、互联/相关、滤波、识别和威胁评估及战场态势评估/战略布置几个过程。

(1)对准是一个数据排列处理过程,它包括时间、空间和度量单位的处理。因为多传感器信息融合会涉及不同的坐标系统、观察时间和扫描周期,所以需将所有传感器的数据转换到一个公共参考系中。

(2)互联/相关是当今信息融合中最有技术挑战力的一个领域,它是决定在不同传感器中哪些测量/跟踪代表同一个目标的处理过程。数据互联可在三个层次上进行:第一层是测量-测量互联,被用来处理在单个传感器或单个系统的初始跟踪上;第二层是测量-跟踪互联,被用在跟踪维持上;第三层是跟踪-跟踪互联,用于多传感器的数据处理中。

(3)识别是对目标属性进行估计的过程。识别问题的第一步是识别物体外形面貌特征(如形状、大小),识别问题的第二步是对识别目标进行决策分类。

(4)威胁评估以及战场态势评估/战略布置是一个较为抽象的处理过程,相对前面所提及的几个过程要复杂得多,处理时要用到大量的数据库,该数据库必须包括不同的目标行为、目标飞行趋势、将来企图的数据和敌方军事力量的智能信息。

在这些过程中,信息融合的关键技术主要有数据转换、数据相关、数据库和融合计算等,其中融合计算是多传感器信息融合的核心技术。

(一)数据转换

由于多传感器输出的数据形式、环境描述不一样,所以当信息融合中心处理这些来源不同的信息时,首先需要把这些数据转换成相同的形式和描述,然后再进行相关的处理。数据转换时,不仅要转换不同层次的信息,而且还需要转换对环境或目标描述的不同之处和相似之处(即使同一层的信息也存在不同的描述)。再者,信息融合存在时间性与空间性,因此要用到坐标变换,坐标变换的非线性带来的误差直接影响数据的质量和时空的校准,影响融合处理的质量。

(二)数据相关

在信息融合过程中,数据相关的核心问题是克服传感器测量的不精确性和干扰引起的相关性,以便保持数据的一致性。数据相关技术包括控制和降低相关计算的复杂性,开发相关处理、融合处理和系统模拟算法与模型等。

(三)态势数据库

态势数据库分为实时数据库和非实时数据库。实时数据库的作用是把当前各传感器的观测结果及时提供给融合中心,提供融合计算所需的各种数据,同时也存储融合处理的最终态势/决策分析结果和中间结果。非实时数据库存储各传感器的历史数据、有关目标和环境的辅助信息以及融合计算的历史信息。态势数据库要求容量大、搜索快、开放互联性好,且具有良好的用户接口。

(四)融合计算

融合计算是多传感器信息融合的核心,它需要解决以下问题:①对多传感器的相关观测结果进行验证、分析、补充、取舍、修改和状态跟踪估计;②对新发现的不相关观测结果进行分析和综合;③生成综合态势,并实时地根据多传感器观测结果通过信息融合计算,对综合态势进行修改;④态势决策分析。

五、多传感器信息融合算法

在多传感器系统中,多传感器信息的融合要依靠各种具体的融合算法实现;各种融合算法对来自各个传感器的信息进行综合处理,形成一致的结果。信息融合中数学工具的功能是最基本的、多重的,它使所有的输入数据在一个公共空间内得到有效描述,同时它对这些数据进行适当综合,最后以适当的形式输出和表现这些数据。

目前,尚无信息融合算法能对各种传感器都能进行融合处理。一般使用信息融合算法时要依据具体的应用场合而定。图4-18给出了信息融合算法的具体分类,下面对常用的融合算法做简单的介绍。

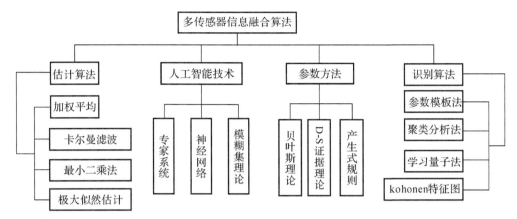

图4-18 多传感器信息融合方法分类

(1)加权平均法是最简单、最实用的实时处理信息的融合方法,其实质是将来自各个传感器的冗余信息进行处理后按照每个传感器所占的权值来进行加权平均,将得到的加权平均值作为融合的结果。该方法实时处理来自传感器的原始冗余信息,比较适合用于动态环境中,但使用该方法时必须先对系统与传感器进行细致的分析,以获得准确的权值。

(2)贝叶斯推理是静态环境中信息融合的一种方法,其信息描述为概率分布。该方法将系统中的每一个传感器作为一个贝叶斯估计,当有某一证据时,贝叶斯推理根据已知证据可以确定假设事件出现的概率;出现新证据时,假设事件的似然函数可以通过出现新证据的概率与没有出现新证据时的似然函数来更新,最后通过某些规则给出系统决策。贝叶斯推理适用于具有可加高斯噪声的不确定性信息的处理,但贝叶斯推理技术定义先验似然函数困难、缺乏通用不确定性能力。贝叶斯推理的优点是简洁、易于处理相关事件,缺点是不能区分不知道和不确定的事件,并且要求处理的对象具有相关性,在实际运用中一般不知道先验概率,当假定的先验概率与实际相互矛盾时,推理结果很差,特别是处理多假设和多条件问题时显得相当复杂。

(3)D-S证据理论是贝叶斯推理的扩展,它用信任区间和确定区间来描述传感器的信息。多传感器信息融合时,将各传感器采集的信息作为证据,并在决策目标集上建立一个与之相应的基本可信度。在同一决策框架下,将不同的信息用Dempster合并规则合并成一个统一的信息表示。证据理论允许直接将可信度赋予传感器信息,传感器信息的合并既保留了信息,又避免了未知概率分布所作的简化假设。D-S证据理论的这些优点使其在传感器的信息的定性融合方面有着广泛的应用。

(4)产生式规则用符合来表示目标特征与相应的传感器信息之间的联系,用与每个规则相联系的置信因子表示其不确定度,当在同一个逻辑推理中两个或两个以上的规则形成一个联合的规则时,可以产生融合。产生式规则存在的问题在于每条规则与系统其他规则的可信度有关,引入新传感器时需要附录新的规则,这样使得系统的条件修改相对比较困难。

(5)神经网络是由大量的处理单元连接而成的,它基于现代神经生物学和认知科学在信息处理领域应用的研究成果。神经网络应用于信息融合的历史并不长,它具有大规模并行模拟处理、连续时间动力学和网络全局作用等特点,有很强的自适应学习能力。神经网络将样本的相似性通过网络权值表达在信息融合的过程中。神经网络首先用样本信息通过特定的学习算法得到不确定性推理机制,然后根据这一推理机制不断进行信息融合与再学习。神经网络的并行结构与不确定性推理机制为神经网络在传感器的建模与多传感器信息融合中的应用提供了良好的前景。基于神经网络理论的多传感器信息融合有以下特点:具有知识的自动获取与并行联想推理、统一的内部知识表示,能够将不确定的复杂环境通过训练学习转化为系统接纳的形式,具有大规模的并行处理信息的能力。

(6)聚类分析算法是一种启发式算法,该算法按照某种聚类准则将数据聚类(分组),并把每个数据组解释为相应的目标类。在模式类数目不确定知道的标识性应用中,这类算法很有用处。另外,聚类分析在广义观察数据分析方面也有非常广泛的应用。

(7)灰色理论,也称灰色系统理论(grey system theory),由邓聚龙于1982年创立。灰色理论不同于模糊数学与概率统计,它着重研究模糊数学及概率统计所难以解决的"贫信息""小样本"等不确定性问题。研究者们用颜色的深浅程度形容信息透明的程度,用"纯黑"来表示信息完全未知,用"纯白"来表示信息完全透明,用"灰"来表示部分信息不透明或部分信息透明。与之对应的,信息完全未知的系统称为黑色系统,信息完全透明的系统称为白色系统,部分信息不透明或部分信息透明的系统称为灰色系统。

第三节 多传感器资源管理技术

一、多传感器资源管理概述

(一)多传感器资源管理基本概念

随着科学技术水平的提高以及现代空天防御作战对各种信息需求的与日俱增,传感技术、无线通信技术、微机电技术迅猛发展,多传感器协同技术由于其具备的信息获取、数据处理和无线通信能力在许多领域引起了人们的关注。多传感器协同探测技术是多个传感器通过无线的通信方式实现对目标环境信息的采集、感知和处理,并将信息传递给工作人员,为作战指挥系统提供重要的信息支持。实践证明,与单传感器系统相比,运用多传感器数据融合技术在解决探测、跟踪和目标识别等问题方面,能够增强系统生存能力,提高系统的可靠性和鲁棒性,增强数据的可信度,并提高精度,拓展整个系统的时间、空间覆盖率,增加系统的实时性和信息利用率等。

空天防御作战高度依赖信息的准确性。作为空天防御作战中的一种主要传感器,雷达系统通过组网技术将广域散布的不同雷达节点组织在一起协同工作,并在一定准则下对不同节点的接收信号与信息进行联合处理,形成有机统一的网络化雷达系统,具有资源高自由度、节点能力互增强、全空域覆盖等优点,是未来空天防御作战雷达系统发展的主要趋势,已成为国内外雷达领域研究热点。但由于实际空天防御战场环境的复杂性、局限性和多变性,多传感器资源往往具有有限性,使得如何对系统中有限的传感器资源进行合理、有效的分配,以尽可能少的传感器资源来达到最优的信息获取效果,使不同传感器可以通过交流、合作等方式协同完成系统任务成为系统中需要研究的核心问题,即多传感器资源管理问题。

目前,在空天防御目标信息获取过程中,多传感器资源管理主要存在如下两个方面的问题:一是各种传感器资源的种类和数量不断增多且动态变化,各类传感器的属性特征也不同,需要通过合理的资源配置策略设计对多传感器进行优化分配;二是在多传感器工作过程中,空天防御战场的环境以及对抗等不确定均会影响到多传感器信息获取的性能,这就需要动态实时地调整传感器资源以期获得最佳的对抗效果。因此,从本质上讲,在空天防御信息获取中,多传感器资源管理可认为是利用有限的传感器资源完成对多个目标的检测、跟踪与识别,以得到各个目标具体特性的最佳值(典型的,如检测概率、截获概率、覆盖度、探测精度等),并通过采用一定的优化准则对目标函数进行合理优化的方法实现对传感器资源合理地分配与调度。

从多传感器资源管理的工作特点来看,多传感器资源管理可以分为资源分配和资源调度的管理需求。资源分配通常针对特定任务(如区域警戒监视,战场电磁侦查等)需求,对以实体空间资源为主的系统资源(包括节点部署方案、节点间的网络架构、节点任务、节点发射功率等)进行优化配置,提升系统常态任务下的探测性能;资源调度通常在资源分配基础上,针对任务需求,对节点发射功率、波束扫描方式、波束参数等电磁空间资源进行灵活调度,提升系统动态任务下的探测性能。两者相互配合,最终以提高系统的信息获取能力为目标。传统的资源管理方法通常将资源分配与资源调度按阶段分别实施,但随着空天防御对抗日益激烈,也出现了将两者融合的管理思路与方法。

(二)多传感器资源管理对象

在空天防御作战中,不同体制类型的雷达、卫星等大量的传感器分布于不同的作战平台,合理规划并运用这些传感器资源是多传感器管理的主要目的。通常,传感器资源管理既包括传感器本身的管理,也包括传感器工作环境以及操纵者的管理。本书重点指对传感器本身的管理,实际管理的对象主要是各类传感器。尽管传感类型种类繁多,但总体上分为雷达类传感器和光电类传感器两大类。

1. 雷达类传感器

雷达类传感器种类繁多,不同雷达在工作体制、探测方式以及工作原理上有较大差别。但总的来讲,雷达主要用于目标的探测、跟踪与识别,这里简单地将其分类为一次雷达和二次雷达两类。目前,空天防御探测过程中采用的雷达多为一次雷达,这种雷达通过接收目标的散射回波信号来实现对目标的探测,该类雷达的发射频率和接收频率相同;二次雷达通常由询问系统与应答系统构成,询问系统根据接收询问系统询问后应答系统给出的应答信号实现识别和探测,通常更多用于目标识别过程中。

2. 光电类传感器

光电类传感器根据工作原理不同,通常包括红外传感器、紫外传感器、可见光传感器以及激光传感器等。其中,红外传感器通过接收目标辐射的红外特征信号提取目标特征,实现对目标的探测、跟踪与识别,通常不能测距。红外传感器在稠密大气层中工作时,受到大气环境以及工作环境的影响较大,往往探测距离不大;但在大气层外工作时,由于红外信号衰减较弱,可实现较远距离的探测;同时,由于红外线波长非常短,所以它具有方位分辨率极高的优点,测向精度比较高。

(三)多传感器管理体系结构

多传感器管理的实质是利用多传感器获取的信息对传感器进行控制,从而改善数据的收集过程,以达到提高信息获取性能的目的。因此这种信息获取后处理过程,实质是一个闭环反馈过程,其结构如图 4-19 所示。

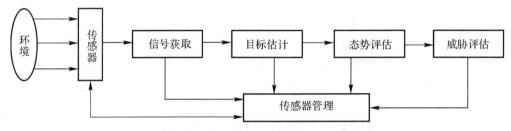

图 4-19 传感器管理反馈连接闭环结构

从图 4-19 中可以看出,传感器管理与数据融合的体系结构密切相关。结合数据融合体系结构特点,多传感器管理的结构通常分为多传感器集中式管理体系结构、多传感器分布式管理体系结构和多传感器混合式管理体系结构三种形式。

1. 多传感器集中式管理体系结构

多传感器集中式管理是指由信息融合中心完成所有的数据处理(如雷达扇区监视、目标跟踪、身份识别、态势和威胁评估等),并向所有的传感器发送其需要执行的任务和完成该任务的参数集或运行模式,传感器仅执行控制命令,不承担任何管理功能。设计区域防空多传感器管理的集中式体系结构如图 4-20 所示。

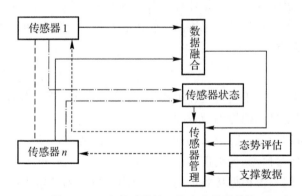

图 4-20 多传感器管理集中式体系结构

集中式体系结构的优点是结构简单,且信息融合中心拥有整个系统最完备的信息、传感器运行参数和模式的设置,对传感器-任务配对和多任务间的协调可以更加精确合理;其缺点是融合中心难以对各个传感器的负载情况做出实时的评估,在多任务时会造成负载不均衡,甚至会造成个别传感器严重过载而无法完成任务。

2. 多传感器分布式管理体系结构

多传感器分布式管理是指将传感器管理功能分布在不同传感器中,各个传感器或平台分别在本地进行融合处理,每个传感器可被看作是一个具有一定自动决策能力的智能设备。传感器之间的合作通常通过多代理网络中的通信机制来实现,各传感器共享局部融合信息并进行协作。多传感器分布式管理体系结构如图 4-21 所示。

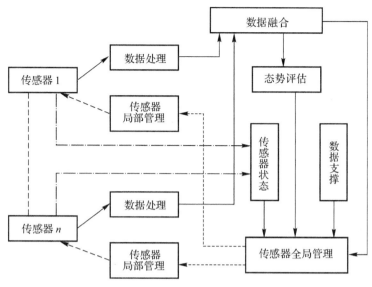

图 4-21　多传感器分布式管理体系结构

分布式体系结构的优点是可进行分布式并行处理,生存能力强,受中心计算瓶颈和通信带宽的影响很小。其不足是任务冲突和竞争将会使任务协调变得更加复杂。

3. 多传感器混合式管理体系结构

混合式体系结构中存在多个层次,其中,顶层是全局融合中心,中间层则由多个局部融合中心组成,每个局部融合中心负责管理一个传感器子集。混合式体系结构如图 4-22 所示。传感器的分组可根据传感器的地理位置或平台、传感器功能、传感器传递数据的关系来进行。

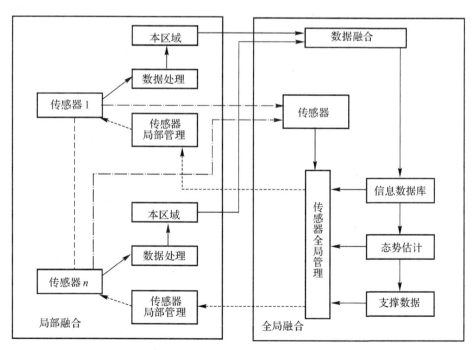

图 4-22　多传感器混合式管理体系结构

(四)多传感器管理层次关系

在空天防御作战过程中,涉及的传感器种类繁多,不同阶段任务需求不同,传感器工作环境与场景差异巨大,很难采用单一的传感器管理方法解决所有问题,给多传感器管理带来了较大的难题。为有效解决这一问题,通常采用多传感器层次化的管理方法,即将多传感器的管理任务分解为多个不同层次,采用自上而下的求解策略,从宏观问题到具体细节,逐步求解,进而实现对多传感器资源的管理。典型的层次关系如图 4-23 所示。

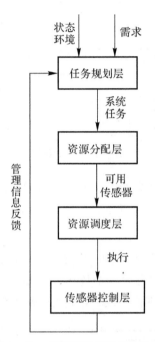

图 4-23 多传感器管理层次关系

(1)任务规划层。任务规划层是多传感器管理的最高层,负责确定管理的任务分级,间接管理传感器的行为,根据数据融合结果进行指导,主要关注宏观管理问题,而不处理具体细节,同时必须提供人工访问的操作。该层次的任务主要包括以下方面:确定需要执行哪些任务(如搜索、跟踪或目标识别)、达到的精度要求(如期望的误差协方差)、测试的重复频率、关注的环境区域、目标选择、明确任务执行的优先级等。

(2)资源分配层。资源分配层主要负责传感器的任务分配,确定各个传感器需要做哪些工作。其典型任务有:多传感器-多目标跟踪分配、面对多个目标资源调度的传感器分类、传感器指示交接、移动传感器及其平台的移动规划、分布式传感器网络中传感器间的协商与合作等。

(3)资源调度层。多传感器调度层的作用是根据各传感器的可用性和能力,建立起各个传感器执行上一层任务的详细时间表,规定传感器在每个时间段应做的具体工作。在实际调度过程中,每个任务都有不同的特征,如任务完成的截止时间、不同的优先级等,同时实际的工作环境与工作状态动态变化,使得资源的调度是一个动态过程。

(4)多传感器控制层。这一层是整个管理体系的最底层,主要负责各传感器控制命令的实现,通过一定的指令,设置传感器的相关参数,确保细节的实现。例如,一部多功能雷达可接收诸如搜索、目标跟踪或目标更新等指令,针对每组命令都有一组相应的控制参数。多传感器控制的任务就是根据各传感器调度所提交的命令,确定适合传感器执行的参数,从而优化整个系统的性能。

(五)多传感器管理基本方法

多传感器管理的核心问题即根据一定的准则,建立一个易于量化的目标函数,并通过优化目标函数来对多传感器的工作任务进行分配,对多传感器的工作方式和工作参数进行选择。传感器管理作为信息融合系统中的一个反馈环节,能够提高系统的适应性和整体优化性。

传感器管理的核心是建立科学、合理的目标函数和约束条件。根据多传感器管理过程建立目标函数的理论方法不同,传感器管理方法通常可以分为基于规划论的方法、基于信息论的方法、基于人工智能理论的方法几种类型。

1. 基于规划论的方法

基于规划论的方法从雷达本身的探测能力出发,对所有被监视目标,以整体调度代价最小或整体效能最大为目标,构建调度目标,将多传感器管理过程描述为一个线性或非线性规划问题,其实质是一种优化技术,也是目前解决多传感器管理问题较为传统和最为主要的方法之一。当前,用于多传感器管理领域的规划论方法主要有线性规划、动态规划和非线性规划等。

2. 基于信息论的方法

基于多传感器管理的目的是与目标环境相互作用以减少目标环境的不确定性,这种方法将信息论中的信息熵与信息分辨率函数(混合熵)等不确定方法引入多传感器管理过程,通过特定形式量化描述目标信息量的多少,并利用系统信息量最大等优化准则,将多传感器管理问题转化为线性优化或非线性优化优化问题,同时采用线性规划、非线性规划和动态规划等理论进行优化求解,得出多传感器管理的最佳决策。

3. 基于人工智能理论的方法

将模糊逻辑、神经网络等方法用于多传感器管理,基于对模糊逻辑的规则设定和神经网络的自学习、自组织和自适应功能,实现不确定环境下目标分配等智能决策。

二、多传感器资源分配技术

(一)多传感器资源分配基本原理

在空天防御信息获取过程中,多传感器资源分配的核心问题实质是多传感器的分配问题,即解决哪个传感器干什么的问题,该问题的本质是一个优化问题。

下面简单介绍多传感器资源分配的一般原理。

1. 传感器-目标配对函数

在空天防御信息获取中,不同的传感器配置位置、工作状态、信息获取能力不同,导致其对不同目标的探测性能不同。为实现多传感器资源分配,在传感器管理中,通常采用传感器-目标配对函数来描述不同传感器完成不同任务的能力(该任务根据任务层而定,可以是搜索、截获、跟踪等)。

定义如下的传感器-目标配对函数 $fa(x_1, x_2, \cdots, y_1, y_2, \cdots)$,满足:

$$fa(x_1,x_2,\cdots,y_1,y_2,\cdots) \in [0,1] \tag{4.1}$$

式中：$x_1,x_2,\cdots$ 表示用于观测的传感器，$y_1,y_2,\cdots$ 表示被观测的目标；第 i 个传感器对第 j 个目标的配对函数记为 $fa_{ij}(\cdot)$。

2. 目标优先级评判

在空天防御作战中，目标威胁程度是相关资源优化分配的主要依据之一，也是确定目标优先级函数的重要依据。为实现多传感器资源分配，在为各个传感器分配指定的目标和任务前必须首先确定不同目标的优先级。对多传感器进行资源分配除了需要传感器-目标配对函数外，还需要目标优先级函数。当传感器资源有限且需要观测多个目标时，需对每个目标的重要性进行评估，得到不同目标的优先等级。

3. 效能函数

根据配对函数和目标优先级函数，定义传感器 i 对目标 j 的效能函数 $E_{ij}(\cdot)$ 如下：

$$E_{ij}(fa,fp) = \omega \times fa(\cdot) + \zeta \times \frac{1}{fp(\cdot)} \tag{4.2}$$

式中：ω 和 ζ 分别为 $fa(\cdot)$ 和 $fp(\cdot)^{-1}$ 的加权系数，两个加权系数的取值与传感器管理系统相关，但一个基本原则是 $\omega < \zeta$。

4. 资源分配建模

传感器与目标之间的映射为多对多的关系，即一个传感器可以分配给多个目标，一个目标也可占用多个传感器资源；多传感器资源分配的核心问题即是根据一定的准则，建立一个易于量化的目标函数，并通过优化目标函数来对多个传感器进行选择。

设有 m 个传感器，n 个目标，传感器的最大跟踪能力为 S_i，则有 2^m-1 个组合。由 $e(i=1,2,\cdots,2^m-1;j=1,2,\cdots,n)$ 组成效能阵 E，解矩阵为 X，则 X 是一个 $(2^m-1) \times n$ 并全由 0 或 1 组成的矩阵，其中 $x_{ij}=1$ 表示传感器 i 分配给目标 j，$x_{ij}=0$ 表示不分配。

进而由最优准则、目标覆盖约束条件和单传感器最大跟踪约束条件可得

$$\left. \begin{array}{l} E = \max \sum_{i=1}^{2m-1} \sum_{j=1}^{n} e_{ij} x_{ij} \\ \sum_{j=1}^{n} x_{ij} = s_i, \quad i=1,2,\cdots,2^m-1 \\ \sum_{i=1}^{2m-1} x_{ij} \geqslant 1, \quad j=1,2,\cdots,n \end{array} \right\} \tag{4.3}$$

根据式(4.3)，可求解多传感器资源分配问题。

5. 资源分配求解

对上述式中的资源分配问题进行求解是一个典型的线性或非线性规划问题，可采用线性规划或非线性规划方法进行求解。其中，线性规划（Linear Programming，LP）是辅助人们进行科学管理的一种数学方法，主要研究线性约束条件下线性目标函数的极值问题；非线性规划主要研究非线性约束或目标函数的极值问题。

可规定线性规划的标准形式为

$$\left.\begin{aligned}&\min \sum_{j=1}^{n} c_j x_j \\ &\text{s.t.} \sum_{i=1}^{n} a_{ij} x_j = b_i \quad (i=1,2,\cdots,m) \\ &x_j \geqslant 0 \quad (j=1,2,\cdots,n) \\ &b = (b_1, b_2, \cdots, b_m) \geqslant 0\end{aligned}\right\} \quad (4.4)$$

需要说明的时,相关约束函数的建立在很大程度上依赖于传感器-目标配对函数、优先级评定函数、效能指标函数;不同的传感器工作机理不同,在不同指标下的函数描述形式也不同。因此,最终的资源分配模型可以是线性规划的形式,也可以是非线性规划的形式。

(二)目标优先级评判技术

当需要探测多个目标时,为了对重要目标进行重点探测,需要向传感器提供这些目标的优先级信息。典型的目标优先级评判通常包括如下几个方面。

1. 目标优先级影响因素分析

目标优先级影响因素分析通常是根据作战过程时间、空间以及作战需求等分析目标优先级等级。影响目标优先级的主要因素包括:目标敌我属性、目标类型、目标机动性能、目标预测落点距离误差、目标空间速度及目标径向距离。具体内容如下:

(1)目标敌我属性:包括敌、友、不明三种情况。
(2)目标类型:包括弹头、重诱饵、轻诱饵以及球形诱饵等。
(3)目标机动性能:包括目标机动能力。
(4)目标预测落点距离误差:单位为 km,指的是目标预测落点到保卫目标中心的距离。
(5)目标空间速度:单位为 km/s。
(6)目标径向距离:单位为 km,指的是目标到雷达的距离。

针对目标优先级的影响因素,根据已有信息建立影响因素的层次结构模型,如图 4-24 所示。

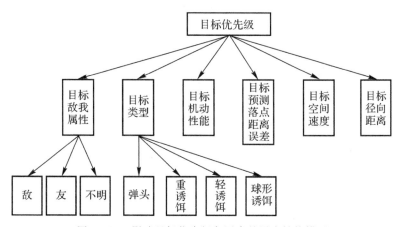

图 4-24 影响目标优先级各因素的层次结构模型

目标优先级是上述六个因素的加权之和,其权重可以通过层次分析法计算,最终加权求和得出目标优先级。

2. 目标优先级等级计算

目标优先级等级计算通常是指根据不同目标优先级影响因素的等级大小,确定出目标优先级。典型的计算方法有层次分析法等多种确定方法。

这里简单介绍采用层次分析法计算目标优先级的解算过程。

(1)建立层次结构模型。针对目标优先级的六个影响因素,根据已有信息建立影响因素的层次结构模型。

(2)构造两两比较判断矩阵。对于目标优先级,将目标敌我属性、目标类型、目标机动性能、目标预测落点距离误差、目标空间速度和目标径向距离六个因素分别标识为 B_1、B_2、B_3、B_4、B_5、B_6,构造 B_1、B_2、B_3、B_4、B_5、B_6 的判断矩阵 $\boldsymbol{B}$,矩阵中各元素比值采用 1~9 比例标度法来表示,具体见表 4-1。

表 4-1　影响目标优先级各因素的判断矩阵

A	B_1	B_2	B_3	B_4	B_5	B_6
B_1	1	3	3	2	3	4
B_2	1/3	1	1	2/3	1	4/3
B_3	1/3	1	1	2/3	1	4/3
B_4	1/2	3/2	3/2	1	3/2	2
B_5	1/3	1	2	2/3	1	4/3
B_6	1/4	3/4	3/4	1/2	3/4	1

(3)计算影响因素权值。根据表 4-1 中各影响因素两两比较的权值,可得判断矩阵 $\boldsymbol{A}$ 即为表 4-2 中的矩阵。

对判断矩阵的计算满足 $\boldsymbol{A} \times \boldsymbol{W} = \lambda_{\max} \times \boldsymbol{W}$ 的特征根 $\lambda_{\max}$ 与特征向量 $\boldsymbol{W} = (w_1 \quad w_2 \quad \cdots \quad w_n)^{\mathrm{T}}$;然后对特征向量进行归一化处理,得到各影响元素 B_1、B_2、B_3、B_4、B_5、B_6 的权值如下:

$\lambda_1 = 0.294\,4;\lambda_2 = 0.076\,3;\lambda_3 = 0.167\,8;\lambda_4 = 0.208\,1;\lambda_5 = 0.120\,9;\lambda_6 = 0.132\,5$

(4)判断矩阵的一致性检验。

计算一致性指标

$$\mathrm{C.I.} = \frac{\lambda_{\max} - n}{n - 1}$$

式中:n 为判断矩阵的阶数。

计算一致性比率

$$\mathrm{C.R.} = \frac{\mathrm{C.I.}}{\mathrm{R.I.}}$$

做出一致性是否合格的结论:当 C.R. < 0.1 时,一般认为判断矩阵具有满意的一致性;否则需要调整判断矩阵,使之具有满意的一致性。

(5)目标优先级计算。

目标优先级 P_r 的计算公式为

$$P_r = \lambda_1 \times B_1 + \lambda_2 \times B_2 + \lambda_3 \times B_3 + \lambda_4 \times B_4 + \lambda_5 \times B_5 + \lambda_6 \times B_6$$

(三)典型多约束雷达资源分配技术

在空天防御探测过程中多雷达探测是获取信息的一种重要途径。这里以多雷达探测过程中,雷达在多约束条件下的资源分配问题为例,简单介绍多传感器资源分配相关技术与方法。这里的多雷达指组网雷达系统中的有较强的目标探测和分辨能力的多部雷达。多目标指空中各种类型的目标,包括飞机、卫星、导弹等,不同类型的目标具有不同的飞行特性。

1. 雷达资源分配置基本原则

基于前面基本原理进行资源分配,首先要建立雷达-目标配对函数,该函数描述了单部雷达探测不同目标的性能。为了合理量化该配对函数,需要给出雷达探测的基本原则与要求。

当布站方案确定时,根据目标与组网雷达工作的特点,需要对其有限的资源进行规划处理。对于雷达而言,根据其工作特点,对目标探测的基本要求是及时发现及保障连续;对于多方向同时来袭的目标,要求组网雷达系统对多个目标的探测效能达到整体最大化。结合雷达探测性能基本要求,假定多雷达资源分配应遵循以下原则:

(1)夹角最小原则。夹角是指雷达对目标的视线方向与雷达阵面的法线方向所形成的夹角。这个夹角与目标检测的概率有关,夹角越大,发现目标的可能性就小。

(2)最大驻留时间原则。驻留时间是指雷达检测中目标被探测到的时间长度。为了让目标能够被雷达持续跟踪,应该选择驻留时间比较长的雷达对目标任务进行跟踪处理,这样处理既能减少更换雷达对同一个目标进行跟踪处理的次数,也可以使得整个系统的探测效益得到提高。

(3)连续监视原则。因为组成组网雷达系统中各个雷达存在着一定的差异性,即它们所对应的性能可能不一样,探测范围也会不一样,所以它们发现同一目标任务的时间点也就不一样。为保证同一个目标能够在组网雷达系统中进行连续跟踪,因而需要对各个雷达的探测时间进行合理分配,让雷达与雷达能够完成协同工作。

(4)优先级最大原则。目标的优先级越大意味着该目标越重要或者造成的威胁越大,所以在组网雷达资源调度当中需要将其考虑在内。一般情况下,在同一时刻发现多个目标且优先级不同,则首先要对优先级高的目标进行调度处理。

2. 多雷达资源分配算法

复杂态势下,雷达资源分配需要综合考虑检测、定位、电子对抗等不同任务需求,基于不同的任务针对性设置不同的指标进行性能评估。因此,需要在兼顾多指标的基础上对系统资源进行优化配置。多性能指标约束下,网络化雷达系统资源优化配置的数学实质是多目标优化问题的建模与求解过程。

(1)单指标约束的网络化雷达资源分配算法。在多雷达探测过程中,性能指标众多,面对的态势需求复杂多变。在态势紧急的情况下,受软、硬件成本等因素影响,雷达系统难以兼顾不同性能指标,只能通过改善单一关键指标对态势变化进行快速应对,从而满足性能与时效需求。这里以多雷达覆盖最大化为指标进行雷达布站方案优化为例介绍多雷达资源优化配置方法。

为简化问题描述,这里以二维平面考虑该问题,任务场景如图 4-25 所示。

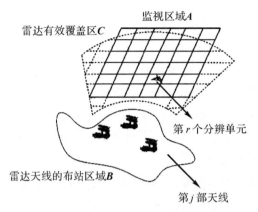

图 4-25 网络化雷达天线优化布站场景示意图

图 4-24 中，A、B 和 C 分别表示雷达的监视区域、雷达天线的布站区域和雷达的有效覆盖区域，则网络化雷达系统对于监视区域的有效覆盖率可以被定义为如下形式：

$$C_R = \frac{C \cap A}{A} \tag{4.5}$$

C_R 越大意味着对区域的监视性能越好。理想状态下，C_R 达到 1 时意味着雷达系统对于监视区域形成完全有效覆盖。但由于现实条件的限制，实现监视区域的完全、有效覆盖非常困难，往往只能利用有限资源尽可能提升对监视区域的有效覆盖率。

假设系统包含 j 部天线，定义第 j 个天线的位置为 $\theta_j = (x_j, y_j)$，可将就问题建立如下描述形式：

$$\left. \begin{array}{l} \max\limits_{\Theta} G(\Theta) = C_R(\Theta) \\ C_R(\Theta) = \dfrac{X(\Theta) \cap A}{A} \\ s.t.\ \theta_j \in B, 1 \leqslant j \leqslant J \end{array} \right\} \tag{4.6}$$

式中：$\Theta = [\theta_1, \theta_2, \cdots, \theta_j]$，$\theta_j$ 代表第 j 部雷达的位置。上述优化问题在目标函数计算以及多天线位置优化两个方面面对着较大的计算量挑战。

由于所涉及的优化问题需对多个天线的位置进行联合优化，变量增多导致式(4.3)中的问题成为一个高维优化问题。该优化问题无法求得解析表达式，只能采取数值优化方法对其进行求解。数值优化方法种类较多，需选择合适的优化算法。穷举法理论上可以得到最优解，但是采用穷举法对高维优化问题将面临计算量爆炸的问题。以布站问题为例，假设在对布站区域离散化后，系统的每个天线都有 $\hat{L}$ 种可能的部署位置，那么包含 j 个天线的雷达系统就有 $\hat{L}^j$ 种可能的部署方案。部署方案的数目随着 $\hat{L}$ 以 J 的增加呈指数式增长，容易出现计算量过大甚至是维数灾难问题，导致问题无法求解。

综上，在以提升对监视区域覆盖性能的优化布站中，目标函数的计算以及多天线位置的联合优化都面临计算量过大的问题，需要设计合适的目标函数的计算方法以及天线布站优化算法，降低问题求解过程中的计算量。

针对该问题，近年来学者们提出了多种求解算法，比较典型的有序列穷举法和 PSO 等算法,具体求解算法这里不再赘述。

(2) 多指标约束下资源优化配置统一数学建模

在多性能指标约束下,可以将系统资源优化配置问题抽象为多目标优化问题。例如针对 j 部同类型雷达节点构成的网络化雷达系统,其资源优化配置的目的是兼顾 j 种不同雷达性能指标的改善需求。以 $\Theta=[\theta_1,\theta_2,\cdots,\theta_j]$ 代表系统资源分配方案,同时将资源优化配置问题的目标函数描述为如下形式:

$$G(\Theta)=[g_1(\Theta),g_2(\Theta),\cdots,g_k(\Theta)] \quad (4.7)$$

式中: $g_k(\Theta)$ 代表第 k 种性能指标。不失一般性,以最大化问题为例,多指标约束下的网络化雷达系统资源优化配置可以被建立为如下广义多目标优化问题:

$$\max_{\Theta} G(\Theta):=[g_1(\Theta),g_2(\Theta),\cdots,g_k(\Theta)]$$
$$\text{s.t. } H(\Theta) \quad (4.8)$$

式中: $H(\Theta)$ 代表资源限制条件。式(4.8)所表示的是多目标优化问题,由于不同目标函数往往存在一定程度的冲突,改善某一个目标函数很可能导致其他目标函数性能恶化,相比于传统单目标优化问题,式(4.8)所描述的多目标优化问题求解更加复杂,因此,多目标优化问题通常难以找到使所有目标函数同时最优的解,只能在不同目标函数的改善需求间进行妥协与平衡。

近年来,基于 Pareto 最优思想的多目标进化算法被证明可以对多目标问题进行有效求解。多目标进化算法致力于寻找一组无法比较优劣的解所构成的解集,它包含了在目标函数间所有的最优妥协方案。最优妥协方案是指不可能在继续改善某一目标函数性能的同时不造成其他任意目标函数性能的恶化。多目标进化算法优化完毕得到解集后,可以根据偏好信息,从解集中选出最符合需求的解。

三、多传感器资源调度技术

(一) 多传感器资源调度基本概念

随着空天防御对抗的日趋激烈,空天防御中各种传感器需要在愈加复杂的对抗环境下获取目标信息。为了提高目标信息获取的效率和质量,通常需要在受限的资源约束条件下,在传感器资源分配结束后,针对不同的任务场景,合理调度各种传感器资源,最大化信息获取效能。

空天防御作战中涉及的传感器种类众多,不同传感器探测过程中资源调度方法不完全一样。雷达探测是空天防御探测信息获取的一种主要形式,本书主要结合网络化多雷达系统介绍相关资源调度技术。首先,多雷达资源调度的核心问题是多雷达多目标分配(即雷达目标配对),就是依据一定的最优准则,确定选择哪部雷达对哪些目标进行探测,提高组网雷达系统的预警探测能力;其次,当单部雷达需探测多个目标时,为了将更多的探测资源分配给一些更有威胁或优先级更高的目标,以实现对重要目标的重点探测,需要确定各雷达所探测目标的目标优先级,即计算目标优先级;最后,各雷达可能出现三种异常,即探测异常、饱和异常和硬件异常,针对这些异常,需及时检测和处理,以减少其对组网雷达系统预警探测能力的影响。

对于单部雷达而言,资源的调度主要在微观层面,也就是在系统硬件条件的约束下,合理利用有限时间,高效地完成资源分配后的多种任务(更多的是任务执行顺序问题,也就是雷达工作时序的安排)。而对于多雷达组成的多传感器系统,其资源调度不仅包括单部雷达的资源管理与调度,还包括多雷达对多目标的合理分配问题,而这属于宏观层面的传感器管理问题。

传感器资源调度管控的主要目的是充分不同类型传感器资源来收集相关信息,满足对多个目标全方位的监视跟踪或得到系统需要的某个具体特性的最优度量值(如检测概率、航迹精度等),以这个最优准则对多传感器资源进行科学、合理的分配。传感器资源调度的另一个目的是实现多传感器系统整体优化。通过检查跟踪情况与需求标准之间的相互关系产生一个反馈,不断调整控制传感器工作,通过资源调度管控不同特性功能的传感器,充分利用多个传感器协作或各自操作的优势,可以提高多传感器融合系统的有效性。资源调度管控是多传感器数据融合系统中使用与管理的核心,是多传感器数据融合系统实现目标监视、获取目标特性的主要途径,其主要是通过多传感器数据融合系统内资源的优化配置。通过进行统一的资源调度,形成协同探测工作模式,对重点观测区域、重点观测目标集中更多地资源,在兼顾区域监视的同时,更多地关注重点目标二对多传感器资源利用进行评估,形成优化的方法、有效的战略布局,为优化、部署提供指导方法,提升系统的使用效能。

多雷达资源调度的主要是基于有限资源的约束及动态多变的目标环境,通过协调雷达与目标的分配方案,来达到资源的优化利用。详细来讲,通过多雷达资源调度可达到如下目的:

(1)提高系统生存能力:保证在部分雷达失效的情况下,仍然有其他雷达向系统提供有效数据。

(2)扩展探测空域:通过合理分配雷达搜索范围,进行优势互补,扩大可探测范围。

(3)提高探测精度:由多部雷达对目标联合探测,提高探测的可信度,降低探测结果的不确定性。

(4)提高工作效率:为操作员决策提供辅助信息,减轻其工作负担。

(二)单雷达资源调度

单部雷达工作过程中,通常要完成对目标的搜索、截获、跟踪以及识别等任务,不同的任务对雷达发射信号形式、接收机工作方式、波束指向都不同,甚至相互冲突,很难同时完成所有任务。考虑不同任务均需要占用雷达工作天线,时间的冲突和划分主要体现在天线波束的控制上,因此雷达资源的调度变成了雷达工作时序的控制与分配问题。

工作时序的分配对象是驻留时间,也就是雷达停留在某一项工作的时间。通常在驻留时间内,制导雷达的发射信号形式、接收机工作方式、波束指向等均保持不变,完成某项特定的工作。当切换到下一个驻留时间时,制导雷达的发射信号形式、接收机工作方式、波束指向等会根据工作要求迅速完成切换并保持一定时间。通过时序分配,雷达会不断地快速进行"切换—驻留—切换"过程,以时分的方式来实现多通道和多功能。

1. 工作时序的分配原则

工作时序作为雷达资源调度的一种手段,对其工作性能有着直接的影响。由于目标工作状态是不断变化的,工作时序必须能够适应这种动态的通道和功能变化要求。为了保证每个通道、每个功能都能够可靠实现,满足其占用时间长度、更新时间的要求,并保证有较高的资源利用效率,制导雷达的工作时序分配应遵循以下几个原则:

(1)周期性。对目标的跟踪要求具有一定的周期性,这种周期性也是精度的基本保证。由于目标跟踪是雷达的核心工作,其周期性就决定了工作时序也要具有周期性。将雷达的工作时间划分为等间隔的时间段,称之为雷达工作周期。在一个工作周期内,制导雷达的核心工作进行一次,其他工作根据剩余时间灵活安排,工作周期之间具有一定的重复性和相似性,这种周期性也有利于时序的划分与实现。

(2)相对稳定性。在时序的分配上,某一项工作所占用的时间应当是相对稳定的。这样,一方面使雷达的工作有一定的规律性,另一方面也可以减小时序分配、控制与实现的难度。

(3)优先性。雷达需要完成的工作很多,这样在很多情况下就会出现冲突,这就需要设定一定的优先级,在存在时间冲突的情况下优先安排优先级高的工作。优先级与工作的重要程度和紧迫程度有关,重要程度与紧迫程度高的工作优先完成。

(4)充分性。雷达工作时间是雷达的三大资源(时间、带宽、功率)之一,必须加以充分利用。在时序上,要求最大程度地利用雷达工作时间,避免出现空闲和浪费。

2. 工作时序的分配方式

工作时序分配是伴随着多功能相控阵雷达发展的一项专门技术,也是雷达智能化水平的一个重要方面。目前有两种基本的时序分配方式:固定时序和动态时序。

(1)固定时序。所谓固定和动态也是相对而言的。固定时序包含两个方面的含义:

1)某项工作所占用的时间长度是固定的;

2)某项工作在工作周期内所占用的时间位置是固定的,除非存在时间冲突,则按优先级占用。

假如雷达只有两项工作需要完成,则要按照固定时序分配,其时序如图4-26所示。

图4-26 固定时序分配

工作1和工作2总是以固定的时间长度占用雷达工作周期内的固定时间位置的,与其优先程度无关。在第二个工作周期中,工作2不需要进行,其时间位置就会空出。在这个时序例子中,每个工作周期还有大量的空闲时间,实际工作中雷达会根据工作要求安排其他工作。

这种时序分配方式有以下特点:

1)时序的稳定性好,相对容易实现;

2)时序的灵活性不足,特别是通道数量众多、功能繁杂的现代雷达,很容易出现核心工作的时序冲突,以至于有时不得不牺牲一部分时间资源来确保时序的正常分配;

3)资源利用效率较低,例如对远距离目标和近距离目标,分配相同的跟踪占用时间,很明显会造成时间、功率资源的浪费。

(2)动态时序。随着现代雷达技术的发展,对雷达资源利用效率的要求越来越高,最佳的时序分配方式要求能够实现动态最优的资源分配,并将时间、带宽(波形)、功率资源都纳入可分配范围,这就是动态时序。动态时序包含两个方面的含义:

1)某项工作所占用的时间长度是按需分配的,其发射功率、信号带宽(波形)也会根据工作需求而进行调整;

2)某项工作在工作周期内所占用的时间位置是随机的,通常按照优先程度,采用竞争方式占用。

对于图4-26所示的例子,在动态时序情况下其时序如图4-27所示。

图 4-27 动态时序

由于工作 2 优先级较高,所以在每个工作周期中优先占用,但其时间长度随需求而变化;在第二个工作周期中,工作 2 不需要进行,工作 1 就会被优先分配。雷达工作周期内剩余的空闲时间按优先级分配给其他工作。

这种时序分配方式有以下特点:
1)核心工作的数据更新周期是变化的,根据需求而定。
2)时序具有很强的随机性,逻辑关系复杂,实现难度大。
3)时序的灵活性好,不容易出现核心工作的时序冲突。
4)资源利用效率高。例如:对远距离目标和近距离目标,分配不同的跟踪占用时间和发射功率;对于处于不同阶段的目标,采用不同的数据更新速率(监视状态采用低速率,制导状态采用高速率);根据需求动态分配雷达的工作带宽、波形等。

3. 资源调度影响因素

在任务的调度过程中,主要需要考虑以下因素,以使得资源调度算法更加高效。

(1)调度间隔。调度间隔(Scheduling Interval,SI)定义为雷达调用资源调度算法的时间周期,它是整个主控计算机程序体系结构的基础。雷达中的主控计算机每隔一个 SI 和天线端交换一次数据。在一个 SI 内,计算机将对前一个 SI 内天线端接收到的回波信号进行数字处理,并对下一个 SI 内产生的请求任务进行安排,然后通过程序控制天线端(数字 TR 组件)执行。

(2)资源约束。雷达每执行一个任务,都需要满足系统硬件条件的约束。

1)时间约束。从发射到接收,每个任务都需要消耗一定的时间资源。一旦 SI 确定以后,则一个 SI 内可执行的任务总量将受到限制。

2)散热约束。雷达每一次照射目标都将产生一定的能量耗散,尤其在 MISO 和 MIMO 模式下,多波束同时发射或接收,产生的能量耗散更大。为避免发射机因持续工作过热损坏,必须考虑散热性的限制。

3)处理器约束。由于大规模集成电路的普及应用,处理器对于雷达调度算法的约束影响越来越小。在此,忽略处理器的约束限制。

(三)多雷达资源调度

1. 多雷达资源调度基本过程

雷达对目标的探测过程包括搜索、跟踪、识别等阶段,对目标的快速搜索和稳定跟踪是对目标进行探测识别的基本前提。本部分重点对目标搜索和跟踪阶段的多雷达资源调度进行介绍。

多雷达资源在搜索阶段的调度是依据一定的最优准则,完成对多部雷达的多目标分配及目标优先级计算,确定选择哪部雷达对哪些目标进行搜索,以组网雷达系统尽早发现目标为原则,提高组网雷达系统的预警探测能力。

多雷达资源在跟踪阶段的调度是通过检测并处理雷达跟踪目标过程中可能出现的各类异常,如硬件异常、饱和异常和探测异常,保证对目标的稳定跟踪。下面结合图 4-28 所示的多雷达资源调度功能模型,介绍多雷达资源调度的相关内容及各内容的内在联系。

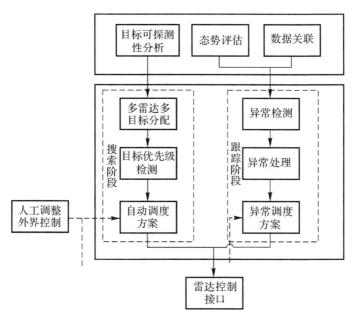

图 4-28 多雷达资源调度功能模型

(1)多雷达-多目标分配。多雷达-多目标分配是指为了满足复杂条件下对多目标的探测需求,将有限的雷达资源进行优化分配。因此,当存在多个雷达探测多个目标时,就需设计一个资源分配方案实现对多雷达资源的合理调度。

一般而言,可以基于目标可探测性信息完成对多目标的分配,分配准则如下:
1)对每一个目标至少要分配一部雷达来进行探测;
2)雷达探测的目标数量应小于该雷达的探测目标容量;
3)分配方案应使雷达目标分配总效能值最小。

依据上述三条准则,解决多雷达多目标分配问题的一般思路为:基于线性规划基本理论建立问题的数学模型。该问题属于典型的 0-1 整数规划问题,求解 0-1 整数规划问题最简明直观的方法是穷举法,但是当问题规模较大时,几乎不可能在有限的时间内求得问题的最优解,因此可采用隐枚举法求解该问题。

(2)目标优先级检测。目标优先级的计算是在完成多雷达多目标分配问题的基础上,计算出单部雷达所探测的多个目标的目标优先级,从而指导雷达对重要目标进行重点探测。所使用的典型方法为层次分析法,该方法特别适用于难于完全定量分析的问题,是对一些较为复杂及模糊的问题做出决策的简易方法。运用层次分析法建模包含四个步骤:
1)建立递阶层次结构模型;
2)构造出各层次中的所有判断矩阵;
3)层次单排序及一致性检验;
4)层次总排序及一致性检验。

(3)异常检测。雷达异常检测是指为保证组网雷达系统的正常探测,充分发挥各雷达的探测能力,对雷达的硬件异常情况、探测异常情况、饱和异常情况进行分析、检测的过程。其具体检测方法如下:

1)对探测异常的检测。主要利用系统航迹、单站航迹及雷达威力范围三种信息来检测雷达是否出现探测异常。当系统航迹中新出现一个目标且该目标处于某雷达的威力范围内,但是该雷达未上报该目标的单站航迹时,判定此雷达出现了探测异常。

2)对雷达饱和异常的检测是基于单站航迹信息和雷达的探测容量来完成的。检测流程是当雷达新增了一条单站航迹时,比较雷达当前的单站航迹总数与其探测容量,若其单站航迹总数超出其探测容量,则可断定该雷达出现饱和异常。

3)雷达的硬件异常由雷达自行上报,不需要进行检测。

(4)异常处理。针对三种雷达出现的异常情况,异常处理过程具体如下:

1)雷达探测异常的处理流程:首先获取出现异常的雷达及其未探测到的目标列表;根据这些信息,操作员将该目标的系统航迹信息发送给出现探测异常的雷达,解决其探测异常,从而进一步提高整个组网雷达系统的探测能力。

2)雷达饱和异常的处理流程:将雷达的探测目标链表按目标威胁度排序,将威胁度较低的目标分配给其他雷达来探测,缓解该雷达的探测压力。此分配过程由操作员手动执行。

3)雷达硬件异常的处理流程:首先获取与硬件异常信息相关的雷达,然后读取该雷达的单站航迹链表,操作员手动将该链表信息发送给选定的其他雷达,使其他雷达继续保持对目标的探测,防止目标丢失。

2. 多雷达资源调度基本模型

多雷达系统通常包含不同体制、不同发射功率、不同任务目标的单站雷达节点,需要按照一定的调度原则充分利用系统资源,通过信息融合、统一调度等手段,达到提升雷达系统信息获取能力的目的。因此,多雷达资源调度的主要目标是耗费较小的性能代价,尽可能地提升雷达系统在各种任务中的效能,如对目标区域的监视、探测、干扰等。多雷达资源调度原则应针对具体的任务,实现有效调度,基本原则主要包括如下几个方面:

(1)在有限的雷达节点数量下,优化雷达节点的布局,提高多功能雷达组网系统在探测、干扰等任务中的性能;

(2)保证在动态任务场景下,多功能雷达组网系统能够快速获得较优的资源调度方案;

(3)在需要同时完成多种任务时,多功能雷达组网系统仅消耗较小的计算资源和时间成本,就能给决策者提供一组最优的解决方案。

基于上述基本原则,可以建立多雷达系统资源调度的性能评价。从探测能力、干扰能力两个方面分析,多功能雷达资源调度的性能指标评估主要包括如下几个方面。

(1)探测能力。雷达系统威力区大小从一定程度上反映了雷达探测性能的好坏,多雷达系统中的单站雷达可采用数据融合等手段实现威力区的并集与合成。这里采用主要介绍回波检测概率、空域覆盖系数两个典型探测能力指标的方法。

1)回波检测概率。对于由 m 部雷达组成的组网雷达系统,假定其坐标分别为(x_m,y_m,z_m),其中 $m=1,2,\cdots,m$;同时假定有 s 个目标,其坐标分别为 (x_s,y_s,z_s),其中 $s=1,2,\cdots,s$。若各雷达分别独立地对目标进行观测,并将匹配滤波后的数据送至融合中心,融合中心将各部雷达的数据进行融合,进而实现对监测空域内目标的检测。

假定雷达基带调频信号为 $S_m(t)$，且 $\int_{T_m}|S_m(t)|^2\mathrm{d}t=1$。其中 T_m 为雷达 m 发射信号的脉冲周期。若雷达 m 发射信号的功率为 P_m，同时各发射信号相互正交，则 t 时刻，雷达接收到目标 s 的回波信号可表示为

$$r_{sm}=\sum_{m=1}^{M}\sqrt{\alpha_{sm}P_m}\sigma_{sm}S_m(t-\tau_{sm})+w_{sm}(t) \tag{4.9}$$

式中：$\alpha_{sm}=\dfrac{G_m^tG_m^r\lambda_m^2}{(4\pi)^3kT_eBFLR_{sm}^4}$，表示衰减系数，其中，$G_m^t$ 为发射增益，G_m^r 为接收增益，λ_m 为发射信号波长，k 为玻尔兹曼常数，T_e 为有效噪声温度，B 为带宽，F 为噪声系数，L 为雷达损失，$R_{sm}=\sqrt{(x_s-x_m)^2+(y_s-y_m)^2+(z_s-z_m)^2}$，为目标 s 与雷达 m 之间的距离；σ_{sm} 为第 s 个目标的第 m 个雷达散射截面积；τ_{sm} 为第 m 个雷达接收到第 s 个目标回波的时延；$w_{sm}(t)$ 为回波中的噪声。

雷达对接收到的信号进行匹配滤波，则经过匹配滤波的信号可以表示为

$$\tilde{r}_{sm}=\sqrt{\alpha_{sm}P_m}\sigma_{sm}+\tilde{n}_{sm} \tag{4.10}$$

式中：$\tilde{n}_{sm}$ 为匹配滤波后的噪声，服从零均值高斯分布，方差为 σ_s^2。

可将 m 个雷达匹配滤波后的信号表示成向量形式：

$$\tilde{\boldsymbol{r}}_s=[\tilde{r}_{sm}\quad\tilde{r}_{sm}\quad\cdots\quad\tilde{r}_{sM}] \tag{4.11}$$

将各个雷达得到的匹配滤波信号传送至融合中心，采用 NP 准则对目标进行检测，可得似然比检测器

$$T_s=\|\tilde{\boldsymbol{r}}_s\|^2\underset{H_0}{\overset{H_1}{\gtrless}}\delta_s \tag{4.12}$$

式中：T_s 为目标 s 的检测统计量，其分布为

$$T_s\sim\begin{cases}\dfrac{\sigma_s^2}{2}\chi_{2M}^2\left(\dfrac{2}{\sigma_s^2}\sum_{m=1}^{M}P_m\alpha_{sm}|\xi_{sm}|^2\right), & H_1 \\ \dfrac{\sigma_s^2}{2}\chi_{2M}^2, & H_0\end{cases} \tag{4.13}$$

若 H_1 成立，则目标存在；若 H_0 成立，则目标不存在。

假设虚警概率为 p_{FA}，则门限常数 δ_s 为

$$\delta_s=\sigma_s^2F_{\chi_{2M}^2}^{-1}(1-p_{FA}) \tag{4.14}$$

即雷达组网对目标 s 的检测概率为

$$p_{Ds}=\Pr(T\geqslant\delta_s\mid H_1) \tag{4.15}$$

2) 空域覆盖系数。空域覆盖系数 cover_ratio 表示雷达系统子空域中某一任务平面威力区面积与目标区域面积之比，即

$$\text{cover\_Ratio}=\dfrac{(\bigcup_{i=1}^{M}S_i)\cap S_t}{S_t} \tag{4.16}$$

式中：S_i 为第 i 部雷达节点的空域覆盖面积；S_t 为目标区域面积。

式(4.16)描述了多功能雷达组网系统中对目标区域中分辨单元的检测概率与系统接收的总回波信噪比之间的关系。对于包含 M 个工作参数基本一致的雷达节点的多功能雷达组网系统，共有 $M\times M$ 个相互独立的收发通道，则目标区域中任意坐标 (x_n,y_n,z_n) 为分辨单元 n

的检测概率 $\bar{P}_d$ 为

$$\bar{P}_d(x_n, y_n, z_n) = Q_{M \times M}(\sqrt{2\mathrm{SNR}_n}, \sqrt{2\gamma_T}) \tag{4.17}$$

式中:$Q_{M \times M}$ 代表马库姆函数;γ_T 为检测门限;SNR_n 为分辨单元 n 的总回波信噪比。检测门限 γ_T 与虚警概率 $\bar{P}_{FA}$ 的关系可以通过以下方程得到:

$$\bar{P}_{FA} = e^{-\gamma_T} \sum_{i=0}^{M \times M - 1} \frac{\gamma_T^i}{i!} \tag{4.18}$$

目标区域内所有检测概率大于阈值 $\bar{P}_{dt}$ 的分辨单元组成的区域就是多功能雷达系统在空域内某一高度的威力区,即式(4.11)中的 $(\bigcup_{i=1}^M S_i) \cap S_t$,可用式(4.14)表示:

$$\{(x_i, y_i) \in S_t \mid \bar{P}_d(x_i, y_i) \geqslant \bar{P}_{dt}\} \tag{4.19}$$

(2)干扰能力。使用有源抑制干扰作为多功能雷达系统干扰手段,产生多种杂波型号抑制、掩蔽有效信号。对于多功能雷达系统中任意雷达节点 i,干扰任务目标区域内任意分辨单元 n 的干扰功率密度为

$$\mathrm{IPD}_{ni} = \frac{P_{ti} G_{ti}}{4\pi r_{ni}^2} \tag{4.20}$$

式中:P_{ti} 为雷达发射天线的峰值功率,单位为 W;G_{ti} 为雷达节点 i 发射天线在目标接收天线方向的增益;r_{ni} 为分辨单元到雷达发射天线的欧式距离,单位为 m。包含 M 个节点的雷达组网系统对目标区域内任意分辨单元 n 的干扰功率密度为

$$\mathrm{IPD}_n = \sum_{i=1}^M \mathrm{IPD}_{ni} = \sum_{i=1}^M \frac{P_{ti} G_{ti}}{4\pi r_{ni}^2} \tag{4.21}$$

基于上述性能评价指标,按照多传感器资源分配基本原理,即可得到多传感资源调度中的目标任务分配模型。通过求解该分配模型即可得到多雷达资源分配结果,也就是雷达的具体任务。基于该雷达的具体任务,各个雷达采用前面的资源调度方法实现针对任务的资源调度,进而实现多雷达资源的调度。

(四)组网雷达自适应调度技术

上述多雷达的资源调度将调度问题分解为多个层次,在宏观层主要完成雷达的任务分配,之后在微观层通过雷达的资源调度完成相关任务,在一定程度上提高了多雷达信息获取的质量。随着现代空天防御信息获取与反获取对抗的日益激烈,战场态势瞬息万变,这种资源调度中资源分配与调度规划分离的调度策略在每次环境变化后都需要对调度方案进行重新优化,将在很大程度上导致计算资源与时间的浪费。如何在环境变化后快速地获取最佳的调度方案,成为复杂场景下多雷达资源调度的一项核心问题。基于此,国内一些学者提出了多雷达自适应调度方案。

这里以 MIMO 雷达系统在发射低增益的宽波束(MISO)模式下的资源调度为例,简单介绍多雷达自适应调度的基本流程与原理。需要说明的是,多雷达自适应调度过程中采用不同的指标函数和调度策略,具体实现方法将有一定差异,但基本的原理与流程总体一致。

1. MIMO 雷达系统 MISO 模式下的雷达任务模型

MIMO 雷达系统 MISO 模式下的雷达任务结构如图 4-29 所示。

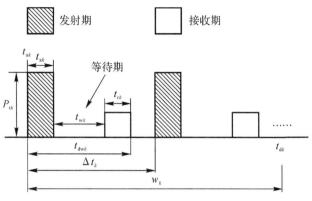

图 4-29 雷达任务结构

从图 4-29 中可以看出,一个雷达任务由三个子任务组成:发射期、等待期和接收期。第 k 个雷达任务可以用以下 10 元数组表示:

$$T_k = \{P_k, t_{ak}/t_{ek}, t_{xk}, t_{wk}, t_{rk}, P_{tk}, t_{dwk}, w_k, t_{dk}, \Delta t_k\} \quad (4.22)$$

式(4.22)中各参数的含义见表 4-3。其中,驻留时间 t_{dwk} 满足

$$t_{dwk} = t_{xk} + t_{wk} + t_{rk} \quad (4.23)$$

$$t_{dk} = t_{ak} + w_k \quad (4.24)$$

式中:w_k 为任务 k 的时间窗。所有请求任务只有在各自的时间窗内被成功调度才能是有效的,否则将会因为目标的机动而失去意义。Δt_k 满足

$$t_{ak} = t_{e(k-1)} + \Delta t_k \quad (4.25)$$

式中:t_{ak} 为任务的请求时刻,也是最佳执行时刻;$t_{e(k-1)}$ 为上一个成功调度的同类任务的执行时刻。

表 4-2 任务参数及解释

参数	描述	解释
P_k	优先级	任务的重要性
t_{ak}	请求时间	/
t_{ek}	执行时间	任务实际调度/执行时间
t_{xk}	发射期	预设参数
t_{wk}	等待期	长短取决于目标运动
t_{rk}	接收期	预设参数
P_{tk}	功率消耗	根据资源分配所得
t_{dwk}	驻留时长	$t_{dwk} = t_{xk} + t_{wk} + t_{rk}$
w_k	时间窗	任务提前或滞后执行的可行时段
t_{dk}	截止期	表征任务的紧迫性 $t_{dk} = t_{ak} + w_k$
Δt_k	两次同种相邻任务的请求间隔	$t_{ak} = t_{e(k-1)} + \Delta t_{k-1}$

2. 资源约束模型

(1) 时间约束。SI 为雷达任务调度的最小时间单元。在一个 SI 内,雷达需要对上一个 SI 内的回波信号进行处理,并调用调度算法,决定下一个 SI 内的任务执行序列。在进行分析后,调度算法把任务划分为执行任务、删除任务和延时任务三个子集,其中前两个子集中的任务将分别被执行和删除,延时任务将被延迟到后续的 SI 中再次作为请求任务。其中,所有的执行任务必须满足如下约束:

$$\max(t_{\text{start}}, t_{ak} - w_k) \leqslant t_{ck} \leqslant \min(t_{dk}, t_{\text{end}} - t_{dwk}) \tag{4.26}$$

式中:t_{start} 和 t_{end} 分别为 SI 的开始时刻和结束时刻,满足 $t_{\text{end}} = t_{\text{start}} + t_{\text{SI}}$,$t_{\text{SI}}$ 为 SI 时长。

从式(4.26)中可以看出,待执行的任务不仅需要满足 SI 的约束,还需满足时间窗的限制。

(2) 调度模式约束。

图 4-30 给出了 MISO 与 SISO 模式下的任务调度示意图。其中,阴影的矩形框代表任务 k,空白矩形框代表任务 i。图 4-30(c)~(f)为 MISO 模式下的任务调度方式,由图可见,雷达的发射或接收子任务可以在等待期内交错执行,同时,多个接收期可以在时间轴上相互交叠。此外,由于 MIMO 雷达工作模式的多样性,图 4-30(a)(b)(g)代表的 SISO 模式对于 MIMO 雷达而言同样适用。在此条件下,图 4-30(a)(f)对应的约束条件可分别表示为

$$\xi_i t_{ci} \geqslant \xi_k (t_{ck} + t_{xk} + t_{wk} + t_{rk}) \tag{4.27}$$

$$\left.\begin{array}{l} \rho_i (t_{ei} + t_{xi} + t_{wi}) \geqslant \rho_k (t_{ek} + t_{xk} + t_{wk} + t_{rk}) \\ \rho_i t_{ei} \geqslant \rho_k (t_{ek} + t_{xk}) \\ \rho_i (t_{ei} + t_{xi}) \leqslant \rho_k (t_{ek} + t_{xk} + t_{wk}) \end{array}\right\} \tag{4.28}$$

$$\left.\begin{array}{l} \tau_i t_{ei} \geqslant \tau_k (t_{ek} + t_{xk}) \\ \tau_i (t_{ei} + t_{xi}) \leqslant \tau_k (t_{ek} + t_{xk} + t_{wk}) \\ \tau_i (t_{ei} + t_{xi} + t_{wi}) \geqslant \tau_k (t_{ck} + t_{xk} + t_{wk}) \\ \tau_i (t_{ei} + t_{xi} + t_{wi}) \leqslant \tau_k (t_{ek} + t_{xk} + t_{wk} + t_{rk}) \\ \tau_i (t_{ei} + t_{xi} + t_{wi} + t_{ri}) \geqslant \tau_k (t_{ek} + t_{xk} + t_{wk} + t_{rk}) \end{array}\right\} \tag{4.29}$$

$$\left.\begin{array}{l} \varphi_i t_{ei} \geqslant \varphi_k (t_{ek} + t_{xk}) \\ \varphi_i (t_{ei} + t_{xi} + t_{wi}) \leqslant \varphi_k (t_{ek} + t_{xk} + t_{wk}) \\ \varphi_i (t_{ei} + t_{xi} + t_{wi} + t_{ri}) \geqslant \varphi_k (t_{ek} + t_{xk} + t_{wk} + t_{rk}) \end{array}\right\} \tag{4.30}$$

$$\left.\begin{array}{l} \chi_i t_{ei} \geqslant \chi_k (t_{ek} + t_{xk}) \\ \chi_i (t_{ei} + t_{xi} + t_{wi}) \geqslant \chi_k (t_{ek} + t_{xk} + t_{wk}) \\ \chi_i (t_{ei} + t_{xi} + t_{wi} + t_{ri}) \leqslant \chi_k (t_{ek} + t_{xk} + t_{wk} + t_{rk}) \end{array}\right\} \tag{4.31}$$

$$\left.\begin{array}{l} \psi_i t_{ei} \geqslant \psi_k (t_{ek} + t_{xk}) \\ \psi_i (t_{ei} + t_{xi} + t_{wi}) \leqslant \psi_k (t_{ek} + t_{xk} + t_{wk}) \\ \psi_i (t_{ei} + t_{xi} + t_{wi} + t_{ri}) \geqslant \psi_k (t_{ek} + t_{xk} + t_{wk}) \\ \psi_i (t_{ei} + t_{xi} + t_{wi} + t_{ri}) \leqslant \psi_k (t_{ek} + t_{xk} + t_{wk} + t_{rk}) \end{array}\right\} \tag{4.32}$$

$$\left.\begin{array}{l} \omega_i t_{ei} \geqslant \omega_k (t_{ek} + t_{xk}) \\ \omega_i (t_{ei} + t_{xi} + t_{wi} + t_{ri}) \leqslant \omega_k (t_{ek} + t_{xk} + t_{wk}) \end{array}\right\} \tag{4.33}$$

式中:$\xi, \rho, \tau, \varphi, \chi, \psi, \omega$ 均为 $\{0,1\}$ 二元变量,且满足

$$\xi + \rho + \tau + \varphi + \chi + \psi + \omega = 1 \tag{4.34}$$

其中：$i=1,2,\cdots,N$，$k=1,2,\cdots,N$，且 $i\neq k$；N 为一个 SI 内的请求任务数量。

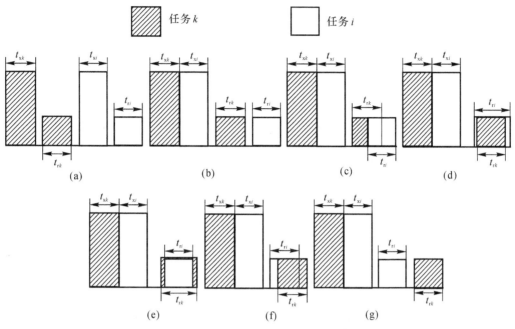

图 4-30　MISO 与 SISO 模式下的任务调度方式

（3）能量耗散约束。在任务顺序执行的过程中，每个任务均需要产生一定的能量。由于发射机物理条件的限制，必须考虑能量耗散的影响，以保证发射机不会因温度过高而受到损坏：

$$P_\tau(t) \leqslant \overline{P}_{\tau\max} \tag{4.35}$$

式中：$\overline{P}_{\tau\max}$ 为功率阈值；$P_\tau(t)$ 为雷达在 t 时刻的功率消耗值。后者可表征为指数形式

$$P_\tau(t) = \frac{1}{\tau}\int_0^t p(x)\mathrm{e}^{(x-t)/\tau}\mathrm{d}x \tag{4.36}$$

式中：$p(x)$ 为雷达的瞬时功率消耗；τ 为回退参数，表征了雷达的散热性能。由式（4.35）可知，$\overline{P}_{\tau\max}$ 为任务的连续执行设定了上限，当超出阈值时，任务的执行必须被暂停以对发射机进行保护。

3. 优化模型构建

任务调度过程中，需要满足以下三个原则：① 重要性原则。即硬件资源需要优先分配给更加重要的任务。② 紧急性原则。即可用资源需要优先分配给更加紧急的任务。③ 及时性原则。即任务的实际执行时刻需要尽可能接近其请求执行时刻，以应对目标的动态变化。其中，前两个原则反映了雷达任务的固有属性，第三个原则反映了调度算法与雷达任务之间的关系。由表 4-2 可知，任务的优先级 P_k 和截止期 t_{dk} 分别表征了任务的重要性和紧急性。因此，综合以上三个原则，将目标函数构建为

$$\max \sum_{k=1}^N \lambda_k o(P_k, t_{ak}, w_k, t_{\mathrm{start}}, t_{ek}) \tag{4.37}$$

$$o(P_k, t_{ak}, w_k, t_{\mathrm{start}}, t_{ek}) = [o_1(P_k) + o_2(t_{ak}, w_k, t_{\mathrm{start}})]o_3(t_{ek}, t_{ak}, w_k) \tag{4.38}$$

式中:$\lambda_k \in \{0,1\}$,为二元变量。当任务 T_k 未被调度时,$\lambda_k = 0$;当任务 T_k 被成功调度时,$\lambda_k = 1$。$o_1(P_k)$ 为任务优先级 P_k 的增函数;$o_2(t_{ak}, w_k, t_{\text{start}})$ 为任务截止期 t_{dk} 与 SI 起始时刻 t_{start} 间相对距离的减函数;$o_3(t_{ek}, t_{ak}, w_k)$ 为任务请求时刻 t_{ak} 与实际执行时刻 t_{ek} 在时间窗 w_k 内相对距离的函数,表征了任务调度的及时性。相对距离越小,则任务执行得越及时。式(4.38)暗含了多方面性能的折中,以保证算法的全面性。

在上述基础上,MISO 模式下的资源调度问题可表示为

$$\max \sum_{k=1}^{N} \lambda_k o(P_k, t_{ak}, w_k, t_{\text{start}}, t_{ek}) \tag{4.39}$$

$$\text{s.t.} \quad t_{\text{dwk}} = t_{xk} + t_{wk} + t_{rk} \tag{4.40}$$

$$t_{dk} = t_{ak} + w_k \tag{4.41}$$

$$t_{\text{end}} = t_{\text{start}} + t_{\text{SI}} \tag{4.42}$$

$$\max(t_{ak} - w_k, t_{\text{start}}) \leqslant \lambda_k t_{ck} \leqslant \min(t_{dk}, t_{\text{end}} - t_{\text{dwk}}) \tag{4.43}$$

$$\xi_i \lambda_i t_{ei} \geqslant \xi_k \lambda_k (t_{ek} + t_{xk} + t_{wk} + t_{rk}) \tag{4.44}$$

$$\left. \begin{array}{l} \rho_i \lambda_i t_{ei} \geqslant \rho_k \lambda_k (t_{ek} + t_{xk}) \\ \rho_i \lambda_i (t_{ei} + t_{xi}) \leqslant \rho_k \lambda_k (t_{ek} + t_{xk} + t_{wk}) \\ \rho_i \lambda_i (t_{ei} + t_{xi} + t_{wi}) \geqslant \rho_k \lambda_k (t_{ek} + t_{xk} + t_{wk} + t_{rk}) \end{array} \right\} \tag{4.45}$$

$$\left. \begin{array}{l} \tau_i \lambda_i t_{ei} \geqslant \tau_k \lambda_k (t_{ek} + t_{xk}) \\ \tau_i \lambda_i (t_{ei} + t_{xi}) \leqslant \tau_k \lambda_k (t_{ek} + t_{xk} + t_{wk}) \\ \tau_i \lambda_i (t_{ei} + t_{xi} + t_{wi}) \geqslant \tau_k \lambda_k (t_{ek} + t_{xk} + t_{wk}) \\ \tau_i \lambda_i (t_{ei} + t_{xi} + t_{wi}) \leqslant \tau_k \lambda_k (t_{ek} + t_{xk} + t_{wk} + t_{rk}) \\ \tau_i \lambda_i (t_{ci} + t_{xi} + t_{wi} + t_{ri}) \geqslant \tau_k \lambda_k (t_{ck} + t_{xk} + t_{wk} + t_{rk}) \end{array} \right\} \tag{4.46}$$

$$\left. \begin{array}{l} \varphi_i \lambda_i t_{ei} \geqslant \varphi_k \lambda_k (t_{ek} + t_{xk}) \\ \varphi_i \lambda_i (t_{ei} + t_{xi} + t_{wi}) \leqslant \varphi_k \lambda_k (t_{ek} + t_{xk} + t_{wk}) \\ \varphi_i \lambda_i (t_{ci} + t_{xi} + t_{wi} + t_{ri}) \geqslant \varphi_k \lambda_k (t_{ck} + t_{xk} + t_{wk} + t_{rk}) \end{array} \right\} \tag{4.47}$$

$$\left. \begin{array}{l} \chi_i \lambda_i t_{ei} \geqslant \chi_k \lambda_k (t_{ek} + t_{xk}) \\ \chi_i \lambda_i (t_{ei} + t_{xi} + t_{wi}) \geqslant \chi_k \lambda_k (t_{ek} + t_{xk} + t_{wk}) \\ \chi_i \lambda_i (t_{ei} + t_{xi} + t_{wi} + t_{ri}) \leqslant \chi_k \lambda_k (t_{ek} + t_{xk} + t_{wk} + t_{rk}) \end{array} \right\} \tag{4.48}$$

$$\left. \begin{array}{l} \psi_i \lambda_i t_{ei} \geqslant \psi_k \lambda_k (t_{ek} + t_{xk}) \\ \psi_i \lambda_i (t_{ei} + t_{xi} + t_{wi}) \leqslant \psi_k \lambda_k (t_{ek} + t_{xk} + t_{wk}) \\ \psi_i \lambda_i (t_{ei} + t_{xi} + t_{wi} + t_{ri}) \geqslant \psi_k \lambda_k (t_{ek} + t_{xk} + t_{wk}) \\ \psi_i \lambda_i (t_{ei} + t_{xi} + t_{wi} + t_{ri}) \leqslant \psi_k \lambda_k (t_{ek} + t_{xk} + t_{wk} + t_{rk}) \end{array} \right\} \tag{4.49}$$

$$\left. \begin{array}{l} \omega_i \lambda_i t_{ei} \geqslant \omega_k \lambda_k (t_{ek} + t_{xk}) \\ \omega_i \lambda_i (t_{ei} + t_{xi} + t_{wi} + t_{ri}) \leqslant \omega_k \lambda_k (t_{ek} + t_{xk} + t_{wk}) \end{array} \right\} \tag{4.50}$$

$$i, k = 1, 2, \cdots, N, i \neq k \tag{4.51}$$

$$\xi + \rho + \tau + \varphi + \chi + \psi + \omega = 1 \tag{4.52}$$

$$\lambda, \xi, \rho, \tau, \varphi, \chi, \psi, \omega \in \{0, 1\} \tag{4.53}$$

$$P_\tau(t) = \frac{1}{\tau} \int_0^t p(x) \mathrm{e}^{(x-t)/\tau} \mathrm{d}x \tag{4.54}$$

$$P_\tau(t) \leqslant \overline{P}_{\tau \max} \tag{4.55}$$

此外,当请求任务未能被成功调度,则被延时到后续的 SI 中或直接被删除。因此,以下条件也应被考虑在内:

$$t_{ai} + w_i \geqslant t_{\text{end}} \tag{4.56}$$

$$t_{ai} + w_i < t_{\text{end}} \tag{4.57}$$

式(4.56)和式(4.57)分别对应延时任务和删除任务的约束条件。显然,MISO 模式下的资源调度问题是典型的多维 NP 难题,尽管式(4.39)~式(4.57)构建的优化模型可以通过穷举搜索来求解,其计算量也相当可观。

第四节 多传感器时空配准技术

一、多传感器时空配准基本概念

多平台多传感器多源信息的融合要协同利用多平台信息,如何将各传感器提供的信息统一到同一时间、空间范围内进行融合是关系到融合性能的一个重要问题。多源信息融合中时间、空间对准问题是信息融合系统必须进行的先期数据处理问题。为了确保对多传感器数据进行无误差的坐标转换,必须将传感器采集的数据进行配准处理,否则未经配准的传感器组合可能导致比单独使用一个传感器时的性能还差,甚至可能会产生与实际情况相反的结果。为了最大限度地发挥多平台多传感器信息融合的优越性,就必须进行多传感器数据的时空配准,即数据的标准化过程。

要测量和描述一个待识别目标的状态,必须精确给出观测量的时刻和给予该时刻物体所处的位置、速度等参数。在一个多传感器信息融合系统中,各传感器分别单独采集目标的信息,融合中心所接受的远方目标情报受融合中心地理位置、工作时空的影响,具有时空相对性。首先是单个传感器在各自的时间和空间系统内进行测量,然后对各自的测量结果进行时空统一,只有在统一的时间和坐标系统内才能进行多传感器的信息融合。

从最终所解决问题的方面来看,信息融合系统中的数据标准化研究主要研究如下三种问题:第一是测量数据的维数和到达融合节点的先后次序不匹配;第二是传感器的坐标原点不统一,即空间配准;第三是两局部节点的扫描周期不匹配,即时间对准。空间配准和时间配准既可以同时进行,也可以先进行时间对准再进行空间配准,还可以先进行空间配准再进行时间对准。

二、多传感器时空配准基本结构关系

当对多平台多传感器的信息进行融合时,对其时间和空间基准必须进行对准。所谓的对准是一个相对的概念,即明确各平台时间和空间基准之间的相对测量值。为了保证时空配准的精度,需要提高多平台间相对导航信息(即相对位置、速度、姿态及时间)的精度。在引入相对参考基准后,多平台时空基准信息结构包括本平台绝对的位置、速度、姿态和时间以及多平台间相对的位置、速度、姿态和时间。

多平台多传感器的时空基准信息处理方法应是无中心的,即每个成员处理方式相同,都是以自身为中心。通过相对导航手段获得与该平台建立通信连接的其他平台的相对时空基准

信息,并结合本平台的绝对参考基准信息,将从其他平台获得的时空信息转化到本平台时空统一基准下的时空信息,由此所有平台都可实时地掌握全局态势。在构建时空基准信息的基础上,对多个途径的时空信息进行空间和时间的统一,其过程主要包含单平台和多平台两个层次的处理过程。多平台时空统一处理架构如图4-31所示。单平台层次的处理是基于绝对空间和时间坐标进行的时空统一的处理过程;多平台层次的处理是根据绝对导航信息、相对导航信息以及相对时间信息等进行的相对参考基准构造、相对导航信息重构及时空信息对准等一系列处理。

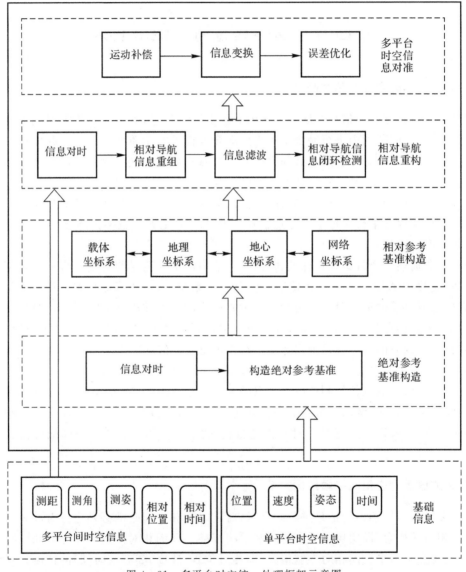

图4-31 多平台时空统一处理框架示意图

(1)绝对参考基准构造。多种导航源产生的绝对导航信息的位置坐标系和时间基准不同,在构造绝对参考基准时,应先明确空间和时间基准。绝对参考基准将采用协调世界时间(Universal Time Coordinated，UTC)和地心地固坐标系,并将各传感器信息转换成绝对参考基准下的时空统一信息。

(2)相对参考基准构造。由于作战需求引起作战成员发生变化,根据通信网络自组织的概念,可以随时根据需要建立成员的连接关系。相对参考基准信息必须能够适应这种网络结构的变化,快速构建系统所需的时间和空间基准。相对时空基准信息的结构体随同网络组织形态而改变,由于统一到绝对时空基准上,因此相对时空基准信息结构的中心不会改变。

(3)相对导航信息重构。利用平台间的相对时空信息和单平台绝对时空信息进行相对导航信息的重构、滤波,并可利用平台间矢量关系的相关性对相对导航信息进行闭环检测。

(4)多平台时空信息对准。由于信息传递的时延及平台的运动导致其相互位置关系发生变化,所以多平台的时空信息统一实际上是一个复杂的过程,必须对运动引起的位置、速度、姿态、时间等参量信息进行运动补偿、信息变换及误差优化等处理,才能获得精确的多平台时空统一信息。

三、多传感器空间配准技术

为了精确描述空间点位置之间的几何关系,空间目标的相对位置要用坐标系来描述。根据坐标系原点的不同,可把坐标系分成地心坐标系和站心坐标系等。地心坐标系以地球质心为原点,常用的有地心大地坐标系和地心空间直角坐标系。站心坐标系是以地面上某基点(观测站)为原点的一种坐标系,常用的有站心平面极坐标系和站心平面直角坐标系。另外还有空基移动坐标系,坐标系的原点在移动的平台上,这时坐标系常以移动平台的质心为坐标原点,常用的有弹体坐标系、机体坐标系和速度坐标系。

(一)单平台多传感器测量数据的空间配准

对于同一平台上的由多个传感器组成的系统,可以将其中某一个传感器作为基准,将其他所有传感器测量到的数据配准到这个基准上来,进行数据融合前的标准化。在配准时重要的是要考虑目标的相对位置,而不是绝对位置。常用的单平台坐标系空间配准方法有卡尔曼滤波配准法和最小二乘配准法等。

在目标位置已知的情况下,分别把各个传感器配准到位置已知的目标即可。假设要补偿的误差在时间和空间上不发生变化。如图4-32所示,其观测误差可以表示为

$$\left.\begin{array}{l}\delta_\rho = \rho_m - \rho = \Delta\rho + \varepsilon_\rho \\ \delta_\theta = \theta_m - \theta = \Delta\theta + \varepsilon_\theta\end{array}\right\} \quad (4.58)$$

式中:(ρ_m,θ_m)为目标的极坐标观测值,而(ρ,θ)为目标的真实位置。式中的误差均由两项组成:第一项$(\Delta\rho,\Delta\theta)$为系统的确定误差,是未知的,要加以补偿;第二项$(\rho_m,\theta_m)$为随机误差,通常是均值为零的高斯白噪声,方差为$(\sigma_\rho^2,\sigma_\theta^2)$。

选取适量的观测值,并对其取平均值,可以减少随机误差的影响。$\Delta\rho,\Delta\theta$的估计由下式给出:

$$\left.\begin{array}{l}\Delta\hat{\rho} = \dfrac{1}{n}\sum_{i=1}^{n}\delta_\rho(i) \\ \Delta\hat{\theta} = \dfrac{1}{n}\sum_{i=1}^{n}\delta_\theta(i)\end{array}\right\} \quad (4.59)$$

其方差分别为 $\frac{\sigma_\rho^2}{n}, \frac{\sigma_\theta^2}{n}$,该估计值可以由下式递归求出:

$$\left.\begin{aligned}\Delta\hat{\rho}(n) &= \Delta\hat{\rho}(n-1) + \frac{1}{n}[\delta_\rho(n) - \Delta\hat{\rho}(n-1)] \\ \Delta\hat{\theta}(n) &= \Delta\hat{\theta}(n-1) + \frac{1}{n}[\delta_\theta(n) - \Delta\hat{\theta}(n-1)]\end{aligned}\right\} \quad (4.60)$$

式中:$\Delta\hat{\rho}(n)$ 和 $\Delta\hat{\theta}(n)$ 为估算误差;$\delta_\rho(i)$ 和 $\delta_\theta(n)$ 是第 n 步的观测误差。

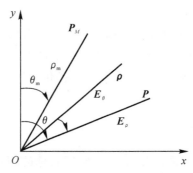

图 4-32 传感器观测值的误差

(二) 多平台多传感器测量数据的空间配准

当战场上或空管系统中只有 1 部雷达传感器时,目标(飞机等)的相对位置比较重要。此时,距离和方位角上的系统偏差对于所有的目标都一样,因而从总体上不会对跟踪系统的性能造成很大的影响。但随着侦察、预警和监视范围的扩大或者电子对抗及可靠性等方面的考虑,人们需要把多个互相重叠传感器的系统偏差来源逐一分析,并尽可能地消除,否则将会产生歧义或冗余目标,从而极大地影响指挥员决策的稳定性。

一个多传感器信息融合系统通常要用到多个平台多坐标系,单个传感器进行测量时通常用测量坐标系,在进行情报综合时通常用计算坐标系,对地面上的点进行表示时用到地心坐标系,在表示与其他目标相关位置的时候采用站心坐标系等,各种坐标系进行转换时,还可能用到一些中间坐标系。

在多传感器融合系统中,由于各传感器处于不同的地理位置,为了便于数据处理,必须将不同传感器测量的数据变换到统一的坐标系中。常用到的空间对准坐标系有:站心平面极坐标系与站心地平直角坐标系统的相互转换、站心平面极极坐标系与地心空间直角坐标系的相互转换以及空间坐标系与地心坐标系的相互转换等。

多平台多传感器的配准方法有很多种。基于球坐标系的配准算法使用测地转换法则,把局部传感器的值映射到地球坐标系中,再在该坐标系中用最小二乘法对多传感器进行配准处理。极大似然配准算法综合考虑了测量噪声对传感器偏差估计的影响,配准估计通过系统平面中传感器测量值的极大似然函数来获得,精确的极大似然准则包括两组部分可分的变量(实际目标位置和传感器的配准误差)并且利用两步递归优化算法对算法收敛速度进行优化处理。

考虑存在两个移动平台,传感器 1 和 2 分别位于不同的平台上,不失一般性,假设传感器 1 位于坐标原点,传感器 2 相对于 1 的位置为 $[u(k), v(k)]$,测量目标是 P_k,如图 4-33 所示。

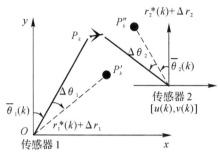

图 4-33 配准误差的几何关系

图 4-33 中传感器 1 和 2 测得目标 P_k 的距离、方位角分别为 $[r_1(k),\theta_1(k)]$ 和 $[r_2(k),\theta_2(k)]$,它们的配准误差分别为 $\eta_1[\Delta\theta_1,\Delta r_1]$ 和 $\eta_2[\Delta\theta_2,\Delta r_2]$,定义 $[r_1^*(k),\theta_1^*(k)]$ 和 $[r_2^*(k),\theta_2^*(k)]$ 为目标对传感器 1 和 2 的真实极坐标值,$[x_1(k),y_1(k)]$ 和 $[x_2(k),y_2(k)]$ 为传感器 1 和 2 测量的直角坐标值,$[x^*(k),y^*(k)]$ 为目标相对于传感器 1 的真实直角坐标值,利用一阶泰勒级数近似展开并推导可得

$$\left.\begin{aligned}
x_1(k) &= [r_1^*(k)+\Delta r_1]\cos[\theta_1^*(k)+\Delta\theta_1]+n_1(k) \approx x^*(k)+\Delta r_1\frac{x^*(k)}{r_1(k)}-y^*(k)\Delta\theta_1+n_1(k)\\
y_1(k) &= [r_1^*(k)+\Delta r_1]\sin[\theta_1^*(k)+\Delta\theta_1]+n_2(k) \approx y^*(k)+\Delta r_1\frac{y^*(k)}{r_1(k)}-x^*(k)\Delta\theta_1+n_2(k)\\
x_2(k) &\approx x^*(k)-u(k)+\Delta r_2\frac{x^*(k)-u(k)}{r_2(k)}-[y^*(k)-v(k)]\Delta\theta_2+n_3(k)\\
y_2(k) &\approx y^*(k)-v(k)+\Delta r_2\frac{y^*(k)-v(k)}{r_2(k)}+[x^*(k)-u(k)]\Delta\theta_2+n_4(k)
\end{aligned}\right\}$$

(4.61)

用上述公式即可将各传感器所测得的数据对准到同一坐标系中,以便在统的融合中心进行数据融合判决。

四、多传感器时间对准技术

多传感器数据融合中的时间对准问题是数据融合系统要解决的关键问题之一。为了确保多传感器数据坐标转换的精确性,在进行数据融合前,必须对这些数据进行时间对准,否则,未经对准的数据可能会比单独使用某一种传感器时的融合性能还要差。多传感器系统中的时间对准方法根据不同情况可以分为 3 种:第一种是在平时,信息源的工作时钟为标准时间;第二种是作战状态,以指挥中心的时钟为基准,其他各传感器都应与融合中心对时;第三种情况是在进行情报综合时把一个处理周期内各站在不同时刻测量的航迹点统一到同一时刻。我们一般研究后两种情况,主要为了解决以下 3 个问题:

(1) 各传感器测量站的时间基准点要保证一样,即"系统对时"问题。
(2) 各传感器采样量测周期不一致,数据采样时刻不同时的处理问题。
(3) 信息传递中的通信延迟问题。

(一)多传感器系统对时方法

当各传感器间距较远或在精确的计时算法中时,必须考虑通信延迟问题。为了减少各传感器之间的耦合度,各传感器要保证工作在自己的时钟上,传感器之间的时间偏差通过对时来解决,各工作站开机通过某种方法设定本站的时钟初值。外站送来的数据中的时间 t 值,经通信系统自动调整为本站时间,即 $t = t_{输入} - t_{调整}$,$t_{调整}$ 为两站时钟的偏差值。系统对时后,记录下本站与其他各站间的 $t_{调整}$,以便自动进行时间调整。

在同一时刻,若外站的时钟为 x,本站的时钟为 y,则本站时间 $t_{调整} = x - y$,外站时间 $t_{调整} = y - x$,考虑到传输时间延迟,假设存在"本站-外站"的相互传输,延迟相等(设为 T),应有本站 $t_{调整} = (x + T) - y$。在 t_0 时刻,本站向外站发出对时信号,时间为 y_0,外站接收到后,立即取出时间 x_0。到 t_1 时刻,本站接收到外站向本站的对时信号含有 x_0,时间为 x_1,本站接收到后,立即取出本站时间 y_1,可得 $t_{调整} = x_0 - (T + y_0) = (x_1 + T) - y_1$,消去 T,可得:

本站: $\qquad\qquad\qquad t_{调整} = [(x_0 - y_0) + (x_1 - y_1)]/2$

外站: $\qquad\qquad\qquad t_{调整} = [(y_0 - x_0) + (y_1 - x_1)]/2$

经过多次重复,可求得平均值 $\bar{t}_{调整} = \dfrac{1}{n}\sum_{i=1}^{n} t_{调整 i}$,将平均值代入 $t = t_{输入} - t_{调整}$,可进行对时调整计算。

(二) 传感器时间对准算法

时间对准就是在同一时间片内,对各传感器采集的目标观测值通过特定的算法,将各观测值配准到统一的观测时间点上,以便进行融合处理的一种算法。

没有经过对准的传感器数据直接进行融合是没有意义的。很多学者针对特定的情况提出了若干解决时间对准的方法,较为普遍的方法认为各传感器为均匀采样,因此可以根据传感器之间的采样周期的比值,通过一定的平滑滤波方法,将各传感器之间的测量值调整到统一的时间点。但现实中很多传感器并不是均匀采样,此时上述方法就显得不合理。针对这种情况,这里介绍一种解决思路:将各传感器采集的数据按采样时刻进行数据拟合,根据拟合的曲线进行时间配准。数据拟合方法可以解决非均匀采样的问题,也可以应用到其他各种情况,尤其适用于点迹、航迹关联以及位置级的融合。

1. 虚拟融合法

假设有两类传感器,即传感器 1 与传感器 2,采样周期分别为 τ 和 T,且两者之比为整数,即 $\tau/T = n$。如果传感器 1 对目标状态最近一次更新时间为 $(k-1)\tau$,下一次更新时间为 $k\tau = [(k-1)\tau + nT]$,传感器 2 对目标状态最近一次更新时间为 $(k-1)T$,下一次更新时间为 kT,这意味着传感器 1 在连续两次目标状态更新之间,传感器 2 有 n 次测量值可以采用最小二乘规则,将这 n 次测量值融合成一个虚拟的测量值,作为时刻传感器 2 的测量值,再和传感器 1 的测量值进行融合。

用 $Z_n = [z_1, z_2, \cdots, z_n]^T$ 表示 $(k-1)$ 至 k 时刻传感器 2 的 n 个测量值集合,Z_n 与 k 时刻传感器测量同步,$U = [z, \dot{z}]^H$ 表示 $z_1, z_2, \cdots, z_n$ 融合以后的测量值及其导数,则传感器 2 的测量值 z_i 可以表示成如下形式:

$$z_i = z + (i - n)T\dot{z} + v_i, (i = 1, 2, \cdots, n) \qquad (4.62)$$

式中:v_i 表示测量噪声。将 z_i 式改写为向量形式:

$$Z_n = W_n U + V_n \qquad (4.63)$$

根据最小二乘原理,对传感器类 2 的 n 个测量值进行融合得 k 时刻的测量值以及噪声

方差:

$$\left.\begin{array}{l}\hat{z}(k)=c_1\sum_{i=1}^{n}z_i+c_2\sum_{i=1}^{n}i\cdot z_i\\ \mathrm{Var}[\hat{z}(k)]=\dfrac{2(2n+1)\delta_r^{\ 2}}{n(n+1)}\end{array}\right\} \quad (4.64)$$

式中:$c_1=-2/n$;$c_2=6/[n(n+1)]$。

该算法要求传感器的采样起始时间必须相同,而且同步周期不会小于传感器集合中的最大采样周期。

2. 时间配准的内插外推法

当传感器采样周期不为整数倍数关系时,可采用在同一时间片内对各传感器采集的目标观测数据进行内插、外推,将高精度观测时间上的数据推算到低精度的时间点上,具体算法是:取定时间片,将同一时间片内的传感器观测数据按测量精度进行增量排序,然后将各高精度观测数据分别向最低精度时间点进行内插、外推,从而形成一系列等间隔的目标观测数据以进行融合处理。该算法由于具有应用限制少、计算简便等优点而在实际中应用较广。但内插外推算法也存在着一些不足,例如配准后得到的同步数据的频率(以下简称为同步频率)不会高于传感器集合中的最低采样频率;当传感器间的采样频率相差较大时,高采样频率传感器的测量数据无法得到充分利用等。

内插外推法是将高精度观测时间上的数据推算到低精度观测时间上,同一时间片内的观测数据通常有多个,如图 4-34 所示。

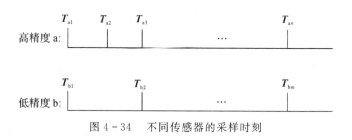

图 4-34 不同传感器的采样时刻

该算法的步骤如下:

(1)根据目标的状态为静止、低速运动、高速运动,对应融合时间片可选为小时级、分钟级、或秒级,取定时间片 T_m。

(2)按测量精度将各传感器观测数据进行增量排序。

(3)将高精度观测数据分别向最低精度时间点进行内插、外推,以形成一系列等间隔的目标观测数据。

速度的对准:如果在同一时间片内,目标作匀速直线运动,则由时间点 t_1 外推至时间点 t_2 速度不变,即 $v_{t1}=v_{t2}$。

设两个传感器 A 和 B,分别以不同的频率对目标进行采样测量,每个传感器既可以均匀采样,也可以非均匀采样。传感器在相应的采样时刻有一个测量值,记为 (t_i,y_i),这样每个传感器都可以得到一组测量值。由于传感器的采样周期不同,各传感器的数据的时间 t_i 值不尽相同,如果直接进行融合,可能会由于时间偏差得到没有意义的融合结果,反而不如单个传感器的精度高。因此在进行数据融合前,必须将不同时刻的数据测量值推算到同一时间点上。

3. 三次样条插值法

可采用基于曲线拟合的方法进行传感器的时间对准。设各传感器在开始工作时刻已经经过系统对时,即各传感器在同一时间进行对目标的第一次量测,在此后的一段时间内,每个传感器得到一组基于采样时刻的数据。基于曲线拟合的传感器时间对准算法的基本思想:选择其中一个或多个传感器的测量数据,经过对数据进行曲线拟合,可得到一条曲线,通过拟合后的曲线计算得出其他任意时刻的值,此时可以按一定的准则将各传感器测得的数据进行融合配准。

曲线拟合的方法很多,如多项式拟合、样条函数拟合、指数函数拟合以及B-样条拟合等。

经过样条插值拟合,可以得一条平滑曲线,通过这条曲线,我们可以求得传感器在任意时刻的值。这时在和其他传感器进行时间对准时,可以根据其他传感器的采样时刻,从本条曲线取出相应时刻的测量值,即可进行融合对准。

第五节 空天目标识别技术

一、目标识别基本概念

目标识别是指挥控制中的关键环节之一,它通常包括属性识别与类型识别两个方面。属性识别,即判断目标的敌、我(友)、不明性质,因此,属性识别解决误伤己(友)方飞机问题;类型识别,即目标类型的判断,如歼击机、轰炸机、直升机、无人机、空地导弹及战术弹道导弹等,它为选择精跟目标、对目标威胁进行判断和发射决策提供依据。

弹道导弹目标识别的任务是从由大量的诱饵、弹体碎片等构成的威胁管道中识别出真弹头,是弹道导弹防御系统中最为关键的核心问题之一,直接关系到弹道导弹防御的成败。弹道目标识别在目标属性识别中难度最大、技术最复杂,涉及目标特性、信号处理、模式识别、图像处理、数据融合等多学科和技术,通过目标特征提取和分类识别技术,分析回波的幅度特性、频谱特性、时间特性、极化特性等,以获取目标的运动参数、形状、尺寸等信息,从而达到辨别真伪、识别弹头的目的。

二、传统雷达目标识别技术

(一)雷达目标识别的一般原理

雷达目标识别是当今高技术领域的一个重要学术方向。自20世纪50年代末期D. K. Barton的开创性研究以来,经过半个多世纪的发展,雷达目标识别的理论体系不断完善,其应用领域不断扩大,在诸如海清监控、弹道导弹防御、空中防务及气象预报以及埋地物探测等领域,正发挥着越来越重要的作用。

雷达目标识别是指根据雷达回波获取目标的特征信息,利用已掌握的各种目标先验知识判别目标的类别属性。它的研究主要包括目标特征提取和分析方法,以及基于目标特征的分类识别方法。按目标是否与雷达合作,目标识别可分为合作式目标识别和非合作式目标识别。

合作式目标识别最常见的是采用敌我识别器,通过雷达和敌我识别器的配合,既可获得目标的位置和运动特征,也可获得目标的敌我属性特征。合作式目标识别以外的其他目标识别都称为非合作式目标识别,我们通常所说的雷达目标识别,均指非合作式目标识别。

雷达目标识别是现代雷达技术的一个十分重要的发展方向,它是根据目标雷达回波中所携带的信息来鉴别目标的,典型的目标识别系统可表示为如图4-35所示的基本结构,图中上半部分为实时识别过程,下半部分为训练过程。训练过程的目的是对实际工作中可能遇到的各种目标,获取探测数据,进行目标识别的特征提取和判别算法研究,为上半部分的实时识别过程提供支持。在实际作战使用过程中,可以按照训练时预先得到的有效特征和判决算法进行实时提取和判决。

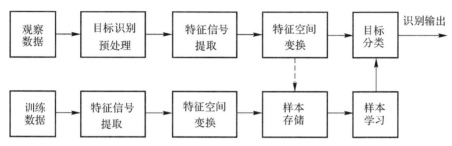

图4-35 雷达目标识别基本功能框图

总体而言,目标识别主要在目标空间、参数空间、特征空间和判决与分类空间四个空间开展研究。目标空间表征目标的物理参数,如形状、体积、质量、介电常数、磁导率、电导率、运动姿态以及动力学参数等;参数空间为雷达获得目标散射的幅度、相位与极化信息等;特征空间由参数空间经特征提取得到的目标特征构成,再经过空间映射变换、压缩特征空间维数等处理后,得到更高的同类聚合性和异类可分离性,便于判决和分类;最后进入判决与分类空间,根据各种判别算法和准则进行目标的分类与识别。

(二)目标敌我属性识别

目标敌我属性识别目前主要是由敌我识别器来完成的,属于二次雷达系统,为合作式目标识别系统。

目标敌我属性识别通常由指控系统中的计算机启动敌我识别器,自动判别目标的敌我属性,并用属性中断方式将目标的敌我属性信息提供给计算机。

如图4-36所示,典型的目标敌我识别系统主要包括时间和密码同步分系统、显示控制系统、询问组合、波控机和天馈系统等。

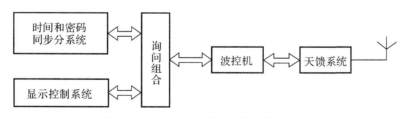

图4-36 典型目标敌我识别系统结构图

时间同步分系统是时间和密码同步分系统的核心部分,在时间同步分系统与标准时统设备取得时间同步的基础上,由装有密钥、密码算法的密码机单元,完成密码产生工作。

加密后的询问编码信息经雷达询问机组合调制后,通过雷达的发射信道发射询问信号,目标应答机用接收机检测雷达发射的询问信号,并进行译码判决处理,机载应答器发回应答编码信号,再由询问天线接收,在询问机组合进行敌我属性识别,并在对应的显示器上给出询问识别结果。波控机根据空中目标位置,对询问天线进行配相,使询问天线波束指向目标。

(三)类型识别

类型识别是指对目标的机型的判别,如歼击机、轰炸机、直升机、无人机、空地导弹及战术弹道导弹等,这是目标识别的难点,也是目前研究目标识别的热点,它比敌我属性识别要困难得多。通常意义上的目标识别,大多指目标类型的自动识别。

在军事上,能够在作战过程中识别目标敌我属性是非常重要的。现代防空作战环境异常复杂,空地对抗十分激烈,单靠一种要素进行类型识别是不可靠的。必须收集更多战术情况信息,充分利用人或传感器得到目标参量,通过目标特性测试、目标行为或多路探测器提供的目标运动线索等,才能较准确得到识别结果。目标识别要素和要素中可提供的目标测量特性如图 4-37 所示。

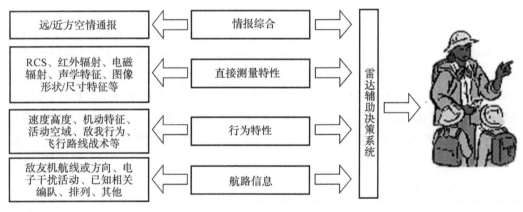

图 4-37 目标类型识别要素分类图

情报综合要素可通过指控网信息获取;直接测量特性要素、特征,可直接从探测器测量或从预处理(过滤、合成、组合)得出,把原始测量数据融合成目标单一属性;目标行为包括时域行为和战术行为,时域行为如速度、加速度、机动性以及运动方向等,战术行为如发射器状态、敌对或友好行为(干扰、欺骗或约定动作是否在安全走廊中飞行等),多数情况下,当目标动作显示独特特征时,便可用于识别验证;空中航线和限制区域的活动,是防空作战约定行为的敌我识别用例之一,友军航空兵的行动及相关时间,也为目标识别作出贡献。

(四)弹道目标识别

在雷达目标识别的众多应用领域中,弹道目标识别占有既独特又重要的一席之地,这不仅因为导弹防御在国家安全中的重要地位,还因为弹道目标识别的挑战性:极高的飞行速度使防御系统的反应识别时间十分有限;隐身技术的应用使得防御系统的识别距离大为缩短;有源干扰、无源诱饵等多种干扰手段的综合运用更给防御系统的识别带来了极大的难度。美国导弹防御局的 Cooper 也指出:"导弹防御的关键问题是,能否成功地从气球诱饵和其他突防装置中识别出真弹头,这是一个非常棘手的问题。"

自 20 世纪 60 年代以来,弹道导弹防御系统中的研究热点几经调整,但目标群中真弹头的识别问题一直是其核心难题之一。弹道导弹攻防的强对抗和分阶段拦截的要求,决定了导弹防御系统中的目标识别需要建立在弹道导弹不同阶段呈现出来的物理特性和对抗条件基础之上,识别需求决定了探测器的配置、类型及技术指标,因此,目标识别属于导弹防御系统顶层设计范畴。真假弹头的识别贯穿整个探测阶段,是天基预警雷达系统、远程预警雷达、地基雷达以及大气层外拦截器识别系统综合能力的体现。

1. 弹道目标识别的层次划分

弹道目标识别技术是弹道导弹防御系统的关键技术之一,其任务是从大量的诱饵、弹体碎片等构成的威胁管道中识别出真弹头。其主要根据目标的回波来鉴别雷达目标,相关技术涉及雷达目标特性、目标特征提取方法和分类识别技术。识别的基本过程就是从目标的幅度、频率、相位、极化等回波参数中,分析回波的幅度特性、频谱特性、时间特性以及极化特性等,以获取目标的运动参数、形状、尺寸等信息,从而达到辨别真伪、识别目标的目的。弹道导弹防御系统的目标特性测量雷达均具有窄带和宽带信号形式,窄带信号用于目标搜索、截获和跟踪,宽带信号用于目标特性测量和高分辨率成像。

如图 4-38 所示,弹道目标识别大致有三个途径:一是特征识别,通过辨认信号特征来推演目标的特征信息,例如利用回波信号的幅度、相位、极化等特征及其变化来估计目标的飞行姿态、结构特征及材料特征等;二是成像识别,通过高分辨率雷达成像,确定目标的尺寸、形状等;三是再入识别,通过获取目标的弹道参数(质阻比),确定质量特性。

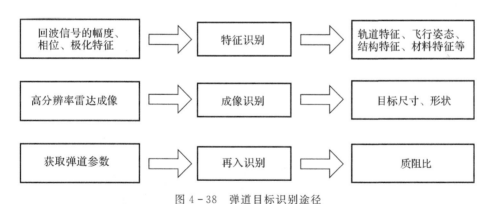

图 4-38 弹道目标识别途径

2. 弹道目标运动特征提取及识别

弹道导弹飞行过程包括助推段、中段和再入段,这三个阶段开展目标识别难度相差很大:在助推段,目标单一,助推火箭燃料产生的红外辐射特性明显,飞行姿态较慢,使其易于被跟踪和识别;在再入段,由于大气的作用,大量的轻诱饵被过滤,可以采用质阻比等措施进行目标识别,这给识别带来了极大便利,相比之下,弹道中段的识别要困难得多。

中段称为自由飞行段,此时弹头与弹体分离,弹头常常携带诱饵,诱饵可分为重诱饵和轻诱饵两种,由于诱饵在外形、红外辐射特性和电磁散射特性、运动特性等方面不可能与真实导弹完全相同,因此在该段可以应用多种传感器对飞行的弹头、诱饵和碎片进行探测,从而区分真假目标,并估计出真目标的运动参数等特征。

再入段是指弹头返回大气层至弹头到达目标区的阶段。在该阶段,轻诱饵由于大气过滤作用而分离,弹头和重诱饵在大气层中高速飞行,它们与周围气体间产生非常复杂的物理变化、化学变化和电离反应。产生的烧蚀产物以及高温条件下被电离的空气会形成很长的等离子尾迹,尾迹长度可达再入体底部直径的数百倍。此时,雷达观测到再入体及其尾迹总的回波,从中可以分析再入体及其尾迹的散射特性。同时,目标或重诱饵的运动特性发生变化,可以提取目标质阻比、目标的振动、再入体的加速度和再入轨迹等特征参量。这些特征是区分重诱饵和弹头的重要依据。

(1) 导弹发射早期的轨道特征识别。在主动段和中段早期,识别任务是从飞机、卫星等空中或空间目标中识别出弹道导弹,从而迅速实现正确预警。弹道导弹在大气层内飞行时,可利用弹道导弹与飞机目标之间的运动特性,如速度、高度、纵向加速度及弹道倾角等差异来识别。在大气层外飞行时"主要实现导弹与卫星的区分"。它们基本上都是沿椭圆轨迹飞行,椭圆近地点与地心的距离称为最小矢径。由于导弹要返回地面,其最小矢径小于地球半径,而卫星的最小矢径大于地球半径,因此,可利用雷达、预警卫星跟踪经目标定轨后估计最小矢径来实现区分。

(2) RCS 特征提取及识别。目标的 RCS 大小反映了目标对雷达信号散射能力。空间目标沿轨道运动时的姿态相对于雷达视线不断发生变化,从而可获得其 RCS 随视角变化的数据。其中的变化规律反映了目标形体结构的物理特性。

为了突防,弹头在飞行过程中均采用姿态修正技术,采用该技术可以使得弹头与敌方雷达保持一定的姿态范围,使得弹头在此姿态角度范围中 RCS 尽可能小。而助推火箭和诱饵一般不具备姿态控制功能,这就为目标识别提供了可能。因为在这种情况下,弹头的 RCS 较小且变化幅度稳定,而其他具有翻滚等不规则运动的目标,RCS 的变化很大。通过对各个目标的 RCS 序列进行分析,提取合理特征,就可以对目标进行区分。

(3) 中段的微动特征提取及识别。目标微动特征反映了目标的电磁散射特性、几何结构特性和运动特性。进动是自旋目标的自旋轴线环绕自身的中心轴缓慢转动。中心轴线与自旋时产生的自旋轴线的夹角称为进动角。目标的这种运动特性可以为真假目标识别提供重要的依据。

来袭弹道导弹为确保其弹头与助推器分离后弹头能稳定、安全、有效地命中目标,必须在释放完突防设备后,在弹头上施以自旋转技术及其姿态控制技术,使其进入自身旋转稳定状态。否则,弹头在近似真空的中段会出现发散式翻滚,这不仅会导致自身的 RCS 大大增加,而且对弹头突防极为不利。但对于轻、重诱饵或外投式电子干扰机的载体等假目标不存在这种自我调整能力,故一旦发生由进动趋向摆动或翻滚现象时,就只能听之任之,无法挽救。

从以上分析可知,弹头由于具有姿态控制系统,其飞行相对稳定。虽然有进动角及进动现象伴随,但其进动角一般不大,因而其目标回波受进动的调制度小。但是假目标或其他诱饵由于存在翻滚、进动角大或摆动,其目标回波受进动的调制度必然很大,这种由调制引起的回波起伏,是识别真假目标的很好的依据。

基于弹头微动特性识别弹头的关键是对微多普勒的精确估计和提取。一种思路是利用激光雷达得到的目标 ISAR 像序列,进行进动参数的估计,在某些特殊情况下也可以利用 RCS 序列估计进动参数;另一种思路是建立目标回波信号与章动角、进动周期的关系,通过周期信号检测得到调制周期,并估计章动角。另外,目标的进动特性与其运动惯量相联系,弹头和锥体气球的进动特性不同,导致运动惯量存在差异,因此,通过目标运动惯量的比较也可以进行弹头目标的识别。

(4)成像特征提取及识别。雷达成像的基本原理是提高雷达分辨率,使得距离分辨单元的尺寸远小于目标,分离出目标的散射中心,描述目标的结构特性。一般情况下,成像雷达通过发射宽带信号获取高的径向分辨率,利用大型实孔径或合成孔径技术获得方位(以及俯仰)高分辨,实现雷达目标高分辨成像。

1)一维距离像。当探测信号的带宽使得其距离分辨单元远小于目标径向尺寸时,目标连续占据多个距离单元,形成一幅在视线距离上投影的具有高低起伏特点的目标幅度图像,这就是目标的一维距离像。由于一维距离像易于处理也易于获取,因此基于一维距离像的识别方法仍然是当前高分辨率雷达目标识别研究的重点和热点。

在利用一维距离像对目标进行识别的过程中,必须首先解决平移敏感性、姿态敏感性和幅度敏感性三个问题。直接利用目标一维距离像作为特征具有较大的随机性,但只要对目标一维距离像进行适当处理,例如在时域、频域或时频域提取目标强散射中心位置和幅度特征,便可得到反映目标内在特性的特征。

弹道导弹飞行速度较快,会使宽带一维距离像产生展宽、畸变,对目标一维散射中心的位置、形状和分辨率均有一定影响。目标的自旋运动也会造成各散射中心位置在雷达视线上的投影发生变化,引起目标一维距离像的畸变。弹头与弹体分离后,它们各自的运动特点又有所不同,需精确估计出目标运动速度,进行速度补偿,校正距离像畸变。

2)ISAR 成像。雷达目标 ISAR 成像是电磁散射的一个逆问题,其实质是利用目标回波信息估计目标反射系数在二维平面上的分布。ISAR 成像识别方法不但有很高的测量精度,而且能观察目标结构上的微小细节,从而分辨出假目标,是比较可靠的目标识别方法。

反导雷达中的 ISAR 成像有别于一般的目标成像,导弹、诱饵及碎片等组成的目标群具有运动速度高、自身运动形式复杂(常伴有自旋、进动等自身运动,以及机动等)、多目标等特点,给二维成像处理造成困难。在成像过程中需综合考虑这些运动特点,才能得到较为满意的图像,从而进行分类识别处理。

因导弹运动速度快且有机动现象,导弹目标 ISAR 成像需要较大的转角和较小的相干积累时间,并校正目标边缘越距离单元走动现象。同时,针对导弹平稳飞行和机动飞行情形,分别采用横向 FFT 和瞬时成像方法对运动补偿后的回波数据进行处理,从而获取目标横向距离信息,最终得到目标的二维图像。目标机动、自旋运动增加了精确补偿的难度,会造成目标 ISAR 像模糊、散焦,甚至无法成像,需要精确跟踪目标运动特性变化,进行高精度补偿和瞬时成像。

对于二维 ISAR 像,其分辨率越高,从图像中获取的关于目标的信息就越丰富,后续的目标检测和识别性能就越好。由于 ISAR 像距离向和方位向理论分辨率分别受限于系统的带宽和成像积累角,而且在探测和处理过程中存在一些非理想因素也会造成 ISAR 像的模糊、散焦等,从而降低图像的分辨率。

(5)极化特征提取及识别。极化目标识别是近年来雷达目标识别的新领域之一。通过极化特征可获取目标表面的粗糙度、对称性和取向等其他特征难以提供的信息,是完整刻画目标特性所不可或缺的步骤。当前,随着雷达极化理论体系和全极化测量技术的不断完善,极化特性是雷达目标电磁散射的基本属性之一,能为雷达系统削弱恶劣电磁环境影响,在对抗有源干扰、目标分类与识别等方面提供了颇具潜力的技术途径。如何准确获取目标的极化特性信息,并加以有效利用,长期以来一直是雷达探测技术领域备受人们关注的问题。

导弹目标的极化识别主要基于极化检测技术、目标极化散射矩阵、极化不变量、全极化技术等方面。利用不同目标与有源干扰的极化散射矩阵之间的差异,提取各自对应的极化不变量和极化散射中心分布,从而对导弹和诱饵等目标实现分类识别。

(6)弹道目标再入特征提取及识别。由于大气过滤作用,只有导弹弹头和重诱饵进入再入段,重诱饵和弹头表现出不同的质阻比。质阻比主要取决于其质量与迎风面积的比值,一定程度上可认为是质量的面分布量纲。因此,再入段导弹防御系统目标识别的关键问题是在较高的高度上快速、准确地估计出再入目标的质阻比。

目前,典型的再入目标质阻比估计主要有两种方法:一是公式法,直接利用雷达测量信息和多项式拟合等方法,根据再入运动方程计算质阻比;另一种滤波法,基于再入运动方程将质阻比作为状态矢量的一个元素,利用非线性滤波方法实时估计质阻比。

3. 综合目标识别技术

根据导弹防御系统的传感器配置和工作流程可知,信息融合是导弹防御系统目标识别流程中的重要组成部分。以 NMD 系统为例,天基、地基和拦截弹上各传感器获得目标的光、热、电等信息,都传送到作战管理中心进行融合处理,得到对目标群一致、完整的描述,进而确定下一步作战指令。导弹防御系统中融合目标识别的另外一个重要方面是智能化的目标威胁评估与排序。威胁评估作为一个多指标决策问题,其中既有定性指标又有定量指标。结合现代防空作战特点和指挥自动化系统工作流程,可对影响目标威胁评估的各种因素进行分析,利用模糊综合评判法,构造威胁评估的因素集和评价集,建立相应的数学模型,研究威胁评估与排序的方法、步骤和一般准则,并以弹道导弹防御系统指挥决策为背景,对威胁判断及排序、拦截可行性、目标分配、发射决策和杀伤效果评定等进行物理分析及数学建模。

根据作战流程,反导系统对目标综合识别的要求有以下四个方面。

(1)实时性。整个导弹飞行时间不到 20 min,在 20 min 之内要完成目标检测、跟踪、识别、拦截、打击评估、再次打击一系列动作,对雷达和目标识别的实时处理能力要求非常高。

(2)准确性和可靠性。由于弹道导弹的破坏力非常大,在导弹防御中的任何失误都会造成无法估量的损失,因此,要求目标识别能够可靠、准确地识别目标,并对目标威胁程度进行排序。

(3)融合识别。由于弹道导弹的突防手段越来越多,单靠一种识别方法很难进行有效识别,需要进行融合识别(包括一部雷达的多特征融合、多部雷达的融合、雷达与其他传感器的融合、陆海空天的多平台融合等),利用多种手段,进行识别验证。

(4)多层识别。成熟的反导系统应该是多层结构的,一般至少两层才能提高命中目标概率,并在目标逃脱了第一层的攻击时,进行二次打击。一般来说,上层系统覆盖相对广阔区域,下层系统(即终端防御)防卫较小点目标,如机场等被上层防御系统漏失的目标。识别时需要根据传感器的信息进行分层识别,不断更新识别结果,为拦截器提供可信的识别结果。

三、复杂空天环境目标智能融合识别技术

现如今的高科技战争中,战场环境异常复杂,存在各种电磁干扰、敌方释放假目标的诱骗,再加上各种恶劣天气的影响,都可能引发各种传感器信息不完整、不清晰和不可靠,所形成的数据结构是病态的,如果以较理想的情况考虑属性信息的融合,会直接影响识别系统可靠性。面临着日益复杂的工作环境,数据融合技术应当具有一定的自适应性和鲁棒性,以适应环境的动态变化,减少一些未知不确定性因素对系统产生的不良影响,因而需要发展具有自学习性和自适应性的数据融合技术。另外,数据融合在功能上模拟了人脑综合处理问题的能力。人脑是最优秀的融合系统,能够将各种途径的不同信息进行有效的、快速的融合处理,具有很强的学习和自适应能力,是真正的智能系统。而智能的实质就是在一个系统存在不确定性的情况下,能够提高自身性能或者使自身性能保持在可以接受水平上,其主要特征表现为学习能力、适应能力、容错能力和自组织能力。因此,多传感器目标识别系统若想要在复杂战场环境下应用,就需要发展智能化的数据融合技术。

(一)复杂环境下属性融合存在的问题

属性融合是将一些低层的或精度较低的传感器目标识别信息进行综合处理,从而得到更为准确可信的识别结果的过程。由于战场环境复杂而动态多变,多种因素的影响使得目标识别的属性融合不能再像常规工业操作环境那样,即利用传感器信息进行简单的合成和推理,就能保证融合结果的可靠性。这是由于复杂干扰环境下属性融合存在以下问题:

(1)设计作战中,传感器工作环境复杂恶劣。这里复杂环境主要包括:①地理位置的变更、天气的变化、目标密集杂乱或随机出现;②由于强有力的电子对抗措施,形成支援干扰影响传感器的正常工作或者不能正常工作(含失效、失灵);③传感器的目标探测信号本身具有复杂的非线性特性。

(2)属性融合过程中,目标探测信息形式多样,信息量巨大,关系复杂,信息往往不确定性明显。这个不确定性表现为:信息不完全、信息不可靠以及信息不精确。

1)信息不完全是指仅知道部分信息,但又必须尽量以假设的形式得出结论。获取信息不完全主要是由于传感器作用的时空范围受限制,缺少目标信息以及对现有目标的先验知识缺乏,对客观世界的认识存在局限性等。

2)信息不可靠是指无法确定信息是对还是错。其原因可能是:①传感器信息不正确或不可靠;②不知道信息更新,实际情况在动态环境下往往会发生变化,与已有模型之间产生偏差;③在对原始数据的处理中,所采用的数学工具的局限性使得信息量丢失。

3)信息不精确是指信息是模糊的,数据存在误差。原因可能是:①传感器的探测精度不高;②目标特征信息分类的处理不充分,分类结果表达模糊。

(3)融合系统鲁棒性和自适应性差。融合系统模型一旦建立,便无法进行调整。然而,在实际应用中环境和系统多处于动态变化之中,固定不变的模型将可能变得难以适应,并且由于系统对外界环境信息的了解不足,不能识别不同的环境状态,这种对环境认识的局限性使得系统难以适应环境的动态变化,不能克服环境变化对属性融合性能的影响。尽管数据融合处理具有一定的鲁棒性,但是其自身缺乏对环境变化的自适应性和学习能力,同样不能改善系统的容错性和稳健性。

(二)智能属性融合建模

在复杂环境下,智能属性融合强调的是"全信息"的融合处理,这里的"全信息"包括传感器的目标探测信息、环境信息、传感器及系统工作状态信息以及其他平台数据链及历史数据信息等。要想有效利用这些多元化的信息,保证融合系统的准确性和稳健性,还要注意融合结构灵、实时性好、计算处理简单和易于工程实现。首要的是建立一个有效的融合系统模型。

在动态多变的复杂干扰环境下,尤其是在数据不确定和目标先验知识库不全的情况下,为实现有效的属性融合系统(如图4-39所示),将智能属性融合模型分为三个模块:环境分析、不确定信息处理、分类识别信息的融合。

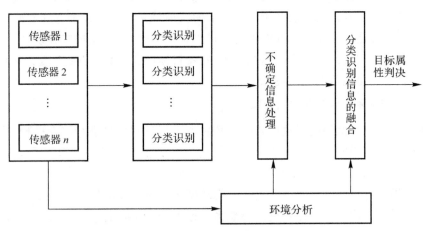

图4-39 智能属性融合模型

1. 环境分析

识别系统的稳健性和可靠性与工作环境相关。此时,多传感器目标识别系统要根据实际环境采用对应的知识库与工作模式。所以,需建立一个完备的智能化环境分析模块,该模块能分析、识别系统所处环境的各种指标,向融合系统提供当前的环境描述信息和参数,并能利用这些信息和参数进一步控制传感器的操作、管理以及数据融合的模式,参与不确定信息的处理。对于该模块的实现,除了各种必要的环境描述信息,还需要专家经验及实验和理论上的分析,应采用专家系统、模糊推理、神经网络等人工智能的方法,同时要求该模块还具有自适应性和自学习性。

2. 不确定信息处理

值得注意的是,各传感器信息通常具有不同的特征,包括实时的或者非实时的,模糊的或者错误的,相互支持的或者互补的,甚至是相互矛盾的或者竞争的,并且由于受到各种随机因素的影响而变得不确定。因此,融合结果本身存在不确定性就源于这些多源不确定信息进入融合系统时,相互传递造成的影响。在不确定性的影响下,如果在融合过程中引入信息冲突,错误信息的优势将增加,正确信息的优势将会减少,那么融合系统的有效性就会严重下降,甚至融合的最终结果也是错误的。特别是在动态的复杂环境下,传感器分类识别信息不确定性的影响因素甚多,信息被影响的程度也很难确定,而此时融合中心必须准确、及时地掌握环境变化的情况和信息的可靠性,选择合理的融合算法,才能保证融合性能不降低。所以,要确保一个多传感器融合系统的可靠性和稳健性,关键就是将不确定信息的处理与属性融合的结构和算法有机结合。

然而,被融合信息中的不确定性本身是一种多态现象,不确定性的每一种变化形式都有不同的数据模型,没有哪一个模型能适应所有的情况。当对不确定性信息进行表述和处理时,要仔细研究实际问题的特征并选择合适的模型。根据信息表现形式和产生信息不确定性的因素不同,对于不确定信息的处理,应该从不同的方面和不同的层次有针对性地处理。对于低层的数据信息,其不确定信息的处理主要体现在探测误差的修正上;对于中层的特征信息,其不确定信息的处理主要是信息的可靠性分析及其有效的利用;对于高层决策信息,其不确定信息的处理主要是信息的合理性分析、冲突信息的处理及有效信息的筛选和重组。

3. 分类识别信息的融合

要想适应复杂的环境和目标时变的动态特性,在先验知识的不完善前提下,要保证系统具有良好的稳健性和自适应性,融合要结构灵活,其本身应该具有错误检测能力和多元化信息的处理能力。

属性融合的设计首先是融合结构的选取。对于用在不同环境下的目标识别系统,属性结构的选择既要对给定的目标有优化检测和识别的性能,也要受技术能力(软、硬件)的制约,同时还与传感器质量、传输数据的带宽等有关。从战场环境来看,通常所用的是不同平台多类型传感器(即采用异质传感器数据),由于环境因素的干扰,通信带宽不可能会很大。首先,利用数据级的融合方式可行性较小;而单纯使用特征级的融合来实现多传感器目标识别,会产生维数较高的特征向量,就增加了识别系统的复杂性,一旦有一个或几个数据源被干扰和破坏,识别系统的灵活性就受到了考验;决策级在信息处理方面具有很高的灵活性,对通信带宽和计算机资源要求相对较低,而且具有处理异步信息的并行结构,决策级融合在复杂干扰环境下多传感器目标识别的应用上有一定的优势。但是对于这种融合本身而言,被融合的信息经过了加工处理,信源的原始信息很多都在处理过程中丢失了不少,特别是在动态多变的环境下这些信息对系统最终做出正确的分类识别有不可忽视的作用,这也是决策级融合本身存在的局限性。这种情况下,为了充分利用各种信息,又不造成庞大的数据处理量,决策级的融合需要进一步地被完善和改进。

从已有的决策融合算法来看,融合往往是仅在决策信息的基础上进行的,大多没有充分、有效地利用多传感器所提供的冗余信息。而在动态多变的复杂干扰环境下,仅仅融合冗余信息是不够的,为了融合结果的可靠性,需利用多方面的信息对被融合信息进行验证分析、补充综合、协调修正和推理判断,实际上这里的融合更强调的是"全信息"的融合。因而,要将算法与结构有机地结合在一起,使得多传感器系统能够根据实际情况采用有效的融合策略,以提高系统的自适应性和鲁棒性。

4. 复杂动态环境建模技术

对于一个多传感器目标识别系统来说,传感器就像人的感觉器官,是外界环境信息和目标信息的接收窗口,环境变化及外界人为的干扰和破坏,直接影响的是传感器探测性能。因而,环境分析模块提供给系统的参数就是传感器的性能指示,其依据就是传感器的可信度。

在不同的环境和条件下,传感器的精度和可信度是不同的,其在数据融合中发挥的作用也应该是变化的。因此,在进行数据融合时有必要根据各传感器不同的实时状态,对其信息赋予不同的可信度权值,以确保其被合理的利用。传感器可信度的影响因素往往带有随机性,这些因素大多不能被数值准确地描述,而且对传感器的影响程度也因为传感器的类型不同而不同。实际上传感器可信度估计是一个不确定性信息推理的过程,除了一些输入的环境信息,还需要相应经验信息。由于环境的动态多变,传感器可信度的估计应该具有自适应性、自学习性、推理能力以及快速的处理速度和易于工程实现等特点。

(三)智能数据分类融合技术

当传感器向识别系统提供的是低维的目标特征数据时,目标类别的特征分布较为简单,通常可以直接将每类目标特征数据的先验分布与传感器探测数据在统计意义上进行比较,进而得到每个传感器的分类识别信息,经融合后得到最终识别结果,即利用传感器探测数据进行目标识别的属性融合。此时,智能属性融合系统需要处理探测数据的不确定性以及分类识别集的不确定性。由于探测数据不确定性的动态变动较大,融合策略需要根据被融合信息的分布而灵活变动,进行传感器选择融合。

在目前的研究中,传感器信息的选择基准是:传感器信息的可靠性和传感器信息之间的一致性。以 Fukuda 为代表的学者认为,当传感器的性能存在差异的时候,这个差异表现为传感器的可靠性。由可靠性度量的单调性可以得出,性能优越的传感器组的可靠性比性能较差的传感器组的可靠性要好,因而为了减少性能较差的传感器的影响,融合时要选取可靠性高的传感器信息。

然而在动态多变的复杂干扰环境下,造成传感器信息不确定的因素多,不能仅以单方面的标准去选择被融合信息。信息的不确定表现为多态现象,使得数据信息相近,信息不一定可靠;传感器性能较优,信息不一定正确。为了保证属性融合可靠性,被融合信息应该是一组可靠性高、一致性好的传感器数据组。因而,传感器信息的选择是由信息的一致性和传感器的可信度这两个标准共同决定的。实际上,传感器信息选择的过程也是不确定信息的处理过程,只是这个过程是由信息的筛选来体现的。

本章在智能属性融合模型的基础上,介绍一种直接利用传感器探测数据进行目标分类识别的属性融合模型,采用了传感器分类信息的选择融合方案。该智能融合模型处理了由于探测数据误差引起的目标分类的不确定性,从传感器信息的一致性和传感器组的可靠性上分析了分类识别集的不确定性,并将其用于传感器选择融合中,实现了不确定信息处理与属性融合结构的有机结合。其融合过程如图 4-40 所示,包括不确定信息处理与模糊测度优选融合两个部分。

1. 不确定信息处理

(1)目标探测数据的分类估计。该处理是对传感器探测数据进行分类估计并对其中存在的不确定性进行处理。在复杂干扰的作战环境下,目标的机动性大,传感器探测数据不精确,尽管利用先前经验和常规环境的实测,可建立目标类别的参数模型,但是实际环境中目标类的分布参数可能与先验模型存在着偏差,造成属性分类估计的不确定性。因此,在对于复杂干扰环境下的目标探测进行数据分类识别时,须考虑这种偏差的存在,并根据实测情况修正分类估计的输出。

(2)传感器的可信度。通过环境分析模块提供在当前环境影响下传感器的可信度。

(3)目标分类估计的一致性分组。该处理模块解决的是传感器信息之间的信息冲突问题。在属性融合的过程中,汇集了大量不确定信息,当信息之间出现不一致时,便产生了信息冲突。所以可通过分析各传感器信息的一致性来确定信息之间的相似度,由此可得到分类信息较一致的传感器组。

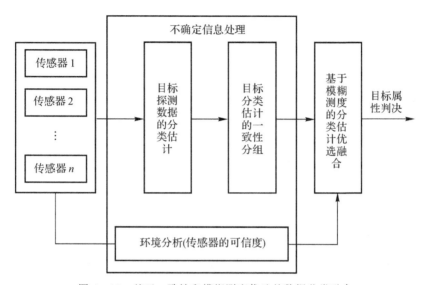

图 4-40　基于一致性和模糊测度优选的数据分类融合

2. 模糊测度优选融合

各传感器探测数据分类估计的选择由信息的一致性和传感器的可信度两个标准共同决定。尽管利用一致性测度,便可得到相应的传感器分组,但这样仅仅是区分了"矛盾"信息。所以,还要考虑传感器组的可靠性。在该融合模型中,通过模糊测度计算了传感器组的可靠性,实现优选融合,使得最终融合的传感器信息是一致性较大且可靠性较高者。对于融合算法的选择,则是考虑了简单灵活的加权平均算法,它能够满足选择融合中的融合结构的扩展和变更。

在智能属性融合模型的基础上,设计探测数据分类的属性融合时,须考虑以下的问题:

(1)由于传感器的探测误差,实际环境中所测的目标特征分布与已知的该类目标特征分布存在着差别。

(2)大量的不确定分类估计信息的汇集所带来信息冲突的问题。

(3)属性融合的方法和结构应具有一定的灵活性和有效性。

思 考 题

1. 指挥控制系统有哪些功能？指挥控制系统包含哪些系统？
2. 试描述结构形式为三层四级的指挥控制系统的主要内容。
3. 指挥控制的核心是什么？指挥控制所涉及的四域是指哪四域？

4. 现代空天作战过程的核心是什么？指挥控制系统的核心是什么？

5. 什么是多传感器资源调度？在弹道导弹从多方向袭来时，多雷达资源调度的核心问题是什么？应如何解决这些问题？

6. 在进行多雷达资源调度时应遵循哪些原则？为什么要遵守这些原则？

7. 对各目标的综合优先级进行排序、进行优先级的计算的目的是什么？应当怎样进行目标优先级计算？

8. 多源信息融合技术的内涵是什么？

9. 多传感器信息融合层次结构有哪些？各个层次有哪些优缺点？

10. 进行融合计算时，需要解决那些问题？这些问题解决时有哪些难点？

11. 为什么要进行多传感器的时间和空间的配准？

12. 目标识别主要在哪些空间开展研究？在这些空间内需要进行哪些内容的研究？

第五章　空天防御拦截新技术

第一节　空天防御拦截概述

空天防御拦截系统是国家空天防御体系中作战能力最强、作战空间最大和灵活性最好的作战力量,是实现空天防御作战的基本手段,由部署于地、海、空、天等多维空间的拦截武器系统组成,包括各种作战飞机、导弹、高炮以及新概念防空、防天武器和信息对抗系统等,其作战对象为航空空间的飞机类目标和巡航导弹、临近空间飞行器、航天空间的轨道飞行器以及各种射程的弹道导弹等。

根据作战对象的类型特点,空天防御拦截包括空气动力目标拦截、弹道导弹目标拦截、临近空间目标拦截和轨道目标拦截等四类,下面分别对各种类型目标拦截进行介绍。

(一)空气动力目标拦截

空气动力目标拦截以航空空间的作战飞机、巡航导弹等主要作战对象,还包括机载的空空、空地导弹等。空气动力目标拦截系统按照作战平台类型可概括为航空作战系统、地(海)面作战系统以及新概念武器系统。

航空作战系统的武器装备主要由各种作战飞机和机载武器构成。地(海)基武器系统,是部署平台在陆地或水面舰艇上执行对空气动力目标拦截射击任务的武器系统,主要包括防空导弹武器系统和高炮。在空天防御作战的需求牵引下,防空导弹将逐步适应拦截隐身飞机、弹道导弹、临近空间的高空高速型巡航导弹、空天飞机、卫星等多种类型空天威胁目标的需要。对空气动力目标拦截的新概念武器,主要以新概念能量武器为主,其中,动能武器和定向能武器具有极为广阔的应用前景。新概念武器作战系统以其全新的杀伤机理、作战方式将引领空天作战力量的发展走向,是空天防御作战最具潜力的作战系统。

(二)弹道导弹目标拦截

弹道导弹拦截的作战对象主要是各种射程的弹道导弹。按照不同的飞行阶段,可将弹道导弹拦截分为助推段拦截、中段拦截和再入段拦截,再入段拦截又可以根据拦截高度层进一步区分为高层拦截和低层拦截。

鉴于助推段拦截的特点,弹道导弹的助推段拦截打击系统以航空平台为主,包括机载动能武器和高能激光武器。中段拦截武器中,以地/海基动能武器最具代表性,同时,动能拦截武器一旦成为空基平台的"有效载荷",同样具备弹道导弹的中段拦截能力。高能激光武器可以部署在地、海、空基平台上,同样具备弹道导弹的中段拦截能力。

为提高再入段反导的作战效能,弹道导弹的再入段拦截分为高层和低层两个阶段,高层与低层拦截有效搭配可大大提高再入段反导的拦截效能。

(三)临近空间目标拦截

临近空间目标的拦截武器包括具备高层反导作战能力的导弹武器和各种新概念武器。以定向能武器和动能武器为代表的新概念武器是临近空间目标的主要拦截武器。地、海基动能武器和定向能武器,可在地表对临近空间目标实施拦截;机载新概念武器可在航空空间对临近空间目标进行拦截;临近空间平台加载新概念武器后,因其与作战对象处于同一空域,具有对临近空间目标拦截的独特优势,实现"以临近空间对临近空间";轨道空间平台加载武器级载荷,以其特有的高度优势,可对临近空间目标实施居高临下的打击。

(四)轨道目标拦截

轨道目标拦截的作战对象主要是各种航天器。对轨道目标进行拦截对抗可综合运用地、海、空、临近空间以及天基平台等多种武器,从拦截武器所处的空间范围上,可以划分为大气层内的拦截和轨道空间的拦截,拦截对抗模式涉及软对抗与硬摧毁。

对轨道目标拦截的大气层内系统包括:地(海)面平台拦截武器、空基拦截武器以及临近空间平台的拦截武器。随着空天防御作战的发展,在外层空间对轨道目标实施拦截对抗的武器在空天防御作战中的地位日益突出。由于轨道空间的特殊环境,适用于大气层内的武器载荷很难发挥作用,因此,以动能和定向能武器为代表的新概念武器就成为天基武器系统的有效载荷。

从上面对各类目标拦截情况的分析可以看出,空天防御拦截所采用的拦截手段主要包括:传统防空导弹、动能拦截武器、各种新概念武器、各种机载导弹、高炮等。本章介绍空天防御拦截新技术,重点介绍防空导弹类武器拦截制导过程中采用各种新技术的基本概念、原理技术特点与发展趋势,动能拦截武器的基本概念、原理技术特点与发展趋势。

第二节 空天防御拦截制导控制新技术

一、空天防御拦截制导控制概述

(一)空天防御拦截制导与控制基本原理

在空天防御拦截过程中,制导导弹对目标进行拦截是一种主要的拦截方式。导弹之所以能够准确地命中目标,是由于我们能按照一定的引导规律对导弹实施控制。控制导弹的飞行,也就是要控制导弹的飞行速度和飞行方向。在速度达到一定程度时,重点是控制导弹的飞行方向,如果需要改变导弹的飞行方向,则需要产生与导弹飞行速度矢量垂直的控制力。

在大气层中飞行的导弹主要受发动机推力 P、空气动力 R 和导弹重力 G 作用,这三种力的合力就是导弹上受到的总作用力。导弹受到的作用力可分解为平行导弹飞行方向的切向力和垂直于导弹飞行方向的法向力,切向力只能改变导弹飞行速度的大小,法向力才能改变导弹飞行方向,当法向力为零时,导弹作直线运动。导弹的法向力由推力、空气动力和导弹重力决定,导弹的重力一般不能随意改变,因此要改变导弹的控制力,只有改变导弹的推力或空气动力。

在大气层内飞行的导弹,可由改变空气动力获得控制,有翼导弹一般用改变空气动力的方法来改变控制力。

在大气层中或大气层外飞行的导弹,都可以用改变推力的方法获得控制。无翼导弹主要是用改变推力的办法来改变控制力,故无翼导弹在稀薄大气层内飞行时,弹体产生的空气动力很小。

下面我们以改变导弹空气动力的方法为例说明导弹飞行控制原理。

导弹所受的空气动力可沿速度坐标系分解成升力、侧向力和阻力。其中升力和侧向力是垂直于飞行速度方向的;升力在导弹纵向对称平面内,侧向力在导弹侧向对称平面内。所以,可通过改变升力和侧向力来改变控制力。由于导弹的气动外形不同,改变升力和侧向力的方法也略有不同,现以轴对称导弹为例来说明。

这类导弹具有两对弹翼和舵面,在纵向对称面和侧向对称面内都能产生较大的空气动力。如果要使导弹在纵对称平面内向上或向下改变飞行方向,就需改变导弹的攻角 α,攻角改变以后,导弹的升力就随之改变。

作用在导弹纵向对称平面内的受力情况如图5-1所示。各力在弹道法线方向上的投影可表示为

$$F_y = Y + P\sin\alpha - G\cos\theta \tag{5.1}$$

式中:θ 为弹道倾角;Y 表示升力。

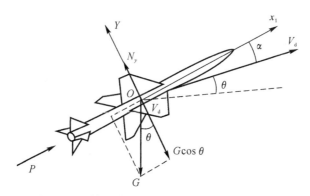

图5-1 轴对称导弹在纵对称平面内的控制力

导弹所受的可改变的法向力为

$$N_y = Y + P\sin\alpha \tag{5.2}$$

由牛顿第二定律有

$$F_y = m\frac{V_d^2}{\rho} \tag{5.3}$$

则

$$N_y - G\cos\theta = m\frac{V_d^2}{\rho} \tag{5.4}$$

式中:V_d 为导弹的飞行速度;m 为导弹的质量;ρ 为弹道的曲率半径。

而曲率半径又可表示成

$$\rho = \frac{dS}{d\theta} = \frac{dS/dt}{d\theta/dt} = \frac{V_d}{\dot\theta} \tag{5.5}$$

式中：S 为导弹运动轨迹，则有

$$\dot{\theta} = \frac{N_y - G\cos\theta}{mV_d} \tag{5.6}$$

由此可以看出，要使导弹在纵向对称平面内向上或向下改变飞行方向，就需要利用操纵元件产生操纵力矩使导弹绕质心转动，来改变导弹的攻角 α。攻角 α 改变后，导弹的法向力 N_y 也随之改变。而且，当导弹的飞行速度为一定时，法向力 N_y 越大，弹道倾角的变化率 $\dot{\theta}$ 就越大，也就是说，导弹在纵向对称平面内的飞行方向改变得就越快。

同理，导弹在侧向对称平面内可改变的法向力为

$$N_z = Z + P\sin\beta \tag{5.7}$$

由此可见，要使导弹在侧向对称平面内向左或向右改变飞行方向，就需要通过操作元件改变侧滑角 β，使侧力 Z 发生变化，从而改变侧向控制力 N_z。显然，要使导弹在任意平面内改变飞行方向，就需要同时改变攻角和侧滑角，使升力和侧向力同时发生变化。此时，导弹的法向力 N_n 就是 N_y 和 N_z 的合力。

（二）导弹制导系统一般组成

导弹制导系统包括导引系统和控制系统两部分，如图 5-2 所示。

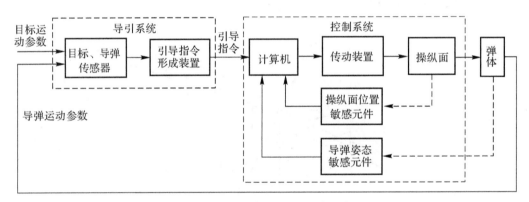

图 5-2 导弹制导系统的基本组成

导引系统通过探测装置确定导弹相对目标或发射点的位置形成导引指令。探测装置对目标和导弹运动信息进行测量，探测装置不同则形成不同的制导体制。例如，可以在选定的坐标系内，对目标或导弹的运动信息分别进行测量，也可以在选定的坐标系内，对目标与导弹的相对运动信息进行测量。探测装置可以是制导站上的红外或雷达测角仪，也可能是装在导弹上的导引头。导引系统根据探测装置测量的参数按照设定的导引方法形成导引指令，指令形成之后送给控制系统，当测量坐标系与控制系统执行坐标系不一致时要进行相应的坐标转换。

控制系统直接操纵导弹，要迅速而准确地执行导引系统发出的导引指令，控制导弹飞向目标。控制系统的另一项重要任务是保证导弹在每一飞行段稳定地飞行，所以也常称为稳定回路或稳定控制系统。

一般情况下，制导系统是一个多回路系统，稳定回路作为制导系统大回路的一个环节，它本身也是闭环回路，而且可能是多回路（如包括阻尼回路和加速度计反馈回路等），而稳定回路中的执行机构通常也采用位置或速度反馈形成闭环回路。当然并不是所有的制导系统都要求

具备上述各回路(例如,有些小型导弹就可能没有稳定回路,也有些导弹的执行机构采用开环控制),但所有导弹都必须具备制导系统大回路。

稳定回路是制导系统的重要环节,它的性质直接影响制导系统的制导准确度,弹上控制系统应既能保证导弹飞行的稳定性,又能保证导弹的机动性,即对导弹飞行具有控制和稳定的双重作用。

(三)导弹稳定控制系统

导弹的稳定控制系统,即稳定回路,主要是指自动驾驶仪与弹体构成的闭合回路。在稳定控制系统中,自动驾驶仪是控制器,导弹是控制对象。稳定控制系统设计实际上就是自动驾驶仪的设计。

自动驾驶仪的作用是稳定导弹绕质心的角运动,并根据制导指令正确而快速地操纵导弹的飞行。由于导弹的飞行动力学特性在飞行过程中会发生大范围、快速和事先无法预知的变化,自动驾驶仪还必须把导弹改造成动态和静态特性变化不大,且具有良好操纵性的制导对象,使制导控制系统在导弹的各种飞行条件下,均具有必要的制导精度。

自动驾驶仪一般由惯性元件、控制电路和舵系统组成。它通常通过操纵导弹的空气动力控制面来控制导弹的空间运动。自动驾驶仪与导弹构成的稳定控制系统如图5-3所示。

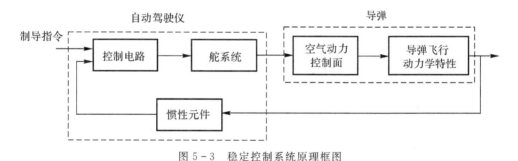

图5-3 稳定控制系统原理框图

我们对导弹进行控制的最终目标是:使导弹命中目标时质心与目标足够接近,有时还要求有相当的弹着角。为完成这一任务,需要对导弹的质心与姿态同时进行控制,由于目前大部分导弹都是通过姿态控制来间接实现对质心的控制的,因此姿态控制是导弹稳定控制系统的主要研究对象。导弹姿态运动有三个自由度,即俯仰、偏航和滚转三个姿态,通常也称其为三个通道。如果以控制通道的选择作为分类原则,稳定控制系统的控制方式可以分为三类,即单通道控制、双通道控制和三通道控制。

1. 单通道控制

一些小型导弹的弹体直径小,在导弹以较大的角速度绕纵轴旋转的情况下,可用一个控制通道控制导弹在空间的运动,这种控制方式称为单通道控制。采用单通道控制方式的导弹可采用"一"字舵面,继电式舵机一般利用尾喷管斜置和尾翼斜置产生自旋,利用弹体自旋,使一对舵面在弹体旋转中不停地按一定规律从一个极限位置向另一个极限位置交替偏转,其综合效果产生的控制力,使导弹沿基准弹道飞行。

在单通道控制方式中,弹体的自旋转是必要的,如果导弹不绕其纵轴旋转,则一个通道只能控制导弹在某一平面内的运动,而不能控制其在空间内的运动。

单通道控制方式的优点是,由于只有一套执行机构,弹体上设备较少,结构简单,质量轻,可靠性高,但由于仅用一对舵面控制导弹在空间的运动,对制导系统来说,有不少特殊问题要考虑。

2. 双通道控制

通常制导系统对导弹实施横向机动控制,故可将其分解为在互相垂直的俯仰和偏航两个通道内进行的控制,对于滚转通道仅由稳定系统对其进行稳定,而不需要进行控制,这种控制方式称为双通道控制方式,即直角坐标控制。

双通道控制方式制导系统原理如图5-4所示。其工作原理具体为:观测跟踪装置测量出导弹和目标在测量坐标系的运动参数,按导引规律分别形成俯仰和偏航两个通道的控制指令。这部分工作一般包括导引规律计算、动态误差和重力误差补偿计算,以及滤波校正等内容。导弹控制系统将两个通道的控制信号传送到执行坐标系的两对舵面上("十"字型或"×"字型),控制导弹向减少误差信号的方向运动。

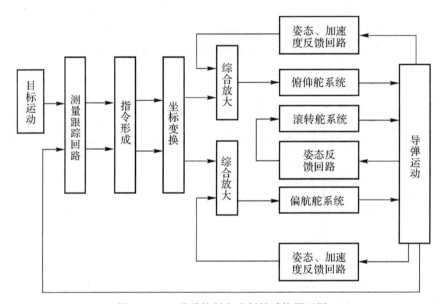

图5-4 双通道控制方式制导系统原理图

双通道控制方式中的滚转回路分为滚转角位置稳定和滚转角速度稳定两类。在遥控制导方式中,控制指令在制导站形成,为保证在测量坐标中形成的误差信号正确地转换到控制(执行)坐标系中并形成控制指令,一般采用滚转角位置稳定。若弹上有姿态测量装置,且控制指令在弹上形成,可以不采用滚转角位置稳定。在主动式寻的制导方式中,测量坐标系与控制坐标系的关系是确定的,控制指令的形成对滚转角位置没有要求。

3. 三通道控制

制导系统对导弹实施控制时,对俯仰、偏航和滚转三个通道都进行控制的方式,称为三通道控制方式,如垂直发射导弹的发射段的控制及滚转转弯控制等。

三通道控制方式制导系统原理如图5-5所示。其工作原理具体为:观测跟踪装置测量出导弹和目标的运动参数,然后形成三个控制通道的控制指令,包括姿态控制的参量计算及相应的坐标转换、导引规律计算、误差补偿计算及控制指令形成等,所形成的三个通道的控制指令与三个通道的某些状态量的反馈信号综合,再将数据送给执行机构。

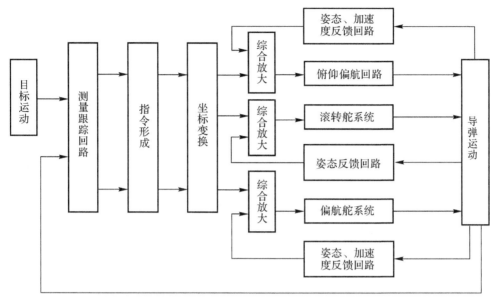

图 5-5　三通道控制方式制导系统原理图

(四)空天防御拦截制导体制

导弹制导系统从功能上讲包括引导系统和控制系统两部分,由于各类导弹的用途、目标性质和射程远近等因素的不同,故具体的制导设备差别也很大。各类导弹的控制系统都在弹上,工作原理也大体相同,而引导系统的设备可能全部放在弹上,也可能放在制导站,或者将引导系统的主要设备放在制导站。

从引导系统的工作是否与外界发生联系,或者说引导系统的工作是否需要导弹以外的任何信息来看,制导系统可分为非自主制导系统与自主制导系统两大类。

非自主制导系统包括自动导引及遥控制导等;自主制导系统包括方案制导与惯性制导等。为提高制导性能,将几种制导方式组合起来作用,称为复合制导系统。制导系统分类如图5-6所示。

从导弹、制导站和目标之间在导弹制导过程中的相互联系,引导系统的作用距离、结构和工作原理以及其他方面的特征来看,这几类制导系统的差别很大。在每一类制导系统内,引导系统的形式也有所不同,因为引导系统是根据不同的物理原理构成的,实现的技术要求也不同。

空天防御拦截过程中,作战对象往往具有高速运动特性,这就要求拦截武器能够适应目标的运动。在图5-6所示的制导系统中,并不是所有的制导体制都能适应拦截过程的全过程制导需求,这就要求拦截武器需要根据自身的特点选择合适的制导体制。典型的制导体制如下。

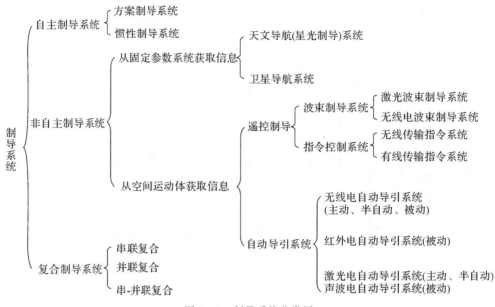

图 5-6 制导系统分类图

1. 自寻的制导系统

自寻的制导系统有时也称为自动导引制导系统,或者直接称为寻的制导系统,它能利用目标辐射或反射的能量制导导弹去攻击目标。在制导过程中,由弹上导引头感受目标辐射或反射的能量(如无线电波、红外线等),测量导弹-目标相对运动参数,形成引导指令控制导弹飞行,使导弹飞向目标的制导系统,称为寻的制导系统。

为了使寻的系统正常工作,首先必须能准确地从目标背景中发现目标。为此要求目标本身的物理特性与其背景或周围其他物体的特性有所不同,即要求它具有对背景足够的能量对比性。根据寻的制导过程采用的能量形式,有雷达寻的、红外寻的等寻的制导系统。红外寻的系统利用目标辐射的红外线获取目标信息,导引导弹飞向目标。这就要求目标具有较为显著的红外辐射(热辐射)特性,这种系统的作用距离取决于目标辐射(或反射)面的面积和温度、接收装置的灵敏度和气象条件。雷达寻的系统利用目标反射或辐射的电磁信号获取目标信息,导引导弹飞向目标。

为了方便研究,根据导弹所利用能量的能源位置的不同,自寻的制导系统可分为成主动式、半主动式和被动式三种。

(1)主动式。主动式是一种照射目标的能源在导弹上,对目标辐射能量,同时由导引头接收目标反射回来的能量的寻的制导方式。采用主动式寻的制导的导弹,当弹上的主动导引头截获目标并转入正常跟踪后,就可以完全独立地工作,不需要导弹以外的任何信息,可以实现"发射后不管"。随着能量发射装置的功率增大,系统作用距离也增大,但同时弹上设备的体积和重量也增大。由于弹上不可能有功率很大的能量发射装置,因而主动式寻的制导系统作用的距离不是很大,已实际应用的典型主动式寻的制导系统有雷达寻的制导系统。

(2)半主动式。半主动式照射目标的能源不在导弹上,弹上只有接收装置,能量发射装置设在导弹以外的制导站、载机或其他载体上。因此它的功率可以很大,它制导系统的作用距离比主动式要大。

(3)被动式。被动式的目标本身就是辐射能源,不需要能源发射装置,由弹上导引头直接感受目标辐射的能量,导引头以目标的特定物理特性作为跟踪的信息源。被动式寻的制导系统的作用距离与目标辐射的能量强度有关,典型的被动式寻的制导系统是红外寻的制导系统和反辐射导弹寻的制导系统。

2. 遥控制导系统

由导弹以外的制导站向导弹发出引导信息的制导系统,称为遥控制导系统。根据引导指令在制导系统中形成的部位不同,遥控制导又分为波束制导和遥控指令制导。

(1)在波束制导系统中,由制导站发出波束(无线电波束、激光波束),导弹在波束内飞行,弹上的制导设备感受自身偏离波束中心的方向和距离,并产生相应的引导指令,操纵导弹飞向目标。在多数波束制导系统中,制导站发出的波束应始终跟踪目标。

(2)遥控指令制导系统中,由制导站的引导设备同时测量目标、导弹的位置和其他运动参数,并在制导站形成引导指令,该指令通过无线电波或传输线传送至弹上,弹上控制系统操纵导弹飞向目标。早期的无线电指令制导系统往往使用两部雷达分别对目标和导弹进行跟踪测量,现多用一部雷达同时跟踪测量目标和导弹的运动,这样不仅可以简化地面设备,而且由于采用了相对坐标体制,还能大大提高测量精度,减小制导误差。

波束制导和遥控指令制导虽然都由导弹以外的制导站引导导弹,但波束制导中制导站的波束指向,只给出导弹的方位信息,而引导指令则由在波束中飞行的导弹感受其在波束中的位置偏差来形成。弹上的敏感装置不断地测量导弹偏离波束中心的大小与方向,并据此形成引导指令,使导弹保持在波束中心飞行。而遥控指令制导系统中的引导指令,是由制导站根据导弹、目标的位置和运动参数来形成的。

遥控制导系统在导弹发射后,制导站必须对目标(指令制导中还包括导弹)进行观测,并不断向导弹发出引导信息;而寻的制导系统中导弹发射后,只由弹上制导设备对目标进行观测、跟踪,并形成引导指令。因此,遥控制导设备分布在弹上和制导站上,而寻的制导系统的制导设备基本都装在导弹上。

遥控制导系统的制导精度较高,作用距离比寻的制导系统大得多,弹上制导设备简单。但其制导精度随导弹与制导站的距离增大而降低,且易受外界干扰。

遥控制导系统多用于地空导弹,同时,在复合制导系统中,遥控指令制导系统多用于中末制导飞行段。

3. 天文导航

天文导航是根据导弹、地球、星体三者之间的运动关系,来确定导弹的运动参量,将导弹引向目标的一种制导技术。导弹天文导航系统一般有两种:一种是由光电六分仪或无线电六分仪跟踪一种星体,引导导弹飞向目标;另一种是用两部光电六分仪或无线电六分仪分别观测两个星体,根据两个星体等高圈的交点确定导弹的位置,引导导弹飞向目标。

六分仪是天文导航的观测装置,它借助于观测天空中的星体来确定导弹的地理位置。

以星体与地球中心连线与地球表面相交的一点为圆心、任意距离为半径在地球表面画的圆圈上任一点的高度必然相等,这个圆称为等高圈。这里的高度是指星体高度,定义为从星体投射到观测点的光线与当地地平面的夹角。

4. 方案制导

所谓方案制导就是根据导弹飞向目标的既定航迹，拟制的一种飞行计划；引导导弹按这种预先拟制好的计划飞行，导弹在飞行中的引导指令就根据导弹的实际参量值与预定值的偏差来形成。方案制导系统实际上是一个程序控制系统，所以方案制导也叫程序制导。

5. 惯性制导

惯性导航系统是一个自主式的空间基准保持系统。所谓惯性导系统是指利用弹上惯性元件，测量导弹相对于惯性空间的运动参数，并在给定运动的初始条件下，由制导计算机计算出导弹的速度、位置及姿态等参数，形成控制信号，引导导弹完成预定飞行任务的一种自主制导系统。它由惯性测量装置、控制显示装置、状态选择装置、导航计算机和电源等组成。惯性测量装置包括三个加速度计和三个陀螺仪。前者用来测量运动体的三个质心移动的加速度，后者用来测量运动体的三个绕质心转动的角速度。对测出的加速度进行两次积分，可算出运动体在所选择的导航参考坐标系的位置，对角速度进行积分可算出运动体的姿态角。

6. 复合制导

当对制导系统要求较高时（如导弹必须击中很远的目标或者必须增加远距离的目标命中率），可把上述几种制导方式以不同的方式组合起来，以进一步提高制导系统的性能。例如，在导弹飞行初始段用自主制导，将导弹引导到要求的区域，中段采用遥控指令制导，比较精确地把导弹引导到目标附近，末段采用寻的制导，这不仅增大了制导系统的作用距离，而且提高了制导精度。

复合制导在转换制导方式过程中，各种制导设备的工作必须协调过渡，使导弹的弹道能够平滑地衔接起来。

根据导弹在整个飞行过程中，或在不同飞行段上制导方法的组合方式不同，复合制导可分为串联复合制导、并联复合制导和串并联复合制导三种。串联复合制导就是在导弹飞行弹道的不同段上，采用不同的制导方法。并联复合制导就是在导弹的整个飞行过程中，或者在弹道的某一段上，同时采用几种制导方式。串并联复合制导就是在导弹的飞行过程中，既有串联又有并联的复合制导方式。

（五）空天防御拦截制导控制系统面临的挑战

自20世纪70年代，激光半主动寻的制导技术问世且精确制导概念被正式提出以来，精确打击体系历经数十年的发展，精确制导体系的各个组成系统及相关的技术都得到了很大的发展，建立了成功进行精确打击所需的"探测、锁定、跟踪、瞄准、交战、打击效果评估"杀伤链，并在现代高技术战争中发挥了重要作用。与此同时，面对精确打击体系所带来的越来越大的威胁，各军事强国也在发展旨在削弱对手精确打击能力的有效反制手段乃至防御体系，针对精确打击杀伤链的各个环节发展了各类防空武器、先进战斗机及空空导弹、电子干扰系统、目标隐身隐藏伪装欺骗以及目标快速转移机动等反制手段。精确打击体系的反制手段乃至防御体系的发展，也进一步驱动着精确打击体系的发展。为满足复杂战场环境中有效打击高机动、时敏、隐身、隐蔽、伪装目标及集群目标的迫切需求，近年来，国外各主要军事强国都在全力提高精确打击体系的能力，从战法、作战指挥和装备能力等方面来改进精确打击体系，包括发展新的作战概念和先进武器装备与技术，以使精确打击体系在未来更加复杂的作战环境和更加激烈博弈的对抗环境中高效、精确地打击各类目标。

精确打击体系的发展,给防空反导体系带来了新需求和新挑战。

1. 防空反导体系的新需求

随着精确打击体系的发展,未来防空反导体系所要面临的目标,除中低空飞机、巡航导弹和弹道导弹等常规目标外,还将包括超低空无人机、超高速飞机、超高声速巡航导弹和超高声速滑翔式导弹。目标的特征属性由常规目标扩展为隐身、小型、集群、超高速、机动以及变轨等,作战空域包括低空、高空、空间和临近空间。

2. 空天防御拦截器制导控制面临的新挑战

在未来战争中,新型空中和空间目标将给空天防御拦截器制导控制系统带来如下挑战:

(1) 超高速、大机动临近空间飞行器目标所带来的挑战。与常规空中飞机和弹道目标与空间轨道目标不同,为了实现对时敏目标的高速打击及获得高生存能力,战术助推滑翔武器与高超声速吸气式武器等高速高动态临近空间飞行器目标的机动过载较大,可通过螺旋、跳跃等机动方式实现飞行轨迹规避和变轨,这类目标给空天防御拦截器的精确跟踪和拦截带来了严峻挑战。

(2) 隐身低 RCS 目标的比例越来越高。当前,以 B-2、B-21、F-22A、F-35B、AGM-129、LRASM 等为代表的隐身飞机、隐身导弹不断涌现,给防空反导体系的探测系统和防空反导导弹的精确制导导引头的有效探测带来了严峻的挑战。

(3) 物理尺寸小,目标数量多。先进作战飞机将主要采用远程精确打击方式,新一代巡航导弹(如灰狼巡航导弹)、防区外精确打击导弹、精确制导炸弹、无人机在空袭武器中所占的比重进一步提高,并运用饱和攻击、集群式攻击、协同攻击等方式,大量的低空小目标将给近程及末端防空武器带来严峻挑战。

(4) 复杂干扰对抗环境。先进作战飞机具备更强的电子能力,电子干扰、电磁攻击、光电干扰等手段多样,类型繁多,在空域、时域、频域上密集重叠、动态交迭,形成了干扰和反干扰共存的复杂干扰对抗环境。目前,全频域、大功率、智能化干扰机可在时间、空间、频段等多个维度严重干扰防空反导体系的探测系统和防空反导导弹的雷达型导引头的探测性能。红外探测系统和防空反导导弹的红外型导引头需要应对红外诱饵、强光干扰致眩等复杂的光电对抗措施,需要在存在云、雨、雾、光、云层背景及海面背景的复杂的光电环境中应用。

显然,具有强隐身能力的空中目标和高速、高机动的空中、空间及临近空间高动态目标的大量涌现,防区外精确打击武器的大量运用,分布式攻击、饱和攻击、集群式攻击、协同攻击等方式的普遍应用,再加上强地物杂波的广泛分布和有源干扰、无源干扰等先进干扰手段的大量应用,使防空反导武器的作战性能显著下降。

(六) 空天防御拦截制导控制新技术发展方向

上述新挑战为拦截器制导控制技术提供了新的发展方向,主要包括如下几个方面。

1. 多源信息条件下的制导控制技术

随着临近空间高超声速飞行器等高速、大机动、强突防能力目标的出现,传统的单传感器探测飞行器难以快速、准确地感知战场态势和提取目标运动信息。为实现对这类目标的高精度拦截,需要综合利用不同传感器得到的多源信息提取目标运动信息。随着体系化作战方式的发展和末制导探测技术的完善,目前已出现了很多具有多源信息探测的末制导场景。例如网络化的预警系统可实现对目标的持续观测,多模复合导引头通过探测信息的融合可大幅提高拦截器探测系统的抗干扰能力,拦截器弹载信息的综合应用通过综合利用导引头测量信息与弹载惯性测量单元测量信息可进一步增强制导信息的提取能力。

同时,随着战场环境的复杂化和末制导信息精度需求的提高,常规制导系统描述中忽略的弹体抖动和测量干扰等逐渐成为影响制导信息精确提取的主要因素。那么,如何获取多源信息并利用多源信息的优势,通过完善滤波和控制方法减轻这些因素的影响,则是一个亟待解决的问题。

2. 多约束条件下的制导控制技术

多约束条件下的制导控制是新的作战场景和作战需求给制导控制问题带来的不同类型约束。例如:在对高超声速目标的拦截问题中,需考虑热流、动压、过载等因素对飞行器航迹及姿态的约束;同时,一些新技术的应用也会给制导控制问题带来约束。例如:对于采用侧窗探测技术的飞行器,侧窗视场会对飞行器的航迹和姿态造成约束;采用直/气复合控制技术的飞行器,其侧向喷流发动机的开关特性可视为对控制输入的约束。就表述形式而言,制导控制中的约束通常可描述为定常/时变的区间型约束或与状态变量相关的函数型约束。

从控制角度来说,约束可分为两类:①输入约束,即对控制输入的约束,如过载的饱和特性、姿态控制问题中气动舵的饱和特性和侧向喷流发动机的开关特性带来的约束等。②状态约束,即在制导控制的某些时刻或全过程中对某些状态变量的约束,如侧窗视场对视线角产生的约束,热流、动压等因素对飞行器姿态产生的约束等可视为对末制导全过程的状态约束。约束条件下的制导控制问题本质上是状态变量或控制输入受多种不同形式约束的一类非线性系统的控制问题,解决此类问题的方法主要有预测控制类方法和滑模控制类方法,此外还有多项式制导方法等。

3. 多约束条件下的弹道设计技术

在针对中远程以上目标的拦截中,拦截弹通常采用复合制导体制,为提高针对高速目标的拦截能力,通常采用基于预测遭遇点的拦截方式,这就需要通过弹道设计提高拦截弹弹道的性能。同时,当目标出现较大范围机动时,如临近空间高超声速目标的非弹道式机动,弹道难以精确预报,遭遇点解算误差大,易造成弹道初始偏差大,要求中制导实现快速修偏;而为实现大机动、大修偏能力,为满足防热要求,要求导弹飞行高度不能太高,同时级间分离、抛罩分离与飞行器释放高度又不能太低,避免分离动压过大,降低分离风险。

拦截弹飞行空域大,近界与远界对中制导要求具有很大差别,导致大空域作战的中制导律设计复杂程度高。拦截弹中制导段要求具备快速修偏能力、弹道能量管理、拦截弹飞行高度与弹目相对高度差控制等功能,这须采用多约束条件下的中制导律设计,提高制导控制系统的鲁棒性。一是设计理论弹道,分析约束条件,提出满足各种约束条件的弹道设计策略;二是分阶段实施弹道优化,应用能量管理技术,满足远近界弹道设计需求;三是探索反非弹道式机动目标多约束初中制导一体化设计技术。

4. 多拦截器协同制导控制技术

随着未来战场环境的愈加复杂和目标智能化程度的提高,部分目标具有释放诱饵或其他干扰装置的能力,且机动能力也越来越高。在此情况下,单个拦截器的探测能力和拦截能力难以满足高精度的拦截需求。在末制导拦截过程中,采用多拦截器协同拦截,一方面可以通过飞行器间的协同探测提高对目标运动信息的估计精度;另一方面可以扩大拦截区域弥补预警系统对目标探测和预报的不准确以及飞行器机动能力的不足。因此,研究多拦截器协同制导控制问题具有重要的现实意义,多拦截器协同拦截技术也逐渐得到了广泛的关注。

多个拦截器若安装相同的探测传感器,则只能获得单一的目标特性信息。为了更好地估计目标运动信息,需要分析不同探测传感器组合方式下的测量信息对目标运动信息可观性和估计精度的影响,从而确定最优的探测传感器组合方案。此外,在一些特殊场景中,采用不同探测器的配合能够获取更多的目标特性信息。比如在真假目标识别方面需要根据目标的雷达和红外特性对探测传感器的波长和频段进行优化,以获得更丰富的目标特征信息。因此,在未来的复杂探测环境中,对多拦截器的探测传感器进行优化配置是需要考虑的问题之一。

在复杂战场环境下,对目标运动的信息探测通常具有较大的不确定性,可将目标在终端时刻的位置描述成一个带有不确定性的区域。然后用飞行器的固定杀伤区域或当前时刻的可拦截区域覆盖该区域,从而保证对目标的拦截概率最大。典型的协同控制方法主要有目标区域覆盖方法和一致性方法等。

二、多模复合制导技术

现代电子对抗技术、隐身技术的发展,以及作战环境的复杂多变,使精确制导武器面临严重的挑战,要求它必须具备抗各种干扰的能力、识别真假目标的能力、对付多目标的能力和全天候的作战能力,并能进行高精度的截获和目标跟踪。为达到这一目的,多模复合探测是一种有效的途径,它可以获取目标的多种频谱信息,以弥补单模制导的缺陷,发挥各种传感器的优点,提高武器系统的作战效能。在多传感器系统中,信息表现形式的多样性、信息数量的巨大性、信息关系的复杂性,以及需求信息处理的及时性都已大大超出了单传感器的信息综合处理能力。

这里主要介绍多模复合制导与信息融合概念、双模导引头结构与工作原理、信息融合的模型结构、多模复合制导系统的信息融合实现等内容。

(一)多模复合制导基本概念

多模复合寻的制导是指由多种模式的寻的导引头参与制导,共同完成导弹的寻的任务。目前应用较广的是双模寻的制导系统,如被动雷达/红外双模寻的制导系统、毫米波主/被动双模寻的制导系统、被动雷达/红外成像双模寻的制导系统等。

多模复合制导在充分利用现有寻的制导技术的基础上,能够获取目标的多种频谱信息,通过信息融合技术提高寻的装置的智能水平,弥补单模制导的缺陷,发挥各种传感器的优点,提高武器系统的作战效能。在现代战争中,多模复合寻的制导系统具有广泛的应用前景。采用多传感器信息融合的复合寻的制导具有以下优点:

(1)可以提高制导系统的抗干扰能力,使导弹能适应各种作战环境的需要。
(2)可以提高目标的捕捉概率和数据可信度。
(3)可以提高系统的稳定性和可靠性。
(4)可以有效地识别目标的伪装和欺骗,成功地进行目标识别或目标要害部位的识别。
(5)可以提高寻的制导的精度。

目前各种单一模式的导引头都有各自的优缺点,其性能见表5-1。

表 5-1 单一模式寻的性能比较

模　式	探测特点	缺陷与使用局限性
主动雷达寻的	全天候探测;能测距;作用距离远;可全向攻击	易受电子干扰;易受电子欺骗
被动雷达寻的	全天候探测;作用距离远;隐蔽工作;全向攻击	无距离信息
红外(点源)寻的	角精度高;隐蔽探测;抗电子干扰	无距离信息;不能全天候工作;易受红外诱饵欺骗
电视寻的	角精度高;隐蔽探测;抗电子干扰	无距离信息;不能全天候工作
激光寻的	角精度高;不受电子干扰;主动式可测距	大气衰减大,探测距离近;易受烟雾干扰
毫米波寻的	角精度高;能测距;全天候探测;抗干扰能力强;有目标成像和识别能力	只有四个频率窗口可用;作用距离目前尚较近
红外成像寻的	角精度高;抗各种电子干扰;能目标成像和识别	无距离信息;不能全天候工作;距离较近

由表 5-1 可见,任何一种模式的寻的装置都有其缺陷与使用局限性。把两种或两种以上模式的寻的制导技术结合起来,取长补短,就可以取得寻的制导系统的综合优势,使精确制导武器的制导系统能适应不断恶化的战场环境和目标的变化,提高精确制导武器的制导精度。例如被动雷达/红外双模复合制导,被动雷达作用距离远,且采用单通道被动微波相位干涉仪能区分多路径引起的镜像目标,红外制导有视角小、寻的制导精度高的特点,两者复合起来,远区用被动雷达探测,近区自动转换到红外寻的探测,能使导弹具有作用距离远、制导精度高和低空性能好的优点。

多模复合制导的核心问题之一在于如何进行多种探测方式的信息融合。信息融合是研究包括军用和民用很多领域在内的对多源信息进行处理的理论、技术和方法。将信息融合的理论与方法引入多模复合探测系统可以在发挥多种探测体制各自特点的基础上,通过对多元传感器的观测数据进行优化处理,从而达到提高整个探测系统目标识别性能、增强抗干扰能力和在复杂与恶劣环境中生存能力的目的。

(二)双模导引头结构与工作原理

1. 双模导引头结构

目前,在精确制导武器上应用的或正在发展的多模复合导引头大多采用双模复合形式,主要有:紫外/红外、可见光/红外、激光/红外、微波/红外、毫米波/红外和毫米波/红外成像等。本章主要介绍双模复合导引头。双模导引头复合寻的制导的探测器在工程实现上一般分为调整校准法和共用孔径法两类,下面分别介绍。

(1)调整校准法。调整校准法是指参与复合的各传感器分别使用各自的孔径,有各自独立的瞄准线,但要一起进行瞄准,所以也称分孔径复合方式。这种复合系统的特点是把两个传感器的视线(场)分开,瞄准线保持平行。这种结构易于实现,成本低。在信息处理上,这种复合方式是将不同传感器独立获取的信息在数据处理部分进行复合处理。由于安装位置的不同,各传感器无相互影响,但随之而来的缺点是传感器各需要一套扫描机构,加大了系统的体积和重量,提高了成本;而且,在探测同一目标时,不同传感器有不同的坐标系,为了使之统一,势必会引入校准误差。由此可见,分孔径复合形式较适用于地面制导站。

(2) 共用孔径法。共用孔径法是指参与复合的各传感器的探测孔径合成统一体,形成共用孔径。例如主动式毫米波与被动式红外构成的共用孔径是两者共用一个大反射体,红外线和毫米波各自的辐射聚焦到另一副反射镜上,副反射镜可使毫米波能量通过且对红外线形成有效反射,这样把两传感器的信号分离开,形成两个独立的探测器进行探测。这种复合方式要求两种探测信号的提取和处理必须同时完成(或在规定的时间内完成),因此工程设计难度大,且整流罩的材料选择与外形设计都较困难。但这种方案探测器的随动系统易于实现。

共孔径系统的特点是共用一套光学系统天线,使捕获目标信号数据简便,并且容易在信号处理机中分解。反折射式卡塞格林天线/光学组件共孔径结构是一种可取的形式。它用一个较大的主反射镜(兼天线)来会聚红外和毫米波辐射,然后将辐射能量反射到次反射镜上。次反射镜可以反射红外辐射而透过毫米波,然后将二者分开,并为各自的探测器所敏感。也可以采用同时反射红外和毫米波辐射的次反射镜,使两种辐射能量经校正透镜、分束镜后,输出到红外与毫米波探测器或接收系统中,完成目标探测任务。这两种结构如图 5-7 所示。美国通用动力公司波莫分部的 IR/MMW(红外成像/毫米波)双模复合导引头采用的卡塞格林光学系统,就是由一个非球面的主反射镜和一个倾斜的副反射镜组成的,副反射镜用一个扁平的电机使其旋转,为双模导引头的两个模式建立跟踪误差信号。采用这种结构,主反射镜和次反射镜均可用铝或镀铝的表面制成,对 IR 和 MMW 均有较高的反射率,容易实现。

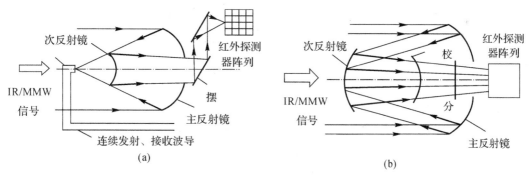

图 5-7 共孔径结构示意
(a)次反射镜透 MMW,反射 IR;(b)次反射镜反射 IR,MMW

目前应用最广泛的共孔径导引头是红外/毫米波双模复合导引头,这种复合方式有如下显著的特点:

1)扫描系统简单。采用共孔径技术,有利于减少扫描硬件,使天线/光学孔径面积最佳,又方便保持瞄准线的校准。红外/毫米波双模传感器只需要安装在同一支架上,光轴和电轴重合,两分系统的扫描方式便于统一,从而简化了扫描系统。

2)探测精度高。在红外/毫米波双模传感器中,由于光轴和电轴重合,当双模系统探测同一目标时,两分系统坐标系一致,无需校准,避免了校准误差,因而提高了精度。

3) 体积小、重量轻、成本低。

4) 制作难度较大,尤其是头罩要能透过两个特定的波带。

2. 双模导引头工作原理

这里以红外/毫米波双模复合导引头为例介绍双模导引头的工作原理。红外/毫米波双模复合导引头在制导系统中主要完成两大功能:

(1) 利用雷达目标的特征信息来帮助红外目标的识别和跟踪,提高红外模块的点目标识别能力,简化红外目标识别跟踪模块的实现难度和计算量,从而降低对弹载计算机的速度和存储容量的要求;利用红外成像目标的特征信息来帮助雷达目标的识别和跟踪,从而提高双模寻的系统的目标检测概率和降低虚警概率。

(2) 在离目标相对距离远的时候,根据雷达模块的跟踪决策信息来引导红外传感器的伺服系统跟踪目标,使目标落在红外传感器的视角内,以便当接近目标时红外传感器能通过成像分析来自行识别和跟踪目标,弥补红外传感器作用距离近的不足,发挥红外传感器在接近目标时跟踪决策信息的精度高的优势。当因干扰等原因其中一个传感器模块失去跟踪目标能力或跟踪目标能力差时,可根据另一传感器模块的跟踪决策信息来矫正该受干扰的传感器模块的目标跟踪,提高双模导引头系统的抗干扰性,同时提高整个目标识别跟踪系统的可靠性。一旦因软件或硬件故障其中某一传感器失去了目标识别和跟踪能力,融合决策控制器仍能根据另一传感器的目标识别和跟踪决策信号正确跟踪目标。

红外/毫米波双模复合导引头原理框图如图5-8所示。在导引头运动过程中,为了充分利用各传感器资源使系统性能达到优化,就需要根据各传感器不同制导段的性能特点来有效控制和管理这些传感器,自动生成复合策略。例如,在弹目相对运动过程中,随着弹目距离不断变化,毫米波雷达和红外传感器的性能相差很大,故复合策略将表现为在某些距离段上只有其中一种传感器有效,在某些距离段上两种传感器同时有效,而且在不同的距离段上,对两种传感器的复合加权也不相同。这将直接影响后续的复合性能。同理,环境等因素也将同样对复合策略产生影响。

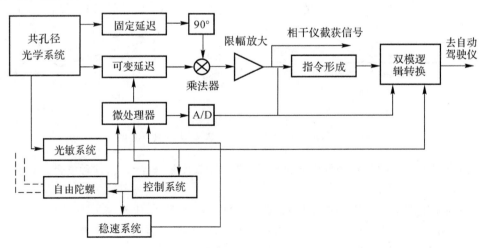

图 5-8 红外/毫米波双模复合导引头原理框图

(三)多模复合制导系统信息融合实现

1. 多模寻的复合原则

各种模式复合的前提是要考虑作战目标和电子、光电干扰的状态,根据作战对象选择优化模式的复合方案。除模块化寻的装置、可更换器件和弹体结构外,从技术角度出发,优化多模复合方案还应遵循以下复合原则。

(1)各模式的工作频率在电磁频谱上相距越远越好。多模复合是一种多频谱复合探测,使用什么频率、占据多宽频谱,主要依据探测目标的特征信息和抗电子、光电干扰的性能。参与复合的寻的模式工作频率在频谱上距离越大,敌方的干扰手段要想占领这么宽的频谱就越困难,同时,探测的目标特征信息越明显。否则,就逼迫敌方的干扰降低干扰电平。当然,在考虑频率分布时,还应考虑它们的电磁兼容性。

合理的复合有微波雷达(主动或被动辐射计)/红外、紫外的复合,毫米波雷达(主动或被动)/红外复合,微波雷达/毫米波雷达的复合等。

(2)参与复合的模式与制导方式应尽量不同,尤其当探测的能量为一种形式时,更应注意选用不同制导方式进行复合,如主动/被动复合、主动/半主动复合、被动/半主动复合等。

(3)从导弹的空间、体积、重量限制角度出发,参与复合模式间的探测器口径应能兼容,便于实现共孔径复合结构。

(4)参与复合的模式在探测功能和抗干扰功能上应互补。这是从多模复合寻的制导提出的根本目的出发的。只有参与复合的寻的模式功能互补,才能产生复合的综合效益,提高精确制导武器寻的系统的探测和抗干扰能力,达到在恶劣作战环境中提高精确制导武器攻击能力的目的。

(5)参与复合的各模式的器件、组件、电路应实现固态化、小型化和集成化,满足复合后导弹空间、体积和重量的要求。

2. 红外成像/毫米波复合制导信息融合实现

近年来,红外成像/毫米波(IR/MMW)双模寻的制导技术逐渐受到重视,已成为各国研制的热点。IR/MMW双模寻的制导技术,是红外和毫米波雷达复合为一体的光电双模寻的制导系统。单一的红外成像制导定位精度高,且不易受干扰,但无法在雾天工作,搜索范围有限;而单一的毫米波制导有不受天气干扰,可在大范围内搜索等优点,但较易受假源的干扰。红外成像制导与毫米波制导性能比较见表5-2。

表5-2 红外成像制导与毫米波制导性能比较

红外成像	毫米波
• 探测物体表面的热辐射	• 探测物体反射的无线电波
• 跟踪时具有高角分辨率	• 以中等扫描速度可搜索较大的范围
• 在雨和干扰箔条下具有较好的性能	• 在雾和悬浮粒子天气中也有较好的性能
• 对火焰、燃油、阳光等具有分辨力	• 具有距离分辨力和动目标分辨力
• 不受雷达角反射器影响	• 不受光及燃油影响
• 探测能力与目标大小无关	• 探测目标受方位角的影响

红外成像/毫米波双模复合制导系统光电互补,克服了各自的不足,综合了光电制导的优点。红外成像/毫米波复合制导的优点有:①战场适应性强;②缩短武器系统对目标进行精确定位的时间;③提高制导系统对目标识别、分类的能力;④增强抗干扰反隐身的能力。

(1)红外成像制导信息处理。红外成像制导是利用红外探测器探测目标的红外辐射,以捕获目标红外图像的制导技术,其图像质量与电视相近,但却可在电视制导系统难以工作的夜间和低能见度下工作。红外成像制导技术已成为制导技术的一个主要发展方向。

红外成像制导系统的目标识别跟踪包括:图像预处理、图像分割、特征提取、目标识别及目标跟踪等,其过程如图5-9所示,相关处理方法在第三章第三节红外探测基本原理中已经作过介绍,这里不再赘述。

图5-9 红外成像识别跟踪系统功能框图

(2)毫米波制导信息处理。毫米波制导技术是精确制导技术的重要组成部分。毫米波雷达体积小、重量轻、波束窄、抗干扰能力强,环境适应性好,可穿透雨、雾、战场浓烟、尘埃等进行目标探测。

毫米波雷达通过发射和接收宽带信号,用一定的信号处理方法从目标回波信号中提取信息,并以此信息判断不同目标之间的差异,从而识别出感兴趣的目标来。在毫米波体制下的目标识别途径中,最有效的目标识别方法是利用毫米波雷达的宽带高分辨特性,对目标进行成像。雷达成像有距离维(一维)成像、二维成像和三维成像三种。雷达的二维成像已经成功地应用于合成孔径雷达(SAR)目标识别,但由于多维成像有许多理论和技术难题需要解决,目前条件下,还难以在导引头上获得成功应用。一维高分辨成像由于不受目标到雷达的距离、目标与雷达之间的相对转角等因素的限制,且计算量小,在毫米波雷达精确制导中已经有成功的应用。一维高分辨距离成像,主要是把雷达目标上的强散射点沿视线方向投影,形成反映目标结构的时间(距离)-幅度关系。

实现雷达自动目标识别一般需经历检测、鉴别、预分类、分类、识别和辨识等流程,如图5-10所示。其中包含两个基本问题:第一是检测问题,确定传感器接收到的信号内是否有感兴趣的目标存在;第二是识别问题,感兴趣的目标信号是否能从其他目标信号中区分开来并判定其属性或形体部位。识别问题还包括从杂波信号和其他非目标信号中有效地区分出目标信号。

图5-10 雷达目标识别跟踪系统功能框图

近年来,以小波变换、分形、模糊集理论、神经网络等为代表的现代信息处理理论与方法蓬勃发展,极大地拓展了信息处理的手段,在目标识别领域也得到了一些成功应用。

(3)红外成像/毫米波复合制导信息融合。多传感器信息融合系统需包含以下功能模块:多传感器及其信息的协调管理、多传感器信息优化合成等。

多传感器信息融合根据信息表征的层次,其基本方法可分为数据层融合、特征层融合、决策层融合三类。

数据层融合通常用于多源图像复合、图像分析与理解及同类型(同质)雷达波形的直接合成。特征层融合可划分为目标状态信息融合和目标特性融合两类。目标状态信息融合主要应用多传感器目标跟踪领域,常用方法包括卡尔曼滤波和扩展卡尔曼滤波;目标特性融合即特征层联合识别,具体实现技术包括:参量模板法、特征压缩和聚类算法、K阶最近邻、神经网络、模糊积分以及基于知识的推理技术等。决策层融合的基本概念是:不同类型的传感器观察同一个目标,每个传感器在本地完成处理,其中包括预处理、特征抽取、识别或判决,以建立对所观察目标的初步结论。然后通过关联处理、决策层融合判决,最终获得联合推断结果。决策层融合所采用的主要方法有:贝叶斯推断、D-S证据理论、模糊集理论以及专家系统。

对于目前绝大多数雷达寻的系统来说,其在数据层的信息可认为是目标的多普勒信号,红外成像传感器在数据层的信息表示为其响应波段内目标的灰度数据序列,所以,雷达与红外成像这两种传感器在数据层所得到的信息不具备互补性和可比性信息融合处理的基本条件,因而不能进行数据层上的融合处理,只在特征层和决策层上满足信息融合处理的互补性和可比性基本条件。其融合模型如图5-11所示。

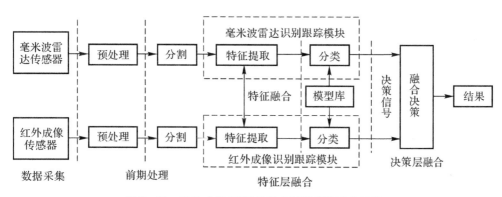

图5-11 红外成像/毫米波复合制导信息融合过程

特征层融合的作用是:利用雷达目标的特征信息来帮助红外成像目标的识别和跟踪,提高红外成像模块的点目标识别能力,简化红外目标识别跟踪模块的实现难度和计算量,从而降低对弹载计算机的速度和存储容量的要求,降低对红外成像质量和偏转稳定的要求,确定更佳的攻击点;利用红外成像目标的特征信息来帮助雷达目标的识别和跟踪,从而提高双模寻的系统的目标检测概率和降低虚警概率。

决策层融合的作用是:在距离目标相对较远时,根据雷达模块的跟踪决策信息来引导红外传感器的伺服控制系统跟踪目标,使目标落在红外传感器的视角内,以便当接近目标时红外传感器能通过成像分析来自行识别和跟踪目标,从而弥补红外成像传感器作用距离近的不足,发挥红外成像传感器在接近目标时跟踪决策信息的精度高的优势。当因干扰等原因其中一个传感器模块失去跟踪目标能力或跟踪目标能力差时,可根据另一传感器模块的跟踪决策信息来矫正该受干扰的传感器模块的目标跟踪能力,从而提高双模导引头系统的抗干扰性,同时提高整个目标识别跟踪系统的可靠性。一旦因软件或硬件故障使其中某一传感器失去了目标识别和跟踪能力,融合决策控制器仍能根据另一传感器的目标识别和跟踪决策信号正确跟踪目标。

信息融合作为一种数据综合和处理技术，是许多传统学科和新技术的集成和应用，包括通信、模式识别、决策论、不确定性理论、信号处理、估计理论、最优化技术、计算机科学、人工智能和神经网络等。未来信息融合技术的发展将更加智能化，同时，信息融合技术也将成为智能信息处理和控制系统的关键技术。人工智能-神经网络-模糊推理融合将是信息融合技术的重要发展方向。

未来战争将是作战体系间的综合对抗，很大程度上表现为信息战的形式，如何夺取和利用信息是取得战争胜利的关键。因此，关于多传感器信息融合和状态估计的理论和技术的研究对于国防建设具有重要的战略意义。

三、自适应弹道设计与调整技术

(一)弹道设计概述

1. 弹道设计基本概念

弹道是指弹丸或抛物体从发射起点到终点的运动轨迹，本书重点指拦截弹重心运动的轨迹。为保证拦截弹进入末制导后具有良好的制导控制性能，一方面希望中制导阶段能量消耗尽量少，保证在末制导阶段具有对抗目标机动的足够能量；另一方面也希望在中制导结束时具有合理的交汇条件，为末制导提供良好的初始条件。这些需求对中制导段弹道设计构成了严格约束，中制导段弹道的合理设计对于改善拦截弹的飞行品质、提高武器系统的最终制导控制性能均具有重要作用。中制导阶段弹道优化设计成为拦截弹总体设计的一项重要内容，如图5-12所示。

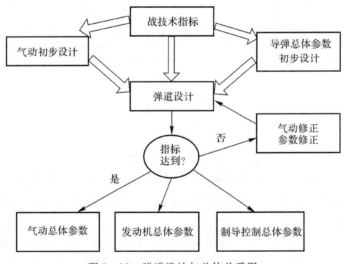

图5-12 弹道设计与总体关系图

拦截弹弹道设计涉及飞行力学、空气动力学、非线性规划、近代数理统计、现代控制理论、仿真技术和计算机技术等多门学科，是航空航天控制领域与动力学最重要的研究课题之一，其本质是受约束最优控制问题。

2. 传统弹道形成方法

针对传统拦截弹，主要由导引方法形成弹道，即导引弹道。根据导弹和目标的相对运动关

系,导引方法可分为以下几种:

(1)按导弹速度向量与目标线(又称视线,即导弹-目标连线)的相对位置分为追踪法(导弹速度向量与视线重合,即导弹速度方向始终指向目标)和常值前置角法(导弹速度向量超前视线一个常值角度);

(2)按目标线在空间的变化规律分为平行接近法(目标线在空间平行移动)和比例导引法(导弹速度矢量的转动角速度与目标线的转动角速度成比例);

(3)按导弹纵轴与目标线的相对位置分为直接法(两者重合)和常值方位角法(纵轴超前一个常值角度)。

(4)按制导站-导弹连线和制导站-目标连线的相对位置分为三点法(两连线重合)和前置量法(又称角度法或矫直法,制导站-导弹连线超前一个角度)。

比较典型的导引弹道形成方法有如下几种:

(1)比例导引法。按比例导引法时,导弹-目标的相对运动方程组如下:

$$\left.\begin{aligned} \frac{\mathrm{d}r}{\mathrm{d}t} &= V_\mathrm{m}\cos\eta_\mathrm{m} - V\cos\eta \\ r\frac{\mathrm{d}q}{\mathrm{d}t} &= V\sin\eta - V_\mathrm{m}\sin\eta_\mathrm{m} \\ q &= \eta + \sigma_\mathrm{m} \\ q &= \eta_\mathrm{m} + \sigma_\mathrm{m} \\ \frac{\mathrm{d}\sigma}{\mathrm{d}t} &= K\frac{\mathrm{d}q}{\mathrm{d}t} \end{aligned}\right\} \tag{5.8}$$

如果知道了 V、V_m、σ_m 的变化规律以及三个初始条件——r_0、q_0、σ_0(或 η_0),就可以用数值积分法或图解法解算这组方程,得到导弹的运动参数。

(2)三点法导引。首先要建立三点法导引的相对运动方程组。以地空导弹为例,设导弹在铅垂平面内飞行,制导站固定不动。三点法导引的相对运动方程组为

$$\left.\begin{aligned} \frac{\mathrm{d}r_\mathrm{d}}{\mathrm{d}t} &= V\cos\eta \\ r_\mathrm{d}\frac{\mathrm{d}\varepsilon}{\mathrm{d}t} &= -V\sin\eta \\ \varepsilon &= \theta + \eta \\ \frac{\mathrm{d}r_\mathrm{m}}{\mathrm{d}t} &= V_\mathrm{m}\cos\eta_\mathrm{m} \\ r_\mathrm{m}\frac{\mathrm{d}\varepsilon_\mathrm{m}}{\mathrm{d}t} &= -V_\mathrm{m}\sin\eta_\mathrm{m} \\ \varepsilon_\mathrm{m} &= \theta_\mathrm{m} + \eta_\mathrm{m} \\ \varepsilon &= \varepsilon_\mathrm{m} \end{aligned}\right\} \tag{5.9}$$

方程组中,目标运动参数 V_m、θ_m 以及导弹速度 V 的变化规律是已知的。方程组的求解可用数值积分法、图解法和解析法。在应用数值积分法解算方程组时,可先积分方程组中的第 4~6 式,求出目标运动参数 R_m、ε_m。然后积分其余方程,解出导弹运动参数 r_d、ε、η、θ 等。

(3)基于预定方案的导引弹道。在实际飞行过程中,拦截弹可以按照既定的飞行方案飞行,其运动方程如下:

$$\left.\begin{aligned} m\frac{dV}{dt} &= P\cos\alpha - X - G\sin\theta \\ mv\frac{d\theta}{dt} &= P\sin\alpha + Y - G\cos\theta \\ \frac{dx}{dt} &= V\cos\theta \\ \frac{dy}{dt} &= V\sin\theta \\ \frac{dm}{dt} &= -m_m \\ \varepsilon_1 &= 0 \end{aligned}\right\} \quad (5.10)$$

根据给定的方案不同可以得到不同的弹道,比较典型的有:

1) 等高飞行。拦截弹按照固定的高度飞行,此时有约束关系:$\theta = 0, \dot{\theta} = 0 \Rightarrow P\sin\alpha + Y - G = 0$。

2) 给定攻角飞行。拦截弹按照给定攻角飞行,此时有约束关系:$\alpha = \alpha(t)$。

3) 给定倾角飞行。拦截弹按照给定倾角规律飞行,此时有约束关系:$\theta = \theta(t)$。

3. 弹道优化设计原理

(1) 弹道优化模型。弹道优化设计通常基于给定的拦截弹展开,弹道优化重点关心的是拦截弹质心运动问题。基于"瞬时平衡"假设,将导弹的质心运动和绕质心的转动运动分别加以研究,可以得到如下描述导弹质心运动的方程组:

$$\left.\begin{aligned} m\frac{dV}{dt} &= P\cos\alpha_b\cos\beta_b - X_b - mg\sin\theta \\ mV\frac{d\theta}{dt} &= P(\sin\alpha_b\cos\gamma_v + \cos\alpha_b\sin\beta_b\sin\gamma_v) + Y_b\cos\gamma_v - Z_b\sin\gamma_v - mg\cos\theta \\ -mV\cos\theta\frac{d\psi_v}{dt} &= P(\sin\alpha_b\sin\gamma_v - \cos\alpha_b\sin\beta_b\cos\gamma_v) + Y_b\sin\gamma_v + Z_b\cos\gamma_v \\ \frac{dx}{dt} &= V\cos\theta\cos\psi_v \\ \frac{dy}{dt} &= V\sin\theta \\ \frac{dz}{dt} &= -V\cos\theta\sin\psi_v \\ \frac{dm}{dt} &= -m_s \\ \alpha_b &= -\frac{m_z^{\delta_z}}{m_z^{\alpha}}\delta_{zb} \\ \beta_b &= -\frac{m_y^{\delta_y}}{m_y^{\beta}}\delta_{yb} \\ \varepsilon_1 &= 0 \\ \varepsilon_2 &= 0 \\ \varepsilon_3 &= 0 \\ \varepsilon_4 &= 0 \end{aligned}\right\} \quad (5.11)$$

拦截弹在实际飞行过程中,不同飞行阶段往往具有不同的运动特点。因此,可根据研究需要,针对不同的运动特点与飞行条件,对上述模型进行合理简化,在不同阶段可采用不同运动模型分析拦截弹弹道优化问题。

(2) 拦截弹飞行约束设计。拦截弹飞行过程中主要有过程约束条件和终端约束条件。其中,热流、过载、动压等约束条件将飞行轨迹限定在一个较为小的范围内,为了保证拦截弹在结构上和热防护性能上的可靠性,这些约束必须严格满足,因而这些约束也称为硬约束条件。终端约束条件一般根据拦截弹的任务或目标来确定。

1) 过程约束条件。过程约束条件指飞行器在飞行过程中应当满足的约束条件,主要有热流、过载、动压等最大值限定约束,也有状态变量和控制量的最大或最小值有约束。

a. 热流密度约束。长时间在大气层内高速飞行将产生非常高的气动加热率与壁温。为了简化研究,弹道优化时将仅考虑鼻头气动热问题。拦截弹的驻点是气动加热最为严重的区域,因而在研究弹道优化问题时,为防止气动加热超出拦截弹最大承受能力,以驻点热流密度约束来保证整个拦截弹的热流密度约束,热流密度及其约束为

$$\dot{Q} = C\rho^{0.3}V^{3.05} \leqslant \dot{Q}_{\max} \tag{5.12}$$

式中:热流密度与空气密度 ρ 的二次方根以及速度 V 的三次方次成正比例关系;C 是比例常数,与拦截弹头部曲率相关;$\dot{Q}_{\max}$ 为最大热流密度限定值。

b. 动压约束。动压极限值主要取决于气动控制铰链矩。拦截弹飞行过程中,气动控制铰链力矩随动压的增加而增大,动压也应保证不超过对应于控制气动操作面所要求的最大铰链力矩允许动压。因此,为了满足结构设计与控制要求,相应的动压约束为

$$q = \frac{1}{2}\rho v^2 \leqslant q_{\max} \tag{5.13}$$

c. 过载约束。气动力在轴向和法向都可能产生较大气动过载,为保证拦截弹的结构安全,拦截弹飞行过程中必须对过载加以限定,约束表达式为

$$n = \sqrt{\overline{L}^2 + \overline{D}^2} = \frac{qS\sqrt{L^2 + D^2}}{mg} \leqslant n_{\max} \tag{5.14}$$

d. 控制量约束。由于拦截弹结构与姿态控制系统工作的局限性,攻角和倾侧角不宜过大,必须控制在一定的范围之内。有

$$\alpha_{\min} \leqslant \alpha \leqslant \alpha_{\max}, \beta_{\min} \leqslant \beta \leqslant \beta_{\max} \tag{5.15}$$

2) 终端约束条件。拦截弹中制导通常要求导引到达指定终点,对拦截弹的终端位置进行约束,即

$$r(\bar{t}_f) = r_f, \theta(\bar{t}_f) = \theta_f, \varphi(\bar{t}_f) = \varphi_f \tag{5.16}$$

另外,还需根据作战情形,对终端状态的航迹角和航向角进行约束:

$$\gamma_{f\min} \leqslant \gamma(\bar{t}_f) \leqslant \gamma_{f\max}, \varphi_{f\min} \leqslant \varphi(\bar{t}_f) \leqslant \varphi_{f\max} \tag{5.17}$$

3) 弹道优化问题描述。在设计拦截弹飞行弹道时,不仅要保证导引头能够稳定跟踪目标,同时也希望拦截弹与目标相遇时具有较高的速度。为此,在中制导优化过程中,通常以末端速度最大为优化指标建立指标函数,即

$$J = \Theta(x(t_f), t_f) + v^T \Psi(x(t_f), t_f) + \int_{t_0}^{t_f} (H - \lambda^T \dot{x}) \mathrm{d}t \tag{5.18}$$

式中：$H = L(x, u, t) + \lambda^T f$ 为哈密尔顿函数；λ, v 为拉格朗日乘子向量；$\Psi[x(t_f), t_f] = 0$ 为终端约束函数；$\dot{x} = f[x(t), u(t), t]$ 为系统状态方程。

4. 典型弹道设计方法

(1) 拦截弹主动段弹道设计方法。

1) 主动段弹道设计方案。拦截弹的主动段主要指固体火箭发动机工作阶段，主动段弹道设计实质是对飞行程序角的设计，一般选取程序攻角或俯仰角作为设计的对象。飞行程序角通常在发射前保存到计算机中，它是随飞行时间变化的函数。这里主要对攻角变化进行设计，其随时间的变化情况可以间接影响弹道倾角。

按照飞行过程来划分，拦截弹的主动段轨迹可以进一步分为两个阶段，即垂直上升段和转弯段。

a. 垂直上升段。垂直上升段开始于拦截弹固体火箭发动机点火时刻。垂直上升段的工作时间应该合理选择，避免时间过长而增加速度的重力损失，或者时间过短而未能确保发动机达到额定的工作状态，降低工作效率。垂直上升段的工作时间 t 主要取决于第一级固体火箭发动机的推重比 λ，根据经验公式有

$$t = \sqrt{\frac{40}{\lambda - 1}} \tag{5.19}$$

拦截弹在垂直上升段速度较低，稳定性较差，不宜加入控制，应保持当前弹道倾角垂直上升，所以在此阶段设定拦截弹的攻角 α 以及倾侧角 σ 保持为零，通常可选取为 5 s。

b. 转弯段。转弯段承接垂直上升段，一直到拦截弹固体火箭发动机关机点。拦截弹通过两级发动机助推达到一定的高度与速度，在发动机不同助推级的交接阶段，特别是第一级发动机关机阶段，拦截弹在转弯段飞行过程中仍然处于稠密大气层内，要求保持尽可能小的攻角 α 来减小气动载荷以及超声速过程中可能带来的气动干扰。采用抛物线形式攻角设计：

$$\alpha(t) = \begin{cases} C\left[\left(\dfrac{t - t_1}{t_2 - t_1}\right)2 - 2\dfrac{t - t_1}{t_2 - t_1}\right], & t_1 < t < t_2 \\ C\left[\left(\dfrac{2t_2 - t_1 - t}{t_2 - t_1}\right)2 - 2\dfrac{2t_2 - t_1 - t}{t_2 - t_1}\right], & t_2 < t < 2t_2 - t_1 \end{cases} \tag{5.20}$$

式中：C 为最大转弯攻角；$t_1 = 5$ s, $2t_2 - t_1$ 分别为转弯开始时间以及结束时间。

考虑到级间分离条件，为了避免第一级助推火箭分离时攻角不为零产生的气动扰动，需要在第一级助推火箭分离前攻角减小到零。需要增加约束条件：

$$2t_2 - t_1 \leqslant t_{\text{off1}} \tag{5.21}$$

式中：t_{off1} 为第一级发动机的关机时间。

对于有二级发动机的拦截弹，通常二级发动机点火后，需要再次经历负攻角来压低弹道，进而压低高度来满足高度约束。指数形式的特点是下降快但收敛慢，而后半段很长一段时间都是在负攻角区域。基于这个特点，选择收敛较慢的指数形式能很好满足要求，并且一般的弹道优化都具有终端约束，相比于抛物线形式最后严格归零，指数形式的攻角到最后时刻可以不

收敛到零。这种形式有更大的设计裕度来满足终端约束要求：

$$\alpha(t) = -4\alpha_{\max} e^{-a(t-t_0)}(1 - e^{-a(t-t_0)}), t < t_c \tag{5.22}$$

式中：$\alpha_{\max}$ 为极值攻角；a 为选取的某一常系数，其作用是调整攻角到达绝对值最大值 $\alpha_{\max}$ 的时间。

2) 动段弹道优化设计。拦截弹主动段的弹道为后续弹道提供了初始条件，主动段弹道的性能直接影响后续弹道的性能。

a. 性能指标选取。在固体火箭助推器与拦截弹参数确定的情况下，主动段终端参数主要由主动段的控制规律决定。以 h_f、x_f、V_f 和 θ_f 分别表示主动段关机点时刻拦截弹的高度、射程、速度以及弹道倾角。拦截弹主动段弹道设计的优化指标一般有以下三种：① 优化指标 J_1：关机点时刻速度最大，即 $J_1 = \max(V_f)$。② 优化指标 J_2：关机点时刻射程最远，即 $J_2 = \max(x_f) J_2 = \max(x_f)$。③ 优化指标 J_3：关机点时刻机械能最大，即 $J_3 = \max(V_f^2/2 + gh_f)$。

b. 主动段优化模型。使得性能指标达到最优。仅考虑纵向平面的弹道优化，对式(5.11)进行简化，其优化模型可以表述为

$$\min_{C, t_2, a, t_c} J = \varphi(x_0, t_0, x_{tf}, t_f) + \int_{t_0}^{t_f} g(x(t), u(t), t) dt$$

s.t.

$$\left. \begin{aligned} m \frac{dV}{dt} &= P\cos\alpha - X - mg\sin\theta \\ mV \frac{d\theta}{dt} &= P\sin\alpha + Y - mg\cos\theta \\ \frac{dx}{dt} &= V\cos\theta \\ \frac{dy}{dt} &= V\sin\theta \\ \frac{dm}{dt} &= -m_0 \end{aligned} \right\} \tag{5.23}$$

$$y_{tf} = y_f, \theta_{tf} = \theta_f$$

$$\begin{cases} |\alpha| \leqslant \alpha_{\max} \\ q \leqslant q_{\max} \\ n_y \leqslant n_{\max} \end{cases}$$

选择助推火箭发射点定位发射坐标系的原点，射向为大地直角坐标系下正东方向，初始速度为 50 m/s，并选择不同的关机点倾角作为指标对主动段弹道进行优化。当选择不同倾角时仿真，结果如图 5-13 与图 5-14 所示。

(2) 拦截弹被动段弹道设计。拦截弹中制导段弹道是飞向预测命中点的，该点通常为事先估计的目标位置点；同时，为保证有效的交接班，通常对拦截器终端弹道倾角也需要约束。所以终端约束设置为

$$y_{tf} = y_f, \theta_{tf} = \theta_f \tag{5.24}$$

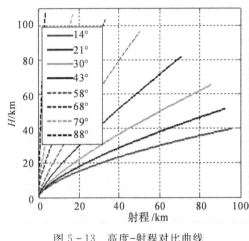
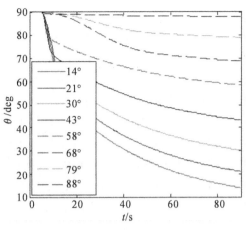

图 5-13 高度-射程对比曲线　　　　图 5-14 弹道倾角对比曲线

5. 典型弹道优化求解方法

对于弹道的优化求解,起初学者们大都基于最优控制理论,尤其是变分法、极小值原理和动态规划等理论,通过理论推导得到解析解。从 20 世纪 60 年代开始,间接法不断发展成熟,当时,美苏在军事领域和星际空间领域的争夺愈发激烈,许多学者在这种背景下展开了大量的星际航行轨道设计、最优冲量变轨等最优控制问题研究,间接法取得不断发展。

间接法利用 Pontryagin 极小值原理和一阶最优必要条件将最优问题转换为两点或多点边值问题。间接法的优点在于获得高精度解,且其解满足一阶最优性条件。间接法虽然比较简单,但难以处理路径约束问题,收敛半径小,状态变量和协态变量的初值敏感且难以估计,同时各种约束也使得间接法的求解推导十分困难。随着计算机技术的发展,已经少有人用间接法求解弹道优化问题,越来越多的学者使用直接法求解轨迹优化问题。

当前弹道优化问题的研究大多基于数值解法,将弹道优化问题转化为非线性规划问题(Nonlinear Program,NLP),再采用合适的算法求解。经过几十年的发展,这类方法成为种类最多、应用最为广泛和效果较好的一类最优控制数值求解方法。直接法的本质是将最优控制问题离散化,将连续空间的最优控制问题转化参数优化问题,采用启发式算法或非线性规划算法进行求解。由于不需要推导一阶必要条件,应用比较方便。直接法无需求最优解的必要条件,其有两个关键的问题需要解决:其一是如何将最优控制问题转化为 NLP 问题;其二是如何求解转换后的 NLP 问题。学者 Ross 从优化理论、最优控制问题的转换方法、变量离散方法等出发对弹道优化方法进行分类。

直接法依照控制变量和状态变量的离散化方法不同,可以分为三种方法,仅离散状态变量(包括动态逆方法和微分包含法)、仅离散控制变量(包括直接打靶法和直接多重打靶法)和同时离散状态变量和控制变量(包括局部配点法和全局配点法),如图 5-15 所示。

局部配点主要有正交配点法和隐式显式综合两种,全局配点法也称为伪谱法。伪谱法因配点的不同,有 Legendre 伪谱法(Legendre Pseudospectral Method,LPM)、Radau 伪谱法(Radau Pseudospectral Method,RPM)、Gauss 伪谱法(Gauss Pseudospectral Method,GPM)和 Chebyshev 伪谱法(Chebyshev Pseudospectral Method,CPM)。

(1)动态逆方法。动态逆方法的实质是将期望轨迹以参数化的形式进行设定,然后利用动态逆变换求出期望轨迹的控制量,最后利用非线性规划算法求解。动态逆方法不直接设计控制变量,而是通过动态逆变换,以期望输出来获得最优控制变量,相比于传统直接法,可以缓解参数敏感问题。该方法已被应用于低空机动飞机的地形跟踪规划和可重复运载器的再入轨迹重构问题中。

(2)微分包含法。微分包含法仅离散对状态变量离散,并将受限控制变量转化为状态变量。因为控制变量被替换,相对于配点法,微分包含法转换后的 NLP 问题的变量数目较少,求解速度快,有利于轨迹优化的在线实现。

(3)伪谱法。近年来,伪谱法求解轨迹优化问题成为研究热点,该方法对状态变量与控制变量都离散化,将连续时间最优控制问题转化为有限维 NLP 问题,并利用优化算法求解有限维 NLP 问题。一些文献比较了 Legendre、Radau 和 Gauss 三种主要伪谱法,发现 Gauss 和 Radau 伪谱法在收敛速度与协态变量估算精度方面优于 Legendre 伪谱法。但当控制变量和协态变量不存在不连续点时,伪谱法才具有高精度和高收敛速度,可许多实际问题的状态变量或控制变量大多是不连续的。伪谱法采用全局多项式进行逼近最优解,可能存在转化后的 NLP 问题较为复杂的现象,求解矩阵不够稀疏,速度较慢。针对此问题,许多学者提出了网格细化的方法。

(4)多分辨率方法。多分辨率轨迹优化方法(Mutiresolution Trajectory Optimization Algorithm,MTOA)的实质是利用龙格-库塔法将连续时间最优控制问题转化为有限维 NLP 问题,然后采用网格细化算法求解 NLP。MTOA 与 hp 自适应伪谱法类似,两者实质上都是网格细化算法,区别在于离散点的选择方式不同。一些文献利用 MTOA 求解高超声速飞行器机动轨迹优化,如张松构造基函数对控制变量进行逼近,利用最小绝对收缩与选择算子对网格优化,该方法无需估计状态和控制误差,求解最优轨迹问题具有较强的通用性。

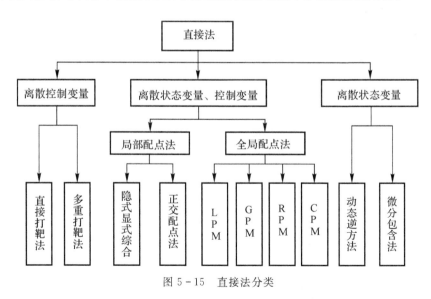

图 5-15 直接法分类

(二)弹道跟踪技术

考虑大气中存在各种随机干扰,基准弹道所采用的大气模型与实际大气存在偏差,若直接采用基准弹道得到的控制指令来调整弹道,可能导致各种干扰因素下的弹道无法满足拦截需求。为此,必须在基准弹道的基础上进行弹道跟踪,形成弹道跟踪制导律补偿优化弹道调整控制指令,进而使得拦截弹按照期望的基准弹道飞行。

1. 弹道跟踪模型

将地球视为非旋转球体,基准弹道的纵向平面质心运动方程组为

$$\left.\begin{aligned}\frac{\mathrm{d}V}{\mathrm{d}t}&=f_1(\alpha,V,\Theta,h)=\frac{1}{m}\left(P\cos\alpha-C_D\frac{\rho V^2}{2}s\right)-g\sin\Theta\\ \frac{\mathrm{d}\Theta}{\mathrm{d}t}&=f_2(\alpha,V,\Theta,h)=\frac{1}{mV}\left(P\sin\alpha+C_L^\alpha\alpha\frac{\rho V^2}{2}s\right)-\left(\frac{g}{V}-\frac{V}{R_0+h}\right)\cos\Theta\\ \frac{\mathrm{d}h}{\mathrm{d}t}&=f_3(V,\Theta)=V\sin\Theta\\ \frac{\mathrm{d}L}{\mathrm{d}t}&=f_4(V,\Theta,h)=\frac{R_0V\cos\Theta}{R_0+h}\end{aligned}\right\} \quad (5.25)$$

显然该模型是非线性耦合的,不能直接应用线性化方法设计弹道跟踪算法。基于小扰动假设在基准弹道附近将方程线性化,可得到含有气动力系数和气动力系数导数项的线性化模型如下。

记 $\boldsymbol{x}=\begin{bmatrix}\Delta V & \Delta\Theta & \Delta h & \Delta L\end{bmatrix}^\mathrm{T}$,则采用线性化方法可以得到沿着基准弹道的线性化模型如下:

$$\frac{\mathrm{d}\boldsymbol{x}}{\mathrm{d}t}=A\boldsymbol{x}+b\boldsymbol{u} \quad (5.26)$$

其中

$$\boldsymbol{A}=\begin{bmatrix}\frac{\partial f_1}{\partial V} & \frac{\partial f_1}{\partial \Theta} & \frac{\partial f_1}{\partial h} & 0\\ \frac{\partial f_2}{\partial V} & \frac{\partial f_2}{\partial \Theta} & \frac{\partial f_2}{\partial h} & 0\\ \frac{\partial f_3}{\partial V} & \frac{\partial f_3}{\partial \Theta} & 0 & 0\\ \frac{\partial f_4}{\partial V} & \frac{\partial f_4}{\partial \Theta} & 0 & 0\end{bmatrix},\quad \boldsymbol{B}=\begin{bmatrix}\frac{\partial f_1}{\partial \alpha}\\ \frac{\partial f_2}{\partial \alpha}\\ 0\\ 0\end{bmatrix}$$

弹道跟踪的实质是一个控制问题,通过设计合适的控制律,使得拦截弹沿着基准弹道飞行。基于上述线性化模型进行弹道跟踪制导律,可采用控制理论中的多种方法进行制导律设计。

典型的方法有如下几种。

2. 基于LQR的弹道跟踪制导律设计

所谓弹道跟踪问题,就是期望飞行器实际飞行弹道的状态量与基准弹道状态偏差最小。根据常识,如果整个控制过程中的状态偏差量均较小,则有理由认为末端偏差也较小,因此可选择如下拉格朗日型性能指标:

$$J=\frac{1}{2}\int_{t_0}^{t_f}\boldsymbol{x}^\mathrm{T}\boldsymbol{Q}\boldsymbol{x}+\boldsymbol{u}^\mathrm{T}\boldsymbol{R}\boldsymbol{u}\,\mathrm{d}t \quad (5.27)$$

其中，Q、R 为权重矩阵，且 Q 半正定，R 正定。该指标物理意义为：设计控制器，使用最少的控制能量，使得偏差 x 最小。根据 LQR 理论，存在最优控制变量 $u^- = -K_{opt}x$，使得上述指标最小，且反馈系数 K_{opt} 为

$$K_{opt} = R^{-1}B^{T}P \tag{5.28}$$

其中，P 是下述黎卡提方程的解：

$$-PA - A^{T}P + PBR^{-1}B^{T}P - Q = 0 \tag{5.29}$$

基于 LQR 的弹道跟踪制导系统及其工作流程如图 5-16 所示。

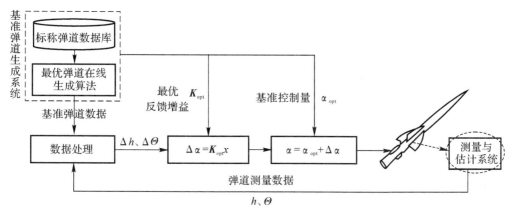

图 5-16　基于 LQR 的弹道跟踪制导系统结构图

由图 5-16，根据弹上惯性测量器件测量和估计的弹道偏差信号，以及根据基准弹道计算的最优反馈增益，就可以计算得到为消除误差需要添加的偏差控制量，将该值添加到基准控制量上形成弹道跟踪制导指令。

由于无动力段的弹道跟踪更为困难，选择无动力滑行弹道进行仿真计算。选择初始条件 $H_0 = 40$ km，$\Theta_0 = -4°$，$V_0 = 3$ km/s，终端约束为 $H_f = 30$ km、$\Theta_f = 0°$ 的最优弹道，在系统中添加地面垂直风速参数为均值 $\mu = 0$、均方差 $\alpha = 0.4$ 的随机风干扰，弹道跟踪结果如图 5-17 所示。

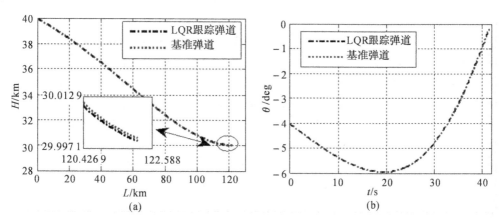

图 5-17　仿真结果曲线
(a) 射程与高度曲线；(b) 时间与弹道倾角曲线

3. 基于滑模控制的弹道跟踪制导律设计

只要能对 θ 和 h 稳定跟踪，即可实现对标称弹道的稳定跟踪，采用如下非线性模型描述：

$$\begin{pmatrix} \dot{\theta} \\ \dot{h} \end{pmatrix} = \begin{pmatrix} -\dfrac{g\cos\theta}{v_r} \\ v_r\sin\theta \end{pmatrix} + \begin{pmatrix} \dfrac{C_y^\alpha qS}{mv} \\ 0 \end{pmatrix}\alpha \tag{5.30}$$

对高度求二阶导，并令 $x_1 = h$，可以将上述模型可以转换为如下的一个非线性二阶系统：

$$\left.\begin{aligned} \dot{x}_1 &= x_2 \\ \dot{x}_2 &= f(x) + g(x)u \end{aligned}\right\} \tag{5.31}$$

其中

$$\begin{cases} f(x) = -\dfrac{C_x qS}{m}\sin\theta - g \\ g(x) = \dfrac{C_y^\alpha qS\cos\theta}{m} \end{cases}$$

考虑只要实现对 x_1, x_2 的精确跟踪即可实现对弹道的精确跟踪。选择如下的滑模面：

$$\left.\begin{aligned} s &= \boldsymbol{ce} = ce + \dot{e} \\ e &= h - h_r \end{aligned}\right\} \tag{5.32}$$

式中，h_r 为标称弹道的飞行高度，$\boldsymbol{c} = \begin{bmatrix} c & 1 \end{bmatrix}$ 满足赫尔维兹条件。求导有：

$$\dot{s} = c_1\dot{e} + \ddot{e} = c_1\dot{e} + \ddot{h} - \ddot{h}_r = c_1\dot{e} + f(x) + g(x)u - \ddot{h}_r \tag{5.33}$$

滑模控制器的设计通常有两种思路：一种思路是设计趋近律，通过趋近律与所选择的滑模面联立推导得到滑模控制律；另一种思路是设计 Lyapunov 函数，从使 Lyapunov 稳定性定理成立的角度反推滑模控制律。对于式(5.32)的非线性系统和所选择的滑模面，满足 $f(x)$，$g(x)$ 为光滑函数，$g(x) > 0$，且 $|g(x)| \leqslant \bar{g}$，设计如下的理想滑模控制器：

$$u^* = -\dfrac{1}{g(x)}(f(x) + v_s) - \left(\dfrac{1}{\varepsilon g(x)} + \dfrac{1}{\varepsilon g^2(x)} - \dfrac{\dot{g}(x)}{2g^2(x)}\right)s \tag{5.34}$$

则 $\lim\limits_{t\to\infty} \|e\| = 0$，其中 $\varepsilon > 0$，$v_s = c_1\dot{e} - \ddot{h}_r$。

(三) 弹道调整技术

在空天防御拦截过程中，特别是在针对高速目标的拦截过程中，目标的高速运动将导致初始的基准弹道设计不能满足拦截要求，这就要求拦截器能够随着目标的运动不断调整弹道。典型的弹道调整方法包括基于引导指令的弹道形成方法与基于规划弹道的弹道形成方法两类。其中，基于引导指令的弹道形成方法根据目标与拦截器的运动情况直接形成弹道调整所需要的指令，这类方法的典型弹道形成方法在 5.3.1 小节中已经进行了描述，这里不再赘述；基于弹道规划的弹道形成方法在形成弹道时，根据拦截器与目标的相对运动情况，按照一定的依据形成弹道，在此基础上采用弹道跟踪方法生成导弹调整所需要的调整指令。因此，基于弹道规划的弹道形成方法本质是一种弹道在线生成的方法。

这里简单介绍几种弹道调整方法。

1. 基于神经网络的次优弹道在线生成算法设计

考虑弹道优化通常较为耗时，难以直接进行在线优化求解，为充分利用离线计算的优化弹道,采用基于网格划分形成弹道数据库和神经网络相结合的方法设计中制导弹道在线生成方法。其基本思想为:首先,以拦截弹的中制导调整能力为基础,对目标空域进行网格划分方法形成弹道终端约束网格点,并以这些网格点为基础设计离线弹道,构建针对各个网格点的优化弹道数据;其次,利用优化弹道数据构成训练样本,对神经网络进行训练,得到能够覆盖目标运动空域的神经网络模型,进而利用该模型在线生成弹道。拦截弹发射后,按照一定的周期修正预测遭遇点构成中制导弹道末端约束条件,根据装订的神经网络型模型实时形成优化弹道指令。

网格空间 P 中的每一个元素为约束,离线求解式(5.18)中的优化问题即可得到针对该网格空间所确定区域的一系列优化弹道数据,每一条弹道数据对应于一个网格划分约束点。

基于神经网络对数据空间的逼近特性,利用这些网格及其对应的弹道构成弹道数据空间,通过训练实现对弹道数据库的逼近。结合拦截弹运动模型,以纵向平面为例,选择拦截弹速度、弹道倾角、X 坐标与预测交接点 X 坐标差值、Y 坐标与预测交接点 Y 坐标差值作为神经网络的输入变量,拦截弹的需用攻角作为输出变量,构成 BP 神经网络;同时,为保证一定精度,选择一定数量的网络隐层。在训练过程中,按照一定的间隔从优化弹道数据库中选择弹道数据,作为相应输入输出数据,并按照网络训练算法实现网格训练。网络训练示意图如图 5-18 所示。

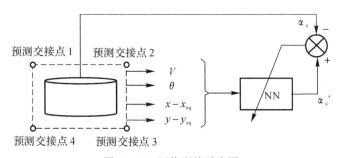

图 5-18 网络训练示意图

研究表明,网格划分间隔不能过大,同时一个网络负责的区域也应该在一定范围内,否则会因为训练样本过大导致预测精度不高;另外,网格划分间隔不能过小,过小将生成过多的网格点,进而使得弹道数据库的数量大增,降低轨迹生成的效率,同时也不利于网络训练。因此,网格划分间隔需要根据拦截弹的中制导段调整能力进行合理选取。一种网格划分示意图如图 5-19 所示。

当针对高速高机动目标进行拦截时,预测遭遇点的变化将不容忽视。为验证预测遭遇点发生变化时弹道的调整能力,假定在拦截弹中制导过程中,预测遭遇点由 P_1 变为 P_3,仿真结果如图 5-20 所示。

图 5-20 中,红色实线为采用弹道优化方法得到的训练样本数据,参考轨迹 1 为以遭遇点 P_1 为终端约束得到的优化弹道,参考轨迹 2 为以遭遇点 P_3 为终端约束得到的优化弹道;实际轨道为神经网络模型生成的弹道。从图 5-20 中两种方式生成的弹道曲线、速度曲线的对比可以看出,中制导过程中,神经网络模型生成的弹道首先按照 P_1 遭遇点对应的弹道,当遭遇点发生变化后,弹道逐渐由轨迹 1 调整为轨迹 2,并在到达约束遭遇点 P_3 时与轨迹 2 保持趋近一致,表明通过神经网络模型能够实现中制导弹道的在线调整,同时弹道的调整目标是与新约束下优化弹道一致逼近,这也验证了该中制导弹道生成方法具有一定的优化特性。

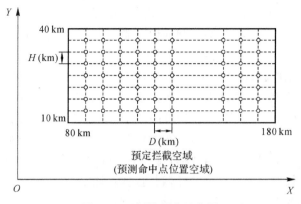

图 5-19 网格划分示意图

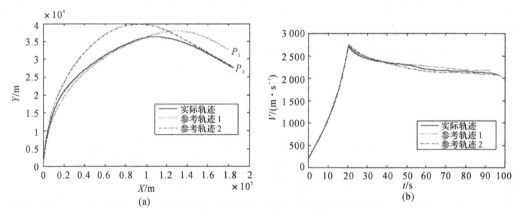

图 5-20 预测命中点切换时的弹道计算结果
(a)计算弹道与优化弹道对比曲线；(b)速度对比曲线

2. 基于领域最优控制的弹道调整方法

根据邻域控制理论,当跟踪偏差和终端约束条件变化不大时,通过最优弹道修正算法,将弹道满足的的一阶最优必要性条件进行二阶变分,利用标称最优弹道的数据计算得到一系列的反馈控制修正量 $\delta u = u - u^*$,对其弹道进行调整,且满足调整后的终端约束条件,同时确保优化指标 J' 仍能够保持一定的最优性。

给定指标泛函和终端约束：

$$J = [\varphi x(t_f), t_f] + \int_{t_0}^{t_f} L(x, u, t) dt \quad (5.35)$$

$$\psi[x(t_f), t_f] = 0$$

其中,ψ 是已知 q 个方程,且 $q \leqslant n-1$,t_f 是固定或变化的终端时间。定义哈密尔顿函数

$$H = L(x, u, t) + \lambda^T f \quad (5.36)$$

采用拉格朗日乘子法,将等式约束和终端约束引入指标泛函,得

$$J' = \varphi[x(t_f), t_f] + v^T \psi[x(t_f), t_f] + \int_{t_0}^{t_f} (H - \lambda^T \dot{x}) dt \quad (5.37)$$

其中,$\lambda \in \mathbf{R}^n$ 为拉格朗日乘子向量,$v \in \mathbf{R}^q$ 为拉格朗日乘子。

当满足一阶最优的弹道出现小扰动、初始状态 $x(t_0)$ 或是终端约束 ψ_f 发生变化时,引起基准轨迹上的状态变量偏差 $\delta x(t)$ 为

$$\delta x(t) = x(t) - x^*(t) \tag{5.38}$$

其中,$(\ )^*$ 表示沿最优轨迹的值。$x(t)$ 表示实际测量后经过滤波处理的数据。

为保持轨线最优性,需产生 $u^*(t)$ 的偏差量控制量为

$$\delta u(t) = u(t) - u^*(t) \tag{5.39}$$

对求解式(5.37)问题的最优条件进行二阶变分,可得

$$\delta \dot{x} = \frac{\partial^2 H}{\partial \lambda \partial x} \delta x + \frac{\partial^2 H}{\partial \lambda \partial u} \delta u$$

$$\delta \dot{\lambda} = -\frac{\partial^2 H}{\partial x^2} \delta x - \frac{\partial H}{\partial x \partial \lambda} \delta \lambda - \frac{\partial H}{\partial x \partial u} \delta u$$

$$\frac{\partial^2 H}{\partial u \partial x} \delta x + \frac{\partial^2 H}{\partial u \partial \lambda} \delta \lambda + \frac{\partial^2 H}{\partial u^2} \delta u = 0 \tag{5.40}$$

$$\delta x(t_0) = \delta x_0$$

$$\left[\frac{\partial \psi}{\partial x} \delta x + \left(\frac{\partial \psi}{\partial x} \frac{\mathrm{d} x}{\mathrm{d} t} + \frac{\partial \psi}{\partial t} \right) \mathrm{d} t_f \right]_{t=t_f} = \mathrm{d} \psi_f$$

$$\left[\frac{\partial \lambda}{\partial \lambda} \delta \lambda + \frac{\partial \lambda}{\partial t} \mathrm{d} t_f \right]_{t=t_f} = \left[\frac{\partial \Phi}{\partial x^2} \delta x + \frac{\partial \psi^\mathrm{T}}{\partial x} \mathrm{d} v + \frac{\mathrm{d}}{\mathrm{d} t} \left(\frac{\partial \Phi}{\partial x} \right) \mathrm{d} t_f \right]_{t=t_f}$$

$$\left[\frac{\partial H^\mathrm{T}}{\partial \lambda} \delta \lambda + \left(\frac{\partial H}{\partial x} + \frac{\partial^2 \Phi}{\partial x \partial t} \right) \delta x + \frac{\partial \psi^\mathrm{T}}{\partial t} \mathrm{d} v + \left(\frac{\partial H}{\partial t} + \frac{\mathrm{d}}{\mathrm{d} t} \left(\frac{\partial \Phi}{\partial t} \right) \right) \mathrm{d} t_f \right]_{t=t_f} = 0$$

其中,$\Phi = \varphi[x(t_f), t_f] + v^\mathrm{T}$。可以证明,上述条件是当初始状态 $x(t_0)$ 或是终端约束发生变化时,使得性能指标 J 最优的条件。

拦截器初始状态为 $H_0 = 60 \text{ km}, V_0 = 4 \text{ km/s}, \Theta_0 = -4°$。终端约束在飞行时间为预定飞行时间的 1/4 时,调整为 $H_f = 32 \text{ km}, \Theta_f = 0°$。拦截器飞行过程中,添加 $\mu = 0、\sigma = 1°$ 的随机干扰。在拦截器飞行的前 4/5 时间内间隔 $\Delta t = 5 \text{ s}$ 对弹道进行重新规划。弹道最后可用时间较短,不再重新规划,计算结果如图 5-21 所示。

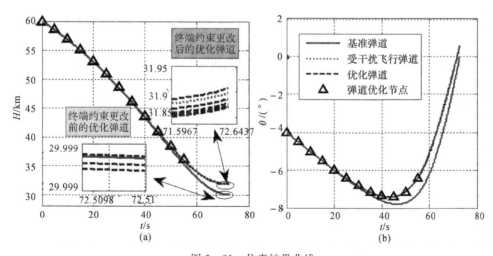

图 5-21 仿真结果曲线

(a)射程与高度曲线;(b)时间与弹道倾角曲线

(四)弹道设计与调整技术主要发展方向

1. 弹道重构与自适应制导技术

飞行器所处的空间环境参数以及飞行器的气动参数具有很强的不确定性因素,为了应对不确定性影响以及飞行弹道改变、飞行器故障等突发状况,有必要研究弹道重构与自适应制导技术,自适地的改变制导规律,以适应不同的飞行弹道、提高制导精度,甚至重新配置制导结构,应用新的制导方法,以确保完成飞行任务。

2. 多目标弹道优化方法

弹道规划在某些情况下需要对多个相互冲突的性能指标进行权衡,属于多目标优化问题。对于此类问题,通常主要采用物理规划、加权和法将其转换为单目标优化问题求解,优化结果容易受研究者的主观倾向影响。

多目标遗传、多目标粒子群等进化算法取得了丰富的研究成果,但在约束条件处理、计算效率等方面相较飞行器弹道规划的需求仍有较大差距,需要研究新的约束处理方法,以提高多目标弹道优化算法求解效果。

3. 协同弹道规划技术

多发拦截弹对同一预测命中区域内的目标进行拦截,通过时间和空间上的协同,对同一预测命中区域的拦截弹杀伤区协同覆盖,提高拦截成功概率。

4. 受约束、高精度、快速优化算法设计

飞行器弹道规划是一个受约束非线性规划问题,考虑飞行器飞行速度快、时变性强等特点,在线轨迹优化对优化算法的快速性提出了更为严格的要求。尽管当前对于飞行器轨迹优化算法的研究较多,但从公开文献看,针对在线轨迹优化尚未发现系统、有效的方法。如何设计满足受约束、高精度要求,同时又兼具快速性的在线轨迹优化算法将是当下需要解决的一个研究难点。

四、目标轨迹预测技术

(一)目标轨迹预测概述

1. 基本概念

目标轨迹预测是指通过对目标一段时间的精确观测与跟踪,对目标的意图进行预判,对其可能存在的轨迹进行预测。影响目标轨迹预测的因素有很多,包括目标当前状态精度、预报时间、外推模型或外推算法等。目标状态一般从跟踪结果中获得,因此改善跟踪性能可有效提高目标当前状态精度,跟踪滤波中第一步预测实质上就是对下一时间状态的预报。

预测目标轨迹,需要充分利用关于目标运动特性的先验信息。如何对目标机动特性进行符合实际的限定,使它的运动表现出一定的规律性,但又不失随机性,是轨迹预测的重点和难点。在实际应用中,不同类型目标的运动模式虽具有相对稳定性,但仍然具有自主变化的可能性。一方面,从对目标飞行特点的认识上讲,我们并不完全了解这种目标的作战运用原则、机动样式甚至机动轨迹等先验知识,仅能够从其外形与大气环境的相互作用中获取其基本机动能力,但无法对目标的飞行性能、参数做除了飞行走廊之外的过多假设;另一方面,目标所处大气环境的变化也会造成目标运动模式的变化,而大气环境的变化具有较强的随机性,同时,目标飞行过程中控制者的影响也会造成不可预知的机动变化。

2. 分类

对于目标轨迹预测方法,根据不同的分类方法可以得到不同的分类。

根据预测目标的属性不同,可将目标轨迹预测分为合作类目标轨迹预测与非合作类目标轨迹预测。对于合作类目标,通常可以获得目标比较准确的信息,如目标的模型、状态、任务规划与约束、能力状态等情况,对其进行轨迹预测可根据这些合作信息建立相对准确的预测模型,进行一定时间的预测,比较典型的如我方卫星的轨迹、民航的飞行轨迹等;对于非合作类目标,往往很难获取目标的准确模型、状态以及任务情况等信息,因此就很难建立其准确的预测模型,因此往往预测方法与前者不同。在空天防御过程中,我们面临的大多都是非合作类目标,因此,本节后续内容将重点介绍非合作类目标的轨迹预测方法。

根据轨迹预测原理的不同可分为有模预测技术和无模预测技术两大类。其中,有模预测技术基于所建立的目标运动方程,结合预测目标当前状态,对目标轨迹进行预测,这类目标的轨迹预测性能受到预测模型以及预测时长的影响较大。然而,有模轨迹预测技术所使用的目标运动模型通常基于一定的假设,即在一定的理想条件下建立。由于在实际运行环境中,影响目标轨迹的因素非常复杂,考虑所有影响因素进行精确建模是极其困难的,且建模越精确,往往所建模型的通用性就越差,因此为了匹配目标各个时段的运动状态,可能需要建立多个运动模型。无模轨迹预测将轨迹数据看作时间序列,将轨迹预测问题抽象为时序预测问题,并认为影响因素对预测目标运动轨迹的影响机理都隐含在时间序列的变化规律中,由此回避了对复杂运动的建模问题,其本质是从轨迹信息的时序性入手,通过数据挖掘、拟合等手段对预测目标的运动规律进行学习。在实际应用过程中,两类预测方法不但不是互斥的,且具有一定的互补性,可在预测过程中可以进行组合。在组合预测过程中,无模预测可以就有模预测在建模过程中未考虑到的影响轨迹的因素进行补充,而当有模预测所用模型与预测目标当前运动状态匹配度较好时,又能进一步提高无模预测的精度。

根据轨迹预测时长不同,目标轨迹预测可分为短期预测、中长期预测、长期预测三种类型。按照美国国家空管系统的标准,长期轨迹预测通常需要对目标进行几个小时或几天的轨迹预测,要实现长期轨迹预测通常需要了解整个预测任务、任务调度以及各种基础模型数据;中长期预测往往预测时长在几十分钟,通常需要根据目标实时状态以及任务、意图等信息进行在线实时预测;短期预测通常需要预测几十秒到几分钟的时长范围,主要应对航空航天运行过程中的突发情况。

根据目标的类型不同,可以大致分为空气动力目标预测、弹道导弹预测、临近空间高超声速目标预测等类型。

3. 轨迹跟踪基本模型

对目标进行轨迹跟踪是进行目标轨迹预测的前提,本质是目标状态估计,目的是通过传感器等观测手段获得机动目标的相关测量信息,配合滤波估计器等手段对目标状态实现精确的估计。目标轨迹跟踪原理如图 5-22 所示。

基于上述示意图,要实现目标高精度的轨迹跟踪,除了目标探测信息外,还依赖于跟踪模型、跟踪算法以及跟踪方法。

目标典型跟踪模型如下:

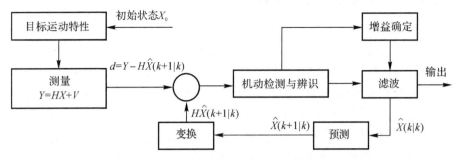

图 5-22 目标轨迹跟踪示意图

(1) CV 模型。

令 $\boldsymbol{x} = [x \quad \dot{x} \quad y \quad \dot{y}]^{\mathrm{T}}$,$[\ddot{x} \quad \ddot{y}]^{\mathrm{T}} = \boldsymbol{w}(t) \approx 0$,其状态空间模型为

$$\dot{\boldsymbol{x}}(t) = \begin{bmatrix} 0 & 1 & 0 & 0 \\ 0 & 0 & 0 & 0 \\ 0 & 0 & 0 & 1 \\ 0 & 0 & 0 & 0 \end{bmatrix} \boldsymbol{x}(t) + \begin{bmatrix} 0 & 0 \\ 1 & 0 \\ 0 & 0 \\ 0 & 1 \end{bmatrix} \begin{bmatrix} w_x(t) \\ w_y(t) \end{bmatrix} \tag{5.41}$$

设采样间隔为 T,则对应离散化模型为

$$\boldsymbol{x}_{k+1} = \begin{bmatrix} 1 & T & 0 & 0 \\ 0 & 1 & 0 & 0 \\ 0 & 0 & 1 & T \\ 0 & 0 & 0 & 1 \end{bmatrix} \boldsymbol{x}_k + \begin{bmatrix} \dfrac{T^2}{2} & 0 \\ T & 0 \\ 0 & \dfrac{T^2}{2} \\ 0 & T \end{bmatrix} \begin{bmatrix} w_x \\ w_y \end{bmatrix} \tag{5.42}$$

等价为 $\boldsymbol{x}_{k+1} = \boldsymbol{F}_k \boldsymbol{x}_k + \boldsymbol{G}_k \boldsymbol{w}_k$。噪声协方差矩阵为

$$\mathrm{cov}(\boldsymbol{G}_k \boldsymbol{w}_k) = E\{[\boldsymbol{G}_k \boldsymbol{w}_k][\boldsymbol{G}_k \boldsymbol{w}_k]^{\mathrm{T}}\} = \boldsymbol{G}_k E\{[\boldsymbol{w}_k \boldsymbol{w}_k^{\mathrm{T}}]\} \boldsymbol{G}_k^{\mathrm{T}} = \boldsymbol{G}_k \boldsymbol{Q}_k \boldsymbol{G}_k^{\mathrm{T}} \tag{5.43}$$

(2) CA 模型。

假定加速度增量是一个白噪声过程。令 $\boldsymbol{x} = [x \quad \dot{x} \quad \ddot{x}]^{\mathrm{T}} = [x \quad v \quad a]^{\mathrm{T}}$,状态空间表示为

$$\dot{\boldsymbol{x}}(t) = \begin{bmatrix} 0 & 1 & 0 \\ 0 & 0 & 1 \\ 0 & 0 & 0 \end{bmatrix} \boldsymbol{x}(t) + \begin{bmatrix} 0 \\ 0 \\ 1 \end{bmatrix} \boldsymbol{w}(t) \tag{5.44}$$

离散方程为

$$\boldsymbol{x}_{k+1} = \begin{bmatrix} 1 & T & T^2/2 \\ 0 & 1 & T \\ 0 & 0 & 1 \end{bmatrix} \boldsymbol{x}_k + \boldsymbol{w}_k \tag{5.45}$$

设噪声 $w(t)$ 的功率谱密度为 S_w,则离散噪声 $\boldsymbol{w}_k$ 对应的协方差矩阵为

$$\boldsymbol{Q} = \mathrm{cov}(\boldsymbol{w}_k) = S_w \boldsymbol{Q}_1 \tag{5.46}$$

$$\boldsymbol{Q}_1 = \begin{bmatrix} T^5/20 & T^4/8 & T^3/6 \\ T^4/8 & T^3/3 & T^2/2 \\ T^3/6 & T^2/2 & T \end{bmatrix}$$

(3) Singer 模型。

将目标加速度建模为零均值一阶马尔科夫过程,加速度随机过程 $a(t)$ 可表示为

$$\dot{a}(t) = -\alpha a(t) + w(t) \tag{5.47}$$

式中:$w(t)$ 为零均值白噪声过程,具有定常功率谱密度 $S_\omega = 2\alpha\sigma^2$;$a(t)$ 为机动目标加速度;σ^2 为目标加速度方差;α 为目标机动时间常数的倒数;τ 为目标机动相关时间。

令 $\boldsymbol{x} = [x \quad \dot{x} \quad \ddot{x}]^T = [x \quad v \quad a]^T$,则连续时间 Singer 模型的状态空间表示为

$$\dot{\boldsymbol{x}}(t) = \begin{bmatrix} 0 & 1 & 0 \\ 0 & 0 & 1 \\ 0 & 0 & -\alpha \end{bmatrix} \boldsymbol{x}(t) + \begin{bmatrix} 0 \\ 0 \\ 1 \end{bmatrix} w(t) \tag{5.48}$$

离散模型为

$$\boldsymbol{x}_{k+1} = \begin{bmatrix} 1 & T & (\alpha T - 1 + e^{-\alpha T})/\alpha^2 \\ 0 & 1 & (1 - e^{-\alpha T})/\alpha \\ 0 & 0 & e^{-\alpha T} \end{bmatrix} \boldsymbol{x}_k + \boldsymbol{w}_k \tag{5.49}$$

噪声序列 $\boldsymbol{w}_k$ 均值为零,则协方差矩阵为

$$\boldsymbol{Q} = 2\alpha\sigma^2 \begin{bmatrix} q_{11} & q_{12} & q_{13} \\ q_{12} & q_{22} & q_{23} \\ q_{13} & q_{23} & q_{33} \end{bmatrix} \tag{5.50}$$

(4) 弹道导弹跟踪模型。

采用动力学模型对弹道导弹进行跟踪。选择状态方程为 $\boldsymbol{X} = [x \quad y \quad z \quad \dot{x} \quad \dot{y} \quad \dot{z}]^T$,则跟踪模型可以表示为

$$\begin{bmatrix} \ddot{x} \\ \ddot{y} \\ \ddot{z} \end{bmatrix} = -\left(\frac{\mu}{r_0^3}\boldsymbol{I} + w^2\boldsymbol{\Phi}_2\right) \begin{bmatrix} x \\ y \\ z + R_e \end{bmatrix} - 2w\boldsymbol{\Phi}_1 \begin{bmatrix} \dot{x} \\ \dot{y} \\ \dot{z} \end{bmatrix} \tag{5.51}$$

式中:$\boldsymbol{\Phi}_2 = \begin{bmatrix} -1 & 0 & 0 \\ 0 & -\sin^2 B & \sin B \cos B \\ 0 & \sin B \cos B & -\cos^2 B \end{bmatrix}$;$\boldsymbol{\Phi}_1 = \begin{bmatrix} 0 & -\sin B & \cos B \\ \sin B & 0 & 0 \\ -\cos B & 0 & 0 \end{bmatrix}$。

量测方程为

$$\boldsymbol{Z} = \begin{bmatrix} \sqrt{x_r^2 + y_r^2 + z_r^2} \\ a\tan(x/y) \\ a\tan(z/\sqrt{x_r^2 + y_r^2}) \end{bmatrix} \tag{5.52}$$

4. 轨迹跟踪基本算法

目标轨迹跟踪算法的设计实际是滤波器的设计,通过高精度滤波算法的设计实现对目标状态的精确估计。为确保目标状态估计的最优性,通常算法设计选择基于最小二乘的性能指标作为估计准则,如下:

$$E[(x_k - \hat{x}_k)(x_k - \hat{x}_k)^T \mid Z^k] = \min \tag{5.53}$$

基于上述准则可以得到如下的 Kalman 滤波、扩展 Kalman 滤波、UKF 滤波等典型滤波算法,这里不再赘述。

(二)轨迹预测基本原理

在时间序列预测算法中,灰色预测的预测精度较低;神经网络预测的实时性差、容易发散,采用曲线拟合和混沌时间序列预测算法来进行目标轨迹预测。

1. 最小二乘拟合预测

逼近数据序列的基本方法是拟合,最常用的是最小二乘拟合。最小二乘法适用的数学模型可以是线性的,也可以是非线性的。最小二乘拟合是指对一组给定的数据(x_k, y_k),设计或确定一个函数模型$y = f(x)$,使得函数$f(x)$在某种误差标准下与给定数据点(x_k, y_k)之间的距离最近。

通常采用如下的最小均方误差准则进行拟合:

$$\Delta_1 = \left\{ \sum_{k=1}^{n} [y_k - f(x_k)]^2 \right\}^{1/2} \tag{5.54}$$

在使用最小二乘法进行拟合时,一个数学模型只能得到一个拟合结果。为保证数学模型的准确性,在实际应用中,需要考虑不同的函数模型,通过误差值的比较,从中选择拟合后误差值最小的结果。

2. 混沌时间序列预测

由于在高维矢量空间中,混沌时间序列的动力学特性可以得到准确描述,因此可以将时间序列变换成高维矢量序列,然后再进行相关的处理,这就是重构相空间的思想,是混沌时间序列预测的基础。

(三)典型轨迹预测方法

根据目标运动规律性特点,可将轨迹预测方法分为基于模型的预测与基于意图的预测两类。前者在预测过程中,通常首先建立目标动力学模型,通过建立动力学模型参数与飞行状态的关系预估动力学模型参数,并采用动力学模型数值积分的方法获得目标预测轨迹。采用这种方法进行预测时,预测性能受到目标动力学模型参数的直接影响。后者通常在前者的基础上,通过引入意图识别的方法预测目标动力学模型参数的变化情况,以期得到更为准确的模型参数,进而提高轨迹预测精度。

1. 基于模型的预测

(1)基于模型的弹道导弹轨迹预测。对于弹道导弹目标的预测,可采用目标运动学模型[见式(5.51)]进行预测,预测的基本原理框图如图 5 - 23 所示。

(2)基于模型的临近空间高超声速目标轨迹预测。对于临近空间高超声速目标,对其运动学模型进行改进。从运动方程中可以看出,为了实现轨迹预测,必须首先获取运动方程所涉及的众多参数,这些参数从类型上可分为大气与地球等环境参数、飞行器运动状态参数、飞行器自身特征参数以及飞行器有目的飞行控制参数。

在实际预测过程中,我们通常仅能够根据当前以及历史的信息对预测模型的参数进行估计,但当将这些参数用于轨迹预测时,实际对象的参数可能会随着对象自身的状态而发生变化,导致参数预测误差。基于此,为了降低预测误差,在信息不可获取的情况下,为了能够有效地对目标轨迹进行预测,我们希望所建立预测模型的参数不发生大的变化,故在预测模型建立时所选择模型参数的变化不应该过于剧烈。

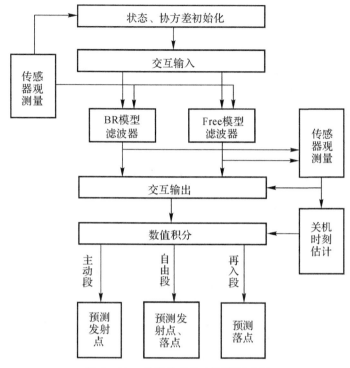

图 5-23 弹道导弹轨迹预测原理图

为了简化预测模型建立过程,考虑在半速度坐标系下运动模型:

$$\left.\begin{aligned}
\dot{r} &= v\sin\gamma \\
\dot{\varphi} &= \frac{v\cos\gamma\sin\chi}{r\cos\theta} \\
\dot{\theta} &= \frac{v\cos\gamma\cos\chi}{r} \\
\dot{v} &= \frac{-D}{m} - g\sin\gamma \\
\dot{\gamma} &= \frac{1}{v}\left[\frac{L\cos\beta}{m} - (g - \frac{v^2}{r})\cos\gamma\right] \\
\dot{\chi} &= \frac{L\sin\beta}{mv\cos\gamma} + \frac{v\cos\gamma\sin\chi\tan\varphi}{r}
\end{aligned}\right\} \quad (5.55)$$

考虑 $\frac{C_D s}{2m}$、$\frac{C_L s}{2m}$、β 都是分别与飞行器特征参数和控制量直接相关的变量。因此,为了减小目标特征参数对轨迹预测模型的影响,选择这三个量为预测控制参数,记

$$K_D = \frac{C_D s}{2m}, K_L = \frac{C_L s}{2m} \quad (5.56)$$

则式(5.55)变为

$$\left.\begin{aligned}\dot{r} &= v\sin\gamma \\ \dot{\varphi} &= \frac{v\cos\gamma\sin\chi}{r\cos\theta} \\ \dot{\theta} &= \frac{v\cos\gamma\cos\chi}{r} \\ \dot{v} &= -K_D\rho v^2 - g\sin\gamma \\ \dot{\gamma} &= K_L\rho v\cos\beta - \left(\frac{g}{v} - \frac{v}{r}\right)\cos\gamma \\ \dot{\chi} &= \frac{K_L\rho v\sin\beta}{\cos\gamma} + \frac{v\cos\gamma\sin\chi\tan\varphi}{r}\end{aligned}\right\} \quad (5.57)$$

当采用基于模型的轨迹预测方法进行目标轨迹预测时,本质是利用对目标高精度跟踪的数据对轨迹预测模型中的目标机动参数进行估计,并获得机动参数估计的历史信息,通过对该机动参数的拟合得到目标在飞行过程中机动参数的变化规律。最后根据此规律预测目标在后续时间的机动变化情况,并采用数值积分的方法实现对目标轨迹的预测。因此,对目标轨迹跟踪进行数据积累对目标轨迹预测的性能具有重要影响。

通过选择某一特定轨迹作为目标运动轨迹,通过对此目标跟踪实现对其预测,并通过 Monte Carlo 仿真的方法验证预测算法的性能。仿真过程中,预测时常均设置为 200 s,选择跟踪时常分别为 100 s、200 s,分别进行仿真分析。仿真结果如图 5-24 与图 5-25 所示。

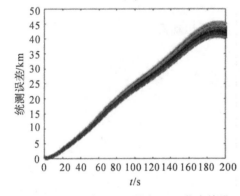

图 5-24　跟踪 100 s 预测 200 s 仿真结果

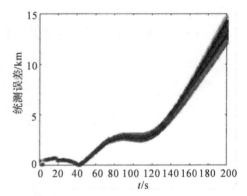

图 5-25　跟踪 200 s 预测 200 s 仿真结果

针对实际飞行过程目标存在较大的机动的情况进行仿真分析,仿真过程中,选择从第 200 s 开始跟踪,通过跟踪 200 s 积累目标数据并估计预测模型中目标机动参数,之后对目标轨迹预测 200 s。针对不同目标机动范围的仿真结果如图 5-26 所示。

从上述分析可以看出,当目标机动范围较大时,预测精度下降。通过高度方向、纵向与横向的预测误差对比可以看出,高度方向预测误差总体较小,而横向与纵向误差随着目标机动范围变大也变大,与其主要原因是机动范围较大时,通过数据积累对机动模式主要是倾侧角的变化产生测量差也变化。规律难以有效估计,造成预测误差。

2. 基于意图的预测

从防御的角度考虑,空天防御目标属于非合作目标,其运动具有随机不确定机动特性。

采用传统基于当前模型的轨迹预测方法,由于无法确定目标的机动时机、样式以及时长,缺乏对预测结果的校正与调整机制,仅仅根据历史统计数据进行拟合性预测,即使当目标不机动,随着预测时长的增加也会产生巨大的预测误差,而当目标机动时,其预测误差将发散得更快。尽管可以通过假设目标的运动模式,进行目标机动控制参数的拟合,提高预测的效果,但当目标机动模式与假设运动模式不一致时仍然会出现较大的预测误差。因此,如何在预测过程中引入额外的修正机制、设计合适的轨迹预测模型算法,对于提高最终预测精度至关重要。

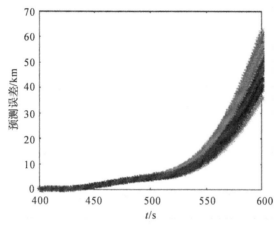

图 5-26　机动范围为 0.8 rad 时的预测性能

考虑目标运动受到其自身动力学约束,同时目标的作战必然会有相应的目标,本书研究将面向目标跟踪的动力学建模与目标打击重要性地图进行合理融合,提出融入目标意图信息的轨迹预测方法。通过对目标的动力学分析与面向跟踪进行简化,建立面向跟踪的目标动力学模型;构建轨迹跟踪离线模型集,设计目标轨迹跟踪动态模型集;构建重要性地图模型,设计基于重要性地图模型的有限时长轨迹预测与评估算法,通过评估预测结果与重要性地图的匹配关联度,修正动态模型集、提高预测精度。轨迹预测基本框架如图 5-27 所示。

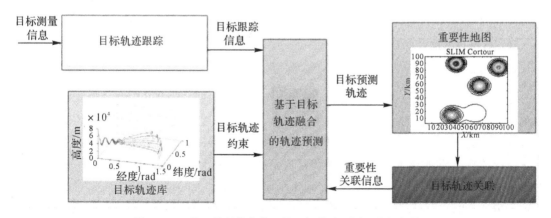

图 5-27　基于外部信息修正的目标轨迹预测基本框架图

轨迹预测的基本步骤如下：

(1)轨迹预测初始化。目标轨迹预测初始化对一些用于预测修正与约束的环节进行构建，主要包括轨迹模型集构建与重要性地图模型构建两个部分。这部分的初始化主要通过一些先验信息的方式离线形成。

(2)高精度目标轨迹跟踪。在目标飞行过程中，基于相关量测系统获取目标的测量信息，并利用目标运动学模型设计目标跟踪算法实现对目标运动状态信息的高精度获取。仿真研究表明，采用UKF、交互式多模型等滤波算法能够实现对目标状态的有效滤波估计，在目标跟踪过程中，量测装置对目标的可观测性，以及获取目标信息的质量对跟踪效果具有至关重要的影响。

(3)基于特征模型集约束的目标轨迹预测。通过对时间序列预测的分析可知，不同的预测算法、不同的预测模型甚至不同的预测模型参数都可能导致完全不同的预测结果。这样，我们可以得到一簇标有可能性测度（即预测轨迹的先验权值）的预测轨迹。为了提高轨迹预测的精度，采用不同飞行器特征、不同作战任务形成轨迹所构成的模型集对目标预测模型进行约束，利用高精度跟踪所获取目标的当前以及历史信息筛选、评估轨迹模型集中与当前目标飞行状态匹配的子模型集，并评价各个子模型与实际对象的相似度关系，基于这种相似度关系约束子模型生成带有相似度概率的目标轨迹预测模型。

(4)要地-航迹关联。目标的机动具有一定的目的性，因此其历史轨迹与我方要地具有强烈的相关性。但是，考虑到目标主动机动的冗余性、避开禁飞区等因素，其机动模式的不确定性和随机性较强，破坏了要地与目标历史轨迹之间的关联关系。要地重要性地图与预测轨迹簇的关联匹配关系将决定预测目标轨迹的重点分布方向，进而得到目标机动模式空间的子集，为目标预测轨迹提供任务约束。因此，需要通过数据关联等技术建立起它们之间的联系。

(5)实时更新预测轨迹。通过要地-航迹关联建立了一种基于落点预测的轨迹预测修正机制，利用要地-航迹关联得到的基于要地的航迹相似度关联关系与带有相似度概率的目标轨迹预测模型进行信息融合，对模型中各条轨迹预测模型的关联关系进行修正，提高轨迹预测精度。随着时间的推移，目标的机动能力范围越来越小，预测轨迹及其后验权值不断更新，进而确定目标的机动模式和真实轨迹。

(四)轨迹预测技术主要发展方向

1. 具有目标运动特征的轨迹预测模型研究

传统轨迹预测方法通常直接利用目标轨迹跟踪模型，通过数值积分或函数逼近方法进行预测，本质上是一种开环估计。轨迹预测的精度在很大程度上依赖于预测模型的匹配程度和对目标未来运动状态信息掌握的准确性。在针对空天防御作战中临近空间高超声速目标等非合作目标的轨迹预测中，很难通过历史统计信息准确描述目标未来时刻的运动状态，这些条件的不满足导致传统轨迹预测方法在目标轨迹预测中存在较大困难。要破解这个难题，提高轨迹预测精度，就必须在传统轨迹预测方法的基础上，探索新的预测模型与新的轨迹预测方法，通过分析目标内在气动特性、机动方式，得到能够约束目标运动状态的机动能力、机动样式以及机动参数变化规律等目标机动特征，形成具有目标运动特征的轨迹预测模型。

2. 目标潜在信息挖掘技术研究

对于非合作目标,往往很难获取其目标的准确先验信息,在不依赖任何外部信息支持的条件下,若仅利用目标轨迹跟踪所获取的历史统计数据进行拟合性或统计性预测,很难获得有效的预测结果,如何挖掘目标机动潜在信息成为轨迹预测中的一项关键技术研究方向。

第三节 空天防御动能拦截新技术

一、空天防御动能拦截概述

(一)动能拦截基本概念

动能拦截是指利用拦截武器高速飞行所具有的巨大动能,通过直接碰撞拦截并摧毁来袭目标的拦截方式。这种拦截方式在 20 世纪 80 年代伴随美国"战略防御倡议"(Strategic Defende Initiative,SDI)计划的实施而诞生,主要用于防御弹道导弹和反卫星,用于实现这种拦截方式的武器通常包括动能拦截武器与电磁轨道炮两类。目前,动能拦截武器已成为当前世界各国反弹道导弹的核心杀伤技术和手段,本节重点介绍动能拦截器相关关键技术。

《国防科技名词大词典》对动能拦截武器概念的介绍为:利用高速飞行器的巨大动能,以直接碰撞的方式摧毁目标的武器。动能武器主要由指挥控制系统、探测制导系统和动能拦截弹组成,其中动能拦截弹由动能杀伤飞行器(KKV)和推进系统两部分组成。动能杀伤飞行器又称动能杀伤拦截器,是一种能够精确自主寻的的拦截器,通过直接碰撞摧毁目标,推进系统用于把 KKV 发射到预定空域,并将其加速到足够高的速度。

动能武器是一种具有变革性的新概念武器,它是以提高武器精度为标志的"革命"。通过实现一个子弹头击中另一个子弹头的设计,取消爆炸装药弹头。动能武器毁伤目标的能量与弹头质量大小及其飞行速度的二次方成正比。弹头的飞行速度提高 1 倍,则其杀伤动能提高 4 倍。就动能拦截弹来说,在助推火箭一定的情况下,KKV 越小,其速度越高,杀伤能力越强。在满足速度要求的情况下,KKV 越小,整个动能拦截弹的尺寸和质量也越小,作战使用也更为灵活。

(二)动能拦截弹基本组成与分类

动能拦截弹由助推火箭和作为弹头的动能拦截器(KKV)两大部分组成。其中动能拦截器是动能拦截弹的核心组成部分,利用其高速飞行所产生的巨大动能,通过直接碰撞摧毁来袭目标。动能拦截器采用高级自动寻的技术,通过自主探测、制导与控制实现"零控脱靶量"的直接碰撞要求,是一种高精度、高机动、高智能、光电信息高度密集的信息化武器。按杀伤方式不同,动能拦截器又可分为直接碰撞杀伤动能拦截器和小脱靶量杀伤增强动能拦截器两类。

1. 直接碰撞杀伤动能拦截器

直接碰撞杀伤动能拦截器主要由导引头、轨道控制系统、姿态控制系统、推进系统及弹上传感器系统组成,其原理如图 5-28 所示。

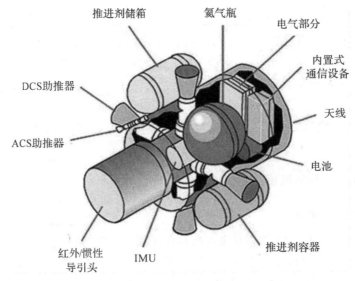

图 5-28 动能拦截器原理图

姿态控制系统(Attitude Control System,ACS)及轨道控制系统(Divert Control System,DCS)是动能拦截器实现高精度命中目标的重要组成部分。目前,已经研制并进行试验的动能拦截器姿轨控系统主要有两种类型：①单轴稳定控制系统(也称自旋稳定),由一组小型发动机组成轨控推进系统,图5-29为采用该类方案的蜂群拦截器。②三轴稳定控制系统,由姿控推进系统及轨控推进系统组成,图5-30为采用该类方案的标准3型动能拦截器。姿态控制系统通常位于拦截器的后部,通过姿控发动机输出的推力对拦截器产生姿态控制力矩,从而实现对拦截器俯仰、偏航、滚转三通道控制。轨道控制系统布置于拦截器的质心位置,通过轨控发动输出的推力产生法向过载,实现对拦截器的轨道控制。目前,绝大多数动能拦截器均采用三轴稳定姿态控制。

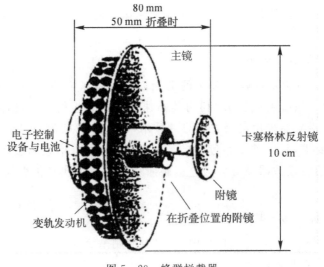

图 5-29 蜂群拦截器

图 5-30 标准 3 型动能拦截器

2. 小脱靶量杀伤增强动能拦截器

由于动能拦截器制导精度、几何尺寸及质量等因素的限制,直接碰撞杀伤拦截器直接命中来袭弹头最佳部位并非易事,很大程度上影响了拦截器杀伤效能的发挥。鉴于直接碰撞杀伤拦截器末端遭遇和杀伤效能的不足,小脱靶量杀伤增强动能拦截技术为解决这一问题提供了重要的补充手段,包括抛撒(free flying)式杀伤增强器、固定臂(fixed arms)式杀伤增强器和固定展开结构式(fixed deployable structure)式杀伤增强器三种类型。

(1)抛撒式杀伤增强器。抛撒式杀伤增强器主要由装药、隔爆装置、缓冲层和侵彻体(杆条或质量块)组成,利用装药爆炸将大质量高密度金属杆条或质量块低速抛撒在来袭弹道导弹弹头飞行路径方向,形成一个高分布密度侵彻体"云",利用侵彻体相对速度碰撞来袭弹道导弹弹头,从而显著提高小脱靶量遭遇条件下的命中概率,达到大幅度提升拦截和杀伤效能的目的。其典型作用原理如图 5-31 所示。抛撒式杀伤增强器按照其装药结构不同,可分为中心核式、胶辊式和定向式等几种,典型定向式杀伤增强拦截器结构示意及作用原理如图 5-32 所示。

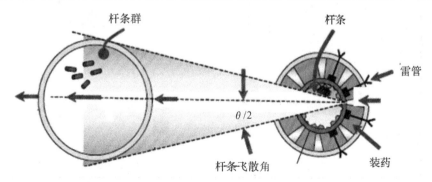

图 5-31 典型定向式杀伤增强拦截器示意结构图

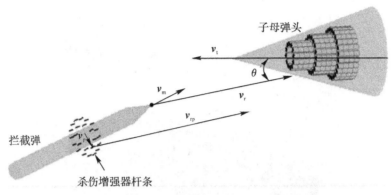

图 5-32 典型定向式杀伤增强拦截器结构示意和作用原理图

(2)固定臂式杀伤增强器。固定臂式杀伤增强器是在动能拦截器上加装辅助杀伤装置,在命中来袭弹头之前,动能拦截器控制系统发出指令,拦截器前段撑起多根金属杆,在脱靶量较小的条件下利用所撑金属杆提高拦截命中概率。典型固定臂式杀伤增强器如20世纪80年代美国研制的HOE,该装置携带36根弹簧展开式石墨环氧树脂臂,臂上套装有钨合金块,36根臂呈360°在命中来袭弹头前几秒展开,如图5-33所示。

(3)固定式展开结构杀伤增强器。固定式展开结构杀伤增强器也是通过加装辅助杀伤装置,在命中来袭弹头前,动能拦截器控制系统发出指令,利用气体发生装置将辅助杀伤装置弹出并展开呈一定形状,上面加装有杆条或质量块,即便在脱靶量较大的条件下也能提高拦截来袭弹头的命中概率。典型固定式展开结构杀伤增强器如20世纪90年代初研制的ERIS拦截器,该拦截器采用八边形支架结构,装置重5.58 kg,展开直径为3 m,如图5-34所示。

图 5-33 HOE固定臂式杀伤增强拦截器

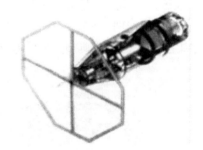

图 5-34 ERIS固定式展开结构杀伤增强拦截器

(三)动能拦截关键技术

由于动能拦截器必须通过直接碰撞才能摧毁目标,这对拦截器的精度提出了非常高的要求,基本上要求脱靶量至少在10 m以内。这使得动能拦截器具有如下技术特点:①动能杀伤器具有高级自动寻的能力;②动能杀伤器具有高速飞行能力;③动能杀伤器(或动能拦截弹)利用自身巨大动能,以直接碰撞方式摧毁目标;④零脱靶量制导;⑤快捷响应,高精度控制能力。

动能拦截器本身的主要构成就是一套独立的高精度寻的制导系统,而空天防御动能拦截器一般包括毫米波主动探测器或红外成像被动探测器、弹上计算机、捷联惯性测量装置、直接侧力推力矢量微型发动机,有的还有辅助杀伤装置。在目标信息采集和处理上主要采用红外成像或毫米波导引头精确探测技术和先进微型计算机技术;在导弹自身测量方面,采用捷联惯性制导系统或惯性/GPS组合制导系统,其定位精度可达到厘米级;在制导规律选择中,主要采用直接命中导引律(修正比例导引或准平行接近法),可保证理论脱靶量为零;在稳定控制方法上,主要采用了快速响应的轨、姿控发动机推力脉冲开关控制技术,这是保证动能拦截器在末端直接碰撞拦截目标的有效手段。

当动能拦截器进入末段飞行拦截过程时,在导引头可靠截获并稳定跟踪弹道导弹弹头后,动能拦截器就进入末制导段。动能拦截器上的制导控制计算机对来自导引头和惯性测量装置的信息进行比较计算,形成轨控发动机和姿控发动机的开关控制指令,经开关放大器放大后控制轨、姿控发动机的点火和关机,使之产生适当的直接侧力来消除动能拦截器在飞行过程中的位置偏差、姿态偏差和视线跟踪的偏差,按预定的导引规律控制动能拦截器的飞行轨迹,并保持动能拦截器跟踪目标所要求的稳定姿态,从而最终将动能拦截器直接导向目标。

通过对上述拦截过程的分析可以看出,实现动能拦截,必须依赖相关关键技术的解决:
(1)精确捕获目标特征信号信息的导引头。
(2)处理导引头信息的高速信号处理机。
(3)确定动能杀伤器自身速度和姿态的惯性测量装置。
(4)用于动能杀伤器制导计算和飞行路线修正计算的高速数据处理机。
(5)使动能杀伤器快速机动的姿轨控系统。
(6)大推力、高加速度的助推火箭。
其中前5项为动能杀伤器的关键技术。

二、动能拦截精确目标识别技术

弹道导弹为有效地突破各种天基、地基、机载反导系统的探测跟踪及拦截导弹的拦截,会释放大量轻重诱饵,使防御系统难辨弹头真伪,从而达到突防的目的。尽管在拦截弹发射之前,通过指控系统与探测系统的配合已经进行过多次识别,但由于各种数据误差的影响以及拦截场景的复杂性,在拦截器导引头接近与捕获目标的过程中仍然需要对目标进行综合识别,确保拦截器拦截的是"真"目标(从某种程度上说,拦截器最终拦截是高概率目标),因此,动能拦截过程中,高精度目标识别是成功拦截的一项关键技术。

当弹头和诱饵距离探测器较远时,它们在探测器上所成的像的面积小(一般小于一个像素),无法从形状上对它们进行分辨,而且弹头和诱饵的速度、运动轨迹也基本相同,这使得用于识别弹头和诱饵的信息比较少,因此点目标识别技术成为反导拦截弹初始条件下中最困难的技术之一;同时,随着拦截弹与目标的接近,弹头和诱饵在探测器上形成的像面积不断变大,如何从不同图像中分辨出真实弹头成为反导作战中的目标识别的又一关键问题。基于此,在4.5小节介绍空天目标识别技术之后,本小节结合目前多数动能拦截器采用红外导引头的特点,重点介绍红外点目标识别技术与红外图像目标识别技术。

(一)红外点目标识别技术

1. 点目标红外特征分析

所有物体都会产生红外辐射,度量物体红外辐射的一个重要物理量是谱辐射强度。谱辐射强度的定义为:在以波长几为中心的单位波长间隔内,单位面积的物体表面每秒钟辐射的能量。根据普朗克定律,温度为 T 的黑体的谱辐射强度为

$$M_b(\lambda, T) = \frac{c_1 \lambda^{-5}}{e^{c_2/\lambda T} - 1} \tag{5.58}$$

式中:c_1 为第一辐射系数;$c_1 = (3.751\,774 \pm 0.000\,002\,2) \times 10^{-16}$ W·m²;$c_2 = (1.438\,786\,9 \pm 0.000\,000\,12) \times 10^{-2}$ m·K;c_2 为第二辐射系数。

黑体是一种理想的辐射吸收体和发射体,但实际目标并不是理想的吸收体和发射体。在一定的波长范围内,目标可以看成具有一定辐射率 $\varepsilon(0 < \varepsilon < 1)$ 的灰体,它们的谱辐射强度决定于温度和辐射率。灰体的谱辐射强度的计算公式如下:

$$M(\lambda, T) = \varepsilon \frac{c_1 \lambda^{-5}}{e^{c_2/\lambda T} - 1} \tag{5.59}$$

当目标与红外探测器之间的距离很远时,目标在红外成像探测器上的辐射量主要集中在一个像素点上,假设背景噪声为加性噪声,物体在成像平面上的亮度等于物体相对于探测器的有效辐射与背景噪声之和。如果红外探测器的有效波段范围为 (λ_0, λ_1),那么目标在探测器上所成像的亮度为

$$I(t) = \frac{A(t) A_s \int_{\lambda_0}^{\lambda_1} M[\lambda, T(t)] d\lambda}{\pi r^2(t)} + n(t) \tag{5.60}$$

式中:$A(t)$ 是 t 时刻目标相对探测器的有效辐射面积;A_s 是探测器的接收面积;$T(t)$ 是目标的表面温度(假设目标的表面温度处处相同);$r(t)$ 是目标与探测器之间的距离,假设背景噪声是均值为 u_n、方差为 σ_n 的高斯噪声,于是有 $n(t) \sim N(u_n, \sigma_n^2)$。

(1)不同类型目标温度差异。当弹头及诱饵沿弹道轨迹飞行时,由于目标本身的辐射和对外热源(地球和太阳)辐射能的吸收,这些物体表面的温度将发生变化。由于弹头和诱饵在功能上不相同,它们在物理构造上必然存在着一定的区别,主要体现在:

1)表壳厚度。气球的表壳厚度很小;而弹头和发动机为了装载物品,以及在大气层内飞行时的不同的防热,它们的表壳都必需具有一定厚度。

2)初始温度。当发动机和弹头(不考虑从弹头母舱中释放的弹头)在大气层内飞行时,它们的表面经过气动加热后,温度会升得很高;而轻诱饵一般是在弹道中段释放,没有经过气动加热,它们被释放时的温度通常比较低。

3)形状。弹头一般呈锥形,气球可以做成任何形状,而弹道中段的发动机碎片一般是呈片状。不同形状的物体,相对于地球辐射和太阳辐射的有效接收面积会有所不同。

由于弹头和诱饵的空间距离比较小,它们所处的外热环境基本相同,以上差别将使得它们在空间的温度变化规律不相同。图5-35和图5-36是一组物体在日照和无日照两种环境下的温度曲线图,各物体的基本参数见表5-3。从图5-35和图5-36可以看出,在弹道中段,弹头和发动机碎片的温度要高于气球的温度,通过温度比较,可以直接将气球与弹头和发动机碎片分开;弹头与发动机碎片的温度比较接近,但发动机碎片的温度下降速度略快于弹片。

表 5-3 空间物体的参数表

目标名称	表层材料	厚度/mm	初始温度/K	$A'/A(A''/A)$
弹头	铝	2	650	0.305
发动机	铝	2	700	0.2
气球 I	聚酯薄膜	0.1	300	0.25
气球 II	铝	0.1	300	0.25

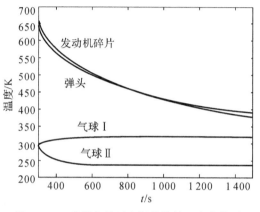

图 5-35 日照条件下空间物体的温度变化图

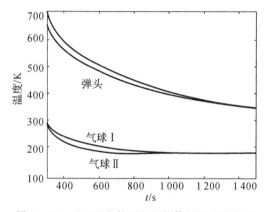

图 5-36 无日照条件下空间物体的温度变化图

(2) 亮度波形差异。部分弹道导弹,特别是战术弹道导道,为了提高命中精度,会通过弹头自旋来稳定姿态,自旋的弹头通常会作进动运动。图 5-37 是弹头进动示意图。当红外成像探测器的视线与弹头的进动轴不在同一个方向时,探测器所观测到的弹头亮度波形如图 5-38 所示,该亮度序列对应的频谱如图 5-39 所示,从图中可以看出,弹头的亮度波形在两个频率上的强度较大。

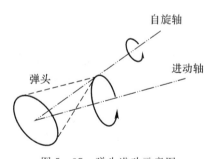

图 5-37 弹头进动示意图

发动机碎片和气球在弹道中段通常作翻滚运动,当探测器到碎片的视线与碎片的翻滚轴不在同一个方向时,探测器接收到的发动机的亮度时间序列表现为单一的频率特征,对应的频谱如图 5-40 与图 5-41 所示。从频谱图中可以发现,发动机碎片在一个频率上的强度较大,而其他频率对应的强度较低;当充气气球是球形时,虽然气球作翻滚运动,但气球相对探测器的有效辐射面积保持不变,从而使得气球在探测器上的亮度起伏比较小。目标和诱饵亮度波形上的差异,是目标识别的一个重要特征。

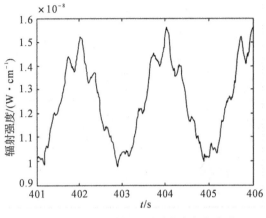

图 5-38 探测器所观测到弹头亮度波形

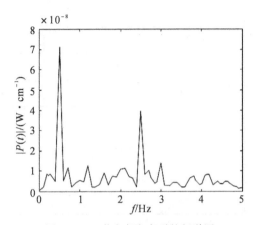

图 5-39 弹头亮度序列的频谱图

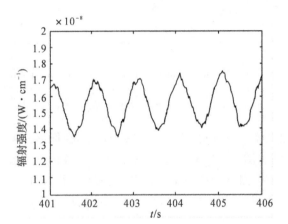

图 5-40 探测器观测到的发动机碎片的亮度波形

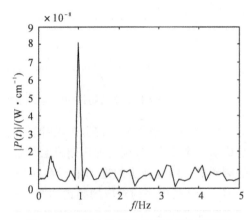

图 5-41 发动机碎片亮度序列的频谱图

2. 红外点目标识别特征

由于点目标所含信息较少,只凭借红外图像的灰度信息是很难识别的。因此目前主要是将红外图像的小目标灰度和速度等运动信息进行融合,增强信息的互补性,以提高识别能力。不管用哪种方法,其基本思想都是通过图像对目标的特性进行统计。常用的统计信息有目标图像特性、目标图像功率谱特性以及目标特征不变矩等。

(二)红外图像目标识别技术

1. 红外图像目标识别的系统结构

一个典型的红外图像目标识别系统如图 5-42 所示,其目标识别过程主要有两个:一是使用样本进行分类器的训练过程;二是对未知目标进行识别的过程。图中所示的上半部分流程的作用是完成对未知测试图像中目标进行分类识别;图中所示的下半部分流程的作用是利用提供的训练样本对分类器进行训练,从而确定分类器的各个具体参数,也就是分类器的设计过程。

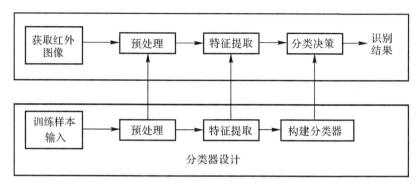

图 5-42 典型红外图像目标识别系统

该系统的工作首先是通过大量的样本来训练和学习,从而确定分类器参数,然后使用分类器对待测红外图像进行分类,根据不同类别的特征进行目标对象的识别。一般基于训练和学习分类的红外目标识别系统主要包括红外图像获取、红外图像预处理、特征选择或提取、分类决策四个部分。

(1)红外图像获取。通过红外传感器设备(通常是红外热像仪)获得目标图像。

(2)红外图像预处理。通过红外相机获得红外目标图像后,由于热像仪成像条件的影响,必须对原始红外图像进行去除噪声和提高对比度等处理,改善红外图像质量,经过这些处理以后有利于图像目标的特征提取。

(3)特征选择或提取。这部分就是计算目标的特征量,也即目标特征提取。其目的是为了得到目标可用于鉴别的特征。目标特征提取的准确性和可靠性是分类的基础。目标的特征主要分为统计特征和结构特征,其中统计特征包括标准差、方差等;结构特征包括长、宽、高等,常用提取结构特征的方法是 Hu 不变距。特征选择是选取一组有效特征组成特征向量,以便于最大限度地提高不同目标类别间的相异性,而使同类目标具有最大相似性。

(4)分类决策。分类决策就是根据设计的分类器对待识别对象的特征属性分类,而实现目标识别。

2. 红外图像目标识别方法

目前有关图像目标识别的问题研究,总体上来讲主要有两种思路,分别是自底向上加工(bottom - up processing)和自顶向下加工(top - down processing)。这两类处理方法也遵循人的认知形式,它们有各自的优缺点。

(1)自底向上加工。自底向上加工也叫做数据驱动加工(data - driven processing),是指知觉者从环境中一个个细小的感觉信息开始,将它们以各种方式加以组合便形成了知觉。持这种理论的心理学家认为,感受器所获得的感觉信息就是我们知觉所需要的一切,无须复杂的思维推理等高级认知过程的参与,我们就直接知觉到了周围环境,这种方式的认知不需要提供先验知识作为指导。

马尔(Marr)模型是这种视觉计算理论中最具代表性的,这类方法有点就是不需要先验知识,纯粹根据数据进行认知,适用于单目标以及复杂图像分析系统,易于工程实现;但由于这类方法在标记、分割以及特征提取等过程中缺乏指导,具有盲目性,也限制了其使用范围。

(2)自顶向下加工。自顶向下加工也称概念驱动加工(conceptually driven processing),

指知觉者习得的经验、期望、动机,引导着知觉者在知觉过程中的信息选择、整合和表征的建构,也称为建构知觉(constructive perception)理论。其基本思想就是根据提供的先验知识对待识别问题进行指导,从而建立模型,然后利用图像对模型进行正确性验证。这类方法主要是基于数学理论基础,是研究目标识别的主流方法。近年来,机器学习技术大量用于计算机视觉领域,使用统计学习理论方法建模已经成为热门的研究方向。

自顶向下加工方法的优点在于,通过先验知识的指导进行匹配过程的时候,可以避免提取目标不必要的特征集,从而使匹配过程变得具有针对性,提高算法的计算效率。但是,对于在知识的指导下建立的模型,如果识别目标发生改变,那么用于指导的知识和假设也要改变,因此该类方法的兼容性和代换性较差。

红外图像目标识别技术属于模式识别的范畴,对于传统的模式识别理论,总的来说可以分为模板匹配模式、原型匹配模式、结构描述模式、特征分析模式和傅里叶模式五类。目前在图像理解和智能感知领域的数学处理方法主要建立在这些理论的基础上。近二十年来,学者们提出了很多新的模式识别理论,通常可分为:视觉计算理论、成分识别理论、注意的特征整合理论、相互作用激活理论、视觉拓扑理论五类。在这些理论中,目前计算机(机器人)视觉的主流理论是马尔的视觉计算理论。但是,到目前为止并没有形成一个具有很强说服力的、得到普遍认可的模式识别理论,因为上述的任意一种模式识别理论都存在着一定片面性。这也正是制约图像目标识别或红外图像目标识别(或计算机视觉)数学理论模型发展的根本所在。

对于红外图像目标识别的具体方法,我们可根据是否需要样本进行训练和学习分为两种:一是基于训练和学习的红外图像目标识别方法;二是基于非训练的红外图像目标识别方法。这两者的本质区别是前者需要预先设计分类器,然后经过大量样本训练和学习确定分类器参数,通过分类器实现待测对象的分类识别;而后者不需要设计分类器,通过已知样本对待测红外图像进行匹配,从而实现目标识别。

(1)基于训练和学习的红外图像目标识别方法。在图像目标识别的相关理论中,目前比较流行的理论模型主要是基于概率的模型与基于部分和形状的模型。这些目标识别方法都是在学习分类的基础上是实现的,它们在前期需要通过期密集的学习和训练来确定分类器的各个具体参数,因此也叫参数方法。对于这种参数方法,设计分类器进行模式分类成为目标识别核心的研究内容。其实,分类器设计也就是在大量的训练样本集合上进行参数优化的过程,也叫机器学习的过程。模式分类是模式识别研究的核心内容,迄今为止国内外学者已经提出了大量的分类方法。对于这些分类器分类方法,Jain 等人主要将其分为:基于概率密度的分类器、基于相似度(或者距离度量)的分类器和基于决策边界的分类器三种基本类型。

(2)基于非训练的红外图像目标识别方法。一般地,基于学习和训练的目标识别方法在训练学习阶段为了确保训练的全面性,需要大量的训练样本,要求训练样本尽可能全面,对样本的依赖性较高,而且这类方法在训练的过程中很容易出现分类器参数过拟合现象,训练过程不但复杂也很缓慢。

(三)动能拦截目标识别技术的发展

近年来,随着多波段红外焦平面阵列的发展,美国海军研究试验室开始探索一种将在未来的中段弹道导弹防御拦截器中采用的基于先进的高帧频、三波段红外焦平面阵列的先进导引头概念。

采用先进的三波段红外焦平面阵列的主要优点是采用新算法。由于红外焦平面阵列具有高帧频,可以采用基于多帧处理的超分辨率处理来实现超越红外成像导引头物理分辨率的分辨率,并有可能通过多帧累加处理以提高探测灵敏度,从而能在较远的距离上分辨出小间距物体。由于红外焦平面可以实现三波段探测,获得三波段光谱信息,可以采用色分离处理算法,基于不同物体间的相对表面发射率的不同(无需考虑距离或面积)来辅助识别威胁和诱饵。

在拦截器作战中,人们非常期望尽可能早地截获目标,然而,系统设计师面临着许多基本的权衡问题。例如:导引头采用宽视场成像系统可以减少捕获目标所需的搜索时间,但宽视场光学系统会增大系统 NEI,降低系统检测到暗弱目标的概率,而且由于牺牲了系统角度分辨率,难以分辨出小间距目标,而如果导引头通过采用较小的探测器敏感单元或较长的焦距,将系统设计为具有较小的瞬时视场的系统,则会增加导引头捕获目标所需的搜索时间。多帧超分辨率处理是使导引头既具有足够大的视场又具备足够的角度分辨率的一种有效的解决方案,但采用多帧超分辨率处理的前提条件是红外焦平面阵列应具有足够高的帧频。

术语"高帧频"应当在相对意义上理解,它意味着在场景内的实际运动,与完成多帧超分辨率处理所需要的时间周期相比,实际上是可以忽略的。在拦截器应用场合,目标可能滚转、进动或翻滚,速率可能是每次滚转几十分之一秒到每次滚转几秒钟,当所探测的目标滚转、进动或翻滚时,目标投影在红外焦平面阵列上的横截面积将会变化,对于具有亚像元空间宽度的远距离目标,这会导致所探测到的目标强度受到调制。导引头的瞄准方向产生的表观运动是另一个问题,在焦平面阵列上的某些运动是希望对运动采样的,但目标必须在视场内且不会产生图像模糊。如果红外焦平面阵列可以工作在每秒 100～1 000 的帧频,超分辨率所需的多帧数是 16,则在完成超分辨率处理的这段时间内目标的运动很小,采用超分辨率处理是可行的。

三、高精度惯性导航技术

动能拦截器实现对目标的高精度拦截,离不开对其自身信息的高精度实时获取。通常拦截器采用捷联惯性测量装置获取高精度状态信息。

(一)惯性导航系统概述

惯性导航系统(Inertial Navigation System,INS,简称惯导)是一种不依赖于任何外部信息,也不向外部辐射能量的自主式导航系统,这就决定了惯导具有下述的优异特性。首先,它的工作不受外界电磁干扰的影响,也不受电波传播条件所带来的工作环境限制(可全球运行),这就使它不但具有很好的隐蔽性,而且其工作环境不仅包括空中、地球表面,还可以在水下工作,这对军事应用来说有很重要的意义。其次,它除了能够提供载体的位置和速度数据外,还能给出航向和姿态角数据,因此所提供的导航与制导数据十分完备。此外,惯导又具有数据更新率高、短期精度和稳定性好的优点,因此,使惯性导航系统在军事以及民用领域中起着越来越大的作用。

我们可把惯导分成两大类:一类是平台式惯导;另一类是捷联式惯导。在平台式惯导中,以实体的陀螺稳定平台确定的平台坐标系来精确地模拟某一选定的导航坐标系,从而获得所需的导航数据;在捷联式惯导中,通过计算机实现的数学平台来替代实体平台,其优点是可靠性高、体积小和价格便宜。

惯性导航系统是一种利用装在导弹上的惯性敏感元件测量导弹运动的位置和速度而形成指令,引导导弹飞行的导航系统。系统常用于巡航导弹和弹道式导弹的程序飞行控制。用在防空导弹上时,常用于中远程防空导弹的中制导段。

惯性导航系统的基本原理是应用惯性加速度计,在三个相互垂直的方向上测出导弹质心运动的加速度分量,然后用相应的积分装置将加速度分量积分一次得到速度分量,把速度积分一次得到坐标分量。由于导弹在发射点的坐标和初始速度是已知的,因而可以计算出导弹在每一时刻的速度值和坐标值。把这些值与理论弹道的对应值比较,便能得出偏差量而修正。这样就保证了导弹沿预先规定的理论弹道按程序飞向目标。

惯性导航系统包括敏感元件、导航坐标系和导航计算机等。敏感元件由三个加速度计组成,它们的功用是测量相互垂直方向上的加速度分量;导航计算机的功用是进行加速度积分及坐标参数计算;参数计算必须在给定的坐标系——基准坐标系进行,该坐标系主要由三个正交安装的陀螺来测量载体的角速度信息,它们提供的信息用来稳定基准坐标系。基准坐标系的功用是用来隔离弹体和加速度计的运动,当弹体机动时,它能够保证加速度计只感知选定坐标系三个方向上的运动分量。稳定的基准坐标系可以是平台式惯导的物理机电平台,也可以是计算机通过计算来构成的数学平台。前者称为平台式惯性导航系统,后者称为捷联式惯性导航系统。

(二)平台式惯性导航技术

1. 惯导平台及其结构

由于需要三个加速度计才能测得任意方向的加速度,因此,在安装三个互相垂直的加速度计时需要有一个三轴稳定平台,如图5-43所示。图中的台体是环架系统的核心,其上装有被稳定对象——加速度计(图中未示出)。平台坐标系$Ox_py_pz_p$与台体固联,Ox_p轴和Oy_p轴位于平台的台面上,Oz_p轴垂直于台面。台体上安装了三个单自由度陀螺,其三个输入轴分别平行于台体的Ox_p轴、Oy_p轴和Oz_p轴,分别称作gX陀螺、gY陀螺和gZ陀螺。gX和gY又称水平陀螺,gZ又称方位陀螺。台体上安装的三个加速度计的敏感轴需分别与台体的三根坐标轴平行。把三个加速度计和陀螺仪由台体组合起来所构成的组合件,一般叫做惯性测量组件。

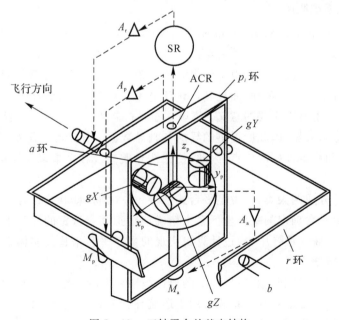

图5-43 三轴平台的基本结构

为了隔离基座运动对惯性测量组件的干扰,整个台体由方位环 a(用以隔离沿 Oz_p 轴的角运动)、俯仰环和横滚环(两者结合起来隔离沿 Ox_p 和 Oy_p 轴的角运动)三个环架支撑起来。当飞机水平飞行时,方位环 a 的 Oz_p 轴和当地垂线一致,是飞机航向角的测量轴,通常方位环 a 固联着台体,它和台体一起通过轴承安装在俯仰环 p_i 上。在飞机水平飞行时俯仰环 p_i 的转轴 Ox_{p_i} 平行于飞机的横轴,它是飞机俯仰角的测量轴。俯仰环通过轴承安装在横滚环 r 上。横滚环的转轴 Oy_r 平行于飞机的纵轴,它是飞机横滚角的测量轴。横滚轴通过轴承安装在整个环架系统的基座 b 上。为了保证台体对干扰的卸荷并能按给定的规律运动,沿方位环轴、俯仰环轴和横滚环轴各装有方位力矩电机 M_a、俯仰力矩电机 M_p 和横滚力矩电机 M_r。在平台式惯性导航系统中,姿态和航向信息可以直接从各相应的环架上获取。为此,沿方位环轴、俯仰环轴和横滚环轴安装有输出飞机航向角、俯仰角和横滚角的角度变换器,这些变换器可以是自整角机发送器,也可以是线性旋转变压器等电磁元件。图中的 A_r、A_p 和 A_a 分别是横滚伺服放大器、俯仰伺服放大器和方位伺服放大器。

上面所述的是三环三轴平台,它只能工作在飞机俯仰角(可用环架角 θ_p 来表示)不大于 $60°$ 的情况。当飞机俯仰角接近 $90°$ 时,就会出现环架锁定现象,因为此时 Ox_r、Oy_{p_i} 和 Oz_a 处于同一个平面内而失去稳定性。为此,应采用图 5-44 所示的四环三轴平台,外横滚环 4 的支承轴与飞机的纵轴平行。此种结构的信号传递关系与三环三轴平台相同,不同的是两个水平陀螺的输出信号分别控制内横滚力矩电机和俯仰力矩电机。在现今的各类飞机上几乎全部采用能够避免环架锁定的四环三轴平台。

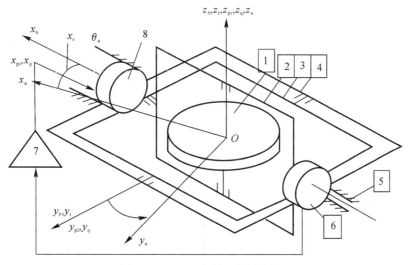

图 5-44 四环三轴平台的结构图

2. 平台式惯导系统的组成及基本工作原理

惯性导航的工作原理是根据牛顿力学定律来实现的,其基本原理是基于对载体加速度的测量,通过两次积分得到载体的位置坐标。

惯导的平台模拟一个选定的基准坐标系($O'x_ny_nz_n$),若在平台坐标系($O'x_py_pz_p$)内安装三个加速度计,就可测得载体加速度的三个分量,再根据基准坐标系与地球坐标系($O'x_ey_ez_e$)的关系便可建立计算导航参数的方程,如图 5-45 所示。

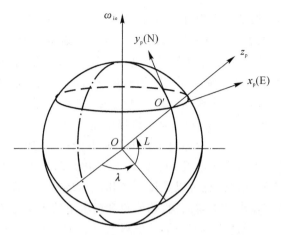

图 5-45 平台坐标系和地理坐标系

载体沿地球表面飞行或航行，假设地球为球体，且暂不考虑地球的自转和公转。平台的两个轴稳定地与地平面保持平行，并使 $O'x_p$ 轴指东，$O'y_p$ 轴指北（即平台所模拟的是东北天地理系）。因沿 $O'x_p$ 轴和 $O'y_p$ 轴装有两个加速度计 A_E 和 A_N，故 A_E 可测出沿东西方向的加速度 a_E，A_N 可测出沿南北方向的加速度 a_N，由此可计算出载体的地速分量为

$$V_N = \int a_N dt + V_{N0} \tag{5.61}$$

$$V_E = \int a_E dt + V_{E0} \tag{5.62}$$

式中：v_{N0} 和 v_{E0} 是载体北向和东向的初始速度。设 R 是地球半径，根据地球坐标系的定义，由 v_E 和 v_N 可求得载体所在的经度 λ 和纬度 L：

$$\lambda = \int \frac{V_E}{R\cos L} dt + \lambda_0 \tag{5.63}$$

$$L = \int \frac{V_N}{R} dt + L_0 \tag{5.64}$$

为了使平台坐标系模拟所选定的基准坐标系，需给陀螺加指令信号，以使平台按指令角速率转动。指令角速率可根据载体的运动信息经计算机解算后提供。使平台按指令角速率转动的回路称平台的修正回路。图 5-46 是惯导系统各部分关系的示意图。

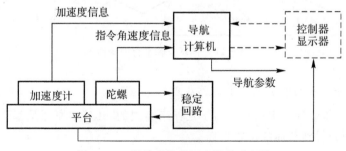

图 5-46 惯导系统各组成部分示意图

由此可见，惯导包括以下几部分：

(1)加速度计。用来测量载体运动的加速度。

(2)陀螺稳定平台。由陀螺仪及稳定回路进行稳定,模拟一个导航坐标系,该坐标系是加速度计的安装基准;从平台的各环架还可以获取载体的姿态信息。

(3)导航计算机。完成导弹飞行参数计算,给出控制平台运动的指令角速率信息,输出导航指令。

(4)控制器。给出初始条件以及系统所需的其他参数。

(5)参数显示器。用于显示载体运动参数。用于导弹导航时,不采用。

3. 平台式惯导系统的误差和初始对准

平台惯导系统主要有下述误差:

(1)惯性测量部件的误差:主要指陀螺漂移以及加速度计的零偏和刻度系数误差。

(2)安装误差:指加速度计和陀螺仪在平台上的安装误差。

(3)初始条件误差:包括平台开始工作时与所选坐标系之间的初始误差以及计算机在解算方程时的初始给定误差。

(4)运动干扰误差:主要指冲击和振动造成的干扰所引入的误差。

(5)其他误差,如计算机舍入误差、地球曲率半径描述误差、有害加速度补偿等忽略二阶小量造成的误差。

在上述各类误差中,惯性测量部件误差是主要的误差源,其中陀螺漂移尤为重要,惯导系统的误差积累就主要源自它。由分析可知,陀螺漂移引起的系统误差大多呈振荡特性,但对某些运动参数和平台误差角则表现为常值误差。最为严重的是北向陀螺漂移和方位陀螺漂移,它们会造成随时间积累的位置偏差,平台方位对准的精度主要取决于东向陀螺的漂移。因此,三个陀螺的漂移率是决定惯导系统精度的主要因素。从分析可知,加速度的零偏将引起经纬度及平台姿态角的常值偏差。这样,平台的姿态精度取决于加速度计的零偏。

惯导系统在进入导航工作状态之前,首先要精确地给定初始位置条件和对惯性平台进行初始对准,也就是使平台处于所选坐标系所要求的初始状态。静基座下的初始条件为:初始速度为零,初始位置为当地经纬度;动基座下的初始条件只能由外界提供的速度和位置信息确定。为惯导系统给定初始位置和速度的操作十分简单,只要将这些初始值通过控制器送入计算机即可。把平台坐标系调整到选定的某一导航坐标系则是初始对准的主要任务,其对准精度也就决定了惯导系统工作时的初始精度。对准时间应尽可能短,但往往与精度要求有矛盾,要根据使用特点全面衡量确定。平台对准的方法一般有两种:一是引入外部基准,如通过光学式机电方法,把外部参考坐标系引入计算机,使平台系与外部基准坐标系重合;二是依靠惯导系统自身能够敏感重力加速度 g 和地球自转角速度 ω_{ie} 的功能,组成闭环控制回路,达到自动调平和寻北的目的,一般称为自主式对准。有时两种方法会综合在一起使用。对准过程又分为粗对准和精对准。粗对准要求尽快地将平台调整到某一精度范围,这时缩短调整时间是主要的;精对准则是在粗对准的基础上进行,以提高对准精度为目的。一般在对准过程中还要进行陀螺测漂和定标,以便进一步提高对准精度。在精对准过程中,一般先进行水平对准,然后再进行方位对准。在水平对准的过程中方位陀螺不参与对准工作,在水平对准后再进行方位对准。

(三)捷联式惯性导航技术

捷联式惯导(Strap-down Inertial Navigation System,SINS)与平台式惯导系统的主要

区别在于：捷联式惯导系统没有由环架组成的实体惯性平台，其平台的功能完全由计算机来完成，因而称之为"数学平台"；陀螺和加速度计所构成的惯性测量部件则直接固联于载体上。正是因为惯性器件直接固联于载体上，它们不具有像平台式惯导系统那样通过环架隔离运动的作用，所以，要求陀螺和加速度计具有动态范围大和能在恶劣动态环境下确保其正常工作的能力。目前，可用作捷联惯导系统的陀螺有：单自由度液浮陀螺、动力调谐陀螺（即挠性陀螺）、静电陀螺、环形激光陀螺以及半球谐振子陀螺等。

1. 捷联式惯性导航基本结构

SINS 依靠算法建立导航坐标系，省略了复杂的物理实体平台，还可通过余度技术提高系统的容错能力，具有结构简单、体积小、重量轻、成本低、维护简便、可靠性高等优点，在工程上逐渐取代传统的平台式惯导系统，成为武器用惯导系统的首选方案。捷联惯导系统的陀螺和加速度计直接固联在运载体上，惯性器件除了跟随运载体进行线运动，还需要进行角运动，工作环境与平台式相比更加恶劣，动态误差大，对惯性器件要求也更严苛。同时，由于 SINS 的导航坐标系以数学平台形式存在，姿态矩阵和导航参数必须通过实时计算获得，对导航计算机的运算和存储性能有很高的要求。工作在非极区的 SINS 其导航坐标系一般选取东北天地理坐标系，地理坐标系编排下的 SINS 导航原理框图如图 5-47 所示。

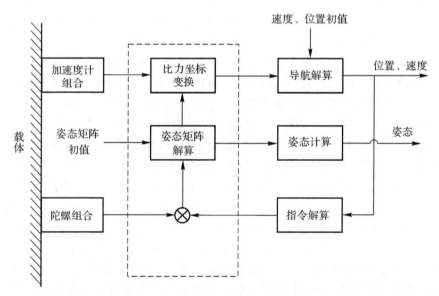

图 5-47 以地理坐标系编排的 SINS 原理框图

2. 捷联式惯性导航基本原理

(1) 捷联惯性导航算法力学编排。从图 5-47 中可以看出，捷联惯导系统主要由姿态矩阵解算和导航解算两部分组成。本节选取当地地理坐标系（g 系）为导航参考坐标系（n 系），对这两部分算法的核心内容，即姿态微分方程、速度微分方程和位置微分方程作简要介绍。

1）姿态微分方程。载体相对于参考坐标系可用四种数学方法描述，本节捷联惯导的姿态更新采用四元数方法实现，姿态四元数的微分方程如下：

$$\dot{\boldsymbol{q}}_b^n = \frac{1}{2}\boldsymbol{q}_b^n \otimes \boldsymbol{\omega}_{nb}^b = \frac{1}{2}\boldsymbol{q}_b^n \otimes (\boldsymbol{\omega}_{ib}^b - \boldsymbol{\omega}_{in}^b)$$

$$= \frac{1}{2}(\boldsymbol{q}_b^n \otimes \boldsymbol{\omega}_{ib}^b - \boldsymbol{q}_b^n \otimes \boldsymbol{q}_n^b \otimes \boldsymbol{\omega}_{in}^n \otimes \boldsymbol{q}_b^n) \tag{5.65}$$

$$= \frac{1}{2}(\boldsymbol{q}_b^n \otimes \boldsymbol{\omega}_{ib}^b - \boldsymbol{\omega}_{in}^n \otimes \boldsymbol{q}_b^n)$$

式中：$\boldsymbol{\omega}_{ib}^b$ 由捷联惯导陀螺输出；$\boldsymbol{\omega}_{in}^n = \boldsymbol{\omega}_{ie}^n + \boldsymbol{\omega}_{en}^n$ 是地球自转速率 $\boldsymbol{\omega}_{ie}$ 和位置变化速率 $\boldsymbol{\omega}_{en}$ 在导航系 n 的投影之和，分别为

$$\boldsymbol{\omega}_{ie}^n = [0 \quad \omega_{ie}\cos L \quad \omega_{ie}\sin L]^T$$

$$\boldsymbol{\omega}_{en}^n = [-v_N/R_{Mh} \quad v_E/R_{Nh} \quad v_E\tan L/R_{Nh}]^T$$

式中：v_E 和 v_N 分别为载体在导航系内的东向速度和北向速度。

2) 速度微分方程。从地心向载体质心引位置矢量 $\boldsymbol{R}$，根据哥氏定理推导可得

$$\ddot{\boldsymbol{R}} = \dot{\boldsymbol{v}}_{en} + (2\boldsymbol{\omega}_{ie} + \boldsymbol{\omega}_{en}) \times \boldsymbol{v}_{en} + \boldsymbol{\omega}_{ie} \times (\boldsymbol{\omega}_{ie} \times \boldsymbol{R}_i) \tag{5.66}$$

对式(5.66)进行整理，将惯性系下的全加速度 $\ddot{\boldsymbol{R}}$ 分解为万有引力加速度 $\boldsymbol{G}$ 和比力(单位质量上作用的非引力外力) $\boldsymbol{f}$ 之和，同时，将 $\boldsymbol{G}$ 分解为重力加速度 $\boldsymbol{g}$ 和地球旋转向心加速度 $\boldsymbol{\omega}_{ie} \times (\boldsymbol{\omega}_{ie} \times \boldsymbol{R})$ 之和，则载体在导航系 n 下的速度微分方程可整理为

$$\dot{\boldsymbol{v}}^n = \boldsymbol{f}^n - (\boldsymbol{\omega}_{en}^n + 2\boldsymbol{\omega}_{ie}^n) \times \boldsymbol{v}^n + \boldsymbol{g}^n \tag{5.67}$$

捷联惯导更新时，比力信息 $\boldsymbol{f}^n$ 由加速度计测量得到，并经四元数转换：

$$\boldsymbol{f}^n = \boldsymbol{q}_b^n \otimes \boldsymbol{f}^b \otimes \boldsymbol{q}_n^b \tag{5.67}$$

重力信息 $\boldsymbol{g}$ 通过 CGCS-2000 模型，利用载体位置计算得到，投影到导航系为

$$\boldsymbol{g}^n = [0 \quad 0 \quad -g]^T$$

3. 位置微分方程

以地理坐标系作为导航坐标系的力学编排中，纬度 L、经度 λ 和高度 h 的微分方程为

$$\left.\begin{array}{l} \dot{L} = \dfrac{v_N}{R_{Mh}} \\[2mm] \dot{\lambda} = \dfrac{v_E}{R_{Nh}\cos L} \\[2mm] \dot{h} = v_U \end{array}\right\} \tag{5.69}$$

式中：R_{Mh} 和 R_{Nh} 均通过 CGCS-2000 模型计算得到。

从理论上讲，直接对上述微分方程做实时积分运算，就可以实现导航信息的实时更新，只要积分步长足够短，积分算法的理论误差就会足够小。然而实际应用中导航计算机的实时计算能力有限，同时惯导系统的采样频率也不能无限提高，因此导航计算必须在有限积分步长的条件下进行，此时直接积分的算法误差会在很大程度上影响导航系统的精度，甚至在大机动条件下会超过惯导器件误差而成为主要的误差因素。为兼顾计算量和精度的要求，姿态更新算法采用等效旋转矢量多子样算法，速度更新算法用多子样算法补偿划桨效应，位置相对变化较慢，采用一阶欧拉法积分。

4. 捷联式导航关键技术

惯性制导过程中影响制导精度的因素主要包括三个方面：一是惯性器件自身的误差；二是

初始对准的误差;三是导航更新算法的误差。考虑到成本和体积因素的限制,目前武器用惯导系统以捷联式惯导为主,包括激光惯导和光纤惯导等,惯性器件的精度可满足中制导的要求。这种情况下,初始对准误差成为制约惯性制导性能的主要因素,在很大程度上决定了武器的中制导精度。

（1）高精度误差补偿技术。惯性器件的测量精度是影响捷联惯导系统精度的另一关键因素。惯性器件随机误差和确定性误差的精确辨识和补偿,是提高其在线使用精度的主要途径。其中惯性传感器的确定性误差虽然在装机使用前已进行离线标定,但随着高动态载体的快速机动其数值也会相应变化,因而需要通过在线标定方式对零偏、刻度因子及安装误差等确定性误差进行实时辨识和估计,以提升惯性器件在线使用精度。然而,惯性传感器确定性误差的在线标定精度与其采用的滤波模型精准性密切相关,即会受到统计辨识的惯性器件随机误差参数精度的影响。因此,为了提升惯性器件误差的在线使用精度,就需要深入探究惯性传感器随机误差和确定性误差的精确辨识方法。

（2）初始对准技术。捷联式惯导系统在开始导航工作之前,亦必须进行初始对准,也就是确定导航计算的初始条件。捷联式惯导系统初始对准的物理实质与平台式惯导系统进行初始对准是一样的,所不同的是,捷联式系统数学平台的水平基准是计算机根据加速度计所感测重力加速度的水平分量用数学计算方法来确定,惯性测量部件不会像平台式惯导系统中的惯性测量部件那样相对水平面转动。在完成水平基准的确定以后,根据陀螺仪跟随地球转动所感测的信息,利用与平台式惯导系统相同的关系确定出数学平台所处的方位,也就完成了捷联式惯导系统的初始对准。至于对准的精度,和平台惯导系统相类似,也就是水平精度主要决定于加速度计的零位偏值,而方位精度则主要取决于东西向陀螺漂移的大小。

（3）高精度导航算法设计技术。捷联惯导系统精度提升的重要途径之一是设计精细化误差补偿模型及适应性强的高精度捷联惯性导航算法。对于高超声速飞行器等高动态载体,其飞行马赫数大于5,且飞行过程中特别是突防机动阶段包含了多种形式的剧烈角运动和线运动,因此由于矢量积分所产生的不可交换性误差是影响其捷联惯导算法精度的关键因素。此外,惯性导航算法精度的提升往往意味着计算量的增加,高动态载体战时需要快速获取高精度位姿信息并迅速作出机动响应,因此对导航信息的实时性也提出了更高的需求。由此可见,不可交换性误差补偿和实时性提升是高动态载体捷联惯性导航算法中亟待解决的两大问题,需要从平衡提升算法精度和计算效率,以及减少高动态环境中的矢量积分不可交换性误差这两个方面,有针对性地优化改进传统捷联惯导算法。

四、高精度姿/轨控技术

（一）大气层外动能拦截器高精度姿/轨控技术

在大气层外拦截过程中,动能拦截器通常采用直接力控制方法调整拦截自身的状态。根据直接力发动机控制效果不同,对动能拦截器的控制可分为姿态控制与轨道控制两种。轨道控制的发动机通常安装在拦截器质心附近,通过直接力发动机开机瞬时产生过载改变拦截器的运动速度方向,调整拦截器弹道,称为直接力轨控。姿态控制的发动机通常安装在远离拦截器质心的位置,通过直接力发动机开机瞬时产生相对质心的力矩快速改变拦截器的姿态,称为直接力姿控。

拦截器进入末制导阶段后,为了搜索目标其姿态经常需要大角度调整,捕获目标后则需根据不同的拦截策略控制拦截器的姿态角跟踪弹目视线角,并保证目标始终位于拦截器导引头视场内,实现以"零控脱靶量"为目标的精确拦截。姿控发动机的总体布局方案及其自身的性能指标,对实现拦截器姿态的快速跟踪及稳定控制,直至成功命中目标至关重要。

1. 直接力姿态控制系统总体布局方案

在直接力姿控发动机的布局方案中,需确定能够实现姿态控制的发动机个数、分布位置以及安装角度。由于直接力姿控发动机布局方案直接影响拦截器的姿态控制精度进而决定了制导效果,故需对具体方案进行分析,同时不同的布局方案也影响了具体工程实现的难易程度。

国内外在研及已装备的动能拦截器姿控发动机布局形式主要有四发动机布局方案、六发动机布局方案以及八发动机布局方案等。安装位置分为集中式和分散式两种形式,同时可以通过改变发动机在弹体坐标系下的安装角度,调整其推力作用效果。

不同布局方式的优缺点分析如下:

四姿控发动机分散式布局方案如图 5-48 所示,图中 α 为姿控发动机的安装角,β 为发动机的偏置角。由布局方案可知,其优势为实现姿态控制所需的发动机数量最少,但在俯仰、偏航及滚转的控制通道均存在耦合。

六姿控发动机集中式布局方案如图 5-49 所示,也称"T"型布局方案。由图可知,该方案实现姿态控制需要六个姿控发动机,其中俯仰方向可由 1#、4# 发动机独立控制,偏航及滚转控制需由 2#、3#、5#、6# 共同作用实现,故在偏航及滚转通道之间存在相互耦合。与分散式布局方案相比,由于该方案的姿控发动机安装位置较为接近,故比较利于燃气的输送。

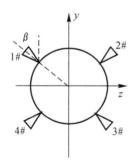
图 5-48 四姿控发动机分散式布局

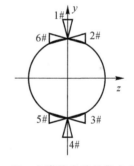
图 5-49 六姿控发动机集中式布局

六姿控发动机分散式布局方案如图 5-50 所示,图中 α 为姿控发动机的安装角。由图可知,该方案实现姿态控制同样需要六个姿控发动机,其中俯仰方向可由 1#、4# 发动机独立控制,偏航及滚转控制需由 2#、3#、5#、6# 共同作用实现,故在偏航及滚转通道之间存在相互耦合。

八姿控发动机布局方案如图 5-51 所示。由图可知,该方案实现姿态控制需八个姿控发动机。其中,1#、5# 发动机控制拦截器的俯仰,3#、7# 发动机控制拦截器的偏航,2#、4#、6#、8# 发动机共同作用控制拦截器的滚转。与上述方案相比,该方案所需发动机的数量最多,但俯仰、偏航、滚装三通道的控制力矩相互独立不存在耦合,故该方案简化了控制方法。

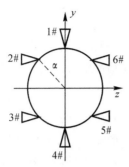
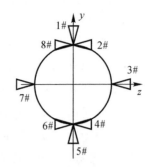

图 5-50　六姿控发动机分散式布局　　　　图 5-51　八姿控发动机布局

姿态控制力矩及控制精度对比分析,对于动能拦截器姿控发动机布局方案的选取,主要由姿态控制精度及工程实现难度共同决定。其中,姿态控制精度包含了对姿态控制信号响应的快速性,控制过程中的平稳性以及系统的鲁棒性。下面对四种方案的发动机推力作用效果进行对比。假设,四种方案中姿控发动机输出的推力值恒定,其大小为 F。l_p、l_y 分别为俯仰、偏航控制力矩的推力矢量作用距离,动能拦截器的弹径为 D。则上述布局方案中,三通道控制力矩见表 5-4。

表 5-4　四种布局方案的控制力矩

布局方案	俯仰力矩	偏航力矩	滚转力矩
四姿动发动机分散式布局	$2Fl_p\cos\beta$	$2Fl_p\sin\beta$	$FD\lvert\sin(\alpha-\beta)\rvert$
六姿控发动机集中式布局	Fl_p	$2Fl_y$	FD
六姿控发动机分散式布局	Fl_p	$2Fl_y$	$FD\cos\alpha$
八姿控发动机集中式布局	Fl_p	Fl_y	FD

由表 5-4 可知,在各姿控发动机推力相同的条件下,四种布局方案的在俯仰、偏航及滚转力矩上存在一定差异。对比四种方案,可知:

(1)四姿控发动机方案与六、八姿控发动机方案相比,在三通道输出的控制力矩均小于另外三种方案。这是由于其在姿控系统中仅布置了四个姿控发动机,近似"X"形式布置与弹体坐标系的 Y 轴、Z 轴成 β 的偏置角,故其在三通道产生的操纵力仅相当于发动机额定推力的分量。由表 5-4 可知,四姿控发动机方案在三通道均存在耦合,即必须对其进行解耦才能有效实现姿态稳定。在存在不确定干扰时,由于三通道相互耦合,在某一通道进行的主动控制会给其他通道增加附加扰动,平稳性较差,稳态精度不高。这种布局方案曾应用于 Rocketdyne 公司研发的大气层外飞行器中,但由于其存在抗扰能力不足及姿态稳定精度不高等缺点,后续研究及工程中应用较少。

(2)六姿控发动机分散式布局方案与六姿控发动机集中式布局方案的共同点在于,动能拦截器的俯仰通道独立控制,但在偏航及滚转通道存在耦合。分散式布局方案与集中式布局方案相比,控制动能拦截器俯仰及偏航的力矩相同,滚转力矩小于集中式布局方案。对于恒值推力发动机而言,在控制频率一定时,滚转控制力矩越小,在平衡位置的抖振越小,姿态控制精度越高。

(3)八姿控发动机布局方案与六姿控发动机布局方案及四姿控发动机布局方案相比,在俯仰、偏航、滚转通道均独立控制,不存在耦合。这使拦截器的姿态控制器设计更加容易,但存在的问题在于所需的发动机数量增加,由于动能拦截器的弹体空间有限,故在工程实现上更加复杂。同时,由于增加了发动机的数量,对燃气的消耗量也随之增大,对姿态稳定控制需要提供更多的能源。

2. 直接力发动机控制方法

控制器要求动能拦截器姿态与轨道发动机提供连续推力。而实际由于动能拦截器推力发动机通过喷射自身携带的压缩气体产生反向恒定作用力,所以拦截器推力发动机工作产生连续控制力的假设不再成立。可以考虑对拦截器推力发动机阀门开关实行常值脉冲形式的控制,利用脉冲调制技术把连续型控制量转换成开关型控制量,其控制律较为简单,并且不需要复杂的计算。与其他调制方式相比,PWPF 调制方式有自身独特的优势,如近似线性的输入输出关系、较高的精确性以及可调整脉宽与频率等。PWPF 调制器已被广泛的应用到如 Agena、INTELSAT、INSAT 以及 ARABSAT 等空间卫星控制系统当中。

PWPF 调制器结构如图 5-52 所示,可见,其由一个 Schmidt 触发器、一个前置滤波器(一阶惯性环节)及反馈回路构成。其中,K_m 和 T_m 分别为一阶惯性环节的放大系数和时间常数;U_{on} 和 U_{off} 分别为继电器的开关阈值;U_m 为继电器脉冲幅值;$E(t)$ 为输入的变结构控制力矩;$P(t)$ 为脉冲输出序列。通常 PWPF 调制器的运动特性可以由脉冲工作时间或脉冲宽度 T_{on}、脉冲周期 T、最小脉冲宽度 Δ 以及占空比 DC 来描述。

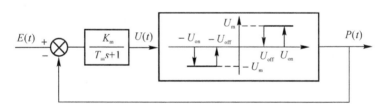

图 5-52 PWPF 调制器结构图

PWPF 调制器根据一个采样周期内输入控制信号 $E(t)$ 的大小产生不同宽度和频率的脉冲控制指令序列,从而控制相应发动机阀门的开关作用时间。Schmidt 触发器是带有死区和迟滞的继电器环节,可以等效成两个带死区的 bang-bang 环节的合成。当前置滤波器环节的输出 $U(t) > U(t-T)$,即大于前一时刻的值时,触发器输出脉冲与输入 $U(t)$ 的关系如图 5-53 的第一个 bang-bang 环节所示;相反,当输入 $U(t) < U(t-T)$ 时,触发器输出脉冲与输入 $U(t)$ 的关系为第二个 bang-bang 环节。前置滤波环节的输入为系统输入 $E(t)$ 与 Schmidt 触发器脉冲序列输出 $U_m(t)$ 的误差信号,该环节的输出 $U(t)$ 作为 Schmidt 触发器的输入。

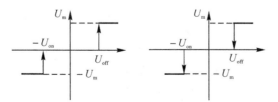

图 5-53 Schmidt 触发器结构图

根据图 5-53，假设某一过程中误差 $E(t)-U_m(t)$ 为常数，一阶惯性环节的输出 $U(t)$ 为

$$U(t)=K_m[E(t)-U_m(t)]+\{U(0)-K_m[E(t)-U_m(t)]\}\cdot e^{-t/T_m} \qquad (5.70)$$

$U(t)$ 从 U_{on} 到 U_{off} 的变化为 Schmidt 触发器输出的脉冲宽度，以 T_{on} 表示，此过程 Schmidt 触发器输出 $U_m(t)=U_m$。将 $U(0)=U_{on}$、$U(T_{on})=U_{off}$ 以及 $t=T_{on}$ 代入式(5.70)可以得到如下关于 T_{on} 的关系式：

$$T_{on}=-T_m\ln\left[\frac{U_{off}-K_m(E-U_m)}{U_{on}-K_m(E-U_m)}\right] \qquad (5.71)$$

$U(t)$ 从 U_{off} 到 U_{on} 的变化为 Schmidt 触发器关闭的时间 T_{off}，此过程 Schmidt 触发器输出 $U_m(t)=0$。将 $U(0)=U_{off}$、$U(T_{off})=U_{on}$ 以及 $t=T_{off}$ 代入式(5.70)可以得到如下关于 T_{off} 的关系式：

$$T_{off}=-T_m\ln\left(\frac{U_{on}-K_mE}{U_{off}-K_mE}\right) \qquad (5.72)$$

占空比 DC 表示每个脉冲周期发动机开启时间与脉冲周期的比值，即

$$DC=\frac{T_{on}}{T_{on}+T_{off}} \qquad (5.73)$$

当一阶惯性环节输出的最大值 $U_{max}=K_m[E(t)-U_m(t)]$ [此时式(5.70)中 $t\to\infty$] 与 Schmidt 触发器的 U_{off} 相等时，可以得出 PWPF 调制器的饱和输入 E_s：

$$K_m[E_s-U_m(t)]=U_{off}\Rightarrow E_s=\frac{U_{off}}{K_m}+U_m \qquad (5.74)$$

Schmidt 触发器输出 $U_m(t)=0$ 的过程中，当一阶惯性环节的输出[此时式(5.70)中 $t\to\infty$] 与 Schmidt 触发器的 U_{on} 相等时，可以得出 PWPF 调制器的最小输入 E_d：

$$K_m[E_d-0]=U_{on}\Rightarrow E_d=\frac{U_{on}}{K_m} \qquad (5.75)$$

此时对应最小脉冲宽度 Δ，将式(5.75)中的 E_d 代入式(5.71)，得

$$\Delta=T_{onmin}=-T_m\ln\left(1-\frac{U_{on}-U_{off}}{K_mU_m}\right)\approx h\frac{T_m}{K_mU_m} \qquad (5.76)$$

其中 $h=U_{on}-U_{off}$。

PWPF 环节对输入调制可分为三个区：死区 $E(t)\leqslant E_d$，调节器不工作；饱和区 $E(t)\geqslant E_s$，调节器持续输出，控制过程中为了能较快地修正偏差，可以使 PWPF 环节工作在饱和状态；线性区 $E_d<E(t)<E_s$，调节器根据输入 $E(t)$ 的幅值大小输出相应宽度和周期的脉冲序列，此区正体现了 PWPF 环节对输入控制的调宽与调频作用，该区被称作线性区是是因为该区内 PWPF 环节的输出对控制输入的等效作用。占空比 DC 与输入 $E(t)$ 的关系曲线如图 5-54 所示。

从以上的推导可以看出，PWPF 调制器的常数 K_m、T_m、U_{on}、U_{off} 决定着脉冲宽度 T_{on}、脉冲周期 T、调制器最小输入 E_d 和饱和输入 E_s。确定惯性环节时间常数 T_m 和放大倍数 K_m 以及 Schmidt 触发器开关阈值 U_{on}、U_{off} 的原则通常有以下几点：一是推力器喷气频率必须避开拦截器刚体的固有频率，以免共振；二是喷气次数应在一个比较平稳的区域内，要考虑推进剂的损耗；三是时间常数的选取应保证 PWPF 调制器的相位滞后作用尽可能小；四是放大倍数的选取应使线性区域尽可能大，即减小死区和饱和区。

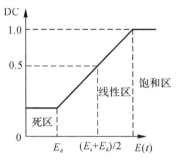

图 5-54 $E(t)$ 与 DC 的关系

(3)高精度控制算法设计。在拦截器实际的运动过程中,由于受到拦截器发动机的安装误差、推力偏差、质心位置误差等因素的影响,轨控系统与姿控系统以及姿控系统各通道之间存在明显的相互影响,具有较强的耦合,忽略这些因素会引起较大的脱靶量,导致拦截失败。因此,拦截器高精度控制问题是一种复杂不确定干扰下的强非线性控制问题,需要通过综合考虑各种不确定与干扰,建立精确数学模型、设计高精度控制算法以实现对拦截器的高精度控制。

目前,随着现代控制理论的发展,越来越多的控制算法被用于实现拦截器高精度控制,比较典型的控制算法有 PID 控制算法、最优控制算法、滑模变结构控制算法以及鲁棒控制算法等。

(二)大气层内拦截器直接力/气动力复合控制技术

1. 基本概念

导弹在中高空的作战效能一方面受限于最大可用过载,另一方面也受限于到达过载指令所需的响应时间,因此为应对这些目标的威胁,必须发展新型的防空导弹精确制导控制技术,大幅度提高导弹的控制精度及响应速度以提高导弹的作战效能。

由于传统的气动力控制的响应速度慢,且控制效率随动压的下降而降低,为了增强导弹的机动能力、减小脱靶量,直接力/气动力复合控制技术应运而生。所谓直接力/气动力复合控制技术,就是通过在弹体质心部位或质心前端加装侧喷发动机,依靠侧喷发动机点火来迅速产生法向过载或横向控制力矩,以提高导弹的响应速度。由于侧喷发动机反应速度快、推力大且不受导弹飞行高度及速度的影响,因此直接力/气动力复合控制技术是导弹实现"趋零脱靶量"的一种有效技术,得到世界各国的关注。世界上现役的具有反导能力的高精度防空导弹大部分都采用了直接力/气动力复合控制技术,可见采用复合控制技术是当前条件下大幅度提高传统导弹响应速度和拦截精度的一个有效途径。

相对于以往只采用气动舵进行控制的导弹,直接力/气动力复合控制导弹主要有以下几种优势:①侧喷发动机响应速度快,能显著减小导弹控制系统的延迟时间;②姿控发动机的推力大小与导弹的飞行速度与高度无关,其控制效率不会像舵机一样随着飞行高度的增加而减小,扩大了导弹的作战空域;③气动舵全程参与导弹的姿态控制,使得直接力与气动力能互为补充并相互配合,提高了拦截效率。

2. 拦截器气动布局及姿控发动机配置方案

(1)拦截器气动布局。导弹的气动布局,是指导弹的各主要部件(如弹翼、舵机等)的气动外形、尺寸及其在导弹轴向及周向的布置情况。气动布局设计是导弹总体设计的一个重要环节,需要在满足战术技术指标的前提下,分析各种气动布局的优缺点,确定合适的方案,以使导弹具有较好的气动性能并满足机动性及稳定性要求。

导弹气动布局设计必须满足以下基本要求:①满足导弹的战术技术指标及弹上设备的工作条件;②设计合适的弹翼外形,满足导弹的最佳升阻比要求;③在作战空域内应具有良好的机动性、稳定性及操纵性;④尽量保证导弹在最大攻角范围内的气动特性处于线性区;⑤应使导弹在飞行过程中的压心变化尽可能小;⑥导弹外形尺寸不应过大,应便于运输与储存。

根据弹翼和舵面的分布,拦截器的气动布局一般有鸭式、旋转弹翼式和正常式三种形式。各种气动布局有各自的特点和适用条件。

1)鸭式布局具有响应快速的优点,但是一旦采用这种布局,姿控发动机就只能安装在弹尾,其鸭翼产生的下洗流与侧向喷流相互干扰,使得拦截弹所受的力和力矩变化更加复杂,难以准确建模,给控制系统设计带来很大困难。另外,由于鸭翼尺寸太小,再加上其对弹翼的下洗影响,很难用它来进行滚动稳定控制。

2)旋转弹翼式布局的拦截器,诱导阻力大,气动特性具有较大的非线性,尾翼位于下洗流中,控制效率较低,且全弹静稳定性差。另外,由于舵面位于质心附近,如果设计得不合理,飞行过程中容易发生操纵效率变号的现象。

3)正常式布局的拦截器,固定弹翼位于弹体中段,起主升力面作用,控制舵面位于弹尾,一般的空射拦截器常采用这种布局。若姿控式直接力/气动力复合控制拦截器采用正常式 X - X 型轴对称布局,脉冲发动机安装于弹体质心前端,弹体上还安装了副翼。这种布局非常适合直接力/气动力复合控制,因为它具有以下诸多优点:

a. 控制舵面远离喷流,使得喷流的干扰作用降至最小(喷流可能会降低位于其后的控制面控制效率,而且可能会引起诱导滚转)。

b. 超声速飞行时,控制舵面不影响它前面的气流,所以为了使拦截器具有最大力矩,可以将控制舵面安装得尽可能靠后。这样也能给其他部件的安排带来方便。可将推进系统安装在拦截器的质心处,这样在飞行过程中可以将推进剂消耗引起的质心移动减到最小。

c. 弹翼与尾翼间干扰影响小,使得尾翼控制的气动力特性线性。

d. 具有较大的滚动阻尼系数,使得三个通道的耦合较小,可以单独设计各个通道,而且由于俯仰通道和偏航通道气动布局相同,所以这两个通道的控制系统也基本相同。

正常式布局的缺点是响应比较慢,这可以通过引入直接力加以改善。引入直接力后,不仅可以增大可用过载,而且能提高系统的响应速度。

(2)姿控发动机配置方案。根据姿控发动机点火作用原则的不同,直接力控制方法主要可分为"多次脉冲控制""比例控制""单脉冲控制"三种方法,不同的控制方法对应不同的姿控发动机配置方案。

1)"多次脉冲控制"法多用于控制"玉米"形的导弹,即导弹沿纵向安装多圈、每圈沿周向安装数十个脉冲发动机。ERINT 1 拦截弹就采用了该配置方案,通过辗转法接通,只能一次性点火,点火位置和数目由脱靶量大小及需用过载方向决定。为保证在任何所需方向上都有脉冲发动机可用,ERINT 1 拦截弹在末制导段必须高速旋转,此时气动舵只起副翼作用,对导弹的滚转角速度进行控制。这种控制方法的优点是脉冲发动机的体积小、质量轻、造价低,点火对质心位置影响小。但是采用这种配置方案的导弹在末制导段只由脉冲发动机响应过载指令,本质上是一种切换控制,没有充分发挥气动舵控制量连续的优势,并且由于脉冲发动机推力为固定值,跟踪过载指令时存在较大波动。

2）采用"比例控制"法的侧喷发动机输出推力大小与控制指令成一定比例,即推力连续可调,推力值大小可通过发动机喷口阀门开度的大小进行调节。Aster-15/30 防空导弹的侧喷发动机即采用该控制方案,该导弹飞行过程中是滚转稳定的,四个发动机喷口位于质心,分别控制导弹的俯仰和偏航通道。该配置方案侧喷发动机和气动舵能同时参与控制,比"多次脉冲控制"法只采用脉冲发动机控制的效率高,并且舵机可长时间输出连续的控制力矩,姿控发动机可在短时间内迅速输出较大直接侧向力矩,两者互为补充,共同作用,提高了导弹的过载响应速度和跟踪品质。

3）"单脉冲控制"法采用一次接通所需方向上的姿控发动机来产生常值推力,通过改变发动机点火时刻和点火持续时间来对导弹进行控制。对于推力大小为常值而又可以反复点火的姿控发动机,可采用这种方法进行控制。该方法可看作是"比例控制"法的一种近似等效形式,通过控制每个脉冲的持续时间和点火频率能够近似达到连续可调推力的效果。

3. 高精度复合控制技术

直/气复合控制导弹存在空气舵与姿控发动机两种异类的冗余控制执行机构,可将姿控发动机与空气舵作为虚拟执行机构,设计控制器输出控制力矩指令,并设计分配方法将控制力矩指令分配给不同的执行机构。控制系统结构如图5-55所示。

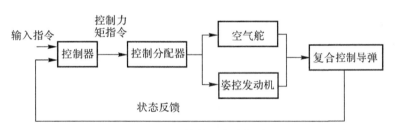

图 5-55　控制系统结构图

在直接力与气动力复合控制拦截器姿态控制系统的工作过程中,由于直接侧向力的脉冲特性,依然是利用气动升力和侧向力形成过载。直接力的主要作用是在姿态响应初始阶段快速产生姿态角速度,以快速建立一定的攻角和侧滑角,从而形成气动升力和直接侧向力,以减小过载偏差。因此,为了实现过载跟踪,实际上需要实现攻角和侧滑角跟踪。然而,由于直接力本身固有的工作形式,单独利用直接侧向力控制无法完全消除过载偏差,因此,需要气动舵控制与直接力控制相互协调,取长补短,以达到较好的控制效果。

由于复合控制 KKV 拦截器具有两套完全不同的执行机构,且两者之间可以相互独立工作,所以为了便于控制方法的研究,需要研究气动力控制与直接力控制的复合策略,以解决不同执行机构之间的控制分配问题。目前常见的控制分配策略主要有以下 7 种:

策略 1：飞行全程优先采用气动力控制,当舵偏角达到饱和后引入直接力补偿气动力不足的部分。

舵偏角达到饱和后引入直接力是一种最简单的分配方法,由于气动舵和姿控发动机都可以提供控制力矩,直接侧向力的加入主要是为了补偿气动力的不足,因此这种分配策略的基本思想是:当舵机偏转到最大值产生的气动力仍然不足以满足导弹机动要求时,开启姿控发动机,对气动力不足的部分进行补偿。具体设计方法为：

根据导弹的最大舵偏角 $\delta_{\max}$ 计算出导弹在当前空域的最大可用过载 $n_{\max}$，当该空域的过载指令 $n_c < n_{\max}$ 时，仅采用气动舵控制。当过载指令 $n_c > n_{\max}$ 时，即 $\delta_c > \delta_{\max}$ 时，则令 $\delta_c = \delta_{\max}$，舵偏角维持在最大值，此时气动力子系统提供的过载为 $n_{\max}$，设计姿控发动机点火算法跟踪剩余的过载 $n_c - n_{\max}$。

该分配算法最大限度地使用了气动舵，节约了姿控发动机燃料，同时将双执行机构的控制问题简化为单执行机构控制，工程实现简单，但该方法存在两个明显的缺点：① 当气动舵偏角达到饱和时，气动舵只是维持在最大值以提供气动控制力矩，而无法发挥气动舵连续可调、变化平稳的优势来消除姿控发动机点火瞬间产生的直接力喷流对弹体产生的影响；② 由于直接力只作为气动力饱和后的一种补偿措施，无法充分发挥姿控发动机响应快、可迅速改变姿态的优势，该设计方法存在较大的保守性。

策略 2：当过载指令 n_c 达到一定值时，启动常值推力侧喷发动机，而气动力补偿直接力不足的部分。

该分配算法主要用于采用推力不可调型轨控发动机的复合控制导弹。与策略 1 类似，首先根据导弹的最大舵偏角 $\delta_{\max}$ 计算出导弹在此空域的最大可用过载 $n_{\max}$。当过载指令 $n_c < n_{\max}$ 时，在理想情况下如果不考虑过渡过程，导弹可以在气动舵的控制下跟踪过载指令，而当过载指令 $n_c > n_{\max}$ 时，仅依靠气动舵已经无法跟踪指令过载，将会导致脱靶，此时启动直接力子系统。具体设计方法为：

首先计算常值推力侧喷发动机点火时可以产生的附加过载 n_j：

$$n_j = T/mg \tag{5.77}$$

式中：T 为发动机点火产生的常值推力大小。

控制分配策略可表示为

$$\left.\begin{array}{l} n_1 = n_c, n_2 = 0, \quad n_c < n_{\max} \\ n_1 = n_c - n_f, n_2 = n_j, \quad n_c > n_{\max} \end{array}\right\} \tag{5.78}$$

式中：n_c 为气动力子系统产生的过载；n_j 为轨控发动机产生的过载。

这样当气动力充足时利用气动力对过载指令进行跟踪；当气动力不足时开启侧喷发动机产生附加过载，此时气动舵跟踪总过载指令 n_c 与侧喷发动机点火时可以产生的附加过载 n_j 之差为 $n_c - n_j$。

该分配算法优先采用气动舵控制，只有当气动力产生的最大可用过载 $n_{\max} < n_c$ 时，才开启侧喷发动机，以节约发动机燃料消耗。但是该分配算法在开启侧喷发动机后，气动舵只跟踪总过载指令 n_c 与侧喷发动机产生的附加过载之差，对气动舵利用率低，无法充分发挥它的潜力；当过载指令在侧喷发动机点火时可以产生的附加过载附近变化时，会造成发动机反复点火，影响弹体稳定性并造成燃料浪费。

策略 3：飞行全程采用气动力对导弹进行控制，当动压不足时引入直接力。

该方法的主要思想是，当动压不足时，导弹的过载响应速度将变慢，此时引入直接力补偿气动力的不足，利用直接力产生的力矩大小不依赖导弹飞行状态（如飞行高度、速度等）的优势，迅速产生控制力矩对指令进行响应。

以俯仰通道为例，具体设计方法为：

实时计算导弹当前时刻的动压 q，当动压不足时，引入直接侧向力进行补偿。常用的动压分配方法为线性分配法。

$$\left.\begin{array}{l} M_{\mathrm{T}} = f(q) M_{\mathrm{c}} \\ M_{\delta} = [1 - f(q)] M_{\mathrm{c}} \\ f(q) = (q_2 - q)/(q_2 - q_1) \end{array}\right\} \quad (5.79)$$

式中：M_δ 为总的控制力矩指令；M_T 为直接力产生的控制力矩；M_c 为气动舵产生的控制力矩；q 为当前动压；q_1 和 q_2 分别为理想状态下过渡阶段前后的动压。

该分配策略在直接力开启后，采用姿控发动机与气动舵面同时进行姿态调节，避免了策略1存在的舵面饱和无法调整姿态的缺陷，同时算法简单、易实现。但是该策略存在的问题是：直接力开启条件完全由动压 q 决定，在末制导段即将遭遇目标时，需要启动姿控发动机来提高导弹的响应速度，但此时如果导弹气动力充足（动压 q 足够大），直接力仍然无法开启，无法发挥姿控发动机响应快的优势。同时从式（5.79）可以看出，该分配策略是基于动压的线性函数进行分配，没有考虑执行机构的动态特性及舵机最大速度限制。

策略4：全程采用气动力进行控制，当弹目相对距离 R 达到一定值时引入直接力。

该策略的基本思想是，当相对距离 R 减小到一定值后，目标机动造成的视线角速度 $\dot q$ 会迅速增大，导弹需要较高的机动性来消除视线角速度，此时开启直接力加快导弹的响应速度。

该分配策略考虑了相对距离 R 对脱靶量产生的影响，在弹目相对距离较远时仅依靠气动力控制，在遭遇目标前采用姿控发动机与气动舵面同时对导弹进行姿态调节，直接力开启条件与动压、舵偏饱和等无关。但此时如果目标无机动或机动很小，直接力仍然会开启，如果姿控发动机是常值推力型的，在发动机开启瞬间可能会带来较大的弹体姿态角抖动及过载波动，反而不利于导弹的精确拦截。

策略5：飞行全程采用气动力对导弹进行控制，当剩余时间 t_{go} 减小到一定值时，引入直接力提高响应速度。

由于剩余时间与与弹目相对距离 R 存在一个近似关系：

$$t_{go} \approx R/V \quad (5.79)$$

所以该分配策略与采用弹目相对距离 R 的分配策略4类似，通过与设定的剩余时间阈值 t_{go} 进行比较来决定何时开启直接力。

策略6：飞行全程采用气动力对导弹进行控制，当过载跟踪偏差达到一定值时，引入直接力进行补偿。

该分配策略的主要思想是：当过载跟踪偏差较大时，利用直接侧向力响应速度快且与动压无关的特点，迅速点火改变弹体姿态产生控制力矩与气动舵配合工作来减小导弹的过载跟踪偏差，避免产生较大的脱靶量。

该分配策略考虑了过载跟踪偏差对脱靶量产生的影响，充分利用了直接力响应快的优势，可以迅速减小导弹的过载跟踪偏差，直接力开启条件只与控制系统最关注的过载有关，而与动压、舵偏饱和等无关。该策略存在的一个问题是，当弹目相对距离较远（或剩余飞行时间较长）时，即使有较大的过载跟踪偏差，导弹依靠气动舵也有能力在规定时间内完成对过载指令的跟踪，没必要开启直接力。

策略7：导弹飞行前段采用气动力控制，末段切换到直接力控制，此时气动舵起副翼的作用，只控制滚转，不控制俯仰、偏航。

该分配策略与前6种不同，属于切换控制，ERINT 1拦截弹就采用该策略，该方案利用脉冲发动机能迅速产生直接力的特点,在末制导段放弃响应速度较慢的气动舵控制姿态,只由脉冲发动机进行控制。该策略的缺点是：由于脉冲发动机数量有限,不能反复点火,只能输出常值推力,经仿真分析,采用该分配策略设计的控制系统的过载跟踪快,但是过载跟踪精度较低,存在较大波动,并且没有充分发挥气动舵的效能。

需要特别注意的是,策略3～策略6只是给出了直接力何时引入的方案,并没有设计具体算法来求出引入直接力后两个执行机构之间的控制分配值；策略1和策略2只是简单地令气动舵或侧喷发动机满负荷运作,另一种执行机构辅助跟踪剩余控制量,方法简单但存在较大的保守性；策略7放弃气动舵对俯仰和偏航的控制作用,单纯由姿控发动机控制姿态。

五、动能拦截技术发展趋势

发展动能拦截弹技术的关键,是发展能够与目标直接碰撞的动能拦截器。动能拦截器的反导应用促使各国多年来不断运用创新思维,开发新技术,其发展表现在以下几方面。

1. 动能拦截器小型化技术

美国等军事强国目前多采用各种技术减小动能拦截器尺寸。如,支持直接碰撞杀伤武器的惯性测量装置,其体积只有棒球大小,能够实现精度大约为 $1(°)/h$ 的陀螺漂移,这一提高促进了拦截弹的小型化。

自20世纪80年代以来,美国研制出的动能拦截器质量不断减轻,质量变化情况见表5-5。

表5-5 美国动能拦截器的质量变化

年份	质量/kg	拦截器
1984	1 200	HOE(上层寻的试验)拦截弹的拦截器
1991	160	ERIS(大气层外弹头拦截器分系统)
1999	55	GBI 的 EKV

2. 微型拦截器技术

该技术用于应对不同威胁。就弹道导弹目标而言,动能拦截器需分3段对其实施拦截。其中,助推段拦截要求能迅速估计目标状态,从瞄准导弹尾焰过渡到瞄准弹体；中段拦截属大气层外拦截,重点要求解决目标识别问题(真假目标)、大信息量问题和探测精度问题,对此发展了多色导引头、激光雷达、先进的并行处理机和先进的数据融合软件算法等技术；末段拦截需对付大气层内低空机动飞行目标,对此,需解决导引头估计目标机动技术、窗口技术、高灵敏性技术、信息技术,如最佳的制导技术和雷达与红外数据融合技术等。

为对付上述3阶段的不同要求,美国发展了多种微型拦截器技术,如蜂群、谢弗拦截器微型中段防御拦截器以及子母杀伤拦截器(MKV)等。

3. 拦截器智能化技术

为智能化地完成跟踪、识别、拦截的全过程,需采用一系列关键技术：KKV识别技术、精确制导与控制技术、提供拦截弹姿态和速度信息的惯性测量技术、KKV实现高机动能力、直接碰撞杀伤目标的姿控与轨控技术、传感器融合技术。

(1) 发展有精确制导与识别能力的 KKV。美国海军和陆军联合推进了毫米波导引头技术倡议计划,研制了 3 种成像激光雷达,供有识别能力的动能杀伤拦截器选用;同时,美空军也积极研制激光雷达导引头,并进行了一系列成功的试验。此外,美国开发了红外凝视成像技术(有利于在远距离识别跟踪目标,区分弹头诱饵)、高帧频(实时)成像导引头和射频被动导引头技术。

(2) 提高拦截精度。弹道导弹拦截器末段控制系统的姿控与轨控系统是动能拦截弹的 KKV 实现高机动能力、直接碰撞杀伤目标的关键,技术上要求其实现小型化、响应时间短、具有很大的推重比、能以稳定和脉冲两种方式工作,美军正在这几方面不断试验以期实现精确控制。

(3) 智能处理(IP)技术。美国导弹防御局计划研制和试验几种先进的传感器硬件方案、先进智能处理和传感器数据融合算法,以把来自动能拦截弹上激光雷达和双波段被动(红外)传感器这些不同传感器的数据有效地融合在一起,实现智能处理。

思 考 题

1. 试描述导弹在空气动力环境下改变升力的过程和原理。
2. 导弹制导控制系统主要由那几部分组成?各部分的功能是什么?
3. 导弹制导控制系统的一、二、三通道控制方式有何不同?
4. 什么是多传感器信息融合的复合寻的制导?它有哪些优点?
5. 简述导弹稳定控制系统的功能。
6. 具有代表性的现代飞行控制方法有哪些?
7. 动能拦截精确目标识别技术是基于哪些技术原理实现的?
8. 什么是多模复合制导?多模复合制导的基本原理是什么?多模复合制导过程中的典型关键技术有哪些?
9. 什么是拦截弹的弹道设计与调整?弹道设计与调整的基本原理是什么?新型空天防御拦截弹的弹道设计与调整的典型关键技术有哪些?
10. 什么是空天防御作战过程中的目标轨迹预测?目标轨迹预测的基本原理是什么?空天防御作战中目标轨迹预测技术的主要发展方向有哪些?
11. 什么是智能制导?智能制导的基本原理是什么?智能制导的主要发展趋势有哪些?
12. 什么是拦截弹姿/轨控?姿/轨控的原理是什么?这种控制方式的主要特点是什么?
13. 什么是惯性导航?平台式惯性导航与捷联式惯性导航的原理分别是什么?两种有何区别?各自有何特点?影响拦截器惯性导航精度的主要因素有哪些?高精度惯性导航的主要发展趋势是什么?
14. 四姿控、六姿控、八姿控发动机各有何优缺点?
15. 随着科技进步,动能拦截手段将会朝着哪些趋势发展?试分析其中的原因。

参 考 文 献

[1] 李为民,陈刚,王颖龙,等.空天防御概论[M].北京:国防大学出版社,2010.
[2] 刘兴,梁维泰,赵敏.一体化空天防御系统[M].北京:国防工业出版社,2011.
[3] 段林甫.多源异构融合定位方法研究[D].成都:电子科技大学,2018.
[4] 张哲,刘力,李勇.空天防御体系及技术发展[J].国防科技,2017,38(4):23-28.
[5] 万明杰.国家空天防御面临的十大威胁[J].国防科技,2019,40(5):1-5.
[6] 胡仕友,赵英海.导弹武器智能精确制导技术发展分析[J].战术导弹技术,2017(2):1-6.
[7] 薛鹏,阳再清.军用无人机目标特性综述[J].指挥控制与仿真,2016,38(3):76-78.
[8] 张为华,汤国建,文援兰,等.战场环境概论[M].北京:科学出版社,2013.
[9] 朱成.垂直发射防空导弹智能制导与控制[D].南京:南京航空航天大学,2015.
[10] 邵春生.相控阵雷达研究现状与发展趋势[J].现代雷达,2016,38(6):1-4.
[11] 黄翔飞.空天目标 ISAR 成像关键技术研究[D].南京:南京航空航天大学,2016.
[12] 白雪茹.空天目标逆合成孔径雷达成像新方法研究[D].西安:西安电子科技大学,2011.
[13] 袁赛柏,金胜,朱天林.MIMO 雷达技术发展综述[J].现代雷达,2017,39(8):5-8.
[14] 王力宝.多输入多输出合成孔径雷达关键技术研究[D].长沙:国防科学技术大学,2010.
[15] 黎湘,范梅梅.认知雷达及其关键技术研究进展[J].电子学报,2012,40(9):1863-1870.
[16] 陈翼,王宁,孟晋丽,等.认知雷达对抗体系研究[J].现代雷达,2017,39(9):81-85.
[17] 雷虎民,李炯,胡小江,等.导弹制导与控制原理[M].2版.北京:国防工业出版社,2017.
[18] 王静.动能拦截弹技术发展现状与趋势[J].现代防御技术,2008,36(4):23-26.
[19] 杨卫丽,锁兴文,田志峰.美国动能反导拦截技术新进展[J].战术导弹技术,2015,36(1):7-11.
[20] 王鸿博.拦截器复合控制策略与方法研究[D].哈尔滨:哈尔滨工业大学,2015.
[21] 张路.捷联平台成像末制导关键技术研究[D].长沙:国防科学技术大学,2010.
[22] 刘孝马.大气层外动能拦截器中段制导相关问题研究[D].长沙:国防科学技术大学,2015.
[23] 刘志刚.红外成像点目标的检测与识别技术研究[D].长沙:国防科学技术大学,2005.
[24] 张炎华,王立端,战兴群,等.惯性导航技术的新进展及发展趋势[J].中国造船,2008,183(49):134-144.
[25] 陈宝国,刘珂.红外探测技术的发展研究[C]//中国宇航学会,中国高科技产业化研究会.第 10 届全国光电技术学术交流会论文集.北京:中国宇航学会,2012:116-124.
[26] 陈伯良,李向阳.航天红外成像探测器[M].北京:科学出版社,2016.
[27] 曾钦勇.光电远程快速探测关键技术研究[D].成都:电子科技大学,2018.
[28] 李少毅.面向天基预警的红外压缩成像探测跟踪技术研究[D].西安:西北工业大学,2015.
[29] 黄智国.空间目标地基红外探测技术研究[D].北京:中国科学院大学,2018.
[30] 张艳超.多光谱成像系统图像处理关键技术研究[D].北京:中国科学院大学,2015.

[31] 李智勇.高光谱图像异常检测方法研究[D].长沙:国防科学技术大学,2004.

[32] 徐鹏.基于多光谱成像技术的光谱图像重构与显示研究[D].杭州:浙江大学,2017.

[33] 孙鑫.可见光多通道目标探测技术研究[D].北京:中国科学院大学,2010.

[34] 成乃朋.基于相位法的高精度激光测距仪的研究与设计[D].太原:中北大学,2019.

[35] 程鹏飞.大动态范围高精度激光测距关键技术研究[D].北京:中国科学院大学,2014.

[36] 李菠.基于激光探测技术的低空慢速小目标航迹测量与定位研究[D].太原:中北大学,2017.

[37] 王明东,王天祥.新概念武器的现状与发展趋势[J].四川兵工学报,2014,35(6):1-5.

[38] 徐佳祥.临近空间目标智能拦截概念技术研究[J].战术导弹技术,2017,35(3):29-33.

[39] 埃利斯,斯查瑞.20YY:新概念武器与未来战争形态[M].邹辉,译.北京:国防工业出版社,2016.

[40] 周丰,刘忠,吴玲.智能指挥控制系统[M].北京:国防工业出版社,2013.

[41] 张英朝,宋晓强,张亚琦,等.指挥控制系统工程概论[M].北京:国防工业出版社,2018.

[42] 黄金才,刘忠,张维明,等.指挥控制辅助决策方法[M].长沙:国防科技大学出版社,2013.

[43] 董晨,刘兴科,周金鹏,等.导弹防御多传感器协同探测任务规划[J].现代防御技术,2018,46(6):57-63.

[44] 王龙.基于区域覆盖的多飞行器协同拦截优化设计方法研究[D].哈尔滨:哈尔滨工业大学,2018.

[45] 康健.基于多传感器信息融合关键技术的研究[D].哈尔滨:哈尔滨工业大学,2013.

[46] 谢振南.多传感器信息融合技术研究[D].广州:广东工业大学,2013.

[47] 杨益川.网络化雷达资源管理算法研究[D].成都:电子科技大学,2018.

[48] 刘钦.多传感器组网协同跟踪方法研究[D].西安:西安电子科技大学,2013.

[49] 蒲书缙.复杂环境下目标识别的智能数据融合技术研究[D].哈尔滨:哈尔滨工业大学,2006.

[50] 张大科.联合作战指挥控制决策及其共享框架研究[D].长沙:国防科学技术大学,2011.

[51] 姚郁,郑天宇,贺风华,等.飞行器末制导中的几个热点问题与挑战[J].航空学报,2015,36(8):2696-2716.

[52] 高晓冬,王枫,范晋祥.精确制导系统面临的挑战与对策[J].战术导弹技术,2017,36(6):62-69.

[53] 李广华.高超声速滑翔飞行器运动特性分析及弹道跟踪预报方法研究[D].长沙:国防科学技术大学,2016.

[54] 樊俊青.面向滑坡监测的多源异构传感器信息融合方法研究[D].北京:中国地质大学,2015.

[55] 张文.地面多传感器协同探测关键技术研究与开发[D].大连:大连理工大学,2018.

[56] 张冰.面向多源信息协同探测的成像卫星任务规划及覆盖性能分析技术研究[D].长沙:国防科学技术大学,2014.

[57] 周芸竹.临近空间多拦截器协同探测问题研究[D].哈尔滨:哈尔滨工业大学,2015.

[58] 王龙.基于区域覆盖的多飞行器协同拦截优化设计方法研究[D].哈尔滨:哈尔滨工业大

学,2018.
- [59] 刘靳.红外成像目标检测与识别方法研究[D].西安:西安电子科技大学,2010.
- [60] 黄璇.多源引导信息融合及其关键技术研究[D].北京:中国科学院大学,2016.
- [61] 牟聪.多传感器数据融合系统中数据预处理的研究[D].西安:西北工业大学,2006.
- [62] 李大卫.相控阵雷达组网系统资源调度效果评估方法研究[D].南京:南京大学,2018.
- [63] 张雅青.多雷达资源调度软件的设计与实现[D].南京:东南大学,2015.
- [64] 赵艳丽.弹道导弹雷达跟踪与识别研究[D].长沙:国防科学技术大学,2007.
- [65] 刁兆师.导弹精确高效末制导与控制若干关键技术研究[D].北京:北京理工大学,2015.
- [66] 黄琳,段志生,杨剑影.近空间高超声速飞行器对控制科学的挑战[J].控制理论与应用,2011,28(10):1496-1505.
- [67] 崔洋培.基于目标意图的空空导弹智能制导与控制技术研究[D].南京:南京航空航天大学,2015.
- [68] 杨俊彦,吴建东,宋敏敏.红外成像制导技术发展展望[J].红外,2016,37(8):1-6.
- [69] 樊会涛,闫俊.相控阵制导技术发展现状及展望[J].航空学报,2015,36(9):2807-2814.
- [70] 罗成高,邓彬,程永强,等.精确制导前沿成像探测技术[J].国防科技大学学报,2019,41(5):174-184.